U0620257

儿童蓝皮书
BLUE BOOK OF
CHILDREN

中国儿童参与状况报告
（2017）

ANNUAL REPORT ON CHILDREN'S
PARTICIPATION IN CHINA (2017)

主　编／苑立新
副主编／霍雨佳　丁道勇
中国儿童中心／编

社会科学文献出版社
SOCIAL SCIENCES ACADEMIC PRESS（CHINA）

图书在版编目（CIP）数据

中国儿童参与状况报告.2017/苑立新主编.--北
京：社会科学文献出版社，2017.12
（儿童蓝皮书）
ISBN 978-7-5201-1907-8

Ⅰ.①中… Ⅱ.①苑… Ⅲ.①儿童教育-教育研究-
研究报告-中国-2017 Ⅳ.①G61

中国版本图书馆 CIP 数据核字（2017）第 297860 号

儿童蓝皮书
中国儿童参与状况报告（2017）

主　　编／苑立新
副 主 编／霍雨佳　丁道勇

出 版 人／谢寿光
项目统筹／邓泳红　陈晴钰
责任编辑／陈晴钰

出　　版／社会科学文献出版社·皮书出版分社（010）59367127
　　　　　　地址：北京市北三环中路甲29号院华龙大厦　邮编：100029
　　　　　　网址：www.ssap.com.cn
发　　行／市场营销中心（010）59367081　59367018
印　　装／北京季蜂印刷有限公司

规　　格／开　本：787mm×1092mm　1/16
　　　　　　印　张：21　字　数：354千字
版　　次／2017年12月第1版　2017年12月第1次印刷
书　　号／ISBN 978-7-5201-1907-8
定　　价／89.00元

皮书序列号／PSN B-2017-682-1/1

儿童蓝皮书编委会

顾　问

　　谈松华　国家教育咨询委员会委员，中国教育学会顾问，中
　　　　　　国教育发展战略学会学术委员会主任，国家教育发
　　　　　　展研究中心研究员，博士生导师

　　谢维和　清华大学原副校长、教授、博士生导师，第十一届
　　　　　　全国人大代表，第十一届全国人大教育科学文化卫
　　　　　　生委员会委员

主　任

　　丛中笑　中国儿童中心党委书记
　　王卫国　国务院妇女儿童工作委员会办公室常务副主任

副主任

　　苑立新　中国儿童中心主任

编委会成员　（按姓氏拼音排序）

　　卜　卫　陈彩玉　陈　涛　丁道勇　高　云
　　何　玲　贺连辉　霍雨佳　李　萍　汪　明
　　王秀江　杨彩霞　张海波　张雪梅　朱晓宇

《中国儿童参与状况报告（2017）》
编 委 会

主要编撰者简介

苑立新　中国儿童中心主任，中国家庭教育学会常务理事，中国家庭教育学会少年儿童校外教育专业委员会理事长。近几年指导的儿童研究和实践项目有"全国少年儿童音乐心理健康教育计划""儿童科学素养教育计划""儿童媒体素养教育计划""全国少年儿童生态道德教育计划""儿童综合实践基地建设研究"等。

霍雨佳　中国儿童中心科研与信息部部长、研究员，中国家庭教育学会理事、中国家庭教育学会少年儿童校外教育专业委员会秘书长，联合国儿童基金会早期发展项目国家级专家。主要从事学前教育、家庭教育、校外教育、儿童权利与保护等方面的研究。参与十余项国家级、省部级及联合国儿童基金会相关课题并担任项目负责人，主编《儿童生态道德教育导论》《儿童生态道德教育实践指导》《校外教育优秀案例研究》等学术著作近十部，参与编写《校外教育学》，翻译《如何说，孩子才肯学》，在《学前教育研究》《教育发展研究》《教育理论与实践》等核心期刊及《中国教育报》《中国家庭教育》等报刊上发表论文十余篇。

丁道勇　北京师范大学教育学部教育基本理论研究院副教授，香港中文大学课程与教学博士。主要研究领域为课程与教学、教育哲学等，已出版《和优秀教师一起读杜威》《唤起教师的理论兴趣》《跨越高中与大学的鸿沟》等书籍。

何　玲　中央团校（中国青年政治学院）副教授，中国人民大学人口学博士。主要研究方向为儿童青少年发展，关注儿童青少年身心发展、儿童权利与社会福利政策。曾主持教育部人文社会科学研究青年基金项目"流动儿童社会融合教育实践研究"（2011～2015年）、瑞典研究会（Swedish Institute）

项目"中国瑞典儿童福利政策比较研究"（2008～2010年）、中国青年政治学院《西方儿童福利政策研究》特色课程研究（2015～2016年），参与联合国儿童基金会、团中央、国家体育总局、北京哲学社会科学规划课题十余项。近年来在《中国青年研究》《中国青年社会科学》等核心期刊发表论文14篇，出版专著《流动儿童社会融合研究》，参与编写《中国儿童发展纲要与儿童发展》《教育政策概论》等图书十余部。

李　萍　英国埃塞克斯（Essex）大学国际人权法学硕士，北京博源拓智儿童公益发展中心理事长，中国关心下一代工作委员会儿童发展研究中心专家委员会委员。有超过20年的国际慈善和公益咨询机构的高管经历，曾在多个国际NGO工作，有丰富的项目战略规划和管理及调研、项目监测与评估经验。长期致力于儿童权利、儿童保护和儿童参与的研究、宣传和倡导。从20世纪90年代开始致力于"参与式"培训理念在中国的推广，为多个部委有关部门负责人、国际机构高管及20余个省、市及基层政府工作人员开展参与式培训，培养了中国大陆第一批"儿童权利参与式培训"培训师。20世纪90年代末撰写了《联合国儿童权利公约参与式培训手册》，是很多儿童权利培训主要参考使用的教材之一。

中国儿童中心简介

中国儿童中心成立于 1982 年，是党中央、国务院赠送给全国少年儿童的一份厚礼。中心是中华全国妇女联合会直属的公益性事业单位，是集应用科学研究、兴趣培养、教育活动和公共服务为一体的国家级校外教育机构，是我国儿童工作对外交流与合作的窗口。中心位于北京市西城区官园，地理位置优越，园内环境优雅，占地面积 8.3 万平方米，建筑面积 4 万平方米，有科学宫、老牛儿童探索馆、体育馆、教学楼、影剧厅和丰富多彩的儿童游艺活动设施。中心设有中国儿童艺术团、中国儿童中心实验幼儿园、中国儿童中心期刊总社、国家儿童营养品质量监督检验中心、中国儿童中心儿童营养与健康研究中心、中国儿童中心对外交流中心等专业和二级法人机构。中心目前内设 19 个处室，正式职工近 300 人。

中国儿童中心作为综合性的少年儿童校外教育活动场所，是全国少年儿童的乐园，是全国校外教育工作者交流的平台和先进理念的实践基地。全国少年儿童"心中有祖国、心中有他人"主题教育活动组委会、全国妇联家庭教育研究指导中心、中国家庭教育学会少年儿童校外教育专业委员会和宣传工作委员会常设于此。

中心坚持以德为先、实践育人，以培养儿童的创新精神、实践能力和道德素养为核心，重点围绕促进儿童健康人格的发展，在儿童的社会能力、积极态度、意志品质、乐观情绪等方面形成个性化、多样化、系统化实践培养模式。

前瞻性应用科学研究

坚持以科研为先导，专注于校外教育和儿童发展方面的应用理论与实践研究，及时发布相关研究成果和资讯信息，与国内外单位和机构开展广泛的交流与合作。

以中国家庭教育学会少年儿童校外教育专业委员会为依托，加强校外教育的理论研究与建设，促进专业研究、学习与交流合作。内设校外教育信息资料

中心和校外教育研究与发展中心。

引领性校外教育活动

在全国推出了"心中有祖国、心中有他人""中国小公民道德建设计划""全国少年儿童生态道德教育计划""儿童六一论坛"等一系列影响广泛、示范作用明显的品牌教育活动。

在儿童生态道德教育、心理健康教育、生命教育、法制教育、科学素养教育、媒体素养教育、传统文化教育等方面不断拓展校外教育活动内容，传承和挖掘儿童喜闻乐见的优秀民族文化活动资源，开辟富有时代感的长效活动载体。

多元化校外兴趣小组

拥有一批全国知名的教师，初步形成了一批具有特色、比较系统的教育培训项目。设有艺术、体育、科技等方面的兴趣班近百种。

中国儿童艺术团下设舞蹈、民乐、合唱、影视表演4个分团。艺术团常年参加各种社会公益演出活动，多次应邀参加中央电视台等单位组织的文艺演出活动，成功出访了欧洲、美洲、亚洲、非洲等几十个国家和地区。

专业化的公共服务

中国儿童中心实验幼儿园是北京市一级一类幼儿园，共享中心优美的绿色环境和各类优质资源，以"一切为了孩子，促进孩子全面和谐、富有个性地发展"为办园宗旨，开设亲子班、日托班、学前启蒙班。2010年，中心实验幼儿园被评为"中直机关青年文明号"；2011年，被共青团中央命名为2009～2010年度"全国青年文明号"。

全国妇联家庭教育研究指导中心依托中国家庭教育学会，整合全国家庭教育科研力量，开展家庭教育政策研究和应用研究；组织国内外家庭教育学术交流，开展各级各类家庭教育专题培训；推进家教指导师专业化、职业化进程；推广家庭教育研究创新成果，在家庭教育领域发挥引领和辐射作用。

中国儿童中心期刊总社拥有《父母世界》《学与玩》《中国校外教育》《中华家教》、中国儿童网四刊一网，读者群涵盖0～18岁的儿童，以及广大家长和教育工作者，是我国较有影响力的教育期刊出版方阵。

国家儿童营养品质量监督检验中心是我国为数不多的儿童营养品质量专业检测机构，从事儿童营养品检测、儿童营养健康方面的科研及项目开发，为广大家长儿童提供食品营养与安全知识的教育、咨询服务。

广泛的国际交流

面向世界展示中国少年儿童的风采，广泛开展儿童教育、文化、艺术国际交流活动，与众多国内外文化交流机构保持紧密的合作关系，是我国儿童发展的对外交流窗口。

摘　要

　　"儿童参与"作为一个专有概念，最初来源于儿童权利领域。但儿童参与的意义和作用绝不仅是对儿童参与权的维护与倡导，让儿童有机会表达意见、被成人世界听取。更为基础和重要的儿童参与是指儿童有机会亲身参与到广泛的家庭、社区、学校、社会及文化生活中，接触真实的自然界和社会生活，获得丰富和均衡的生活体验和教育实践，从而积累经验、发展能力、增强自信，这样他们才有机会，也才能更好地表达意见、更为主动全面地发展。因此，儿童参与具有更加广阔的视野与功能。这也正是本书所倡导的，从儿童教育和发展的角度研究儿童参与，研究儿童关键的生活经历和教育实践对于儿童发展的影响。

　　总报告介绍了本研究的背景，对儿童参与进行界定，呈现了当前中国儿童参与现状及特征，并从政策的顶层设计、各方合力共同推动、发挥校外教育的独特功能、关注网络参与的影响、推动研究和实践深入开展等方面提出建议。

　　调查篇根据全国7个城市8847名中小学生数据，从家庭参与、学校参与、放学后时间安排、社会交往、校外教育参与、网络参与、公共参与七个方面呈现中国儿童参与基本状况，并对这些基本状况进行了性别、同胞结构、学校质量、家庭背景方面的差异分析，同时也考察了儿童参与对学校表现和非认知能力的影响。结果发现：①儿童参与领域广泛，参与意愿强烈，参与能力强大；②学习是儿童生活的主要内容，学校之外的参与很不充分；③儿童参与受到时间、空间等基本条件的限制；④儿童参与的一些重要议题被忽略；⑤儿童参与存在很大的群体差异；⑥儿童参与和儿童发展关系密切。

　　专题篇通过案例及数据呈现了实际生活中儿童参与的概貌。主要有：儿童如何参与政治生活，以北京十一学校为例探讨学生在学校改革中的参与情况，以安吉游戏为例说明幼儿园中的儿童参与，以中国儿童中心为例论述当前校外

教育中儿童参与理念的践行，基于社区治理视角的社区儿童参与，通过调查数据呈现儿童网络参与的基本状况及对策，以及儿童本身对友好型城市建设的观点表达。

关键词：儿童参与　儿童权利　教育　儿童发展

目 录

Ⅲ　专题篇

Ⅳ　附录

皮书数据库阅读**使用指南**

总 报 告

General Report

B.1
把儿童参与作为促进和保障
儿童全面发展的大事

中国儿童中心

摘　要：　儿童参与是儿童的一项基本权利。儿童权利的保护、儿童发
　　　　　展的促进，必须包括并重视儿童参与。但是儿童参与绝不仅
　　　　　是指儿童有机会表达意见、被成人世界听到，更为基础和重
　　　　　要的是他们要有广泛的机会亲身参与家庭生活、朋辈生活、
　　　　　社区生活、学校生活及其他各种日常社会生活，从中获得经
　　　　　验、能力、判断力和自信心，这样他们才可以更好地表达意
　　　　　见，更好地主动发展。中国目前的现实是，在学校教育之外，
　　　　　儿童参与日常社会生活的空间正在逐步缩小，作为儿童参与
　　　　　重要内容的各种儿童生活经历严重不足。这是影响儿童全面
　　　　　发展的一个大问题。本文通过考察儿童经历的各种社会生活
　　　　　事实，呈现中国儿童参与现状，将儿童参与作为当前儿童发
　　　　　展和教育改革的突破口。针对调查研究和案例分析所发现的

中国儿童参与的特征，本文提出若干行动倡议，呼吁各方把儿童参与作为促进和保障儿童全面发展的一件大事，共同推动儿童参与事业的发展。

关键词： 儿童参与　儿童发展　教育改革

一　背景

儿童参与在我国有较好的政策基础。我国于1990年签署了联合国《儿童权利公约》（以下简称《公约》），开始履行《公约》所规定的各项保障儿童权利的责任。为此，中国政府成立了专门的儿童工作机构，即"国务院妇女儿童工作委员会"，并先后发布了三个推动中国儿童权利保护与儿童发展工作的国家行动计划，分别是：《九十年代中国儿童发展规划纲要》《中国儿童发展纲要（2001～2010年）》以及《中国儿童发展纲要（2011～2020年）》。较之前两份"纲要"，新"纲要"第一次将"儿童参与"作为儿童工作的基本原则之一，要求鼓励并支持儿童参与家庭、文化和社会生活，创造有利于儿童参与的社会环境，畅通儿童意见表达渠道，重视、吸收儿童意见。各级政府要站在确保党和国家事业后继有人的战略高度，始终把儿童参与理念贯穿于儿童工作的全过程，努力推动社会各方力量共同促进儿童参与。这是在我国儿童发展的重要政策和文件中，首次明确提出"儿童参与"的概念，并将其作为儿童工作的重要原则。

在上述三份国家行动计划以外，1992年《公约》在我国生效之后，还有一系列政策、法规明确提出儿童参与理念。例如，《中华人民共和国未成年人保护法》（2012年修订版）、《中华人民共和国国民经济和社会发展第十三个五年规划纲要》、《国家人权行动计划（2016～2020年）》中都明确提出要保护儿童参与权。值得一提的是，2010年出台的《全国家庭教育指导大纲》将儿童参与作为一种教育理念与方法进行具体阐述："以平等的姿态与儿童相处；学会倾听儿童的意见和感受，学会尊重、欣赏、认同和分享儿童的想法；与儿童共同协商规划未来，并尊重和鼓励儿童进行自主选择；尊重儿童对自身的未来规划与发展意愿。"另外，在诸如《民法总则》《婚姻法》《收养法》等一系列新修订或公布的法律当中，也有涉及儿童参与的相关条款（参考本书附录《中国儿童参与大事记》）。我们相信，这一系列法律、法规的出台，对于落实和推动儿童参与具有纲举目张的重要意义，对于儿童权利保护和儿童发展都具有深远的影响。

与此同时也要看到，儿童参与是在中国教育高速发展、家长高度重视子女教育的时代，日渐凸显出来的一个教育难题。2000 年底中国政府向全世界宣布，如期实现了"两基"目标，义务教育普及率达到 85% 以上；预计到 2020 年，中国还将基本普及高中阶段教育；截至 2016 年，中国高等教育毛入学率达到 42.7%，高于全球平均水平。中国教育事业的发展规模，已经达到了前所未有的量级。总体来看，这一代儿童有机会享受更好的营养、卫生以及更多的教育供给，他们的经济生活、文化生活水平更高。与此同时，高考竞争、应试教学以及连带着的择校、校外教育、特长教育等，正在深刻影响着中国儿童生活的面貌。家长在儿童教育问题上，一方面有更多的教育选择；另一方面也面临更重的教育负担，普遍存在焦虑情绪。学校教育之外，儿童以参与广大社会生活的方式来接受教育的可能性，正逐步减少。

由经济合作与发展组织（Organization for Economic Cooperation and Development，OECD）主办的国际学生评估项目（Program for International Student Assessment，PISA）测试中，上海学生的数学平均得分在 2009 年、2012 年分别高出排名第二的新加坡 38 分、40 分，均以绝对优势在各个参测国家当中独占鳌头。短期内，中国基础教育得到全世界的关注。另外，测试结果也显示出一些令人担忧的特征：数据显示，上海学生每周的校外学习时间平均为 17 个小时左右，远高于 OECD 国家学生的平均值（7.8 个小时）；此外，上海学生喜爱学校的程度以及其他一些非认知特性的调查结果也不理想。可以说，一旦关注学生学业成绩以外的儿童发展指标，就会发现我们的基础教育还有大量值得反思和改革之处。中国基础教育在初步完成量的普及之后，当前更为迫切的任务是从课程、教学、评价等方面进行深度技术改革，在教育的品质方面做文章。要完成这一任务，除了要对学校教育自身进行改革之外，还需要在学校之外为儿童构建良好的成长环境，让儿童从更丰富、广阔、真实的生活及实践中吸取更多的营养，健康成长。儿童参与正是在这一远景目标的指导下

选择的一种观察视角和行动立场。

《国家中长期教育改革和发展规划纲要（2010～2020年）》提出："注重知行统一。坚持教育教学与生产劳动、社会实践相结合。开发实践课程和活动课程，增强学生科学实验、生产实习和技能实训的成效。充分利用社会教育资源，开展各种课外及校外活动。加强中小学校外活动场所建设。加强学生社团组织指导，鼓励学生积极参与志愿服务和公益事业。"《国家教育事业发展"十三五"规划》提出，要"强化学生实践动手能力""践行知行合一，将实践教学作为深化教学改革的关键环节，丰富实践育人有效载体，广泛开展社会调查、生产劳动、志愿服务、公益活动、科技发明和勤工助学等社会实践活动，深化学生对书本知识的认识。加强劳动教育，充分发挥劳动综合育人功能。制定中小学生综合实践活动指导纲要，注重增强学生实践体验，鼓励有条件的地区开展中小学生研学旅行和各种形式的夏令营、冬令营活动。建设一批具有良好示范带动作用的研学旅游基地和目的地。构建学生志愿服务工作体系，把志愿服务纳入社会实践活动课程，组织学生开展志愿服务活动和其他社会实践主题活动，建立学生志愿服务记录档案，把志愿服务纳入学生综合素质评价内容。支持高校广泛开展大学生实践活动，引导大学生走出校门、深入基层，广泛宣传党的方针政策和中国特色社会主义理论，促进学生了解社会、认识国情、增长才干。"突破学校教育的边界、强调儿童参与，已经成为国家教育政策的一个取向。儿童的道德与品格、动手能力、交往能力、家国情怀及国际视野等方面的发展，与学业成绩同等重要，甚至在长远来看更为重要。基于以上这些政策与现状，我们认为儿童参与可以作为促进儿童发展，破解当前教育难题的一个突破口。

二 儿童参与的内涵及价值

在国际上，"儿童参与"概念主要有两类用法：其一，以《公约》为代表的"儿童参与权"概念强调儿童参与是一种权利。1989年联合国大会第25号决议通过《公约》。《公约》要求赋予儿童数十项权利，通常将之概括为儿童生存权、发展权、受保护权及参与权四大类。其中，对儿童参与权的描述主要体现在第12款和第13款。相关表述为："缔约国应确保有主见能力的儿童有权对影响到其本人的一切事项自由发表自己的意见""儿童应有自由发表言论的权利"①。对于权利视角下的儿童参与，人们通常关注的问题是参与的真假与水平，罗杰·哈特（Roger A. Hart）的儿童参与阶梯理论是对这两个维度的刻画。该理论把儿童参与区分为不同的水平，其中"假参与"包含"操纵"、"装点门面"以及"表面文章"；另外 5 个从低到高的参与水平分别是"委派但要知情""咨询和知情""由成人发起，与儿童共同决策""儿童发起，儿童指导""儿童发起，与成人共同决策"。对于儿童参与权的强调，目前有"解放论"和"监护论"两种立场②，前者更强调在成人主宰的社会中儿童的自主与决定，后者更强调儿童在成人监护下的能力培养。总之，无论如何理解，《公约》在实际内容及执行过程中都高度关注儿童保护，成功推动了儿童保护事业的发展。"儿童参与"的提出与实践，不仅推动了儿童权利保护的深入，也促进了儿童全面、主动地发展。联合国儿童基金会发布的以"儿童参与"为主题的《2003 年世界儿童状况》明确指出："促进儿童和青少年有意义和高质量地参与对确保他们的成长和发展至关重要。一个从人生初始阶段就受到鼓励来积极参与这个世界的孩子将可以在儿童早期发展其能力，并能很好地把握受教育的机会，而进入青少年时期后，这个孩子将满怀信心，果敢决断，并有能力参与家庭、学校、社区和国家的民主对话与民主实践。"③ 联合国儿童基金会因诺琴蒂研究中心也在研究中表明"儿童通过参与，学习如何提问、如何表达自己的观点并让自己的观点得到重视，可以培养儿童的各项技能，从而锻炼和发展当他们面临困难时所需的思考能力与判断力"。④

其二，以杜威的"参与学习"⑤ 为代表的儿童参与是一种教育原理，强调亲身经历、问题解决对于儿童发展具有独特价值。这里的"儿童参与"概念更日常、更广泛、更有包容性，也更具有教育的功能：儿童要有机会了解更广大的社会生活事实、获得丰富的阅历；要有机会获得多元和均衡的生活经历；

---

① 《儿童权利公约》中文版，https：//www. unicef. org/chinese/cnc/index_ 30160. html。
② Wringe，C. A. Children's Rights：A Philosophical Study. London：Routledge，1981：11 – 15.
③ 联合国儿童基金会：《2003 年世界儿童状况》，2003。
④ Gerison Lansdown. Promoting Children's Participation in Democratic Decision – Making. United Nations Children's Fund Innocent Research Centre.
⑤ 丁道勇：《警惕"做中学"：杜威参与理论辩正》，《全球教育展望》2017 年第 8 期，第 3 ~ 21 页。

要有机会接触真实的自然界和社会生活。从儿童教育的角度来看，参与的内容指儿童以介入或旁观等方式所经历的各种生活事实。从教育的角度研究儿童参与，就是去研究儿童的各种关键生活经历对其教育和发展的影响。总之，在教育研究领域，儿童的生活历程已经被作为儿童发展的一个重要自变量。这也是本书主要关注和研究的内容。

　　在学校还不像今天这样发达的时代，"男童牧牛拾薪，女孩汲水炊饭，兄姐照顾弟妹。商工之家，少者为徒习艺，从旁打杂，都是众所熟知的事"①，这是熊秉真描写旧时中国社会儿童生活的景况。在那个时候，可以说儿童与成人的生活没有那么明确的分隔，大多数的孩子在观察与模仿、实践与参与中，以观察、融入和渗透的方式学习知识、获得能力，逐渐社会化，逐渐长大。随着学校的日益发达，孩子们的时间和空间越来越多地被学校占据，在那里接受专门的教育，并且以学习时间长短及标准化测试水平来衡量其受教育的程度，由此儿童的生活悄然地发生着某种深刻的改变。杜威在《学校与社会》（*The School and Society*，1916）中写道："学校却同社会生活的通常情况和动机如此隔离，如此孤立起来，以至于儿童被送去受训练的地方正是世界上最难得到经验的场所，而经验正是一切有价值的训练的源泉。"② 杜威又在《民主与教育》（*Democracy and Education*，1916）中强调了学校教育脱离儿童生活及经验之困境："随着学校的发展愈趋专门化，如何避免这种分裂，是愈来愈棘手的问题。"③ 这种分裂，今天至少表现在两个方面，一方面是学校教育与学生现实生活的分裂；另一方面是学生的单一角色与其未来人生的分裂。校外的时空愈来愈多地被学校的任务和主题侵占和盘剥，童年生活被一再压榨，儿童能够真正参与生活及其他教育的机会越来越少。可以想见，当一个儿童的生活内容几乎完全以学校和学业为主时，他的成长环境并不健康与理想，这与人们现在普遍认同的"能力""视野""素养"等发展观不相适应。过度挤压儿童的参与机会，可能会给儿童发展带来负面影响，而这正是今天的中国儿童普遍面临的成长困境。在教育大发展的当下，家长对子女教育越是焦虑，儿童生活中由成

① 熊秉真：《童年忆往》，广西师范大学出版社，2008，第302页。
② 〔美〕约翰·杜威：《学校与社会·明日之学校》，赵祥麟、任钟印、吴志宏译，人民教育出版社，2005，第31页。
③ 〔美〕约翰·杜威：《民主与教育》，薛绚译，网路与书出版社，2006，第25页。

人主导的结构性活动的比例就越大；家长的社会安全感越低，儿童的生活环境就越小；家长购买的教育服务越多，儿童的参与状况就越不理想。为此，我们不禁要问，一种在很大程度上被剥夺了参与机会的童年，可以确保一个安全的未来吗？从小缺乏参与的一代人，在未来的全球竞争中能否取胜？

儿童的日常参与是考察儿童社会生活品质和儿童发展的一个重要视角。在不同经济生活状态下，不同地区、不同年龄、不同性别的儿童参与了什么？怎样参与？参与对于儿童的发展有什么影响？为此，我们有意将儿童平常而普通的生活事实提升到教育理论和主张的高度。在深化教育改革的今天，如何突破这种教育越发达、儿童越忙碌、儿童生活越单一的问题？我们认为，解决方案应包含两个部分[1]：一方面，要努力改造学校，使学生有更多机会参与学习，使得学校教育能够关联学生的经验、能力及社会生活，设法使学校教育更有品质；另一方面，要特别关注和强调儿童的校外参与，儿童不仅要有学校生活，还要有机会参与到更广大的社会生活和其他类型的教育中，在其中得到历练、学习和成长。不夸张地说，"儿童参与"可以作为一种重要的教育力量和儿童发展原理。我们认为，作为儿童日常生活实践意义上的"儿童参与"，与强调其在涉及自身事务上有表达意见和决策权的"儿童参与"，是相互依存的。儿童日常生活中的参与构成了作为权利的儿童参与的基础和重要内容。进而言之，这种参与是儿童全面发展的重要基础。基于这种认识，儿童参与可以被视为当前教育改革的一个突破口。

三　中国儿童参与的现状与问题

1. 儿童参与领域广泛，参与意愿强烈，参与能力强大

本报告调研显示，儿童积极参与家庭、学校、社会等方面的生活，参与领域非常广泛。在家庭中，他们每周和父母一起看电视、辅导学习、运动健身的比例分别为 66.0%、53.0% 和 45.2%；每年和父母一起看演出、参观博物馆、国内旅游、国外旅游的比例分别为 57.3%、65.7%、69.7% 和 26.7%；每周做家务的时间在 3 天以上的比例高达 59.8%。在学校里，有 57.3% 的中小学

---

[1]　丁道勇：《儿童的日常参与》，《教育发展研究》2016 年第 20 期，第 59~65 页。

生参加了 1 个或以上的学校社团；近八成的中小学生主动与学校教师有过交流，有约 10% 的学生每天都和学校老师交流；在社会上，71.2% 的中小学生表示完全有信心或比较有信心通过自己的努力改善公共生活，实际行动中有 52.2% 的人当过志愿者，73.9% 的人捐过款，众多公共事务中最感兴趣的是环境问题（69%），其后依次是中国社会问题（63.4%）、国际政治问题（57.7%）、本地社会问题（53.5%）；关于网络生活，75.9 的中小学生有专用的手机，52.7% 的人有自己的电脑，85.5% 的人有 QQ 号，70.9% 的人有微信。这些调查结果表明，中国的中小学生对于日常生活方方面面的参与有着广泛的兴趣，也有切实的行动，他们渴望了解社会、参与真实的社会进程。

与此同时，儿童也有强烈的参与意愿和强大的参与能力。本次调查在一所初中派发问卷时发生了一个小插曲：学生们填写完问卷之后，班主任老师马上抱来一份数学考卷。学生们即刻"唉"声一片。其中一个男孩私下问："老师，你说什么时候这种情况能够变一变？就算今年不变，明年变一变也是好的呀！"他希望改变的，就是在学校从早学到晚，回到家里还要从白学到黑的状况。这样的生活节奏，学生们需要保持十多年的时间。而这十多年，恰恰是对儿童发展至关重要的十多年。这个男生希望自己的生活能有更丰富的色彩。

而在北京十一学校却是另外一番景象。校方允许学生在校内开设小卖部、允许学生到校长办公室里自习。这所学校突破常规，为学生参与学校管理、参与校园生活提供了较大的空间。事实表明，学校的这些改革举措，没有让孩子们变得无法无天、难以管理，反而成功调动了孩子们的主动性。正如作者所写"'担心混乱''学生没有能力'或者'学生不会选择'也许都是为管理的简单化思维和隐藏在背后的省事儿逻辑打掩护"。我们相信，不是儿童没有参与的意愿和能力，而是他们没有机会来展现自己的参与意愿与能力。

儿童期是现代社会的一个独特社会建构①。根据儿童在生理上的年龄特点，儿童与成年人被区分开来，被安排了独特的生活主题和生活方式。在这个观念的影响下，人们普遍相信儿童还不是成熟的个体，他们的世界观、人生观、价值观正在形成，他们的主要任务是学习。而以上证据都表明，儿童有强烈的参与意愿和强大的参与能力。他们对外部世界保有好奇心，对于广大的社

---

① 丁道勇：《儿童观与教育》，《教育发展研究》2015 年第 15 期，第 26~32 页。

会生活抱有热情。他们渴望在学习之外，同样在家庭、学校和社区中承担责任、履行义务。本书报告的一些实践探索案例也表明，在学校、家庭和社会三个领域中，在诸如学生自治、政治参与以及网络参与等议题上，都已经有了一些儿童参与的成功案例。

2. 学习是儿童生活的主要内容，学校之外的参与很不充分

在儿童参与内容上，学校活动和学校之外的活动处于严重不平衡的状态。学习是儿童学校参与的主要内容，这一点无可厚非，但是当前儿童校外生活的主要内容也被学校的学习所占据，这样的现状令人担忧。调查表明，从家庭中亲子沟通的内容来看，48.4%的中小学生每天都会跟父母谈论学习，34.5%的中小学生每天都由父母辅导学习；从校外活动参与的内容来看，48.9%的中小学生都参加了和学校考试内容密切相关的补习班，小学生参加补习班的比例为49.2%，初中生是51.7%，高中生是45.9%。换句话说，学生在学校的学习之外，一方面要完成大量的家庭作业；另一方面还要投入时间接受补习教育来强化学校学习。学习已经成为中小学生生活的主要内容，可以说，我们的许多儿童是在孤独而忙碌的学习中度过了自己的童年。

由于学习成了日常生活的主要内容，所以儿童在校外的参与显得很不充分。就人际交往而言，14.5%的中小学生从来没有和邻居说过话，接近一半的中小学生没有和外国人说过话；就校外活动而言，68.3%的中小学生没有参加过校外主题活动，65.8%的人没有参加过国内营地活动。我们知道，校外教育机构在中国儿童的生活当中，扮演了非常重要的角色。但是，从定位上来看，很多校外教育机构仍然没有摆脱学校学习任务的限制，没有实质上成为与学校教育平行的教育主体。

概括来说，学校学习在今天的儿童生活当中，占据较大比重。各个学段之间，尽管存在差异，但是总体比重都很大。儿童在校外缺少参与广泛社会生活的机会。在调查中，学生表现出对于更丰富的生活方式的渴望。在我们调查的公立中小学中，学生的校内外生活普遍受到学校的限制。与此同时，校外教育机构在中国儿童的生活当中，也扮演了重要角色。但是，从定位上来看，儿童的许多校外学习时间被投入到学校所规定的学习任务上来。校外教育机构，变成了学校的延伸甚至附属品。校内外教育机构的这种状况，进一步恶化了儿童参与的状况。校外教育独特的作用与价值有待进一步发挥。

3. 儿童参与受时间、空间等基本条件的限制

学校学习对于儿童参与的影响，除了占据绝大部分内容外，还在时间和空间上不断施压，严重影响了儿童参与其他主题的机会。调查结果表明，有超过一半的中小学生在放学后几乎没有和朋友玩耍的时间，这一比例在小学生中是54.6%，在初中生中是61.4%，在高中生中是66%。即使那些有机会和朋友玩耍的中小学生，每次玩耍的时间都在1小时以内。另外，中小学生花费大量时间处理家庭作业。从作业时长的角度来看，52.4%的小学生能在1个小时内完成作业，近30%的小学生要花2个小时以上来完成作业。对初中生来说，只有22.1%的学生能在1小时内完成作业，54.6%的学生要花2个小时以上做作业，更有15.7%的初中生要花3个小时及以上的时间来处理作业。在高中阶段，仅有12.9%的学生能在1小时内完成作业，72.4%的学生要花2个小时以上，41.2%的学生要花3个小时以上。按照教育部2008年印发的《中小学学生近视眼防控工作方案》，学校应统筹学生的家庭作业时间。其中，小学一、二年级不留书面家庭作业，小学其他年级书面家庭作业时间控制在60分钟以内，初中各年级不超过90分钟。很显然，中小学生的实际作业量远超这一规定。如果说周末或寒暑假还有可能给儿童的其他参与留有一些时间，那么这一点点希望也因为红红火火的兴趣班和补习班变成了奢望。调查数据显示，接近两成的中小学生参加了2门及以上的兴趣班，同时有25.3%的中小学生参加了2门及以上的补习班。

除时间之外，儿童参与的空间也受到诸多限制。以社区参与为例，观察表明，目前中国社区还缺乏专门针对儿童的机制和平台。少数的社区中有诸如三点半课堂这样的服务机构。换言之，儿童在社区中主要是作为一个学生，而缺少在社区中发声的平台和机会。例如，在某社区进行一项针对儿童的研究问了这样一个问题："您是否知道社区居委会？"结果显示，多数儿童不知道有居委会这个组织，更不了解居委会的具体职能。在社区中，儿童并未被作为一个有独特需求、有独特眼光的行动主体来看待。儿童生活在社区当中，但他们实际上是被社区边缘化的一个群体。

概括来看，儿童进入学校后，即获得学生身份，这是一个制度性身份。伴随这个身份的建立，学校对于儿童发展的评价指标，也成为普通家庭和社会公众对儿童发展的评价标准。于是，基于分龄制学校的学生评价标准，一个个最初的好孩子，被区分为好学生、差学生以及一般的学生。这对于儿童发展具有长远的标签作用。这既是对儿童当前发展状态的一种窄化，也会影响儿童长远的发展方向，限制儿童发展的可能性。与此同时，因为学校的高度发达，儿童在校外生活的时间、空间也受到严重挤压。儿童在参与家庭和社区生活的过程中，受到学生身份的极大影响。相关成人和机构，在主导或协助儿童参与事务的过程中，也会受到学校教育的掣肘。结果，儿童生活的主题单一，生活范围偏于狭窄。

4. 儿童参与的一些重要议题被忽略

在调查中，我们从家庭参与、学校参与、儿童放学后生活、社会交往、校外教育参与、网络参与、公共参与七个方面来观察儿童参与的整体面貌。但是我们的数据结果表明儿童参与的一些重要议题被忽略。

在家庭参与方面，儿童与家长的沟通话题单一。90%以上的父母都会和儿童谈论学习问题。但是，有31.5%的父母从来不和孩子谈论怎么交朋友，33.6%的父母从来不和孩子谈论自己的工作，26.3%的父母从来不和孩子谈论怎么用钱，38.6%的父母从来不和孩子谈论什么是爱，47.8%的父母从来不和孩子谈论生命和死亡的问题。这些缺失的亲子沟通话题，恰恰对儿童长远的发展、对于儿童的自我保护和生命教育具有重要价值。

在社会交往方面，儿童侧重同学交往，邻里交往稍显不足。有94.8%的中小学生在本班都有好朋友，而经常和邻居说话的中小学生比例不到30%，这些数据说明当下的儿童社交更多局限在同学中，缺少与邻里，甚至是更大范围的人群的交往经验，这不仅不利于儿童当下的身心成长，也不利于其未来的发展。

在公共参与方面，儿童的参与渠道较少。虽然儿童在公共参与方面表现出兴趣和信心，但是仍有26.7%的学生从来不看电视新闻，43.2%的学生从来不看报纸新闻，28.8%的学生从来不看网络新闻。

可以说，在以学习为天职的身份定位下，许多原本可以吸引学生，也应该引起学生关注的信息渠道和生活主题被忽略了。一些现代社会的重要参与主题，在一部分儿童的生活中缺位，比如亲子交往中不涉及生命和爱的话题、禁止或限制儿童使用网络等。这种儿童参与状况，在长远来看一定会带来一些负面的影响。

5. 儿童参与存在很大的群体差异

首先，在学段上，随着学段的增长，儿童的学校参与程度逐渐降低。本次调查研究显示，在和老师交流的主动性上，12.2%的小学生几乎每天都和老师主动交流，分别高于初中生的比例（9.5%）和高中生的比例（7.2%）。小学生参加社团的比例也高于初中生和高中生，三者分别为65.1%、60.7%、46.0%。

其次，在性别上，女孩的家庭参与程度更高，男孩的公共参与程度更高。和男孩相比，女孩和父母沟通学习、心情、交友等内容的频率更高，进行家庭决策的频率更高；在安排放学后时间的自主性上，女孩更高，但她们更多选择做作业，而男孩更多是去和朋友玩、锻炼身体、上网。在公共参与上，男孩的公共参与兴趣指数和公共参与行为指数都显著高于女孩。

最后，独生子女与非独生子女参与状况的比较研究结果显示，独生子女和父母的亲子沟通指数更高，在和父母一起看演出、参观博物馆、国内旅游等亲子活动上的频率更高；独生子女参加校外主题活动、补习班的门类和频次都高于非独生子女；独生子女参加国内营地的比例（37.1%）也高于非独生子女（31.5%）；在网络参与上，独生子女拥有手机、电脑、微信和博客等账号的比例分别为79.5%、54.5%、76.9%、51%，均高于非独生子女（分别为72.8%、50.9%、65.5%、39.9%）。非独生子女家务参与的程度更高，放学后和朋友玩、锻炼身体、看课外书、看电视的时间更长；更多选择面对面的交往方式，如出门和朋友交往、和邻居交往；在学校参加更多社团；在公共参与上，虽然非独生子女看新闻的频率低于独生子女，但他们有更多的捐款行为。这些数据说明，独生子女的参与资源更丰富，非独生子女参与资源更传统。但这些差异的背后可能有其他因素的干扰，例如城市家庭中独生子女比例更高，农村家庭中非独生子女比例更高，所以独生子女与非独生子女参与状况的差异可能也反映了家庭背景的差异。

调查结果表明，在家庭背景若干维度上，儿童参与状况都有巨大的差别。例如，从城乡的角度来看，城区家庭、郊区家庭、乡镇家庭和农村家庭儿童之间，在亲子沟通上存在显著差异。城区家庭儿童的亲子沟通频率依次显著高于郊区儿童、乡镇儿童、农村儿童。从家庭经济水平的角度来看，经济水平不同的家庭在放学后时间分配的自主性上，差异程度也达到了0.001的显著水平。

其中，经济水平最低的一部分家庭，孩子们放学后看电视的时间要显著多于经济水平更高的家庭。而经济水平最高的一部分家庭，孩子们放学后做家庭作业的时间，则显著低于经济水平更低的家庭。此外，基于父母的职业类型、父母的受教育水平等维度，儿童参与方面也存在巨大差异。

在儿童参与问题上，一部分家庭高度关注儿童参与意识保护、参与能力培养。这部分家庭会创造各种机会让儿童在学校内外，获得丰富的见闻和阅历。与此同时，另一部分家庭更加关注儿童的学业竞争。这部分家庭对于儿童采取更加严格的管理方式，以各种或刚性或柔性的方式，把儿童的体力和智力尽可能多地投入到学校竞争当中。可以说，当前中国社会在儿童教养方式上已经出现了剧烈的观念冲突。各种相互竞争的教育话语同时活跃在各种媒体当中。无论是家庭还是学校，都在这些冲突的教育观念面前，莫衷一是。可以说，对孩子的教养方式，已经可以作为对不同家庭进行区分的一个标志。这不再是基于家庭的社会经济地位进行的区分，而是基于对孩子的教养方式所进行的更有教育色彩的区分。我们相信这种育儿方式上的差异，会对中国社会阶层的格局产生深远影响。

6. 儿童参与和儿童发展关系密切

调查结果表明，在家庭、学校、社区不同领域的参与，与孩子们的学校表现有着密切的关系。其中有一些关系是正向的，有一些关系是负向的。举例来说，在控制家庭背景后，父母和儿童沟通心情的频率与学校表现呈现正相关（偏相关系数 0.117），并且相关程度大于沟通学习与学校表现之间的相关性（偏相关系数 0.053）；辅导学习的频率与学校表现之间的相关性也要低于其他亲子活动频率与学校表现的相关性，如运动、参观博物馆等。再如，儿童在放学后处理家庭作业的时间长度与儿童在学校的各项表现，都呈负相关关系。其中，家庭作业时间与学校的情感投入的负相关程度最强，偏相关系数达到 -0.124；处理家庭作业的时间依次与学业成绩（偏相关系数 -0.98）、学校行为投入（偏相关系数 -0.85）和担任班干部情况（偏相关系数 -0.57）呈负相关关系，且都达到了 0.001 水平的统计显著性。这些调查结果打破了我们的常识，在家庭中沟通学习的频率并非越多越好，做家庭作业的时间也并非越长越好，督促孩子把尽量多的时间投入到作业当中去，未必是一件好事情。

如果把儿童更多的发展指标考虑进来，例如把人格特质、自尊水平、意志力水平等包含进去，可以得到另外一些有意思的发现。譬如，儿童在校内的社团参与与儿童的自尊水平（偏相关系数0.067）、儿童的意志力水平（偏相关系数0.072）均有显著的正相关关系。概言之，儿童的学校生活并不是孤立的，儿童在校内的表现、发展受到更大范围的参与状况的影响。

除了数据层面的支持外，实际发生的案例也显示出儿童参与和儿童发展之间的密切关系。在安吉县机关幼儿园和实验幼儿园，孩子们有机会投入到所谓的"真游戏"当中。在游戏过程中，教师不会去告诉孩子们应当怎么玩、不应当怎么玩。孩子们有机会投入地玩。结果，孩子们的表现总是让人忍不住赞叹：他们"太会玩了"。孩子们的游戏，就是他们创造力的用武之地。安吉游戏的倡导者们相信，只要教师"管住你的手，闭上你的嘴，睁开你的眼，竖起你的耳，发现儿童"，就总是可以得到惊喜。安吉游戏的例子表明除了专门的教育安排外，儿童也可以在自己谋划的活动中，展现和发展自己的能力。

尽管儿童发展状况总是可以找到更复杂的解释，但是以上这些数据和案例也验证了我们常持有的教育观念：儿童参与可以扩展儿童的生活阅历，增进儿童的生活智慧，影响儿童的发展。基于生活经历得来的各种直接经验，一方面是书本学习的重要补充；另一方面也是改善书本学习的基础。一个人如果没有足够的参与经历，他的学术性学习也容易出现迷茫。反之，如果一个人有足够的参与经历，那么他的学习热情和学习能力都可能得到更好的保持和发展。研究表明，在社会公众关注的一些重要的发展维度上，儿童参与的一些主题均可以带来重要影响。对于儿童的学业成绩、儿童的重要心理品质、儿童的学习投入程度等，一些重要的参与主题都可以带来积极影响。基本上，一种平衡的儿童参与，即便不直接指向儿童发展，对于儿童发展也有助推作用。

四　推动儿童参与的思考与建议

1. 加强国家儿童工作体系中儿童参与的顶层设计

如前所述，我国的一系列政策、法规都已经关注到儿童参与，但是在现实中还是存在家长不敢让孩子参与、孩子没有条件参与或参与不充分等问题。在社会中，也还缺乏保障、支持、鼓励儿童参与的氛围。为此，我们建议通过政策、立法上的努力，为儿童参与营造安全、有支持的环境。

另外，需要强调对相关政策的进一步研究与分解以及在实践中的推动与落实。为此我们认为，应该将儿童参与作为儿童保护，特别是儿童发展与教育工作的重要政策内容进行研究，分析儿童参与在儿童工作中的地位及作用。除作为基本原则外，也作为重要内容甚至方向或目标。这些问题如果在政策层面有更明确的建构和解读，推动儿童参与观念的落实。又如，在不同类型的儿童工作体系中，如何制定儿童参与的内容、措施和评价机制？如何建立针对儿童工作者的儿童参与培训与学习制度？这些问题如果由国家在政策及制度方面进行相关顶层设计和引导，无疑会在整个社会层面加强儿童参与的力度，极大地推动儿童参与的落实和发展，使得儿童参与的价值与魅力惠及更多的儿童。

2. 学校、家庭、社会共同推动儿童参与

学校既要将儿童参与作为教育手段与方法，更应将其上升到教育目的的高度。调查显示儿童的生活仍然是围着考试和作业转，甚至校外生活也成其附庸。不少校园的运动场寂静无声，实践课程名存实亡，军事化的、魔鬼式的学习管理与训练甚至成为学校的品牌。即使有一些儿童可以参与的活动，也只是为了装点门面，附庸风雅，缺乏真实的意义与效果。我们认为，在学校教育中，儿童参与不仅是促进学校升级改造的方法和手段，也是教育的方向与目标。就像十一学校那样，学校可以开设更多与生活、与儿童兴趣发展相关的主题课程；此外也要增加学生综合实践的机会，不能因为怕出事、怕麻烦而剥夺学生走出校园、参与社会与生活的机会。教育的真正目的是为了实现人的自我教育，而儿童参与是实现这一目的的路径，因此应将儿童参与纳入学校教育的目标与价值体系。

在家庭生活中，家长要明了儿童参与既是儿童的权利，也是儿童主动发展的强大力量。家庭应该是儿童健康人生、全面成长的摇篮与基础，伴随着儿童成长，家庭提供给儿童的滋养应该是全面和均衡的。在学校教育高度发达的今天，家庭教育甚至应该有校正与纠偏的功能。作为家长，要认识到家庭在儿童保护与儿童成长上的责任，在家庭生活中践行儿童权利，了解与尊重儿童，协助儿童安排做作业、看电视、做家务、体育锻炼、游戏娱乐、课外交往等内

容，尽量使儿童生活丰富而均衡，从而促进儿童健康成长。

在社会层面，应建立儿童参与的长效工作机制。第一，各地教育主管部门应根据本地情况，研制儿童参与的地方指导纲要，对于儿童参与的内容、形式做出具体指导。在已有的历史传统、文化习俗、红色教育之外，还要强调学生对政府管理部门、工农业生产部门、社会公共服务部门、科技创新型行业的了解。增强基础教育阶段学生对于自己所生活社区的了解，创造更多的机会和条件使儿童可以更多地参与社区生活，增强他们对于社会生活共同基础的了解，增强他们对于政府结构和运转方式的了解，最终实现青少年社会责任感和家国意识的提升。第二，应该对儿童各种形式的社会参与，建立长期记录机制。儿童参与记录，应作为学生档案的重要组成部分。但是，这一系列记录不宜作为升学依据，只作为毕业达标要求。第三，地方政府应配合教育管理部门，做好本地社会资源单位的信息采集、了解、发布以及管理和研制工作，引导各级各类社会部门，在儿童发展工作上，承担起各自的责任。

3. 充分发挥校外教育的独特功能与价值

以政府为投资主体兴建的各类校外活动场所，已经初步形成了覆盖全国的完整教育网络。在我国基础教育阶段的教育供给上，校外教育机构具备强大的供给能力。应大力推广校外教育机构与各级学校进行合作的模式，在制度上理顺关系，为校外教育课程进入学校、为学生进入校外教育机构提供便利。各类校外教育机构目前已有的教育供给，具有若干不同于学校的特点，譬如混龄设班、基于实地考察、基于实验、不分学科等。应强调校外教育在更新、补充甚至冲击学校教育传统方面的价值。在观念上，把学校教育和校外教育统一纳入国民教育事业的整体蓝图中；在制度上，对学校和校外教育机构的职能定位，做出清晰界定；应将校外教育机构确立为推动儿童参与的重要行动主体，将学校发展成推动儿童参与的阵地而非阻碍力量。

另外，要加强对中小学校外补习机构的监管。近年来，民办培训机构发展迅速，市场规模越来越大，由教育部门审批或备案的就超过2万所。这些机构在一定程度上满足了社会对教育多样化的需求，但存在很多弊端。例如，增加了学生的学业负担和家庭的经济负担，挤占了学生学习之外的参与机会；更有甚者违法违规办学，引发了一些社会问题。因此，负责审批登记的教育、工商等部门应该进一步加强对民办教育培训机构的监督管理，规范其办学行为，使其提供的商业性服务能够促进儿童的健康成长和全面发展，为儿童的校外参与提供更多可供选择的资源。

4. 关注"互联网＋"对儿童参与的影响

高度关注"互联网＋"的潜能开发和各种现实的模式创新，包括一大批互联网教育企业的工作。充分应用新技术条件下信息更加廉价、更新和传播速度更加快捷、信息传播对象可以无限扩大等特点，为中国的教育均衡发展贡献力量。我们建议把"互联网＋教育均衡发展"作为教育领域的一项重大攻关课题来开展研究，把网络技术作为破解农村地区小规模学校问题、城市地区优质教育资源供给不足以及相应的择校问题的突破口。当然，现实中互联网技术的应用方式和应用效率，也已经出现了人群差异乃至阶层差异。因此，在这项工作上，还要努力避免互联网技术在教育领域的应用造成所谓的数字鸿沟。互联网技术可以在信息沟通上突破地区乃至国别的限制。教育从业者要看到这种新技术的潜能，探索如何进一步利用互联网技术突破学校围墙，把更广大的世界呈现在儿童面前。

同时，也要加强对儿童网络参与的保护与引导。研究表明，六成的中小学生上网主要是聊天、娱乐等，用作学习用途的仅占20%。要让儿童的网络参与更好地促进其成长和发展，需要从多方面加以解决。第一，加强网络内容建设，为儿童提供更多更好的网络产品，营造风清气正的网络空间；第二，要鼓励研究和发展网络技术，加强网络防沉迷系统建设，逐步推进网络内容分级；第三，要加强对儿童的教育，大力提高儿童网络媒介素养；第四，严格监督管理，打击和惩罚损害儿童身心健康的网络行为，保护儿童的网络隐私、信息等方面的权利。

5. 推动儿童参与的学术研究和观念普及

总的来说，关于儿童参与的教育价值，目前还缺乏系统的理论表达，本土的实证证据也不充分。尽管在童年社会学、心理学等领域，已经出现了一些针对参与的研究、表达甚至中观理论。但是，截至目前，我们还找不到一本以儿童参与为主题的教育理论专著，尤其是教育哲学专著。关于儿童参与的教育价值，主要还是从民俗生活经验的角度来做辩护。对于儿童日常生活参与在其全面发展中的作用以及对其实现各项权利的意义之研究还很少。可以说，对儿童参与的全面深入研究才刚刚起步，需要加大关注度。只有在思想上和理论上进

一步澄清、丰富和发展对儿童参与的认识，提起儿童参与才不至于总像一个"舶来品"，在实践中也不知如何把握与衡量。

实践层面，开展儿童参与的行动主体多样，有由政府主导的儿童参政议政的行动，有教育单位开展的蕴含儿童参与理念的教育改革，也有国际国内相关组织和机构开展的以儿童参与为基本理念与目标的实践项目。这些项目都是对儿童参与进行实践应用与研究的有益尝试，不仅在实践中起到了倡导和推动儿童参与理念的作用，更在实践中设计和应用、观察和总结儿童参与，推动儿童参与从认识到实践，从经验上升到方法和理论。这种实践、行动中的应用和研究，对于儿童参与来说是极为可贵也是极为适宜的，对于儿童参与不仅要从理性上揣摩和构建，更要从实践中反思与积累，将这个似乎是"舶来品"却又能从中国传统文化中吸取到资源的用语，赋予新时代下儿童保护与儿童发展的新意义和新价值，真正起到促进儿童健康发展的作用。尤其在今天，相较于其他主题的儿童实践，儿童参与的声音与身影都是非常单薄和弱小的，我们确实需要先行者的精神与勇气，加强在实践工作中儿童参与的应用和磨砺，夯实儿童参与在中国的根系，促使它开出鲜艳夺目的花朵。

6. 持续监测儿童参与状况

在本研究中，我们高度重视儿童的日常生活经历，将其作为儿童参与的重要内涵，并且将之作为考量今天中国儿童真实生活状况的一个重要变量，其用意是，将儿童平凡而普通的日常生活上升到一种教育理论与主张的高度。我们认为儿童参与可以作为当前教育改革与发展的突破口，是儿童全面发展的重要推动力。可惜的是，目前我国有关儿童参与的研究仍比较缺乏，对于中国儿童的参与状况仍缺乏持续监测。基于此，我们建议对儿童参与状况进行持续监测。同时，对于一些新兴的儿童生活方式，可以从教育价值的角度进行考察。当代中国儿童参与状况的演变，是影响下一代中国公民素养、影响未来中国国际竞争力的大问题，需要予以持续、专门的研究。

习近平同志在党的十九大报告中指出，当前我国社会发展已经进入新阶段，社会基本矛盾已经转变为人民日益增长的美好生活需要与不平衡、不充分的发展之间的矛盾。据此，教育工作者也要思考教育事业在新阶段的发展重心问题。下一代儿童的主要教育需求，将不再是有学上，而是在上好学的基础上，在学校内外获得适宜的学习环境。倡导儿童参与，要求各相关利益群体和机构之间协同合作，而不是孤立地就学校改革来谈学校改革，应该把学校改革作为为儿童营造健康成长环境这个系统工程的一部分来看待。而在这个系统工程中，儿童参与应成为家庭、学校和社会共同关注的一个事业，发挥出儿童参与在保障和促进儿童全面发展、为儿童营造健康成长环境中所应有的价值和力量。

调 查 篇

Investigation Reports

B.2
中国儿童参与的基本状况

丁道勇　霍雨佳　李　烨*

摘　要：《儿童权利公约》推动了儿童参与权的实现，儿童参与权体现
　　　　了一种权利视角的"儿童参与"概念。除此之外，儿童经历
　　　　的各种生活事实，对于他们的发展也具有重大意义。鉴于此，
　　　　本研究聚焦于这种更宽泛意义上的儿童参与，将广泛的儿童
　　　　参与事实作为调查对象。本文报告"中国儿童参与状况调查"
　　　　的研究设计，进而分学段报告7个地区儿童在家庭参与、学
　　　　校参与、儿童放学后生活、社会交往、校外教育参与、网络
　　　　参与、公共参与等方面的基本状况。

关键词：儿童参与权　儿童参与　基本状况

---

* 丁道勇，北京师范大学教育学部教育基本理论研究院；霍雨佳，中国儿童中心科研与信息部
部长，研究员；李烨，北京师范大学教育学部教育经济研究所。

一　基本概念

（一）儿童

《中华人民共和国未成年人保护法》以及《中华人民共和国预防未成年人犯罪法》均规定，未满 18 周岁的公民为"未成年人"。在联合国儿童基金会颁布的《儿童权利公约》中，"儿童系指 18 岁以下的任何人，除非对其适用之法律规定成年年龄低于 18 岁①"。另外，《中华人民共和国义务教育法》规定，凡年满 6 周岁的儿童，需要开始接受义务教育；条件不具备的地区，可以推迟到 7 周岁。该法同时对"学制"做了规定："国家实行学前教育、初等教育、中等教育、高等教育的学校教育制度。"实际中，义务教育段的儿童为 6～15 周岁，完成中等教育的儿童为 15～18 周岁。

在日常生活中，关于"儿童"的同类词汇有很多，分别代表了不同年龄的儿童，但是并没有严格的年龄界限，譬如"婴儿""幼儿""少儿""儿童""少年""孩子""小朋友"等。在日常语言当中，往往用"少年"来指称初高中学生，而用"儿童"专指小学生。

本研究要考察儿童参与在不同学段上的变化趋势问题，所以采取《儿童权利公约》的定义方式，将儿童定义为"18 岁以下的任何人"。同时考虑到读题和答题能力水平，把学龄前儿童以及小学中低年级学生排除在外，小学选择 5～6 年级学生参与调查，初中选择初中二年级学生参与调查，高中选择高中二年级学生参与调查。

（二）参与

早在 20 世纪初叶，克伯屈（William Heard Kilpatrick）就提出了"生活学习"的概念②。学生在生活中，面对真实的情境，这时候发生的学习是弥漫在

---

① 《儿童权利公约》（中文版），http：//www.ccc.org.cn/html/Home/report/1077－1.htm。
② 基尔帕特里克：《进步主义教育的实例》，载帕克、哈斯《课程规划：当代之取向》，谢登斌、俞红珍等译，浙江教育出版社，2004，第34～39页。

整个生活历程当中的。此后，通过舒伯特（William Schubert）等人，生活经验被作为一种课程，并且变成了一个通行的术语①。派纳（William F. Pina）的概括是："从教堂和寺庙到媒体和商业，从护理中心到家庭本身，都有课程②。"此外，诸如公众教育（public pedagogy）③、场地教育（place - based education）④ 都关注人的生活经验的教育价值。他们都是注意到了生活事实本身作为一种教育力量的价值，而不是把生活事实放到学校环境中来应用。因此，关注儿童参与不等同于杜威（John Dewey）在讨论学校教育问题时对于经验概念的那种强调。总之，在教育研究领域，儿童的生活历程早已经被作为儿童发展的一个重要的自变量来看待了。

在日常生活中，关于"参与"的同类词汇有很多，分别代表了行动者不同的卷入程度，譬如"参加""经历""阅历""见识""介入""过问""干预""插足""插手"等。在日常语言当中，"参与"往往并不要求特定的参与水平。反而是另外一些词，明确表明了行动者的参与水平较高，譬如"过问""插手"等。

本研究要考察儿童生活的内容及其影响，涉及的儿童参与事实可能包含各种参与水平。因此，我们将"参与"定义为组成儿童经历的各种生活事实。在问卷调查当中，分别考察了儿童的家庭参与、学校参与、儿童放学后生活、社会交往、校外教育参与、网络参与、公共参与七个方面的参与状况。本文先行报告对第一个研究问题的相关发现和结论，其余研究问题在随后的研究报告中分别予以回答。

二 研究问题

在理论和常识两个方面，我们确信儿童参与对于儿童发展有重要价值。而今日儿童的参与状况正在经历变革：独生子女政策、应试教学文化、高考升学竞

---

① William Schubert, Curriculum: Perspective, Paradigm, and Possibility. (Upper Saddle River: Prentice Hall, 1986), p. viii.

② 派纳等：《理解课程》，张华等译，教育科学出版社，2003，第 26 页。

③ Jennifer A. Sandlin, Brain D. Schultz, Jake Burdick, Handlook of Public Pedagogy: Education and Learning Beyond Schooling. (New York: Routledge, 2010).

④ David Sobel, Placed - Based Education: Connecting Classrooms and Communities. (Great Barrington: The Orion Society, 2004).

争以及连带着的诸如择校、校外补习教育、特长教育等，正在深刻影响中国儿童的生活面貌，造成家长在孩子教育问题上的普遍焦虑。在这种教育形势面前，不同的利益相关者，采取了不同的立场和选择。以至于我们可以根据人们的教育观念，把他们划分为不同的群体。儿童参与受到教育观念、教育政策的影响，是一种可观察的社会事实。本研究最主要的现实关切点是，儿童的有限时间被更多地分配到与学校教育相关联的学术性学习当中去。今天的儿童正在过着与他们的父辈不尽相同的童年生活。那么，我们要以何种态度来面对这种状况？这种状况是否需要干预？我们本着何种立场去干预？在做出这些行动选择之前，需要先行解答下面这些问题。这些问题的答案，可以为各种具体的行动选择提供证据基础。

第一，中国儿童的参与状况是什么样的？

第二，不同群体的儿童参与有哪些差异？

第三，儿童参与和儿童发展有什么关系？

可以说，本研究一方面希望描述现状；另一方面也暗含了一点儿干预现状的兴趣。我们希望确认事实、发现问题、做出预警，并面向家长、教师等行动主体，提供一些补救建议。尽管儿童参与正在成为中国社会不同人群家庭教养方式的重要分水岭，但是我们相信个别家庭、个别教师仍然有努力的空间。本书提供的这些基本证据，也希望能起到一点移风易俗的作用。这是一种应对社会变迁的积极态度。

三　抽样方法和数据收集

本研究采取多阶段分层整群抽样方法，共抽取 7 个城市 87 所公立中小学校。具体是：第一阶段分东、中、西部抽样，抽取东部地区两个省市即广东省广州市、江苏省无锡市；中部地区为黑龙江省哈尔滨市、河南省安阳市；西部地区为贵州省贵阳市、四川省德阳市；另外，抽取的城市还包括北京市。在这 7 个城市之中，北京作为超大城市代表入选；另外六个城市的选取考虑了该城市的人口数、人均 GDP 以及义务教育生均预算内教育经费等指标，并按照中间水平的原则选入。第二阶段在每个城市的城区、该市所辖县（县级市）的县城和农村选取学校。其中小学阶段选取城区优质小学、普通小学各 1 所，县城普通小学 1 所，乡村（镇）普通小学 1 所；初中阶段选取城区优质初中、普

通初中各1所，县城普通初中1所，乡村（镇）普通初中1所；高中阶段选取城区优质高中1所、城区普通高中1所、县城优质高中1所、县城普通高中1所。第三阶在每所学校抽取2~3个班，每校入选学生共计100人左右。

调查问卷由经过培训的调查员到各地现场发放、指导填写和回收，参与工作的调查员共计31人。在答题过程中，被调查的学生在选定答案以后，在答题卡上填涂自己选择的项目。每个学生的编码由6位数字构成，除可对同一个班级内的学生个人做区分外，还可以反映城市、学校、学段、班级等信息。调查员在施测以后，根据学生的答题情况，进行了第一轮废卷清理工作，初步清除了明显不认真填答、空白卷等问卷。调查员同时复查学生的涂卡情况，修正不规范的答题卡，避免因为填涂不规范，造成数据损失。全部7城市的问卷收集完毕以后，使用机器读卡，建立了"中国儿童参与状况数据库"，有效样本共计8847个。各个学段的样本量如表1、表2所示。

表1 分学段的样本量

单位：人

城　市	小学	初中	高中	合计
北　京	375	344	314	1033
无　锡	429	427	410	1266
安　阳	445	411	461	1317
贵　阳	402	403	441	1246
广　州	463	445	473	1381
哈尔滨	401	404	406	1211
德　阳	502	471	420	1393
合　计	3017	2905	2925	8847

表2 样本的城乡分布

单位：人

城　市	城区	县城	乡村	合计
北　京	511	353	169	1033
无　锡	725	360	181	1266
安　阳	631	429	257	1317
贵　阳	587	444	215	1246
广　州	692	456	233	1381
哈尔滨	1211	—		1211
德　阳	658	735	—	1393
合　计	5015	2777	1055	8847

四 儿童参与的调查框架

本部分将分学段报告中国儿童的家庭参与、学校参与、儿童放学后生活、社会交往、校外教育参与、网络参与、公共参与七个方面的调查结果。分析框架及具体指标如表3所示。

表3 中国儿童参与的分析框架和指标

维度	具体内容
家庭参与	①亲子沟通:谈论学习、心情、怎么交朋友、父母的工作、怎么合理使用金钱、什么是爱、生命和死亡以及社会新闻、时政、国家大事 ②亲子活动:看电视、辅导学习、运动健身、外出观看演出、国内旅游、国外旅游以及到博物馆、艺术馆、展览馆等公共场所参观 ③家务参与:做家务的频率及理由 ④家庭财务参与:家庭的收入来源及主要支出
学校参与	①上学目的 ②校内社团:参加校内社团的数量 ③师生交流:主动找老师交流的频率、课外与老师交流的频率 ④校园欺凌:被同学故意冲撞、同学用难听的绰号来称呼、同学联合起来孤立的频率
儿童放学后生活	①做家庭作业 ②和朋友玩耍 ③锻炼身体 ④看课外书 ⑤看电视 ⑥上网
社会交往	①同伴交往:朋友数量、交往方式 ②邻里交往 ③国际交往
校外教育参与	①校外活动:校外主题活动、校外营地活动 ②课外班:补习或兴趣班的门类和次数频次
网络参与	①上网设备的配备(手机、电脑) ②上网账号的拥有(QQ号、微信号、论坛/博客的账号、电邮) ③上网功能(学习/休闲娱乐)
公共参与	①信心 ②兴趣:本地社会问题、中国社会问题、国际政治问题、环境问题、努力改善公共生活 ③行为:看电视新闻、阅读报纸新闻、看网络新闻、志愿者活动、捐款、努力改善公共生活

五　中国儿童参与的基本状况

（一）家庭参与

1. 亲子沟通

亲子沟通包括父母与儿童在学习、心情、怎么交朋友、父母的工作、怎么合理使用金钱、什么是爱、生命和死亡以及社会新闻、时政、国家大事等方面的沟通情况，调查结果如表4所示。

第一，从沟通的内容来看，亲子之间最经常沟通的内容是"学习"，90%以上的父母都和儿童谈论过学习问题。其中，小学生群体中有61.3%的父母几乎每天都会谈论学习；这一比例在初中生群体中是51.6%，在高中生群体中是31.9%。考虑到初、高中的住校生比例比较高，合并"每周都会说"和"每天都会说"这两项，代表每周都有涉及讨论学习的指标，得到小学生的比例是79.6%，初中生的比例是81.7%，高中生的比例是77.8%。可以得出结论，80%左右的父母都会和儿童经常讨论学习问题。

"心情"也构成了亲子沟通中较主要的内容，小学生群体中有43.3%的父母几乎每天都会和孩子谈论心情；这一比例在初中生群体中是31.5%，在高中生群体中是22.8%。但是也仍然有1/3左右的父母从来不和儿童讨论心情问题，这一比例在小学生中是29.4%，初中生中是31.4%，高中生中为25.0%。

其余话题的讨论，包括怎么交朋友、介绍父母的工作、怎么合理使用钱、时政新闻等，有20%～50%的家庭每周都有涉及这些话题；但是有20%～50%的家庭从来没有谈论过。尤其是生命和死亡这样的话题，一半左右的家庭从来没有涉及过。具体来看，31.5%的父母从来没有和孩子谈论过怎么交朋友；33.6%的父母从来没有谈论过自己的工作；26.3%的父母从来没有谈论过怎么合理使用钱；38.6%的父母从来没有谈论过什么是爱；47.8%的父母从来没有谈论过生命和死亡；24.9%的父母从来没有和儿童谈论过时政新闻。

第二，将上述各项加总为综合指数（Cronbach 信度系数为0.77），用以代表亲子沟通总体情况，值越高表示沟通更多，结果如表4所示。可以发现，小学生的综合值为 28.91，高于初中生的综合值（27.80）和高中生的综合值（26.13）。这表示小学生的综合亲子沟通程度高于初中生和高中生。

表4 中小学生的亲子沟通情况

学段	沟通内容	沟通频率（单位：%）						综合指数
		从不说	最近一年说过	几乎每学期	几乎每月	几乎每周	几乎每天	
小学生	学 习	8.5	8.0	3.6	0.4	18.3	61.3	28.91
	心 情	29.4	6.0	4.5	0.3	16.5	43.3	
	交 朋 友	33.9	10.0	8.2	1.1	17.6	29.3	
	父 母 工 作	39.6	10.2	9.3	1.4	16.4	23.1	
	用 钱	28.3	10.1	10.6	1.2	18.5	31.3	
	什 么 是 爱	32.8	11.1	7.5	1.3	15.7	31.7	
	生 命 和 死 亡	52.6	14.9	6.0	1.2	8.8	16.6	
	时 政 新 闻	28.8	8.5	8.9	1.0	18.3	34.5	
初中生	学 习	7.1	5.2	5.0	1.0	30.1	51.6	27.80
	心 情	31.4	6.7	6.1	1.0	23.4	31.5	
	交 朋 友	31.7	13.4	10.3	1.4	22.7	20.4	
	父 母 工 作	33.2	13.5	12.1	2.0	21.1	18.1	
	用 钱	25.3	10.1	12.3	2.2	25.7	24.4	
	什 么 是 爱	39.9	17.4	9.8	1.3	14.0	17.6	
	生 命 和 死 亡	46.6	21.7	7.5	1.7	9.8	12.7	
	时 政 新 闻	26.7	9.3	10.0	1.6	26.2	26.2	
高中生	学 习	5.0	6.6	10.0	0.6	45.9	31.9	26.13
	心 情	25.0	9.2	9.1	0.7	33.2	22.8	
	交 朋 友	29.0	20.7	14.8	1.3	23.3	10.9	
	父 母 工 作	27.7	19.9	14.6	1.4	24.8	11.7	
	用 钱	25.4	16.0	16.2	1.6	27.1	13.8	
	什 么 是 爱	43.5	24.8	9.6	1.3	12.7	8.1	
	生 命 和 死 亡	44.2	31.9	7.7	1.2	8.7	6.3	
	时 政 新 闻	19.1	14.0	13.6	1.4	33.5	18.3	
总体	学 习	6.8	6.6	6.2	0.6	31.3	48.4	27.61
	心 情	28.6	7.3	6.6	0.7	24.3	32.6	
	交 朋 友	31.5	14.7	11.1	1.3	21.2	20.3	
	父 母 工 作	33.6	14.5	12.0	1.6	20.7	17.7	
	用 钱	26.3	12.1	13.0	1.7	23.7	23.2	
	什 么 是 爱	38.6	17.7	8.9	1.3	14.1	19.3	
	生 命 和 死 亡	47.8	22.8	7.1	1.4	9.1	11.9	
	时 政 新 闻	24.9	10.6	10.8	1.3	25.9	26.4	

2. 亲子活动

亲子活动包括父母与儿童一起看电视、辅导学习、运动健身、外出观看演出、国内旅游、国外旅游以及到博物馆、艺术馆、展览馆等公共场所参观的频率，调查结果如表5所示。

第一，对于小学生和初中生来说，"辅导学习"成为最主要的亲子活动项目。其中，小学生中父母每天辅导学习的比例达62.2%，初中生的比例达32.7%。但是小学生中，也有14.9%的父母从来不辅导孩子学习，这一比例在初中生中是30.2%。

对于高中生来说，一起"看电视"成为最主要的亲子活动项目。合并"每周"和"每天"的选项，发现61.3%的高中生每周都和父母在一起看电视。

"运动健身"也成为小学生亲子活动的重要内容。37.3%的小学生报告每天都和父母一起运动健身，初中生的比例降到了17.9%，高中生的比例降到了5.9%；但是有22.9%的小学生父母从不和子女一起运动健身，这一比例在初中生中是32.2%，在高中生中是43.6%。

其余亲子活动项目，包括参观博物馆等、看演出、国内旅游等，可以发现，在小学生和初中生中，大概有1/3的父母从来没有和孩子有过上述经历；而这些经历在高中生中的表现更少。具体来看，42.7%的中小学生父母，从不带孩子去看演出，30.3%的父母从不带孩子在国内旅游，73.3%的父母从不带孩子去国外旅游。

第二，将各项亲子活动的频率加总为综合指数（Cronbach信度系数为0.721），综合考察亲子活动情况，发现小学生的综合值为17.94，高于初中生的综合值（15.05）和高中生的综合值（11.83），这表示小学生的综合亲子活动频率高于初中生和高中生。

3. 家务参与

儿童的家务参与情况如表6所示，可以发现以下几点。第一，小学生和初中生做家务的比例都比较高。一周做3~4天及以上的，小学生有70.7%，初中生有60.9%，而高中生的比例有47.5%。其中，每天都做家务的小学生比例有34.5%，初中生比例为31.7%，高中生比例为28.9%。同时，大概有接近10%的小学生和初中生几乎或从来不做家务；高中生几乎或从来不做家务的比例最高，达18.0%。

表5 中小学生的亲子活动情况

学段	沟通内容	频率(单位:%)						综合指数
		从不	每年	每学期	每月	每周	每天	
小学	看电视	22.6	4.7	5.0	0.6	33.2	33.8	17.94
	辅导学习	14.9	4.9	3.4	0.3	14.3	62.2	
	运动健身	22.9	5.2	7.1	1.0	26.5	37.3	
	看演出	34.7	21.1	20.3	1.4	12.4	—	
	参观博物馆等	30.6	30.3	16.8	1.6	12.9	—	
	国内旅游	28.0	51.8	8.2	1.2	—	—	
	国外旅游	67.5	24.5	1.4				
初中	看电视	19.1	5.6	4.7	0.9	41.8	28.0	15.05
	辅导学习	30.2	5.9	5.6	1.0	24.6	32.7	
	运动健身	32.2	8.6	10.8	1.9	28.6	17.9	
	看演出	42.7	25.3	14.5	2.8	9.6	—	
	参观博物馆等	34.5	37.7	13.6	2.9	7.1	—	
	国内旅游	34.1	52.9	5.3	1.3	—	—	
	国外旅游	76.5	15.9	0.9				
高中	看电视	17.2	10.8	10.2	0.5	47.4	13.9	11.83
	辅导学习	58.4	10.7	6.0	0.5	16.7	7.6	
	运动健身	43.6	17.6	12.9	1.0	19.0	5.9	
	看演出	50.8	30.5	9.8	1.2	5.7	—	
	参观博物馆等	37.9	46.5	8.2	1.6	3.9	—	
	国内旅游	28.8	64.2	3.0	0.4	—	—	
	国外旅游	76.2	19.3	0.6	—	—	—	
总体	看电视	19.7	7.0	6.6	0.7	40.7	25.3	14.94
	辅导学习	34.3	7.1	5.0	0.6	18.5	34.5	
	运动健身	32.8	10.5	10.3	1.3	24.7	20.5	
	看演出	42.7	25.6	14.9	1.8	9.3	—	
	参观博物馆等	34.3	38.1	12.9	2.0	8.0	—	
	国内旅游	30.3	56.3	5.5	1.0	—	—	
	国外旅游	73.3	20.0	1.0	—	—	—	

第二，在做家务的理由中，50%左右的中小学生报告是父母出于锻炼他们的目的；30%左右的学生报告做家务是为减轻家长的负担。

表6　中小学生做家务的情况

单位：%

学段	做家务的理由				做家务的频率				
	为了锻炼您	减轻家长负担	不知为什么	很少做或从来不做	每天都做	一周做5~6天	一周做3~4天	一周做1~2天	几乎或从来不做
小学生	54.6	32.2	8.8	4.4	34.5	14.1	22.1	22.1	7.2
初中生	55.5	29.0	9.4	6.1	31.7	8.6	20.6	29.7	9.3
高中生	48.5	29.5	11.6	10.4	28.9	6.2	12.4	34.5	18.0
总体	52.9	30.3	9.9	7.0	31.7	9.7	18.4	28.7	11.5

4. 财务参与

通过调查儿童是否清楚家庭的收入来源和主要支出，来了解儿童的家庭财务参与情况。调查结果如表7所示，可以发现：大部分中小学生都清楚家庭的收入来源和主要支出，并以高中生的比例最高。其中，67.3%的小学生清楚家里的收入来源，这一比例在初中生中是76.7%，在高中生中是80.5%。此外，61.3%的小学生了解家庭的主要支出，这一比例在初中生中是70.1%，在高中生中是71.7%。

表7　中小学生的家庭财务参与情况

单位：%

学段	家庭的收入来源		家庭的主要支出	
	清楚	不清楚	清楚	不清楚
小学	67.3	32.7	61.3	38.7
初中	76.7	23.3	70.1	29.9
高中	80.5	19.5	71.7	28.3
总体	74.8	25.2	67.7	32.3

（二）学校参与

1. 上学目的

关于儿童上学目的的调查结果如表8所示，可以发现以下几点。第一，综合来看，68%的中小学生同意上学是为了"找个好工作"；71%的中小学生同意上学是为了"回报父母"；74.2%的中小学生同意上学是"为社会做贡献"；

71.5%的中小学生同意"上学是为祖国做贡献";75.4%的中小学生同意"读书改变命运";但是只有36.4%的中小学生同意上学是因为"上学本身很有乐趣,没有别的目标";另外还有15.7%的中小学生报告"没有目标,是父母让上学"。

第二,比较小学生、初中生和高中生的上学目的,发现与小学生相比,高中生和初中生更多同意上学是为"找个好工作""读书改变命运"等目的;而更少持有为了"回报父母""为社会做贡献""上学是为祖国做贡献"等目的。认为"上学本身很有乐趣,没有别的目标",高中生中同意这一意见的比例低于初中生、小学生,并且所占比例不到1/3。

表8　中小学生的上学目的

单位：%

学段	上学目的	同意	不确定	不同意
小学生	找个好工作	61.3	13.6	25.0
	回报父母	73.6	8.7	17.6
	为社会做贡献	83.3	8.6	8.0
	上学本身很有乐趣,没有别的目标	41.5	16.1	42.4
	上学是为祖国做贡献	82.8	7.0	10.1
	没有目标,是父母让上学	14.4	8.1	77.4
	读书改变命运	68.5	12.8	18.7
初中生	找个好工作	67.6	12.7	19.8
	回报父母	69.9	10.8	19.3
	为社会做贡献	73.5	15.4	11.1
	上学本身很有乐趣,没有别的目标	37.6	22.4	40.0
	上学是为祖国做贡献	70.5	15.3	14.1
	没有目标,是父母让上学	16.6	11.6	71.8
	读书改变命运	78.9	10.2	10.9
高中生	找个好工作	75.2	10.4	14.5
	回报父母	69.4	11.3	19.2
	为社会做贡献	65.6	20.9	13.5
	上学本身很有乐趣,没有别的目标	30.2	25.4	44.4
	上学是为祖国做贡献	60.9	24.4	14.7
	没有目标,是父母让上学	16.4	10.9	72.7
	读书改变命运	79.2	11.4	9.5

续表

学段	上学目的	同意	不确定	不同意
总 体	找个好工作	68.0	12.2	19.8
	回报父母	71.0	10.3	18.7
	为社会做贡献	74.2	14.9	10.8
	上学本身很有乐趣,没有别的目标	36.4	21.3	42.3
	上学是为祖国做贡献	71.5	15.5	12.9
	没有目标,是父母让上学	15.7	10.2	74.0
	读书改变命运	75.4	11.5	13.1

2. 社团参与

表9是中小学生社团参与情况的调查结果,可以发现以下几点。第一,总体来看,约一半以上的中小学生参加了学校社团,占到了57.3%,并且多数学生是参加1~2个社团。

表9 中小学生社团参与情况

单位: %

分学段	0个	1个	2个	3个	3个以上
小学	34.9	35.4	14.4	5.1	10.2
初中	39.3	39.8	13.9	2.7	4.3
高中	54.0	33.4	8.9	1.4	2.3
总体	42.7	36.1	12.4	3.1	5.6

第二,小学生参加社团的比例高于初中生和高中生,三个学段的比例分别是65.1%、60.7%和46.0%。

3. 师生交流

表10报告了中小学生的师生交流情况,可以发现以下几点。

第一,近10%的中小学生几乎每天都会"主动找老师交流"。其中,小学生的比例(12.2%)高于初中生的比例(9.5%)和高中生的比例(7.2%)。但是,仍然有接近1/4的学生从来不主动找老师交流。其中,高中生的比例(23.7%)略高于初中生的比例(22.3%)和小学生的比例(22.1%)。由此可见,在与老师交流的主动性上,小学生高于初中生和高中生。

第二，约10%的中小学生在课外几乎每天都和老师交流。其中，小学生的比例（11.4%）和初中生的比例（11.6%）略高于高中生的比例（10.4%）。但是，仍然有接近1/4的学生从来不在课外与老师交流。其中，高中生的比例为19.7%，初中生的比例为22.8%，小学生的比例为28.4%。

第三，中小学生"主动找老师交流""课外与老师交流"，一学期交流1～2次的占到近1/4；一月1～2次的占了15%左右；一周1～3次的占到了约1/4。

第四，约1/4的中小学生从不"主动找老师交流"，从不在"课外与老师交流"。

表10　中小学生的师生交流情况

单位：%

分学段	师生交流	从不	一学期1～2次	一月1～2次	一周1次	一周2～3次	几乎每天都有
小学	主动找老师交流	22.1	24.7	13.3	11.8	15.9	12.2
	课外与老师交流	28.4	22.8	12.0	10.7	14.6	11.4
初中	主动找老师交流	22.3	23.4	17.4	10.8	16.7	9.5
	课外与老师交流	22.8	22.2	15.1	12.1	16.2	11.6
高中	主动找老师交流	23.7	29.5	17.3	9.9	12.5	7.2
	课外与老师交流	19.7	25.0	17.8	11.7	15.3	10.4
总体	主动找老师交流	22.7	25.9	16.0	10.8	15.0	9.6
	课外与老师交流	23.7	23.3	15.0	11.5	15.4	11.2

4. 校园欺凌

校园欺凌（School-bullying）是指发生在校园中恃强凌弱的行为，是儿童校园生活的重要方面，对儿童的身心健康都会造成负面的影响。它通常分为三个维度，即身体欺凌（Physical bullying）、语言欺凌（Verbal bullying）和关系欺凌（Relational bullying）。① 本调查以"被同学故意冲撞""同学用难听的绰号来称呼"以及"同学联合起来孤立的频率"代表校园欺凌的三个维度，即

① Olweus D. A Profile of Bullying at School. *Educational Leadership*, 2003.

分别代表身体欺凌、语言欺凌和关系欺凌三个问卷调查。调查结果如表 11 所示。

表 11　中小学生的校园欺凌情况

单位：%

分学段	欺凌类型	从不	一学期 1~2次	一月 1~2次	一周 1次	一周 2~3次	几乎每天 都有
小学	身体欺凌	43.8	27.3	9.7	5.6	6.2	7.4
	语言欺凌	47.1	18.3	6.3	4.8	7.7	15.7
	关系欺凌	69.6	16.8	4.1	3.3	1.4	4.9
初中	身体欺凌	44.7	28.2	10.3	4.6	5.7	6.6
	语言欺凌	49.7	18.9	7.0	3.6	6.3	14.5
	关系欺凌	82.1	6.2	4.1	2.3	2.1	3.2
高中	身体欺凌	68.5	20.6	4.9	1.5	1.6	3.3
	语言欺凌	68.1	14.6	3.7	1.8	3.2	8.5
	关系欺凌	92.3	4.8	0.6	0.0	1.3	1.0
总体	身体欺凌	52.3	25.2	8.3	3.9	4.5	5.8
	语言欺凌	54.9	17.3	5.7	3.4	5.8	12.9
	关系欺凌	80.7	9.6	3.0	2.0	1.6	3.1

第一，综合来看，近一半的中小学生遭遇过身体欺凌和语言欺凌。其中，身体欺凌的比例是 47.7%，语言欺凌的比例是 45.1%，近 20% 的中小学生遭遇过关系欺凌。

第二，小学生遭遇校园欺凌的比例高于初中生和高中生。从身体欺凌来看，小学生遭遇身体欺凌的比例为 56.2%，高于初中生的 55.3% 和高中生的 31.5%。从语言欺凌来看，小学生遭遇语言欺凌的比例为 52.9%，高于初中生的 50.3% 和高中生的 31.9%。从关系欺凌来看，小学生遭遇关系欺凌的比例为 30.4%，高于初中生的比例 17.9% 和高中生的比例 7.7%。

第三，值得注意的是，10% 左右的小学生和初中生经常遭遇身体欺凌（频率在一周 2~3 次及以上）；20% 左右的小学生和初中生经常遭遇语言欺凌（频率在一周 2~3 次及以上）；5% 左右的小学生和初中生经常遭遇关系欺凌（频率在一周 2~3 次及以上）。

（三）儿童放学后的时间安排

本部分将报告儿童放学后的时间分配，包括做家庭作业的时间、和朋友玩耍的时间、锻炼身体的时间、看课外书的时间、看电视的时间以及上网的时间六个方面，调查结果如表 12 所示。

表 12 中小学生放学后的时间分配情况

单位：%

学段	放学后的时间分配	几乎没有	0.5 个小时左右	1.0 个小时左右	1.5 个小时左右	2.0 个小时左右	2.5 个小时左右	3 个小时及以上
小学生	做家庭作业	4.4	24.2	28.2	15.8	12.8	7.2	7.3
	和朋友玩耍	54.6	16.9	12.4	4.6	3.9	2.2	5.3
	锻炼身体	29.2	32.6	21.5	6.5	4.2	2.1	3.9
	看课外书	13.7	30.9	27.3	10.1	8.0	3.1	6.7
	看电视	48.0	25.2	12.9	4.8	4.7	1.8	2.7
	上网	68.9	15.9	7.0	2.9	2.3	1.2	1.8
初中生	做家庭作业	3.9	5.6	16.5	19.5	23.2	15.7	15.7
	和朋友玩耍	61.4	16.4	8.0	3.3	3.0	1.6	6.4
	锻炼身体	44.2	31.2	14.1	3.4	3.3	1.3	2.6
	看课外书	30.1	34.2	20.4	5.3	4.1	1.2	4.7
	看电视	55.9	19.0	11.1	4.0	3.9	1.8	4.3
	上网	50.5	20.7	11.8	4.7	4.0	1.9	6.3
高中生	做家庭作业	6.1	3.5	9.4	8.6	16.6	14.6	41.2
	和朋友玩耍	66.0	13.6	8.8	2.6	2.5	1.1	5.3
	锻炼身体	61.8	23.8	8.9	2.3	1.3	0.3	1.6
	看课外书	46.5	29.2	13.1	3.6	3.5	0.5	3.6
	看电视	75.2	10.5	6.4	2.3	2.3	0.4	2.9
	上网	49.9	18.8	12.4	4.6	4.4	1.4	8.4
总体	做家庭作业	4.8	11.2	18.2	14.6	17.5	12.5	21.3
	和朋友玩耍	60.6	15.7	9.8	3.5	3.2	1.6	5.7
	锻炼身体	44.9	29.2	14.9	4.1	2.9	1.3	2.7
	看课外书	29.9	31.4	20.4	6.4	5.3	1.6	5.0
	看电视	59.5	18.3	10.2	3.7	3.7	1.3	3.3
	上网	56.6	18.4	10.4	4.1	3.5	1.5	5.4

第一，做家庭作业是中小学生放学后的常规项目，绝大多数中小学生都需要完成家庭作业。从做作业的时长来看，对小学生来说，一半左右的学生（52.4%）能在1个小时以内完成；近30%的小学生需要花费2个小时以上。对初中生来说，近1/4的学生（22.1%）能在1个小时内完成；一半以上（54.6%）的学生需要花费2个小时以上，其中15.7%的初中生需要花费3个小时及以上的时间来处理作业。对高中生来说，12.9%的学生能在1个小时内完成作业；72.4%的学生需要花费2个小时以上；41.2%的学生花费3个小时及以上来处理作业。

第二，超过一半的中小学生在放学后几乎没有和朋友玩耍的时间，这一比例在小学生中是54.6%，在初中生中为61.4%，在高中生中为66%。对于那些有时间和朋友玩耍的中小学生，大部分玩耍的时间都在一个小时以内。

第三，在放学后是否锻炼身体这一项上，小学生、初中生和高中生的差异较大。小学生放学后锻炼身体的比例约占70%，初中生占55%左右，但是高中生下降到了40%以下。这表示放学后锻炼身体这一项目，随着学段的上升而逐渐减少。

第四，放学后看课外书的比例，在小学生、初中生和高中生中也表现出明显的差异。高中生中，放学后几乎不看课外书的学生比例为46.5%，明显高于初中生的30.1%和小学生的13.7%。从时长来看，在看课外书的学生中，大部分看书的时长在1个小时以内，小学生看书的时间明显比初中生和高中生长。

第五，关于放学后看电视，有48%的小学生几乎不看电视，55.9%的初中生几乎不看电视，75.2%的高中生几乎不看电视。而在看电视的那部分学生中，大部分儿童看电视的时长集中在一个小时以内。

第六，关于放学后的上网行为，分别有31.1%的小学生、49.5%的初中学生、50.1%的高中学生放学后有上网行为。从时长看，在这些有上网行为的学生中，大部分都集中在一个小时以内，但是也有少数学生的上网时间在3个小时及以上，尤其是初中生（6.3%）和高中生（8.4%）。

综上来看，随着学段的升高，儿童放学后看课外书、锻炼身体、和朋友玩耍的时间越来越少，而做作业的时间越来越多。特别是对高中生来说，做作业占据了他们大部分的放学后时间。

（四）社会交往

1. 同伴交往

（1）同伴关系

同伴关系以儿童在同班、他班和校外的好朋友数量来代表，调查结果如表13所示，可以发现：总体来看，94.8%的中小学生在本班都有好朋友，88.1%的中小学生在他班也有好朋友，85.1%的中小学生在校外有好朋友。接近一半的小学生在本班的好朋友数量为6个及以上，这一比例到初中和高中逐渐下降，但是也仍然保持在30%以上。

表13　中小学生的同伴关系情况

单位：%

学段	同伴	0个	1个	2个	3个	4个	5个	6个及以上
小学生	同班好友	5.2	7.1	9.9	10.5	9.6	9.3	48.5
	其他班好友	12.8	10.8	13.1	11.0	8.8	6.5	37.0
	校外好友	14.0	12.9	13.7	12.4	10.2	5.8	31.0
初中生	同班好友	4.6	6.8	12.2	15.0	10.7	7.2	43.5
	其他班好友	12.7	10.0	13.4	12.0	6.7	4.2	41.1
	校外好友	16.6	13.5	16.4	11.3	7.0	3.0	32.1
高中生	同班好友	5.9	8.8	15.2	17.2	10.3	6.7	35.9
	其他班好友	10.3	9.8	13.9	12.6	6.6	5.3	41.6
	校外好友	14.0	13.2	15.0	12.8	6.4	3.6	34.9
总体	同班好友	5.2	7.6	12.4	14.2	10.2	7.7	42.6
	其他班好友	11.9	10.2	13.4	11.8	7.4	5.4	39.9
	校外好友	14.9	13.2	15.0	12.2	7.9	4.2	32.7

（2）同伴交往方式

关于同伴交往方式的调查结果如表14所示。其中，同伴交往方式包括一起出去、到对方家里去、打电话/发短信、通过网络联系（包括微信、QQ等），可以发现以下几点。

第一，通过网络与同伴交往已经成为初中生和高中生主要的方式，比例分别高达45.8%和51.7%。面对面的交往方式，包括一起出去或者到对方家里

去，开始退居二线，在初中生和高中生中的占比均为38.2%。

第二，对于小学生来说，面对面的交往仍然占据主流，占比为52.1%；但以网络作为主要方式进行联系的小学生比例也达到25.6%。

表14　同伴交往的最主要方式

单位：%

分学段	一起出去	到对方家里去	打电话/发短信	网络	其他
小学	34.70	17.40	9.20	25.60	13.10
初中	29.60	8.60	6.90	45.80	9.20
高中	33.90	4.30	4.80	51.70	5.30
总体	32.70	10.10	7.00	40.90	9.20

2. 邻里交往

关于中小学生邻里交往的情况，调查结果如表15所示，可以发现以下几点。

第一，15%左右的中小学生从来不和邻居说话。其中，高中生的比例为16.2%，高于初中生的13.8%和小学生的13.4%。

第二，32.9%的小学生经常和邻居说话，高于初中生的28.7%和高中生的19.7%。

表15　中小学生的邻里交往

单位：%

学段	从不	偶尔	有时	经常
小学	13.4	29.1	24.5	32.9
初中	13.8	32.4	25.1	28.7
高中	16.2	41.5	22.5	19.7
总体	14.5	34.3	24.1	27.1

3. 国际交往

关于中小学生国际交往的情况，调查结果如表16所示，可以发现以下几点。

第一，近一半的中小学生从来没有和外国人说过话。其中，小学生的比例为 44.7%，初中生的比例为 50.1%，高中生的比例为 44.2%。

第二，经常和外国人说话的中小学生的比例仅有 5.5%，其中小学生的比例为 8.5%，高于初中生的 4.5% 和高中生的 3.5%。

第三，近一半的中小学生偶尔或有时和外国人说话。其中，小学生的比例为 46.9%，初中生的比例为 45.5%，高中生的比例为 52.2%。

表 16　中小学生的国际交往情况

单位：%

学段	从不	偶尔	有时	经常
小学	44.7	30.3	16.6	8.5
初中	50.1	32.4	13.1	4.5
高中	44.2	40.0	12.2	3.5
总体	46.3	34.2	14.0	5.5

（五）校外教育参与

1. 校外活动

（1）校外主题活动

校外主题活动是指学生在校外参加诸如环境保护、社区服务、科学考察等方面的活动。中小学生参加主题活动的情况如表 17 所示，可以发现：超过半数的中小学生没有参加过校外主题活动。其中，39.9% 的小学生参加过校外主题活动，高于初中生的 31.3%；而高中生参加过校外主题活动的比例仅为 23.8%。此外，从参加主题活动的门类来看，多数集中在 1～2 门。

表 17　中小学生参与主题活动门类情况

单位：%

学段	主题活动						
	0 门	1 门	2 门	3 门	4 门	5 门	6 门及以上
小学	60.1	21.2	8.6	4.7	1.9	1.2	2.4
初中	68.7	17.9	6.0	3.4	1.4	0.9	1.7
高中	76.2	14.5	4.5	2.7	1.0	0.3	0.9
总体	68.3	17.9	6.4	3.6	1.4	0.8	1.7

（2）国内外营地活动

参加国内外营地活动的情况如表 18 所示。可以发现以下几点。第一，总体来看，34.2% 的中小学生参加过国内营地活动，12.8% 的中小学生参加过国外营地活动。

第二，小学生参加国内外营地活动的比例都明显高于初中生和高中生。其中，小学生参加过国内营地活动的比例高达 41.6%，高于初中生的 32.2% 和高中生的 28.7%；小学生参加国外营地活动的比例是 19%，高于初中生的 11% 和高中生的 8.1%。

表 18　国内外营地活动的参加情况

单位：%

学段	参加国内营地活动		参加国外营地活动	
	有	没有	有	没有
小学	41.6	58.4	19.0	81.0
初中	32.2	67.8	11.0	89.0
高中	28.7	71.3	8.1	91.9
总体	34.2	65.8	12.8	87.2

2．课外班

本调查将课外班分为兴趣班和补习班。其中，兴趣班是指学习机器人、舞蹈、钢琴等非学校考试内容的课外班；补习班是指学习数、理、化、生、政、史、地等学校考试内容的课外班。

（1）兴趣班

表 19 是中小学生参加兴趣班的门数情况。

第一，总体来看，近一半的中小学生都参加了兴趣班。其中，小学生的比例最高，达 60.8%；初中生的比例为 40.1%；高中阶段学生参加兴趣班的比例降到了 26.0%。

第二，从参加兴趣班的门数来看，小学生基本集中在 1～3 门；初中生集中在 1～2 门；高中生集中在 1 门。

表 19　中小学生参加兴趣班门类情况

单位：%

学段	0 门	1 门	2 门	3 门	4 门	5 门	6 门及以上
小学	39.2	29.6	15.2	8.7	3.4	1.4	2.5
初中	59.9	25.4	9.1	2.8	1.2	0.5	1.0
高中	74.0	19.4	4.3	1.1	0.4	0.1	0.8
总体	57.5	24.9	9.6	4.2	1.7	0.7	1.4

（2）补习班

表 20 是中小学生参加补习班的门数情况。

第一，总体来看，近一半的中小学生参加了补习班的学习。其中，小学生参加补习班的比例为 49.2%，初中生的比例为 51.7%，高中生的比例是 45.9%。

第二，从参加补习班的门数来看，小学生、初中生、高中生的门数基本集中在 1~3 门。

表 20　中小学生参加校外补习班的门数

单位：%

学段	0 门	1 门	2 门	3 门	4 门	5 门	6 门及以上
小学	50.8	24.9	11.9	7.3	1.6	1.6	1.9
初中	48.3	24.6	14.2	8.3	2.3	1.0	1.3
高中	54.1	21.4	13.1	5.0	2.4	1.2	2.8
总体	51.1	23.6	13.1	6.8	2.1	1.3	2.0

综上发现，小学生参加课外兴趣班和补习班的比例都较高；而随着学段的上升，初中生和高中生参加兴趣班的比例趋于下降，更多参加与学校考试内容相关的补习班。

（六）网络参与

本部分将报告儿童网络参与的调查结果，包括儿童上网设备（手机、电脑）的配备、拥有网络账号（QQ 号、微信号、论坛/博客）的情况以及使用网络的主要功能定位。结果如表 21、表 22 所示。

第一，综合来看，3/4 的中小学生拥有专用手机，过半的学生拥有专用电脑。其中，高中生拥有专用手机的比例达 89%，高于初中生的 77.1% 和小学生的 61.8%；高中生拥有专用电脑的比例是 59.1%，高于初中生的 55.4% 和小学生的 43.6%。

第二，综合来看，大部分中小学生都有 QQ 号和微信号，但明显高于拥有论坛/博客账号以及电邮的比例。具体来看，高中生拥有 QQ 号的比例达 97.7%，高于初中生的 93.1% 和小学生的 66.2%；高中生拥有微信号的比例为 84.6%，高于初中生的 69.6% 和小学生的 58.6%；高中生有论坛/博客账号的比例为 64.2%，高于初中生的 47.1% 和小学生的 24.9%；高中生拥有电邮的比例为 71.0%，高于初中生的 45.7% 和小学生的 21.7%。

表 21　中小学生的网络设备和账号

单位：%

学段	上网设备的配备		网络账号			
	专用手机	专用电脑	QQ 号	微信号	论坛/博客账号	电邮
小学	61.8	43.6	66.2	58.6	24.9	21.7
初中	77.1	55.4	93.1	69.6	47.1	45.7
高中	89.0	59.1	97.7	84.6	64.2	71.0
总体	75.9	52.7	85.5	70.9	45.3	46.1

表 22　中小学生使用网络的主要功能

单位：%

学段	休闲娱乐功能			学习功能:检索信息/查阅资料/做作业等	其他	不上或很少上网
	聊天或回帖等	看视频/玩游戏等	购物等			
小学	13.7	26.2	2.5	26.7	5.6	25.4
初中	22.7	36.6	2.7	22.3	6.7	9.1
高中	23.6	48.9	2.7	12.5	8.0	4.3
总体	19.9	37.1	2.6	20.5	6.7	13.0

第三，综合来看，中小学生上网主要用于休闲娱乐功能（聊天或回帖等、看视频/玩游戏等、购物等）的比例（59.6%）明显高于学习功能（检索信息/查阅资料/做作业等）的比例（20.5%）。其中，高中生用于休闲娱乐的比例

为 75.2%，明显高于初中生的 62% 和小学生的 42.4%；高中生用于学习的比例为 12.5%，明显低于初中生的 22.3% 和小学生的 26.7%。

（七）公共参与

1. 信心

儿童参与公共事务的信心是指儿童"是否有信心通过自己的努力改善公共生活状况"。调查结果如表 23 所示，可以发现以下几点。

第一，大部分中小学生都表示完全有信心或比较有信心通过自己的努力改善公共生活，这一比例占到 71.2%。

第二，小学生表示有信心的比例达 83.9%，明显高于初中生的 70.8% 和高中生的 58.5%。其中，近半的高中生（41.6%）表示比较没信心或完全没信心通过自己的努力改善公共生活状况。

表 23　中小学生参与公共事务的信心

单位：%

学段	完全有信心	比较有信心	比较没信心	完全没信心
小学	39.5	44.4	11.0	5.1
初中	23.7	47.1	21.4	7.7
高中	14.4	44.1	33.4	8.2
总体	26.0	45.2	21.9	7.0

2. 兴趣

公共参与的兴趣是指儿童对本地社会问题、中国社会问题、国际政治问题、环境问题以及努力改善公共生活的兴趣。将各项加总为综合指数（Cronbach 信度系数为 0.870），可以代表儿童公共参与兴趣的综合情况，结果如表 24 所示。

第一，比较各项公共事务，"环境问题"成为中小学生最感兴趣的公共事务，有 69% 的中小学生表示感兴趣，31% 的学生表示不感兴趣。其后，中小学生感兴趣的公共事务依次是"中国社会问题"（63.4%）、"国际政治问题"（57.7%）、"本地社会问题"（53.5%）。

第二，比较中小学生，高中生对"本地社会问题""国际政治问题""中

国社会问题""环境问题"感兴趣的比例高于初中生、小学生。但是在问及
"是否有兴趣努力改善公共生活"时，却表现出相反的方向。高中生对于努力
改善公共生活感兴趣的比例（54.2%）低于初中生的比例（58.1%）和小学
生的比例（65.3%）。

表24 中小学生对公共事务的兴趣

单位：%

分学段	综合指数	本地社会问题		中国社会问题		国际政治问题		环境问题		是否有兴趣努力改善公共生活	
		不感兴趣	感兴趣	不感兴趣	感兴趣	不感兴趣	感兴趣	不感兴趣	感兴趣	不感兴趣	感兴趣
小学	14.32	48.0	51.9	40.3	59.7	46.5	53.5	30.0	70.0	34.6	65.3
初中	14.09	47.9	52.0	39.6	60.4	44.9	55.0	34.1	65.9	41.9	58.1
高中	14.33	43.4	56.6	29.9	70.1	35.5	64.4	28.9	71.1	45.8	54.2
总体	14.05	46.5	53.5	36.6	63.4	42.3	57.7	31.0	69.0	40.8	59.2

3. 行为

本部分报告儿童参与公共事务行为的调查结果。在这里，儿童参与公务事务的行为包括看电视新闻、阅读报纸新闻、看网络新闻、志愿者活动、捐款、努力改善公共生活。将各项加总为综合指数（Cronbach 信度系数为0.789），可以代表儿童的公共参与行为的综合情况。调查结果如表25所示，可以发现以下几点。

第一，综合来看，有26.7%的中小学生从来不看电视新闻，有43.2%的学生从来不看报纸新闻，有28.8%的中小学生从来不看网络新闻；但也有15.2%的中小学生每天都会看电视新闻，9.8%的中小学生每天都会看报纸新闻和18.1%的中小学生每天都会看网络新闻。

第二，52.0%的儿童当过志愿者；73.9%的中小学生捐过款；54%的中小学生表示曾经努力改善公共生活。

第三，高中生的公共参与综合指数高于初中生和小学生，这表示高中生比初中生和小学生更多地参与公共事务。

表 25　小学生参与公共事务的行为

单位：%

学段	类别	从不或几乎不	每年做	每月做	每周做	每天做	综合指数
小学生	看电视新闻	33.5	17.3	11.1	21.1	17.0	13.47
	阅读报纸新闻	47.1	17.3	11.3	12.9	11.4	
	看网络新闻	44.3	17.8	11.9	14.6	11.5	
	志愿者活动	44.5	29.0	11.9	—	—	
	捐款	33.8	43.0	11.9	—	—	
	努力改善公共生活	42.0	27.7	12.5	7.9	9.9	
初中生	看电视新闻	28.0	14.5	14.6	27.5	15.3	14.10
	阅读报纸新闻	43.5	16.6	14.3	15.5	10.0	
	看网络新闻	28.4	16.0	12.5	24.4	18.7	
	志愿者活动	47.5	28.5	11.6	—	—	
	捐款	29.8	49.6	10.4	—	—	
	努力改善公共生活	43.6	27.5	12.4	8.9	7.6	
高中生	看电视新闻	18.2	11.9	18.5	38.0	13.3	14.58
	阅读报纸新闻	38.8	15.1	17.5	20.6	8.0	
	看网络新闻	13.3	10.1	13.0	39.6	24.1	
	志愿者活动	52.1	33.8	7.0	—	—	
	捐款	26.1	61.4	7.3	—	—	
	努力改善公共生活	52.3	27.2	9.6	5.8	5.1	
总体	看电视新闻	26.7	14.6	14.7	28.8	15.2	14.05
	阅读报纸新闻	43.2	16.3	14.3	16.3	9.8	
	看网络新闻	28.8	14.6	12.4	26.1	18.1	
	志愿者活动	48.0	30.4	10.2	—	—	
	捐款	26.1	61.4	7.3	—	—	
	努力改善公共生活	46.0	27.5	11.5	7.5	7.6	

六　总结和讨论

（一）在家庭参与方面，分为"亲子沟通""亲子活动""家务参与""家庭财务参与"四个方面来报告数据。首先"亲子沟通"的话题在各个学段均

表现出一些倾向，譬如关于"生命和死亡"、关于"什么是爱"的话题，有近半数的学生报告亲子之间从不沟通，各学段的平均比例也达到47.8%。其他诸如"父母的工作""交朋友""用钱"这一类话题，亲子沟通的频率也很低。在"亲子活动"方面，诸如"国外旅游""看演出""参观博物馆等"一类的活动频率很低。而诸如"看电视"这类活动的频率更高。在"家务参与"方面，关于做家务的理由，有近半数学生报告是"为了锻炼您"，做家务的频率随着学段提高也逐渐降低。在"家庭财务参与"方面，各学段儿童对于家庭的收入来源、主要支出都有清楚的了解。

（二）在学校参与方面，分为"上学目的""社团参与""师生交流""校园欺凌"四个方面来报告数据。其中，关于"上学目的"，一些个人取向的目的，诸如"找个好工作""读书改变命运"以及"回报父母"与一些社会取向的目的，诸如"为社会做贡献""上学是为祖国做贡献"，都有较高的得分。可以认为，这是儿童关于上学目的的两类主要认识。同时，"上学本身很有乐趣，没有别的目标"，在各个学段上的得分都较低。关于"社团参与"，结果表明随着学段升高，不参与校内社团的学生比例在升高，各学段平均也有42.7%的学生不参加校内社团。

（三）在儿童放学后生活方面，分为"做家庭作业""和朋友玩耍""锻炼身体""看课外书""看电视"以及"上网"六个观察项目。其中，在小学、初中和高中三个学段，均有过半数的儿童，在放学后几乎没有"和朋友玩耍"。对于儿童发展十分重要的"锻炼身体""看课外书"等活动内容，也有相当大比例的缺失。此外，有相当数量的儿童报告，在放学后几乎没有"看电视"和"上网"的时间。

（四）在社会交往方面，分为"同伴交往""邻里交往"以及"国际交往"三个方面来报告数据。其中，儿童的"同伴交往对象"主要是在校内。更具体地说，儿童的同伴交往对象，主要是在班级内。在儿童的"同伴交往方式"当中，有相当大比例是以网络作为首要的方式。关于"邻里交往"，随着学段的增高，频率递减。关于"国际交往"，各个学段的交往频率都较低。

（五）在校外教育参与方面，分为"校外活动""课外班"两个方面来报告数据。其中，"校外主题活动"在各学段的参与程度均较低。对"国内营地活动"和"国外营地活动"的参与，均随着学段的递增而逐渐减少。在"课外班"方面,"兴趣班"的门类随着学段递增而递减。但是,小学生和初中生,都有极大比例的参与。关于"补习班",在小学、初中、高中三个学段,均有近半数的学生参与,学段之间的变化不明显。

(六)在网络参与方面,分为"上网设备的配备""网络账号""主要功能"三个观察项目。其中,各个学段的"上网设备配备"比例均较高。其中,手机和电脑的配备比例,也随着学段增高逐渐增大。关于"网络账号","QQ号"的占有比例最大,其次为"微信号"。在网络的主要功能定位方面,"学习功能"的占比较高,但是最高的仍是"看视频/玩游戏等"。

(七)在公共参与方面,区分为公共参与的"信心""兴趣"和"行为"三个方面来报告数据。其中,公共参与的"信心"随着学段升高而递减。关于公共参与的"兴趣",各学段学生对于"本地社会问题""中国社会问题"以及"国际政治问题"等,均有相当大的比例报告不感兴趣。关于公共参与的"行为"方面,高中生的参与综合指数要高于小学生和初中生。值得注意的是,有近半数的学生报告从未有"努力改善公共生活"的行为。

上述研究发现尽管内容繁杂,但是仍表现出一些共同的趋向,譬如:中国儿童在一些重要的主题上参与得较少,较多使用非面对面的参与方式。这表明儿童参与的主题和方式,均有进行行动干预的空间。又譬如,无论是参与的主题还是参与的方式,随着学段升高,都有较大程度的变化。这表明关于儿童参与的干预,还需要针对学段做更精准的分析。

B.3
不同群体的儿童参与：性别、
同胞结构和学校差异的比较*

周金燕　邹　雪**

摘　要： 在中国儿童参与进行调查的数据基础上，采用统计假设检验方法，分性别、同胞结构和学校质量，对儿童参与情况进行了差异分析。其中，儿童参与的内容包括儿童的家庭经历、放学后时间分配、学校参与、校外教育、社会交往、网络参与、公共参与等方面。调查发现，女生和男生之间，独生子女和非独生子女之间，以及优质学校和普通学校之间，在家庭、学校、校外乃至网络和公共参与中都表现出不同程度的差异。

关键词： 儿童参与　差异分析　性别　同胞结构

本文将报告不同人口特征、学校特征儿童的参与差异。人口特征包括性别特征和同胞特征（即是否独生）；学校特征指学校质量的特征，并将学校分为优质和普通两类。依照儿童参与的分类框架，分七个方面报告儿童参与的差异：一是家庭经历的差异；二是放学后生活的差异；三是学校参与的差异；四是校外教育的差异；五是社会交往的差异；六是网络参与的差异；七是公共参与的差异。

根据变量类型特征，差异检验方法采用了独立样本 T 检验、F 检验和卡方检验三种假设检验方法。其中，独立样本 T 检验是比较两个相互独立样本的平

---

* 本文系国家自然科学基金青年项目（项目号：71403025）成果之一。

** 周金燕，北京师范大学教育学部教育经济研究所；邹雪，重庆市教育科学研究院。

均数与总体间的差异显著性；F 检验是方差分析中比较三个及以上样本均数差异的显著性检验；卡方检验是无序分类变量统计推断中的常用方法，主要是比较两个及以上样本分布的一致性状况。

一　男孩和女孩的参与差异

（一）家庭经历的差异

本部分将报告家庭经历的性别差异。家庭经历的内容包括亲子沟通、亲子活动以及家庭参与三个方面。

1. 亲子沟通的差异

亲子沟通是指父母与儿童日常沟通的广度及频率，沟通内容包括学习、心情、交友、父母工作、合理用钱、什么是爱、生命和死亡以及社会新闻、时政、国家大事等。这 8 个项目可综合成亲子沟通指数（Cronbach 信度系数为 0.77），用以代表亲子沟通的总体情况。

表 1 是男孩和女孩的亲子沟通差异结果，可以发现以下几点。第一，综合来看，男孩和女孩的亲子沟通存在显著差异。与男孩相比，女孩和父母的沟通频率更高，并达到了 1% 的显著性水平。第二，具体到沟通内容，女孩和父母沟通学习、心情、交友等内容的频率显著高于男孩；但有关花钱的沟通上，却显著低于男孩。其他项目如爱、生死、工作和时政等方面的内容沟通上并未表现出显著的性别差异。

表 1　亲子沟通的性别差异

性别	亲子沟通指数	亲子沟通内容							
		学习	心情	交友	工作	花钱	爱	生死	时政
男	27.46	4.84	3.70	3.20	3.17	3.58	2.93	2.40	3.73
女	27.76	4.92	3.94	3.33	3.12	3.50	2.92	2.34	3.71
均值差	-0.302** (0.002)	-0.075* (0.025)	-0.241*** (0.000)	-0.135** (0.002)	0.049 (0.247)	0.085* (0.046)	0.009 (0.827)	0.055 (0.152)	0.022 (0.605)

注：表中数字为量表分值，后续表格数字类同。括号内是显著性系数；* 表示在 0.05 水平上显著，** 表示在 0.01 水平上显著，*** 表示在 0.001 水平上显著。

2. 亲子活动的差异

亲子活动是指父母在儿童学习和日常生活中的参与表现，包含和父母一起看电视、父母辅导学习、一起运动健身、看演出、参观博物馆/艺术馆/展览馆等、国内旅游、国外旅游 7 个项目的频率。

统计结果如表 2 所示，可以发现以下几点。第一，女孩和父母一起看电视的频率显著高于男孩；但在父母辅导学习、国内旅游、国外旅游等亲子活动项目上，却显著低于男孩。第二，运动健身、看演出、参观博物馆等亲子活动项目，并没有表现出显著的性别差异，尽管各项平均值中男孩的亲子频率要高于女孩的亲子频率。

表 2 亲子活动的性别差异

性别	一起看电视	辅导学习	运动健身	看演出	参观博物馆等	国内旅游	国外旅游
男	4.01	3.71	3.38	2.28	2.26	2.05	1.52
女	4.21	3.60	3.34	2.26	2.24	1.99	1.42
均值差	− 0.194 *** (0.000)	0.112 * (0.018)	0.038 (0.380)	0.018 (0.589)	0.021 (0.472)	0.054 * (0.028)	0.101 *** (0.000)

注：括号内是显著性系数；* 表示在 0.05 水平上显著，** 表示在 0.01 水平上显著，*** 表示在 0.001 水平上显著。

3. 家庭参与的差异

家庭参与包括家务参与、家庭财务参与、家庭决策参与三个方面。其中，家务参与是指儿童平时在家里做家务的多少；家庭财务参与是指儿童对家庭财务收支来源的了解程度；家庭决策参与是指儿童对家庭重要决策的参与程度。

统计结果如表 3 所示，可以发现以下几点。第一，家务参与、家庭财务参与的性别差异都并不显著。这表示女孩做家务的频率并不显著高于男孩；并且，在家庭财务参与上，女孩和男孩之间也并无显著差异。第二，男孩和女孩参与家庭决策上存在显著差异。女孩的家庭决策参与度显著高于男孩，表示女孩比男孩更多地参与到家庭决策中。

表3　男孩和女孩的家庭参与差异

性别	家庭参与		
	家务参与	家庭财务参与	家庭决策参与
男	3.20	2.80	3.25
女	3.23	2.78	3.31
均值差	−0.238 (0.716)	0.026 (0.177)	−0.054 ** (0.003)

注：括号内是显著性系数；* 表示在 0.05 水平上显著，** 表示在 0.01 水平上显著，*** 表示在 0.001 水平上显著。

（二）放学后的时间分配

放学后的安排包括两方面：一是儿童安排放学后时间的自主性程度；二是儿童放学后的时间安排，包括做家庭作业、和朋友玩、锻炼身体、看课外书、看电视和上网六个方面的时间。

统计结果如表4所示，可以发现以下几点。第一，男孩和女孩的放学后自主性存在显著差异。女孩安排放学后的自主性程度显著高于男孩。第二，具体到各项放学后安排，女孩做家庭作业的时间显著高于男孩，而在和朋友玩的时间、锻炼身体的时间、上网的时间等项目上显著低于男孩。这表示放学后女孩更多地去做家庭作业；而男孩是更多地去和朋友玩、锻炼身体和上网。此外，男孩、女孩放学后看课外书、看电视的时间并没有出现显著的性别差异。

表4　男孩和女孩的放学后时间分配差异

性别	放学后 自主性	放学后的时间分配					
		做家庭作业	和朋友玩	锻炼身体	看课外书	看电视	上网
男	3.28	4.39	2.14	2.23	2.49	1.92	2.13
女	3.35	4.63	1.88	1.89	2.52	1.89	1.99
均值差	−0.071 *** (0.000)	−0.238 ** (0.000)	0.267 *** (0.000)	0.336 *** (0.000)	−0.035 (0.304)	0.031 (0.325)	0.134 *** (0.000)

注：括号内是显著性系数；* 表示在 0.05 水平上显著，** 表示在 0.01 水平上显著，*** 表示在 0.001 水平上显著。

（三）学校参与的差异

学校参与包括学生的上学方式（走读/住宿）、社团参与、师生交流、校园欺凌四个方面。其中，校园欺凌由语言欺凌（同学用难听的绰号来称呼）、行为欺凌（被同学故意冲撞）和关系欺凌（同学联合起来孤立）三个指标来衡量，用因子分析方法综合而成，数值越高表示受欺凌的程度越严重。

统计结果如表5所示，可以发现以下几点。第一，男孩的走读比例显著高于女孩。第二，男孩比女孩更少参与学校的社团，但更多遭遇校园欺凌，并且这一差异表现显著。第三，在师生交流的频率上，男孩和女孩之间并无显著差异。

表5　男孩和女孩的学校参与差异

性别	走读/住宿（%）	社团参与	师生交流	校园欺凌
男	74.7/25.3	1.90	6.02	7.76
女	71.1/28.9	1.95	6.05	6.90
均值差	3.6% *** (0.000)	- 0.045 * (0.055)	- 0.029 (0.657)	0.855 *** (0.000)

注：括号内是显著性系数；* 表示在 0.05 水平上显著，** 表示在 0.01 水平上显著，*** 表示在 0.001 水平上显著。

（四）校外教育的差异

校外教育包括校外活动和课外班两部分。校外活动包括国内、国外营地活动（如夏令营、冬令营、游学活动等）、校外主题活动（例如环境保护、社区服务、科学考察等）三个方面。课外班是指这学期儿童参加课外兴趣班的数量和频率、参加课外补习班的数量和频率。其中，兴趣班是指如机器人、舞蹈、钢琴等非学校考试内容的课外班；而补习班是指如数、理、化、生、政、史、地等学校考试内容的补习课外班。统计结果如表6所示，可以发现以下几点。第一，男孩和女孩在参加校外活动（国内营地活动、国外营地活动、主题活动）上，并没有表现出显著差异。虽然男孩参加国外营地、校外主题活动的频率和门类都高于女孩，但这种差异并未能通过显著性检验。而女孩参加国内营地活动的比例也高于男孩，但差异也并不显著。第二，男孩和女孩在校外兴趣班的参与上表现出显著差异。女孩上兴趣班的门类和频率都显著高于男孩；但在补习班参与上两者并无显著差异。

表6　男孩和女孩的校外教育差异

性别	校外活动						课外班			
	国内营地		国外营地		主题活动		兴趣班		补习班	
	参加（%）	不参加（%）	参加（%）	不参加（%）	门类	频率	门类	频率	门类	频率
男	33.9	66.1	12.4	87.6	1.62	1.60	1.71	1.81	1.98	2.07
女	34.5	65.5	13.0	87.0	1.60	1.59	1.79	1.92	1.96	2.06
均值差	−0.6%（0.546）		−0.6%（0.410）		0.023（0.368）	0.018（0.504）	−0.088***（0.000）	−0.112***（0.001）	0.026（0.388）	0.010（0.790）

注：括号内是显著性系数；* 表示在 0.05 水平上显著，** 表示在 0.01 水平上显著，*** 表示在 0.001 水平上显著。

（五）社会交往的差异

社会交往的内容包括同伴交往、邻里交往和国际交往。同伴交往包括好朋友数量（同班、其他班级、校外好友）；同伴交往方式包括和同伴经常出门交往或到对方家里去的频率和使用电话、微信、QQ 等方式联系朋友的频率。邻里交往是指和邻居交往的频率；国际交往是指和外国人交往的频率。

统计结果如表7所示，可以发现以下几点。第一，同伴交往中，男孩在同班、他班或者校外的好朋友数量都显著多于女孩，并且出门一起玩或者到对方家里玩的频率也显著高于女孩；但是女孩用电话或网络的方式交往的频率显著高于男孩。第二，邻里交往中，女孩和邻居交往的频率显著高于男孩；但国际交往上，女孩和男孩并无显著差异。

（六）网络参与的差异

网络参与考察儿童的上网情况，包含四个方面的指标：一是校外上网时间；二是各类网络账号的拥有（包括 QQ 号、微信号、论坛或博客账号、E－mail）；三是上网设备的配备，包括是否拥有一部上网手机、是否拥有一部

表7　男孩和女孩的社会交往差异

性别	同伴交往					邻里交往	国际交往
	好朋友数量			交往方式和频率			
	同班	他班	校外	出门交往	电话/网络		
男	5.30	4.75	4.40	2.98	4.22	2.56	1.77
女	4.92	4.62	4.18	2.75	4.36	2.71	1.80
均值差	0.377 *** (0.000)	0.121 * (0.011)	0.216 *** (0.000)	0.235 *** (0.000)	−0.135 *** (0.000)	−0.145 *** (0.000)	−0.026 (0.172)

注：表中数字为量表分值，括号内是显著性系数；* 表示在 0.05 水平上显著，** 表示在 0.01 水平上显著，*** 表示在 0.001 水平上显著。

可以上网并且专门供其使用的电脑两个指标；四是上网功能，分为偏学习和偏娱乐两类，其值越大表示更多用来学习而非娱乐。

统计结果如表8所示，可以发现以下几点。第一，男孩的上网时间显著高于女孩；在使用网络的学习功能上，也显著高于女孩。第二，从上网设备的配备上看，女孩拥有手机、电脑的比例都显著高于男孩。第三，从网络账号上看，女孩拥有微信账号和 E－mail 的比例显著高于男孩。

表8　男孩和女孩的网络参与差异

性别	放学后上网时间	上网设备		上网账号				上网功能
		手机	电脑	QQ 号	微信号	论坛/博客	E－mail	
		有/没有 （%）	有/没有 （%）	有/没有 （%）	有/没有 （%）	有/没有 （%）	有/没有 （%）	学习/娱乐 （%）
男	2.13	74.7/25.3	50.4/49.6	85.7/14.3	69.6/30.4	45.8/54.2	43.6/56.4	27.1/72.9
女	1.99	77.1/22.9	55.2/44.8	85.3/14.7	72.0/28.0	44.7/55.3	48.9/51.1	19.7/80.3
均值差	0.134 *** (0.000)	−2.4 ** (0.008)	−4.8 *** (0.000)	−0.6 (0.595)	−2.4 * (0.015)	1.1 (0.323)	−5.3 *** (0.000)	7.4 *** (0.000)

注：括号内是显著性系数；* 表示在 0.05 水平上显著，** 表示在 0.01 水平上显著，*** 表示在 0.001 水平上显著。

（七）公共参与的差异

公共参与兴趣是指儿童对各类公共问题（包括本地社会问题、中国社会问题、国际政治问题、环境问题）的兴趣程度，以及自己参与改善这些公共问题的兴趣程度。对这些项目进行综合，得到公共参与兴趣指数（Cronbach信度系数为0.870）。

统计结果如表9所示，发现男孩和女孩的公共参与兴趣存在显著差异，即男孩的公共参与兴趣显著高于女孩，表示男孩比女孩对公共问题更感兴趣。具体到各个项目，无论是针对本地社会问题、中国社会问题、国际政治问题、环境问题还是通过自己努力改善公共生活的兴趣，男孩的兴趣都显著高于女孩。

表9 男孩和女孩的公共参与兴趣差异

性别	公共参与兴趣指数	具体项目				
		本地社会问题	中国社会问题	国际政治问题	环境问题	通过自己努力改善公共生活
男	14.58	2.81	2.96	2.87	3.01	2.83
女	13.96	2.65	2.81	2.70	2.97	2.78
均值差	0.618 *** (0.000)	0.154 *** (0.000)	0.148 *** (0.000)	0.162 *** (0.000)	0.043 * (0.035)	0.053 * (0.015)

注：括号内是显著性系数；* 表示在0.05水平上显著，** 表示在0.01水平上显著，*** 表示在0.001水平上显著。

公共参与行为是指儿童参与各类公共事务的频率，包括看电视了解国内国际新闻，阅读报纸了解国内国际新闻，使用网络了解国内国际新闻，从事志愿者活动如学雷锋、义务讲解员等各类公益活动，捐款援助身边有困难的同学、援助灾区等，通过自己的努力改善某一方面的公共生活的状况六个方面。综合后得到儿童的公共参与行为指数（Cronbach信度系数为0.721），代表儿童公共参与行为的综合情况。

统计结果如表10所示，男孩和女孩的公共参与行为存在显著差异。综合来看，男孩的公共参与行为指数显著高于女孩，表示男孩比女孩更多参与到公共事务中。具体到公共参与行为，男孩在读报纸新闻、当志愿者、捐款以及改善公共生活的努力等方面都显著高于女孩；但在看网络新闻的频率上显著低于女孩。

表 10 男孩和女孩的公共参与行为差异

性别	公共参与行为指数	具体的公共参与行为					
		看电视新闻	阅读报纸新闻	看网络新闻	当志愿者	捐款	改善公共生活的努力
男	14.21	2.93	2.38	2.86	1.96	2.04	2.08
女	13.90	2.90	2.29	2.94	1.84	2.00	1.99
均值差	0.306 ** (0.010)	0.035 (0.262)	0.094 ** (0.002)	− 0.081 * (0.012)	0.116 *** (0.000)	0.044 * (0.034)	0.092 *** (0.001)

注：括号内是显著性系数；* 表示在 0.05 水平上显著，** 表示在 0.01 水平上显著，*** 表示在 0.001 水平上显著。

二 独生子女和非独生子女的参与差异

（一）家庭经历的差异

1. 亲子沟通的差异

亲子沟通指父母与儿童日常沟通的广度及频率，包括学习、心情、怎么交朋友、父母工作、合理用钱、什么是爱、生命和死亡以及社会新闻、时政、国家大事等方面内容的沟通。

统计结果如表 11 所示，可以发现以下几点。第一，综合来看，独生子女和非独生子女的亲子沟通存在显著差异。与非独生子女相比，独生子女和父母沟通的频率更高，通过了 0.1% 的显著性水平。第二，具体到沟通内容，独生子女和父母沟通学习、心情、时政的频率显著高于非独生子女；但有关花钱的沟通上，却显著低于非独生子女。其他项目，如交友、工作、爱和生死等方面的内容沟通并无表现出显著差异。

2. 亲子活动的差异

亲子活动指父母在儿童学习和日常生活中的参与表现，包含和父母一起看电视、父母辅导学习、运动健身、外出观看演出、参观博物馆/艺术馆/展览馆等、国内旅游、国外旅游。

统计结果如表 12 所示，可以发现以下几点。第一，非独生子女和父母一

表 11　独生子女和非独生子女的亲子沟通差异

同胞情况	亲子沟通指数	亲子沟通内容							
		学习	心情	交友	工作	花钱	爱	生死	时政
独生子女	28.05	4.97	4.05	3.29	3.17	3.47	2.92	2.37	3.85
非独生子女	27.22	4.80	3.62	3.25	3.12	3.61	2.93	2.37	3.60
均值差	0.832 *** (0.000)	0.178 *** (0.000)	0.429 *** (0.000)	0.046 (0.284)	0.055 (0.191)	−0.138 *** (0.001)	−0.006 (0.883)	0.000 (0.984)	0.250 *** (0.000)

注：括号内是显著性系数；* 表示在 0.05 水平上显著，** 表示在 0.01 水平上显著，*** 表示在 0.001 水平上显著。

起看电视的频率显著高于独生子女；但在看演出、参观博物馆等、国内旅游亲子活动项目上，却显著低于独生子女。第二，独生子女和非独生子女在父母辅导学习、运动健身、国外旅游亲子活动项目中，并没有表现出显著差异，尽管各项平均值中独生子女的亲子活动频率要高于非独生子女。

表 12　独生子女和非独生子女的亲子活动差异

同胞情况	看电视	辅导学习	运动健身	看演出	参观博物馆等	国内旅游	国外旅游
独生子女	4.03	3.68	3.37	2.30	2.29	2.07	1.49
非独生子女	4.20	3.62	3.35	2.23	2.21	1.97	1.46
均值差	−0.174 *** (0.000)	0.059 (0.209)	0.019 (0.667)	0.067 * (0.041)	0.080 ** (0.008)	0.093 *** (0.000)	0.031 (0.181)

注：括号内是显著性系数；* 表示在 0.05 水平上显著，** 表示在 0.01 水平上显著，*** 表示在 0.001 水平上显著。

3. 家庭参与的差异

家庭参与包括家务参与、家庭财务参与、家庭决策参与。统计结果如表 13 所示，可以发现以下几点。第一，独生子女和非独生子女在家务参与、家庭财务参与上都存在显著差异，即非独生子女的家务参与程度显著高于独生子女；但在家庭财务参与上显著低于独生子女。第二，独生子女和非独生子女在家庭决策参与上没有表现出显著差异。

表 13　独生子女和非独生子女的家庭参与差异

同胞情况	家务参与	家庭财务参与	家庭决策参与
独生子女	3.05	2.84	3.27
非独生子女	3.36	2.74	3.30
均值差	− 0.316 *** (0.000)	0.105 *** (0.000)	− 0.030 (0.100)

注：括号内是显著性系数；* 表示在 0.05 水平上显著，** 表示在 0.01 水平上显著，*** 表示在 0.001 水平上显著。

（二）放学后的时间分配

本部分将报告独生子女和非独生子女放学后生活的差异。包括两方面：一是在安排放学后生活的自主性上的差异；二是放学后时间安排的差异。

如表 14 所示，可以发现以下几点。第一，独生子女和非独生子女在安排放学后的自主性上存在显著差异，即独生子女安排放学后的自主性程度显著低于非独生子女。表示与非独生子女相比，独生子女在放学后时间的安排上有更少的自主权。

第二，具体到放学后的各项时间安排，独生子女做家庭作业的时间显著高于非独生子女；但在和朋友玩、锻炼身体、看课外书、看电视上都显著低于非独生子女。这表示放学后独生子女更多的时间去做家庭作业；而非独生子女能更多和朋友玩、锻炼身体和看电视。此外，独生子女和非独生子女在上网时间上并没有表现出显著差异。

表 14　独生子女和非独生子女的放学后时间分配差异

同胞情况	放学后 自主性	放学后的时间分配					
		做家庭作业	和朋友玩	锻炼身体	看课外书	看电视	上网
独生子女	3.29	4.65	1.88	1.95	2.40	1.77	2.05
非独生子女	3.34	4.39	2.12	2.15	2.61	2.03	2.07
均值差	− 0.043 * (0.032)	0.261 *** (0.000)	− 0.234 *** (0.000)	− 0.203 *** (0.000)	− 0.210 *** (0.000)	− 0.267 *** (0.000)	− 0.029 (0.413)

注：括号内是显著性系数；* 表示在 0.05 水平上显著，** 表示在 0.01 水平上显著，*** 表示在 0.001 水平上显著。

（三）学校参与的差异

学校参与包括学生的上学方式（走读/住宿）、社团参与、师生交流、校园欺凌四个方面。如表15所示，可以发现以下几点。第一，独生子女比非独生子女更少参与学校的社团活动，但也更少遭遇校园欺凌，并都通过显著性水平检验。第二，在上学方式（走读或者住宿）和师生交流上，独生子女和非独生子女之间并未表现出显著差异。

表15　独生子女和非独生子女的学校参与差异

同胞情况	走读/住宿（%）	社团参与	师生交流	校园欺凌
独生子女	72.6/27.4	1.89	6.03	7.18
非独生子女	72.8/27.2	1.96	6.06	7.44
均值差	−0.8%	−0.071 **	−0.025	−0.255 ***
	(0.834)	(0.002)	(0.701)	(0.000)

注：括号内是显著性系数；* 表示在 0.05 水平上显著，** 表示在 0.01 水平上显著，*** 表示在 0.001 水平上显著。

（四）校外教育的差异

校外教育包括校外活动和课外班两部分。其中，校外活动指校外主题活动（例如环境保护、社区服务、科学考察等活动）及国内、国外营地活动（如夏令营、冬令营、游学活动等）；课外班包括课外兴趣班（指机器人、舞蹈、钢琴等非学校考试内容的课外班）和补习课外班（如数、理、化、生、政、史、地等学校考试内容的补习班）。

如表16所示，可以发现以下几点。第一，独生子女在参加国内营地活动、校外主题活动的门类和频率上都显著高于非独生子女；但两者在国外营地活动上没有显著差异。

第二，独生子女上补习班的门类和频次都显著高于非独生子女；但在上兴趣班的门类和频率上两者的差异并不显著。

（五）社会交往的差异

社会交往包括同伴交往（好朋友数量、交往方式）、邻里交往和国际交往。统计结果如表17所示，可以发现以下几点。

表16　独生子女和非独生子女的校外教育差异

同胞情况	校外活动						课外班			
	国内营地		国外营地		主题活动		兴趣班		补习班	
	参加（%）	不参加（%）	参加（%）	不参加（%）	门类	频率	门类	频率	门类	频率
独生子女	37.1	62.9	13.1	86.9	1.66	1.63	1.77	1.89	2.14	2.27
非独生子女	31.5	68.5	12.4	87.6	1.56	1.56	1.74	1.84	1.82	1.89
均值差	5.6%*** (0.000)		0.7% (0.306)		0.099*** (0.000)	0.072** (0.007)	0.037 (0.143)	0.045 (0.168)	0.321*** (0.000)	0.383*** (0.000)

注：括号内是显著性系数；* 表示在 0.05 水平上显著，** 表示在 0.01 水平上显著，*** 表示在 0.001 水平上显著。

表17　独生子女和非独生子女的社会交往差异

同胞情况	同伴交往					邻里交往	国际交往
	好朋友数量			交往方式和频率			
	同班	他班	校外	出门交往	电话/网络		
独生子女	5.12	4.71	4.32	2.73	4.41	2.57	1.88
非独生子女	5.09	4.65	4.25	2.98	4.19	2.71	1.70
均值差	0.025 (0.556)	0.060 (0.215)	0.068 (0.159)	-0.252*** (0.000)	0.220*** (0.000)	-0.139*** (0.000)	0.173*** (0.000)

注：括号内是显著性系数；* 表示在 0.05 水平上显著，** 表示在 0.01 水平上显著，*** 表示在 0.001 水平上显著。

第一，独生子女和非独生子女经常在一起玩的好朋友数量（无论是同班或者他班、校外）都并无表现出显著差异。主要的差异表现在交往方式和频率上，即独生子女用电话/网络的方式和朋友交往的频率显著高于非独生子女；而非独生子女出门或到对方家里玩的频率显著高于独生子女。

第二，邻里交往中，非独生子女和邻居交往的频率显著高于独生子女；但在国际交往上显著低于独生子女。

（六）网络参与的差异

网络参与考察儿童的校外上网时间、各类网络账号的拥有、上网设备的配备比例和上网功能（学习和娱乐）四个方面。统计结果如表18所示，可以发现以下几点。

表18　独生子女和非独生子女的网络参与差异

同胞情况	放学后上网时间	上网设备		上网账号				上网功能
		手机	电脑	QQ号	微信号	论坛/博客	E-mail	
		有/没有（%）	有/没有（%）	有/没有（%）	有/没有（%）	有/没有（%）	有/没有（%）	学习/娱乐（%）
独生子女	2.05	79.5/20.5	54.5/45.5	85.8/14.2	76.9/23.1	51.0/49.0	52.8/47.2	21.1/78.9
非独生子女	2.07	72.8/27.2	50.9/49.1	85.4/14.6	65.5/34.5	39.9/60.1	40.0/60.0	26.0/74.0
均值差	-0.029（0.413）	6.7***（0.000）	3.6***（0.001）	0.4（0.568）	11.4***（0.000）	11.1***（0.000）	12.8***（0.000）	-4.9***（0.000）

注：括号内是显著性系数；* 表示在 0.05 水平上显著，** 表示在 0.01 水平上显著，*** 表示在 0.001 水平上显著。

第一，非独生子女的上网时间虽然略长于独生子女，但是两者差异并不显著。第二，独生子女拥有上网设备（手机、电脑）的比例显著高于非独生子女。第三，独生子女拥有微信号、论坛/博客账号以及 E-mail 等的比例都显著高于非独生子女。第四，在使用网络的功能上，独生子女比非独生子女更少用来学习，而是更多用来娱乐，这一差异通过显著性检验。

（七）公共参与差异

公共参与兴趣是指儿童对各类公共问题（包括本地社会问题、中国社会问题、国际政治问题、环境问题）的兴趣程度，以及自己参与改善这些公共问题的兴趣程度。如表19所示，可以发现以下几点。

表19　独生子女和非独生子女的公共参与兴趣差异

同胞情况	公共参与兴趣指数	具体项目				
		本地社会问题	中国社会问题	国际政治问题	环境问题	通过自己努力改善公共生活
独生子女	14.20	2.72	2.89	2.80	2.98	2.76
非独生子女	14.30	2.74	2.87	2.76	3.00	2.85
均值差	-0.096（0.285）	-0.019（0.393）	0.015***（0.000）	0.044*（0.042）	-0.022（0.292）	-0.097***（0.000）

注：括号内是显著性系数；* 表示在 0.05 水平上显著，** 表示在 0.01 水平上显著，*** 表示在 0.001 水平上显著。

第一，综合来看，独生子女和非独生子女在公共参与兴趣上并无显著差异。第二，具体到各个项目，独生子女对中国的社会问题、国际政治问题的参与兴趣显著高于非独生子女，但是在通过自己努力改善公共生活的兴趣上显著低于非独生子女。

公共参与行为是指儿童参与各类公共事务的频率，包括看电视新闻、阅读报纸新闻、看网络新闻、从事志愿者活动、捐款、努力改善公共生活六个方面。

统计结果如表20所示，可以发现以下几点。第一，综合来看，独生子女的公共参与行为的频率显著高于非独生子女。第二，具体到各项行为，独生子女在看电视新闻、读报纸新闻、看网络新闻上显著高于非独生子女，但在捐款和努力改善公共生活上显著低于非独生子女。

表 20　独生子女和非独生子女的公共参与行为差异

同胞情况	公共参与行为指数	具体的公共参与行为					
		看电视新闻	读报纸新闻	看网络新闻	当志愿者	捐款	努力改善公共生活
独生子女	14.35	3.03	2.44	3.08	1.88	1.99	1.97
非独生子女	13.79	2.81	2.24	2.75	1.92	2.04	2.09
均值差	0.561 *** (0.000)	0.217 *** (0.000)	0.205 *** (0.000)	0.327 *** (0.000)	−0.039 (0.108)	−0.046 * (0.029)	−0.114 *** (0.000)

注：括号内是显著性系数；* 表示在 0.05 水平上显著，** 表示在 0.01 水平上显著，*** 表示在 0.001 水平上显著。

三　普通学校和优质学校的儿童参与

本部分将学校分为优质和普通两个类型，报告优质学校儿童和普通学校儿童在各项参与中的差别。儿童参与仍然包括家庭经历、放学后生活、学校参与、校外教育、社会交往、网络参与和公共参与七个方面。

（一）优质学校儿童和普通学校儿童的家庭经历差异

1. 亲子沟通的差异

亲子沟通指父母与儿童日常沟通的广度及频率，包括学习、心情、怎么交朋友、父母工作、合理用钱、什么是爱、生命和死亡以及社会新闻、时政、国家大事等方面的沟通。

如表21所示，可以发现以下几点。第一，综合来看，亲子沟通频率在不同质量学校之间存在显著差异。与普通学校的儿童相比，优质学校的儿童和父母的沟通频率更高，并通过了1%的显著性水平。第二，具体到沟通内容，优质学校的儿童和父母沟通学习、心情、交友、时政内容的频率显著高于普通学校；但在花钱的沟通上却显著低于普通学校；其他项目如爱、生死、工作等方面的内容沟通两者并无显著差异。

表21　优质学校和普通学校的亲子沟通差异

学校类型	亲子沟通指数	亲子沟通内容							
		学习	心情	交友	工作	花钱	爱	生死	时政
优质学校	28.05	4.95	4.08	3.34	3.14	3.36	2.92	2.39	3.93
普通学校	27.39	4.85	3.70	3.23	3.15	3.63	2.92	2.36	3.62
均值差	0.659 ** (0.004)	0.096 ** (0.007)	0.380 *** (0.000)	0.113 * (0.013)	−0.004 (0.920)	−0.262 *** (0.000)	0.000 (0.990)	0.030 (0.455)	0.319 *** (0.000)

注：括号内是显著性系数；* 表示在 0.05 水平上显著，** 表示在 0.01 水平上显著，*** 表示在 0.001 水平上显著。

2. 亲子活动的差异

亲子活动指父母在儿童学习和日常生活中的参与表现，包含和父母一起看电视、父母辅导学习、运动健身、外出观看演出、参观博物馆/艺术馆/展览馆等、国内旅游、国外旅游。

如表22所示，可以发现以下几点。第一，普通学校儿童和父母一起看电视的频率、辅导学习的比例显著高于优质学校的儿童；但在看演出、参观博物馆等、国内旅游、国外旅游亲子活动项目上，却显著低于优质学校儿童。第二，对于运动健身这一亲子项目，普通学校和优质学校并未表现出显著差异。

3. 家庭参与的差异

家庭参与包括家务参与、家庭财务参与、家庭决策参与。统计结果如表23所示，可以发现以下几点。第一，优质学校儿童的家务参与、家庭决策参与度都显著低于普通学校的儿童。第二，优质学校儿童的家庭财务参与度显著高于普通学校的儿童。

表 22   优质学校儿童和普通学校儿童的亲子活动差异

学校类型	一起看电视	辅导学习	运动健身	看演出	参观博物馆等	国内旅游	国外旅游
优质学校	4.03	3.50	3.37	2.32	2.36	2.10	1.60
普通学校	4.16	3.73	3.36	2.24	2.20	1.98	1.41
均值差	−0.129 ** (0.003)	−0.227 *** (0.000)	0.014 (0.758)	0.075 * (0.032)	0.159 *** (0.000)	0.125 *** (0.000)	0.182 *** (0.000)

注：括号内是显著性系数；* 表示在 0.05 水平上显著，** 表示在 0.01 水平上显著，*** 表示在 0.001 水平上显著。

表 23   优质学校儿童和普通学校儿童的家庭参与差异

学校类型	家庭参与的项目		
	家务参与	家庭财务参与	家庭决策参与
优质学校	3.05	2.83	3.22
普通学校	3.30	2.77	3.31
均值差	−0.246 *** (0.000)	0.054 ** (0.008)	−0.082 *** (0.000)

注：括号内是显著性系数；* 表示在 0.05 水平上显著，** 表示在 0.01 水平上显著，*** 表示在 0.001 水平上显著。

（二）放学后的时间分配

本部分将报告优质学校儿童和普通学校儿童的放学后安排差异。包括两方面：一是优质学校儿童和普通学校儿童安排放学后生活的自主性程度差异；二是优质学校儿童和普通学校儿童放学后时间安排的差异。如表 24 所示，可以发现以下几点。

第一，优质学校和普通学校儿童的放学后自主性的差异并不显著，但在放学后时间的分配上存在显著差异。第二，具体来说，优质学校儿童做家庭作业的时间显著高于普通学校的儿童；但在和朋友玩、锻炼身体、看电视和上网的时间上显著低于普通学校的儿童。第三，看课外书这一项，优质学校儿童和普通学校儿童的差异显著性水平也达到了 6.2% 。

上述情况可能是因为，优质学校儿童放学后需要更多的时间做作业，而在

表 24   优质学校儿童和普通学校儿童的放学后时间分配差异

学校类型	放学后自主性	放学后的时间分配					
		做家庭作业	和朋友玩	锻炼身体	看课外书	看电视	上网
优质学校	3.32	4.70	1.92	1.99	2.46	1.70	1.98
普通学校	3.31	4.42	2.05	2.09	2.53	2.01	2.10
均值差	0.007 (0.753)	0.281*** (0.000)	−0.128*** (0.001)	−0.102*** (0.001)	−0.067 (0.062)	−0.312*** (0.000)	−0.113** (0.003)

注：括号内是显著性系数；* 表示在 0.05 水平上显著，** 表示在 0.01 水平上显著，*** 表示在 0.001 水平上显著。

一定程度和普通学校儿童相比，丧失了很多如锻炼身体、看课外书、和朋友玩的机会。

（三）学校参与的差异

学校参与包括学生的上学方式（走读/住宿）、社团参与、师生交流、校园欺凌四个方面。统计结果如表 25 所示，可以发现以下几点。

表 25   优质学校儿童和普通学校儿童的学校参与差异

学校类型	走读/住宿（%）	社团参与	师生交流	校园欺凌
优质学校	72.6/27.4	1.35	6.25	7.33
普通学校	72.8/27.3	1.30	5.93	7.30
均值差	−0.2% (0.846)	0.049*** (0.000)	0.328*** (0.000)	0.031 (0.682)

注：括号内是显著性系数；* 表示在 0.05 水平上显著，** 表示在 0.01 水平上显著，*** 表示在 0.001 水平上显著。

第一，优质学校儿童和普通学校儿童在社团参与、师生交流上都存在显著差异，即优质学校的儿童参与学校的社团活动比例显著高于普通学校的儿童；并且在师生交流频率上，优质学校的儿童也显著高于普通学校儿童。

第二，优质学校和普通学校在走读/住宿这两种上学方式上并无差异，而在校园欺凌的表现上也并无显著差异。

（四）校外教育的差异

校外教育包括校外活动和课外班两部分。其中，校外活动指校外主题活动

（如环境保护、社区服务、科学考察等活动）及国内、国外营地活动（如夏令营、冬令营、游学活动等）；课外班包括课外兴趣班（指机器人、舞蹈、钢琴等非学校考试内容的课外班）和补习课外班（指数、理、化、生、政、史、地等学校考试内容的补习班）。

如表26所示，可以发现以下几点。第一，优质学校儿童和普通学校儿童的校外活动参加存在显著差异。与普通学校的儿童相比，优质学校的儿童参加国内营地、国外营地的比例以及校外主题活动的门类和频率上都显著更高。

表26   优质学校儿童和普通学校儿童的校外教育差异

学校类型	校外活动						课外班			
	国内营地		国外营地		主题活动		兴趣班		补习班	
	参加（%）	不参加（%）	参加（%）	不参加（%）	门类	频率	门类	频率	门类	频率
优质学校	41.2	58.8	17.2	82.8	1.65	1.63	1.83	1.93	2.15	2.26
普通学校	30.8	69.2	10.6	89.4	1.59	1.58	1.72	1.83	1.88	1.97
均值差	10.4% *** (0.000)		6.6% *** (0.000)		0.065 * (0.016)	0.044 (0.121)	0.115 *** (0.000)	0.100 ** (0.004)	0.271 *** (0.000)	0.288 *** (0.000)

注：括号内是显著性系数；* 表示在 0.05 水平上显著，** 表示在 0.01 水平上显著，*** 表示在 0.001 水平上显著。

第二，优质学校儿童和普通学校儿童的课外班参与也存在显著差异。无论是兴趣班还是补习班，无论是课外班的门类还是参加的频率，优质学校的儿童都显著高于普通学校的儿童。

（五）社会交往的差异

社会交往包括同伴交往（好朋友数量、交往方式）、邻里交往和国际交往。统计结果如表27所示，可以发现以下几点。

第一，关于同伴交往，优质学校儿童在本班以外（他班或校外）的好朋友数量显著高于普通学校的儿童，但两者在同班好朋友的数量上并无显著差异。在交往方式上，优质学校儿童出门交往的频率显著低于普通学校儿童，但以电话/网络方式联系的频率显著高于普通学校儿童，表示优质学校儿童和朋

表 27　优质学校儿童和普通学校儿童的社会交往差异

学校类型	同伴交往					邻里交往	国际交往
	好朋友数量			交往方式和频率			
	同班	他班	校外	出门交往	电话/网络		
优质学校	5.13	4.76	4.35	2.66	4.42	2.56	1.94
普通学校	5.09	4.64	4.25	2.96	4.23	2.68	1.71
均值差	0.037 (0.409)	0.116* (0.023)	0.106* (0.040)	−0.031*** (0.000)	0.192*** (0.000)	−0.118*** (0.000)	0.222*** (0.000)

注：括号内是显著性系数；* 表示在 0.05 水平上显著，** 表示在 0.01 水平上显著，*** 表示在 0.001 水平上显著。

友交往更多采取电话/网络的方式，而非出门或到对方家里去。

第二，优质学校儿童的邻里交往频率显著低于普通学校的儿童，但是其国际交往的频率显著高于普通学校的儿童。

（六）网络参与的差异

网络参与考察儿童的校外上网时间、各类网络账号的拥有、上网设备的配备比例和上网功能（学习和娱乐）四个方面。如表 28 所示，可以发现以下几点。

表 28　优质学校儿童和普通学校儿童的网络参与差异

学校质量	放学后上网时间	上网设备		上网账号				上网功能
		手机	电脑	QQ 号	微信号	论坛/博客	E-mail	
		有/没有 (%)	有/没有 (%)	有/没有 (%)	有/没有 (%)	有/没有 (%)	有/没有 (%)	学习/娱乐 (%)
优质学校	1.98	78.4/21.6	55.0/45.0	86.2/13.8	75.8/24.2	50.5/49.5	54.2/45.8	24.2/75.8
普通学校	2.10	74.7/25.3	51.5/48.5	85.2/14.8	68.4/31.6	42.6/57.4	42.1/57.9	22.4/77.6
均值差	−0.113** (0.003)	3.7*** (0.000)	3.5** (0.002)	1.0 (0.219)	7.4*** (0.000)	7.9*** (0.000)	12.1*** (0.000)	1.8 (0.088)

注：括号内是显著性系数；* 表示在 0.05 水平上显著，** 表示在 0.01 水平上显著，*** 表示在 0.001 水平上显著。

第一，放学后优质学校儿童的上网时间显著低于普通学校的儿童；但在上网功能的使用上，与普通学校儿童相比，优质学校儿童更多用于学习而非娱乐。第二，从上网设备的配备上看，优质学校儿童拥有手机、电脑的比例都显

著高于普通学校儿童。第三，从网络账号上看，除了 QQ 账号外，优质学校儿童拥有微信号、论坛/博客账号等的比例也显著高于普通学校儿童。

（七）公共参与的差异

公共参与兴趣是指儿童对各类公共问题（包括本地社会问题、中国社会问题、国际政治问题、环境问题）的兴趣程度，以及自己参与改善这些公共问题的兴趣程度。如表 29 所示，可以发现以下几点。

表 29　优质学校儿童和普通学校儿童的公共参与兴趣差异

学校类型	公共参与兴趣指数	具体项目				
		本地社会问题	中国社会问题	国际政治问题	环境问题	通过自己努力改善公共生活
优质学校	14.46	2.75	2.95	2.88	3.03	2.81
普通学校	14.15	2.72	2.85	2.73	2.97	2.81
均值差	0.309 *** (0.001)	0.036 (0.123)	0.098 *** (0.000)	0.140 *** (0.000)	0.060 ** (0.007)	− 0.002 (0.943)

注：括号内是显著性系数；* 表示在 0.05 水平上显著，** 表示在 0.01 水平上显著，*** 表示在 0.001 水平上显著。

第一，优质学校的儿童和普通学校儿童在公共参与的兴趣上存在显著差异，即优质学校儿童的公共参与兴趣显著高于普通学校儿童的公共参与兴趣。第二，具体到各个项目，包括对中国社会问题、国际政治问题、环境问题的参与兴趣，优质学校的儿童显著高于普通学校的儿童；但在本地社会问题、通过自己努力改善公共生活等议题的参与兴趣上两者并未表现出显著差异。

公共参与行为是指儿童参与各类公共事务的频率，包括看电视新闻、阅读报纸新闻、看网络新闻、从事志愿者活动、捐款、努力改善公共生活六个方面。如表 30 所示，可以发现以下几点。

第一，综合来看，优质学校儿童和普通学校儿童的公共参与行为存在显著的差异。优质学校儿童的公共参与行为指数显著高于普通学校的儿童，表示优质学校的儿童比普通学校儿童有更多的公共参与行为。第二，具体到各项行为，优质学校儿童在看电视新闻、阅读报纸新闻、看网络新闻和捐款项目上的行为频率都显著高于普通学校的儿童；但在当志愿者、改善公共生活努力行为上两者并未表现出显著差异。

表 30 优质学校儿童和普通学校儿童的公共参与行为差异

学校类型	公共参与 行为指数	具体的公共参与行为					
		看电视 新闻	阅读报 纸新闻	看网络 新闻	当志愿者	捐款	改善公共 生活的努力
优质学校	14.67	3.07	2.49	3.15	1.90	2.05	2.01
普通学校	13.75	2.83	2.25	2.78	1.90	2.00	2.04
均值差	0.918 *** (0.000)	0.240 *** (0.000)	0.238 *** (0.000)	0.375 *** (0.000)	0.009 (0.726)	0.053 * (0.018)	− 0.029 (0.313)

注：括号内是显著性系数；* 表示在 0.05 水平上显著，** 表示在 0.01 水平上显著，*** 表示在 0.001 水平上显著。

四 总结和讨论

本部分将上述所有发现综合成表 31，报告分性别、独生子女和非独生子女特征、优质学校和普通学校特征的儿童在家庭经历、放学后时间分配、学校参与、校外教育、网络参与、公共参与方面的差异。

（一）男孩和女孩的参与差异

第一，关于亲子沟通，女孩在学习、心情、交友等方面的亲子沟通项目上频率显著高于男孩；但在花钱项目上的亲子沟通却表现相反。关于亲子活动，男孩在父母辅导学习、国内外旅游上的频率显著高于女孩；但在一起看电视这一项上，显著低于女孩。在家庭决策参与上，男孩显著低于女孩；但在家务和财务参与上两者并无显著差别。这在一定程度上表明，在家庭经历方面，女孩善于表达，更愿意与父母分享心情和交友情况，积极参与家庭决策以及更愿意与父母一起看电视；而男孩则更多和父母从事户外活动。

第二，在放学后安排的自主性上，女孩显著高于男孩；具体到各项安排，女孩做作业的时间显著高于男孩；但在和朋友玩的时间、锻炼身体的时间、上网的时间上，女孩都显著低于男孩。

第三，关于学校参与，女孩的住宿比例显著高于男孩的住宿比例；在社团参与上，女孩显著高于男孩；但在校园欺凌的频率上，女孩显著低于男孩。这

表31　分人口、学校特征的儿童参与差异比较

儿童参与		男孩/女孩	独生子女/ 非独生子女	优质学校/ 普通学校
亲子沟通 （分内容）	学习	-（*）	+（***）	+（**）
	心情	-（***）	+（***）	+（***）
	交友	-（**）	N	+（*）
	工作	N	N	N
	花钱	+（*）	-（***）	-（***）
	爱	N	N	N
	生死	N	N	N
	时政	N	+（***）	+（***）
亲子活动 （分内容）	一起看电视	-（***）	-（***）	-（**）
	辅导学习	+（*）	N	-（***）
	运动健身	N	N	N
	看演出	N	+（*）	+（*）
	参观博物馆等	N	+（**）	+（***）
	国内旅游	+（*）	+（***）	+（***）
	国外旅游	+（***）	N	+（***）
家庭参与	家务参与	N	-（***）	-（***）
	财务参与	N	+（***）	+（**）
	家庭决策参与	-（**）	N	-（***）
放学后的 时间分配	自主性	-（***）	-（*）	N
	做作业的时间	-（***）	+（***）	+（***）
	和朋友玩的时间	+（***）	+（***）	+（***）
	锻炼身体的时间	+（***）	+（***）	-（***）
	看课外书的时间	N	-（***）	N
	看电视的时间	N	-（***）	-（***）
	上网的时间	+（***）	N	-（**）
学校参与	走读/住宿	+（***）	N	N
	社团参与	-（*）	-（**）	+（***）
	师生交流	N	N	+（***）
	校园欺凌	+（***）	-（***）	N
校外教育	主题活动（门类）	N	+（***）	+（*）
	主题活动（频率）	N	+（**）	N
	国内营地	N	+（***）	+（***）
	国外营地	N	N	+（***）
	兴趣班（门类）	-（***）	N	+（***）
	兴趣班（频率）	-（***）	N	+（**）
	补习班（门类）	N	+（***）	+（***）
	补习班（频率）	N	+（***）	+（***）

续表

儿童参与		男孩/女孩	独生子女/ 非独生子女	优质学校/ 普通学校
社会交往	好友数量(同班)	+(***)	N	N
	好友数量(他班)	+(*)	N	+(*)
	好友数量(校外)	+(***)	N	+(*)
	出门交往	+(***)	-(***)	-(***)
	电话/网络交往	-(***)	+(***)	+(***)
	邻里交往	-(***)	+(***)	-(***)
	国际交往	N	+(***)	+(***)
网络参与	上网时间	+(***)	N	-(**)
	上网设备(手机)	-(**)	+(***)	+(***)
	上网设备(电脑)	-(***)	+(***)	+(**)
	上网账号:QQ	N	N	N
	上网账号:微信	-(*)	+(***)	+(***)
	上网账号:论坛/博客	N	+(***)	+(***)
	上网账号:E-mail	-(***)	+(***)	+(***)
	上网功能(学习/娱乐)	+(***)	-(***)	N
公共参与兴趣	综合指数	+(***)	N	+(***)
	本地社会问题	+(***)	N	N
	中国社会问题	+(***)	+(***)	+(***)
	国际政治问题	+(***)	+(*)	+(***)
	环境问题	+(*)	N	+(**)
	努力改善公共生活	+(*)	-(***)	N
公共参与行为	看电视新闻	N	+(***)	+(***)
	看报纸新闻	+(**)	+(***)	+(***)
	看网络新闻	-(*)	+(***)	+(***)
	当志愿者	+(***)	N	N
	捐款	+(*)	-(*)	+(*)
	努力改善公共生活	+(***)	-(***)	N

注：* 表示 <10%，** 表示 <5%，*** 表示 <1%；N 代表不显著；" - "" + "代表关系非线性；" + "表示正向差异，" - "表示负向差异。

在一定程度上表明，在学校生活中，女生的社团参与较为活跃，学校参与感强；而男生相反，并更多遭遇校园欺凌。

第四，关于校外教育，女孩在兴趣班的门类和频率上都显著高于男孩。

第五，关于社会交往，男孩在同班、他班和校外的好友数量上显著高于女孩；男孩在出门交往的频率上显著高于女孩，但在电话/网络交往、邻里交往上显著低于女孩。

第六，男孩在上网设备的配备比例上显著低于女孩，但在上网时间上显著高于女孩，并且与女孩相比，对上网功能的使用更偏学习。

第七，公共参与上，男孩对各类社会问题的兴趣都显著高于女孩；并且，除了看网络新闻的频率低于女孩之外，在其他公共参与行为，包括看报纸新闻、当志愿者、捐款、努力改善公共生活方面都显著高于女孩。这在一定程度上表明，男孩的公共参与意识显著高于女孩，更愿意积极关注各类公共事件和采取相应的公共参与行为，而女孩在这方面的表现相对较弱。

（二）独生子女和非独生子女的参与差异

第一，关于亲子沟通，独生子女在和父母沟通学习、心情、时政等频率上都显著高于非独生子女，但在沟通花钱上显著低于非独生子女。关于亲子活动，独生子女在看演出、参观博物馆等以及国内旅游项目上显著高于非独生子女。在家务参与上，独生子女显著低于非独生子女；但在财务参与上高于非独生子女。这在一定程度上表明，独生子女更多与父母分享心情，探讨时政和学习，且更多参与看演出、参观博物馆及国内旅游等亲子活动。

第二，独生子女安排放学后的自主性显著低于非独生子女；具体到放学后安排，独生子女做作业的时间显著高于非独生子女；但在和朋友玩的时间、锻炼身体的时间、看课外书的时间和看电视的时间上都显著低于非独生子女。

第三，关于学校参与，独生子女比非独生子女更少参与社团，并且也更少遭遇校园欺凌。表明非独生子女在学校中更为活跃，更多参加社团活动，但也更多遭遇校园欺凌。

第四，关于校外教育，独生子女在参加校外主题活动的门类和频率、国内营地活动的参加比例以及补习班的门类和频率上都显著高于非独生子女。

第五，关于社会交往，独生子女比非独生子女更少出门和朋友交往、和邻居交往；但比独生子女更多以电话/网络的方式和朋友交往，并且也更多地参与国际交往。

第六，关于网络参与，独生子女在上网设备（手机和电脑）的配备比例上显著高于非独生子女；同时，在上网账号（微信、论坛/博客、电邮）的拥有比例上都显著高于非独生子女；并且在上网功能上，独生子女比非独生子女更偏娱乐，而非学习。

第七，关于公共参与兴趣，独生子女比非独生子女对中国社会问题、国际政治问题更感兴趣；但在努力改善公共生活的兴趣上却显著低于非独生子女。关于公共参与行为，在看电视新闻、看报纸新闻、看网络新闻行为的频率上，独生子女比非独生子女显著更高；但在捐款和努力改善公共生活行为的频率上，独生子女却比非独生子女显著更低。

（三）优质学校和普通学校儿童的参与差异

第一，关于亲子沟通，优质学校的儿童在和父母沟通学习、心情、交友、时政方面都显著高于普通学校的儿童，但在花钱的沟通上显著低于普通学校的儿童。关于亲子活动，优质学校的儿童在和父母一起看演出、参观博物馆等、国内外旅游方面都显著高于普通学校的儿童；但在父母辅导学习、和父母一起看电视这两项，显著低于普通学校儿童；优质学校儿童在家务参与、家庭决策参与上显著低于普通学校的儿童。由此表明，优质学校的儿童更愿意与父母分享心情和交友、探讨学习和时政，且多集中于一起看演出、参观博物馆、国内外旅游等较高家庭资本的户外亲子活动，而非仅限于看电视、辅导作业；普通学校的儿童家庭参与更多，不论是家务参与还是家庭决策参与。

第二，关于放学后的时间安排，优质学校儿童在做作业的时间上显著高于普通学校的儿童；但在和朋友玩的时间、锻炼身体的时间、看电视的时间和上网的时间上显著低于普通学校的儿童。由此表明，优质学校儿童更多在放学后将时间用于做作业，而与朋友玩、锻炼身体、看电视、上网的时间较普通学校儿童少。

第三，关于学校参与，优质学校儿童在参与学校社团、师生交流等方面的频率上显著高于普通学校的儿童。

第四，校外教育的各个方面，包括校外主题活动的门类、参加国内和国外营地活动的比例、参加兴趣班的门类和频率、参加补习班的门类和频率，优质学校儿童都显著高于普通学校儿童。

第五，关于社会交往，优质学校儿童虽然在同班好友数量上和普通学校儿童并无显著差异，但在他班和校外好友数量上显著高于普通学校儿童；优质学校儿童在和朋友出门交往、和邻居交往的频率上，显著低于普通学校的儿童，但在和朋友以电话/网络交往的频率上，显著高于普通学校儿童，并且在国际交往上也显著高于普通学校儿童。

第六，关于网络参与，优质学校儿童在上网时间上显著低于普通学校儿童，但在上网设备（手机和电脑）的配备上、上网账号（微信、论坛/博客、电邮）的拥有上都显著高于普通学校儿童；而在上网功能（学习/娱乐）的表现上两者并无显著差别。

第七，关于公共参与兴趣，优质学校儿童对中国社会问题、国际政治问题、环境问题的兴趣都显著高于普通学校儿童；并且看各类新闻（电视、报纸、网络）、捐款的行为频率都显著高于普通学校儿童；但在当志愿者和努力改善公共生活行为的频率上和普通学校儿童并无显著差异。

B.4
不同群体的儿童参与：
家庭背景差异的比较*

周金燕　邹　雪**

摘　要：　在中国儿童参与调查的数据基础上，本文采用统计假设检验方法，分城乡、家庭经济背景、父母职业类型和父母教育水平对儿童参与进行了差异分析。其中，儿童参与的内容包括儿童的家庭经历、放学后时间分配、学校参与、校外教育、网络参与、公共参与等方面。调查发现，城市儿童和农村儿童、白领家庭和蓝领家庭儿童、父母教育水平不同的儿童在参与家庭、学校、校外乃至网络和公共生活的参与上都表现出不同程度的差异。

关键词：　儿童参与　城乡　家庭经济背景　父母职业　父母教育水平

　　本文将报告不同家庭背景儿童的参与差异。家庭背景分为儿童的家庭居住地、家庭经济背景、父母职业、父母教育水平四个方面。依照儿童参与的分类框架，本文仍然分家庭经历、放学后生活、学校参与、校外教育、社会交往、网络参与和公共参与七个方面报告儿童参与的情况。根据变量类型特征，采用独立样本 T 检验、F 检验和卡方检验三种假设检验方法对不同家庭背景的儿童参与情况进行比较和差异检验。

＊　本文系国家自然科学基金青年项目（项目号：71403025）成果之一。
＊＊　周金燕，北京师范大学教育学部教育经济研究所；邹雪，重庆市教育科学研究院。

一　城乡儿童参与的差异

本部分将按照儿童的家庭居住地（市/县城的城区、市/县城的外围郊区、市/县城区以外的镇和农村）考察儿童参与的差异。

（一）家庭经历的差异

1. 亲子沟通的差异

亲子沟通指父母与儿童日常沟通的广度及频率，包括学习、心情、怎么交朋友、父母工作、合理用钱、什么是爱、生命和死亡以及社会新闻、时政、国家大事等方面内容的沟通。如表1所示，可以发现以下几点。

第一，综合来看，城区家庭、郊区家庭、乡镇家庭和农村家庭儿童之间的亲子沟通存在显著差异。城区家庭儿童的亲子沟通频率高于郊区儿童、乡镇儿童、农村儿童，并且它们之间的差异都通过了0.001的显著性水平检验。

第二，具体到沟通内容，城区家庭父母和儿童沟通学习、心情、交友、爱、生死、时政方面内容的频率显著高于来自郊区、乡镇和农村家庭的儿童，并以农村家庭的儿童表现为最低。但在有关花钱内容上的沟通上，却呈现反方向的显著差异，即农村家庭父母和儿童在有关花钱上的沟通显著并高于乡镇、郊区和城区家庭。

表1　城乡儿童的亲子沟通差异

家庭所在地	亲子沟通指数	亲子沟通内容							
		学习	心情	交友	工作	花钱	爱	生死	时政
城区	28.22	4.97	4.00	3.34	3.17	3.50	3.03	2.41	3.86
郊区	26.97	4.77	3.68	3.16	3.12	3.51	2.70	2.35	3.72
乡镇	26.92	4.78	3.70	3.17	3.14	3.60	2.68	2.31	3.67
农村	26.16	4.66	3.36	3.11	3.07	3.68	2.78	2.26	3.26
F值	21.100 *** (0.000)	18.327 *** (0.000)	39.316 *** (0.000)	7.418 *** (0.000)	0.900 (0.440)	3.350 * (0.018)	15.380 *** (0.000)	3.120 * (0.025)	35.584 *** (0.000)

注：括号内是显著性系数；* 表示在0.05水平上显著，** 表示在0.01水平上显著，*** 表示在0.001水平上显著。

2. 亲子活动的差异

亲子活动是指父母在儿童学习和日常生活中的参与表现，包括和父母一起看电视、父母辅导学习、运动健身、看演出、参观博物馆/艺术馆/展览馆等、国内旅游、国外旅游等。统计结果如表2所示，可以发现以下几点。

表2 城乡儿童的亲子活动差异

家庭居住地	一起看电视	辅导学习	运动健身	看演出	参观博物馆等	国内旅游	国外旅游
城区	4.07	3.83	3.54	2.37	2.38	2.09	1.52
郊区	4.08	3.30	3.04	2.17	2.21	2.06	1.53
乡镇	4.25	3.32	3.14	2.16	2.09	1.99	1.39
农村	4.25	3.35	3.00	1.96	1.88	1.72	1.26
F值	5.324*** (0.001)	34.842*** (0.000)	40.974*** (0.000)	32.525*** (0.000)	54.889*** (0.000)	42.543*** (0.000)	25.469*** (0.000)

注：括号内是显著性系数；* 表示在0.05水平上显著，** 表示在0.01水平上显著，*** 表示在0.001水平上显著。

第一，城区父母在辅导儿童学习、运动健身、看演出、参观博物馆等上都显著高于非城区儿童（郊区、乡镇、农村）。第二，对于父母和儿童一起看电视的频率，乡镇和农村家庭儿童显著高于城区和郊区家庭儿童。第三，在有关国内外旅游项目上，农村儿童的比例显著低于城区和郊区儿童。

3. 家庭参与的差异

家庭参与包括家务参与、家庭财务参与、家庭决策参与。统计结果如表3所示，可以发现以下几点。

表3 城乡儿童的家庭参与差异

家庭居住地	家务参与	家庭财务参与	家庭决策参与
城区	3.18	2.82	3.27
郊区	3.21	2.80	3.20
乡镇	3.20	2.80	3.32
农村	3.36	2.69	3.36
F值	5.677*** (0.001)	8.331*** (0.000)	7.812*** (0.000)

注：括号内是显著性系数；* 表示在0.05水平上显著，** 表示在0.01水平上显著，*** 表示在0.001水平上显著。

第一，城乡儿童在家务参与上存在显著差异。农村家庭儿童的家务参与显著高于城区、郊区和乡镇家庭儿童；但城区儿童和郊区、乡镇儿童的家务参与差异不大。

第二，城乡儿童在家庭财务参与上存在显著差异。来自城区家庭、郊区家庭和乡镇家庭的儿童家庭财务参与度显著高于农村家庭的儿童；但是城区家庭儿童、郊区家庭儿童和乡镇家庭儿童之间的财务参与差异不明显。

第三，城乡儿童在家庭决策参与上存在显著差异。以农村家庭儿童的家庭决策参与度最高，其次是乡镇儿童、城区儿童和郊区儿童。

（二）放学后时间分配的差异

本部分将报告不同家庭居住地（城乡）儿童放学后安排的差异。包括两方面：一是放学后安排的自主性差异；二是放学后时间分配的差异。如表4所示，可以发现以下几点。

表4　城乡儿童的放学后时间分配差异

家庭居住地	放学后自主性	放学后的时间分配					
		做家庭作业	和朋友玩	锻炼身体	看课外书	看电视	上网
城区	3.26	4.50	1.88	2.08	2.51	1.80	1.96
郊区	3.42	4.73	2.09	1.93	2.39	1.86	2.20
乡镇	3.39	4.61	2.18	2.00	2.48	1.98	2.18
农村	3.42	4.40	2.31	2.03	2.55	2.29	2.28
F值	18.507*** (0.000)	6.969*** (0.000)	30.872*** (0.000)	3.589* (0.013)	2.190 (0.087)	45.642*** (0.000)	19.196*** (0.000)

注：括号内是显著性系数；* 表示在 0.05 水平上显著，** 表示在 0.01 水平上显著，*** 表示在 0.001 水平上显著。

第一，城区儿童安排放学后时间的自主性显著低于非城区儿童，即与农村家庭、乡镇家庭和郊区家庭的儿童相比，城区家庭的儿童在放学后安排上有更少的自主性。

第二，放学后各项活动的时间安排，在城乡儿童之间都存在显著差异。

第三，城乡儿童做家庭作业的时间存在显著差异。其中，郊区儿童做家庭作业的时间最多，其次是乡镇儿童、城区儿童，农村儿童做作业的时间最少。

第四，城乡儿童放学后和朋友玩的时间存在显著差异。其中，农村儿童最多，其后依次是乡镇儿童、郊区儿童，城区儿童和朋友玩的时间最少。

第五，城乡儿童放学后锻炼身体的时间存在显著差异。其中，城区儿童锻炼身体的时间最多，其次依次是农村儿童、乡镇儿童，郊区儿童锻炼身体的时间最少。

第六，城乡儿童放学后看课外书的时间存在显著差异。其中，农村儿童看课外书的时间最多，高于城区儿童、乡镇儿童，郊区儿童看课外书的时间最少。

第七，城乡儿童放学后看电视的时间存在显著差异。其中，农村儿童看电视的时间最多，高于乡镇儿童、郊区儿童，城区儿童看电视的时间最少。

第八，城乡儿童放学后上网时间存在显著差异。其中，农村儿童上网时间最多，并高于郊区儿童、乡镇儿童，城区儿童放学后用于上网的时间最少。

（三）学校参与的差异

学校参与包括学生的上学方式（走读/住宿）、社团参与、师生交流、校园欺凌四个方面。统计结果如表 5 所示，可以发现以下几点。

表 5 城乡儿童的学校参与差异

家庭居住地	走读/住宿（%）	社团参与	师生交流	校园欺凌
城区	82.6/17.4	1.93	6.08	7.21
郊区	66.7/33.3	2.00	6.18	7.33
乡镇	53.5/46.5	1.94	5.88	7.48
农村	49.2/50.8	1.86	5.82	7.52
χ^2 值或 F 值	$\chi^2 = 755.135$ *** (0.000)	F = 3.252 * (0.021)	F = 4.316 ** (0.005)	F = 4.280 ** (0.005)

注：括号内是显著性系数；* 表示在 0.05 水平上显著，** 表示在 0.01 水平上显著，*** 表示在 0.001 水平上显著。

第一，城乡儿童在上学方式上存在显著差异，农村儿童的住宿生比例最高，随后依次是乡镇儿童、郊区儿童，城区儿童的住宿生比例最低。

第二，城乡儿童在社团参与上存在显著差异，郊区儿童的社团参与比例最

高，随后依次是乡镇和城区儿童，农村儿童的社团参与比例最低。

第三，城乡儿童在师生交流上存在显著差异，郊区儿童的师生交流比例最高，随后依次是城区和乡镇儿童，农村儿童的师生交流比例最低。

第四，城乡儿童遭遇校园欺凌存在显著差异，农村儿童遭遇校园欺凌的比例和程度最高，随后依次是乡镇和郊区儿童，城区儿童遭遇校园欺凌的比例最低。

（四）校外教育的差异

校外教育包括校外活动和课外班两部分。其中，校外活动指校外主题活动（例如环境保护、社区服务、科学考察等活动）及国内、国外营地活动（如夏令营、冬令营、游学活动等）；课外班包括课外兴趣班（指机器人、舞蹈、钢琴等非学校考试内容的课外班）和补习课外班（如数、理、化、生、政、史、地等学校考试内容的补习班）。如表6所示，可以发现以下几点。

表6　城乡儿童的校外教育差异

家庭居住地	校外活动						课外班			
	国内营地		国外营地		主题活动		兴趣班		补习班	
	参加（%）	不参加（%）	参加（%）	不参加（%）	门类	频率	门类	频率	门类	频率
城区	39.5	60.5	15.7	84.3	1.65	1.64	1.87	2.01	2.11	2.23
郊区	31.5	68.5	9.2	90.8	1.62	1.59	1.59	1.66	1.78	1.90
乡镇	31.8	68.2	8.7	91.3	1.60	1.60	1.57	1.67	1.75	1.78
农村	16.8	83.2	5.9	94.1	1.44	1.41	1.49	1.52	1.64	1.63
χ^2值或F值	χ^2=273.231***（0.000）		χ^2=122.780***（0.000）		F=11.588***（0.000）	F=13.434***（0.000）	F=54.966***（0.000）	F=52.955***（0.000）	F=54.213***（0.000）	F=54.624***（0.000）

注：括号内是显著性系数；* 表示在0.05水平上显著，** 表示在0.01水平上显著，*** 表示在0.001水平上显著。

第一，城乡儿童在校外活动参加上存在显著差异。城区儿童参加国内营地活动、国外营地活动和校外主题活动的比例都最高，农村儿童参加国内外营地活动、校外主题活动的比例最低。

第二，城乡儿童在课外班参与上也存在显著差异。城区儿童参加兴趣班的门类、频率，补习班的门类和频率都最高，随后是郊区和乡镇儿童；参加兴趣班和补习班比例最低的是农村儿童。

（五）社会交往的差异

社会交往包括同伴交往（好朋友数量、交往方式和频率）、邻里交往和国际交往。统计结果如表 7 所示，可以发现以下几点。

表7　城乡儿童的社会交往差异

家庭居住地	同伴交往					邻里交往	国际交往
	好朋友数量			交往方式和频率			
	同班	他班	校外	出门交往	电话/网络		
城区	5.16	4.72	4.32	2.76	4.30	2.55	1.90
郊区	4.96	4.56	4.30	2.83	4.53	2.57	1.83
乡镇	5.07	4.66	4.23	2.94	4.36	2.66	1.62
农村	5.02	4.68	4.21	3.18	4.12	3.00	1.40
F 值	16.460 ** (0.006)	1.382 (0.246)	1.067 (0.362)	37.198 *** (0.000)	11.941 *** (0.000)	76.120 *** (0.000)	142.425 *** (0.000)

注：括号内是显著性系数；* 表示在 0.05 水平上显著，** 表示在 0.01 水平上显著，*** 表示在 0.001 水平上显著。

第一，关于同伴交往，城区儿童在本班经常一起玩的好朋友数量显著高于非城区学校的儿童；但对于他班或校外好朋友的数量，城乡儿童之间并无显著差异。在交往方式上，城区儿童出门交往的频率显著低于郊区儿童、乡镇儿童、农村儿童，但在以电话/网络方式联系上显著高于郊区儿童、乡镇儿童、农村儿童。

第二，城乡儿童的邻里交往表现出显著差异，农村儿童的邻里交往频率显著并依次高于乡镇儿童、郊区儿童，城区儿童的邻里交往频率最低。

第三，城乡儿童的国际交往也表现出显著差异，城区儿童的国际交往频率显著并依次高于郊区儿童、乡镇儿童和农村儿童。

（六）网络参与的差异

网络参与考察儿童的校外上网时间、各类网络账号的拥有、上网设备的配备比例和上网功能（学习和娱乐）四个方面。如表8所示，可以发现以下几点。

第一，城乡儿童在放学后的上网时间上存在显著差异。农村儿童的上网时间最多，其次是郊区和乡镇儿童，城区儿童的上网时间最少。第二，从上网设备的配备上看，郊区、乡镇儿童拥有手机、电脑的比例较高，其次是城区儿童，农村儿童拥有上网设备的比例最低。第三，在网络账号的拥有上，郊区儿童的拥有比例最高，而城区儿童和农村儿童的拥有比例相对最低。第四，比较上网功能，城区儿童用来学习的比例最多；而乡镇儿童用来学习的比例最少。

表 8　城乡儿童的网络参与差异

家庭居住地	放学后上网时间	上网设备		上网账号					上网功能
		手机	电脑	QQ 号	微信号	论坛/博客账号	E‑mail		
		有/没有（%）	有/没有（%）	有/没有（%）	有/没有（%）	有/没有（%）	有/没有（%）		学习/娱乐（%）
城区	1.96	75.6/24.4	52.5/47.5	83.5/16.5	72.1/27.9	45.9/54.1	46.8/53.2		24.8/75.2
郊区	2.20	82.4/17.6	57.6/42.4	92.1/7.9	77.8/22.2	53.5/46.5	56.6/43.4		21.9/78.1
乡镇	2.18	80.2/19.8	56.2/43.8	89.2/10.8	73.0/27.0	49.3/50.7	50.9/49.1		17.6/82.4
农村	2.28	71.3/28.7	48.4/51.6	87.6/12.4	60.5/39.5	35.0/65.0	34.1/65.9		23.4/76.6
χ^2值或 F 值	F =19.196***（0.000）	χ^2 =45.187***（0.000）	χ^2 =23.424**（0.002）	χ^2 =64.711***（0.000）	χ^2 =103.169***（0.000）	χ^2 =89.931***（0.000）	χ^2 =131.438***（0.000）		χ^2 =17.811***（0.000）

注：括号内是显著性系数；* 表示在 0.05 水平上显著，** 表示在 0.01 水平上显著，*** 表示在 0.001 水平上显著。

（七）公共参与的差异

公共参与兴趣是指儿童对各类公共问题（包括本地社会问题、中国社会问题、国际政治问题、环境问题）的兴趣程度，以及自己参与改善这些公共问题的兴趣程度。

如表 9 所示，可以发现以下几点。第一，综合来看，城乡儿童在公共参与的兴趣上存在显著差异。城区儿童的公共参与兴趣最高，随后依次是郊区儿童、乡镇儿童，农村儿童的公共参与兴趣最低。第二，具体到各个项目，农村儿童对中国社会问题、国际政治问题的兴趣显著低于城区、郊区和乡镇的儿童；但是在本地社会问题、环境问题和改善公共生活状况等方面兴趣上城乡差异并不明显。

表9　城乡儿童的公共参与兴趣差异

家庭 居住地	公共参与 兴趣指数	具体项目				
		本地社会 问题	中国社会 问题	国际政治 问题	环境问题	改善公共 生活状况
城区	14.35	2.74	2.91	2.81	3.01	2.82
郊区	14.28	2.74	2.88	2.81	2.99	2.77
乡镇	14.18	2.71	2.90	2.75	2.97	2.75
农村	13.93	2.68	2.77	2.66	2.94	2.82
F 值	4.049 ** (0.007)	1.629 (0.180)	6.893 *** (0.000)	10.052 *** (0.000)	2.085 (0.100)	1.466 (0.222)

注：括号内是显著性系数；* 表示在 0.05 水平上显著，** 表示在 0.01 水平上显著，*** 表示在 0.001 水平上显著。

公共参与行为是指儿童参与各类公共事务的频率（包括看电视新闻、阅读报纸新闻、看网络新闻、从事志愿者活动、捐款、努力改善公共生活六个方面）。

如表 10 所示，可以发现，城乡儿童在各项公共参与行为上表现出显著差异，即郊区儿童在看电视新闻、阅读报纸新闻、看网络新闻、捐款上的频率最高，随后依次是城区儿童、乡镇儿童，农村儿童的频率最低。至于当志愿者，城区儿童的比例最高，随后依次是郊区儿童、乡镇儿童，农村儿童的比例最低。

表10　城乡儿童的公共参与行为差异

家庭 居住地	公共参与 行为指数	具体的公共参与行为					
		看电视 新闻	阅读报 纸新闻	看网络 新闻	当志愿者	捐款	改善公共 生活的努力
城区	14.31	2.97	2.42	2.96	1.93	2.04	2.04
郊区	14.57	3.06	2.43	3.09	1.90	2.05	2.08
乡镇	13.93	2.96	2.28	2.94	1.83	1.99	1.94
农村	12.80	2.61	1.98	2.53	1.82	1.92	1.99
F 值	32.801 *** (0.000)	28.341 *** (0.000)	38.620 *** (0.000)	38.827 *** (0.000)	4.557 *** (0.000)	5.960 *** (0.000)	2.151 (0.092)

注：括号内是显著性系数；* 表示在 0.05 水平上显著，** 表示在 0.01 水平上显著，*** 表示在 0.001 水平上显著。

二 家庭经济背景和儿童参与

本部分将儿童的家庭经济背景分为最低水平、中下水平、中等水平、中上水平和最高水平五个经济水平①，考察不同家庭经济背景的儿童参与差异。

（一）家庭经历的差异

1. 亲子沟通的差异

亲子沟通指父母与儿童日常沟通的广度及频率，包括学习、心情、怎么交朋友、父母工作、合理用钱、什么是爱、生命和死亡以及社会新闻、时政、国家大事等方面内容的沟通。如表11所示，可以发现以下几点。

表11 不同家庭经济水平儿童的亲子沟通差异

家庭经济水平	亲子沟通指数	亲子沟通内容							
		学习	心情	交友	工作	花钱	爱	生死	时政
最低	25.86	4.49	3.22	3.04	3.18	3.55	2.82	2.38	3.15
中下	25.54	4.65	3.29	2.96	3.05	3.55	2.55	2.23	3.31
中等	27.57	4.94	3.88	3.27	3.12	3.53	2.87	2.30	3.73
中上	29.45	4.99	4.23	3.52	3.24	3.53	3.34	2.60	4.06
最高	30.86	4.73	3.96	3.83	3.54	3.90	3.62	2.85	4.34
F 值	40.877 *** (0.000)	18.043 *** (0.000)	48.734 *** (0.000)	20.895 *** (0.000)	3.785 ** (0.004)	1.658 (0.157)	39.244 *** (0.000)	14.922 *** (0.000)	40.076 *** (0.000)

注：括号内是显著性系数；* 表示在 0.05 水平上显著，** 表示在 0.01 水平上显著，*** 表示在 0.001 水平上显著。

第一，综合来看，不同家庭经济水平的儿童，其亲子沟通频率存在显著差异，并且亲子沟通的频率随着家庭经济水平的提升而增加。

第二，具体到各个沟通项目（除了花钱一项），不同家庭经济水平的亲子沟通都存在显著差异。其中，沟通学习、心情这两项的频率中上经济水平的家庭最高，最低经济水平的家庭最低；沟通交友、工作、爱、生死等项目的频率，最高经济水平的家庭最高，中下经济水平家庭最低；沟通时政的频率，最

---

① 通过学生自我报告其家庭经济状况的方式获得数据。

高经济水平的家庭最高，最低经济水平的家庭最低。

2. 亲子活动的差异

亲子活动是指父母在儿童学习和日常生活中的参与表现，包括和父母一起看电视、父母辅导学习、运动健身、看演出、参观博物馆/艺术馆/展览馆等、国内旅游、国外旅游。如表12所示，可以发现以下几点。

表12 不同经济水平家庭儿童的亲子活动差异

家庭经济水平	亲子活动指数	亲子活动内容						
		一起看电视	辅导学习	运动健身	看演出	参观博物馆等	国内旅游	国外旅游
最低	17.48	3.83	3.20	2.98	2.06	2.03	2.00	1.68
中下	16.50	3.96	3.18	2.80	1.83	1.87	1.70	1.28
中等	18.80	4.17	3.62	3.32	2.21	2.19	1.98	1.36
中上	21.52	4.18	4.12	3.90	2.71	2.66	2.29	1.78
最高	23.88	3.91	4.35	4.26	3.07	3.24	2.82	2.30
F值	132.498**(0.000)	6.511***(0.000)	45.658***(0.000)	73.178***(0.000)	87.332***(0.000)	96.967***(0.000)	81.946***(0.000)	97.070***(0.000)

注：括号内是显著性系数；* 表示在0.05水平上显著，** 表示在0.01水平上显著，*** 表示在0.001水平上显著。

第一，综合来看，不同家庭经济水平的儿童，其亲子活动的频率存在显著差异，并且亲子活动的频率基本上随着家庭经济水平的提升而增加，但是最低经济水平家庭儿童的亲子活动频率却要高于中下经济水平家庭的儿童。

第二，具体到各个项目，在辅导学习、运动健身、看演出、参观博物馆等、国内外旅游亲子活动项目中，最高经济水平家庭的频率最高；其次是中上经济水平家庭、中等经济水平家庭、最低经济水平家庭，中下经济水平家庭的亲子活动频率最低。对于"一起看电视"这一项的亲子活动，中上经济水平家庭的频率最高，其次依次是中等经济水平家庭、中下经济水平家庭、最高经济水平家庭和最低经济水平家庭。

3. 家庭参与的差异

家庭参与包括家务参与、家庭财务参与、家庭决策参与。统计结果如表13所示。

表 13　不同家庭经济水平儿童的家庭参与差异

家庭经济水平	家务参与	家庭财务参与	家庭决策参与
最低	3.50	2.59	3.22
中下	3.25	2.78	3.33
中等	3.17	2.78	3.31
中上	3.21	2.86	3.20
最高	3.61	3.01	2.88
F 值	9.813 *** (0.000)	18.092 *** (0.000)	1.352 (0.248)

注：括号内是显著性系数；* 表示在 0.05 水平上显著，** 表示在 0.01 水平上显著，*** 表示在 0.001 水平上显著。

第一，不同家庭经济水平的儿童在家务参与的程度上有显著不同，并且呈现出两端高中间低的形态，即家庭经济水平最高和家庭经济水平最低的儿童，做家务的频率最高；其次是中下和中上家庭经济水平的儿童；中等经济水平家庭儿童的家务参与程度最低。

第二，不同家庭经济水平的儿童在家庭财务参与上也有显著不同，并表现出家庭经济水平越高，儿童财务参与的程度越高，即最高经济水平家庭的儿童，在家庭财务参与的程度上显著并依次高于中上经济水平家庭儿童、中等和中下经济水平家庭的儿童、最低经济水平家庭的儿童。

第三，不同家庭经济水平的儿童在家庭决策参与上并未表现出显著差异。

（二）放学后时间分配的差异

本部分将报告不同家庭经济背景儿童的放学后时间分配的差异。包括两方面：一是放学后安排的自主性差异；二是放学后时间分配的差异。如表 14 所示，可以发现以下几点。

第一，放学后时间分配的自主性，不同家庭经济背景的儿童之间存在显著差异。中下经济水平家庭儿童的放学后分配自主性最高；其次是中等水平、最高水平、最低水平家庭儿童；中上经济水平家庭儿童的放学后自主性最低。

第二，放学后各项活动的时间安排，在不同家庭经济背景的儿童之间都存

表 14　不同家庭经济背景儿童的放学后时间分配差异

家庭经济水平	放学后自主性	放学后的时间分配					
		做家庭作业	和朋友玩	锻炼身体	看课外书	看电视	上网
最低	3.24	4.45	2.09	2.04	2.48	2.12	2.17
中下	3.40	4.62	1.98	1.89	2.37	1.94	2.20
中等	3.35	4.60	1.94	1.96	2.43	1.90	2.03
中上	3.19	4.29	2.11	2.32	2.70	1.82	1.99
最高	3.35	3.63	2.60	3.30	3.58	2.20	2.27
F 值	13.625 *** (0.000)	22.142 *** (0.000)	10.071 *** (0.000)	69.298 *** (0.000)	35.174 *** (0.000)	5.482 *** (0.000)	5.109 *** (0.000)

注：括号内是显著性系数；* 表示在 0.05 水平上显著，** 表示在 0.01 水平上显著，*** 表示在 0.001 水平上显著。

在显著差异。做作业时间最多的是中下和中等经济水平家庭的儿童，最少的是最高经济水平家庭的儿童；和朋友玩的时间最多的是最高经济水平家庭的儿童，最少的是中等经济水平家庭的儿童；锻炼身体时间最多的是最高经济水平家庭的儿童，最少的是中下经济水平家庭的儿童；看课外书时间最多的是最高经济水平家庭的儿童，最少的是中下经济水平家庭的儿童；看电视最多的是最高经济水平家庭的儿童，最少的是中上经济水平家庭的儿童；上网时间最多的是最高经济水平家庭的儿童，最少的是中上经济水平家庭的儿童。

（三）学校参与的差异

本部分将报告不同家庭经济背景儿童的学校参与差异。学校参与包括学生的上学方式（走读/住宿）、社团参与、师生交流、校园欺凌四个方面。如表 15 所示，可以发现以下几点。

第一，不同家庭经济水平的儿童在上学方式上存在显著差异。中下、最低经济水平家庭儿童的住宿生比例最高，而最高经济水平家庭儿童的住宿生比例最低。

第二，不同家庭经济水平的儿童在学校社团参与上也存在显著差异，并随着家庭经济水平的上升，儿童社团参与的比例也逐渐上升。学校社团参与比例最高的是最高经济水平家庭的儿童，最低的是最低经济水平家庭的儿童。

第三，不同家庭经济水平的儿童在师生交流上存在显著差异。家庭经济水

表 15　不同家庭经济背景儿童的学校参与差异

家庭经济水平	走读/住宿(%)	社团参与	师生交流	校园欺凌
最低	60.9/31.9	1.76	5.36	7.65
中下	58.8/41.2	1.77	5.67	7.45
中等	74.0/26.0	1.88	5.99	7.12
中上	81.4/18.6	2.17	6.53	7.57
最高	87.7/12.3	2.50	6.47	8.04
χ^2值或 F 值	χ^2 = 230.280 *** (0.000)	F = 48.680 *** (0.000)	F = 22.610 *** (0.000)	F = 10.859 *** (0.000)

注：括号内是显著性系数；* 表示在 0.05 水平上显著，** 表示在 0.01 水平上显著，*** 表示在 0.001 水平上显著。

平较高的儿童，其师生交流频率基本上要高于家庭经济水平较低的儿童。师生交流频率最高的是中上经济水平家庭的儿童，最低的是最低经济水平家庭的儿童。

第四，不同家庭经济水平的儿童在遭遇校园欺凌的程度上存在显著差异。遭遇校园欺凌最多的是最高经济水平家庭的儿童，最低的是中等经济水平家庭的儿童。

（四）校外教育的差异

校外教育包括校外活动和课外班两部分。其中，校外活动指校外主题活动（例如环境保护、社区服务、科学考察等活动）及国内、国外营地活动（如夏令营、冬令营、游学活动等）；课外班包括课外兴趣班（指机器人、舞蹈、钢琴等非学校考试内容的课外班）和补习课外班（如数、理、化、生、政、史、地等学校考试内容的补习班）。如表 16 所示，可以发现以下几点。

第一，不同家庭经济背景的儿童在校外活动参与上存在显著差异，并且随着家庭经济水平的上升，儿童参加校外活动（国内外营地、主题活动）的比例也基本随之上升。其中，参加国内营地、国外营地活动、校外主题活动比例最高的是最高经济水平家庭的儿童。尤其是国外营地活动，接近一半的最高经济水平家庭的儿童参加过，最少的是中下、中等经济水平家庭的儿童。

第二，不同家庭经济背景的儿童在课外班参与上存在显著差异。参加兴趣

表16　不同家庭经济水平儿童的校外教育差异

家庭经济水平	校外活动						课外班			
	国内营地		国外营地		主题活动		兴趣班		补习班	
	参加（%）	不参加（%）	参加（%）	不参加（%）	门类	频率	门类	频率	门类	频率
最低	22.8	77.2	12.3	87.7	1.60	1.66	1.62	1.76	1.95	2.10
中下	20.4	79.6	6.4	93.6	1.41	1.38	1.49	1.53	1.73	1.74
中等	31.9	68.1	9.4	90.6	1.51	1.49	1.66	1.76	1.92	2.02
中上	51.2	48.8	24.0	76.0	1.94	1.94	2.16	2.35	2.26	2.42
最高	55.7	44.3	42.9	57.1	2.51	2.47	2.73	2.75	2.59	2.62
χ^2值或F值	χ^2=414.487*** (0.000)		χ^2=444.375*** (0.000)		F=84.272*** (0.000)	F=80.105*** (0.000)	F=118.178*** (0.000)	F=86.259*** (0.000)	F=38.138*** (0.000)	F=34.522*** (0.000)

注：括号内是显著性系数；* 表示在 0.05 水平上显著，** 表示在 0.01 水平上显著，*** 表示在 0.001 水平上显著。

班的门类和频率、补习班的门类和频率最高的是最高经济水平家庭的儿童；其次是中上经济水平的家庭；参加最少的是中下经济水平家庭的儿童。

（五）社会交往的差异

社会交往包括同伴交往（好朋友数量、交往方式和频率）、邻里交往和国际交往。统计结果如表 17 所示，可以发现以下几点。

表17　不同家庭经济背景儿童的社会交往差异

家庭经济水平	同伴交往					邻里交往	国际交往
	好朋友数量			交往方式和频率			
	同班	他班	校外	出门交往	电话/网络		
最低	4.45	4.00	3.73	2.86	3.84	2.50	1.64
中下	4.83	4.36	3.98	2.80	4.15	2.61	1.52
中等	5.12	4.69	4.25	2.84	4.35	2.64	1.71
中上	5.41	5.02	4.67	2.94	4.38	2.66	2.17
最高	5.26	4.89	4.76	3.15	3.85	2.74	2.41
F 值	26.345*** (0.000)	25.678*** (0.000)	26.558*** (0.000)	4.334** (0.002)	14.248*** (0.000)	2.313 (0.050)	160.916*** (0.000)

注：括号内是显著性系数；* 表示在 0.05 水平上显著，** 表示在 0.01 水平上显著，*** 表示在 0.001 水平上显著。

第一，不同家庭经济背景的儿童在好友数量上存在显著差异，并基本上表现为家庭经济水平越高，好朋友数量也相对越多。校内好友数量（同班和他班），家庭经济水平为中上的儿童最多，家庭经济水平最低的儿童最少。校外好友数量以家庭经济水平最高的儿童最多，以家庭经济水平最低的儿童最少。

第二，不同家庭经济背景的儿童和同伴的交往方式和频率存在显著差异。采用出门或到对方家里去的交往方式，家庭经济水平最高的儿童最多，家庭经济水平中下的儿童最少；以电话/网络进行交往的频率，中上经济水平家庭的儿童最多，最低经济水平家庭的儿童最少。

第三，不同家庭经济背景儿童的邻里交往频率和国际交往频率都存在显著差异，基本上表现为家庭经济水平越高，邻里交往和国际交往的频率就更高，并且以最高经济水平家庭儿童的邻里交往和国际交往频率最高，最少的是最低经济水平或中下经济水平家庭的儿童。

（六）网络参与的差异

网络参与考察儿童的校外上网时间、各类网络账号的拥有、上网设备的配备比例和上网功能（学习和娱乐）四个方面。如表18所示，可以发现以下几点。

表18　不同家庭经济背景儿童的网络参与差异

家庭经济水平	校外上网时间	上网设备		上网账号				上网功能
		手机	电脑	QQ号	微信号	论坛/博客账号	E - mail	
		有/没有(%)	有/没有(%)	有/没有(%)	有/没有(%)	有/没有(%)	有/没有(%)	学习/娱乐(%)
最低	2.17	66.2/33.8	41.1/58.9	78.8/21.2	59.5/40.5	37.8/62.2	34.6/65.4	18.5/81.5
中下	2.20	72.9/27.1	46.0/54.0	87.4/12.6	66.5/33.5	40.5/59.5	40.0/60.0	20.6/79.4
中等	2.03	76.5/23.5	52.2/47.8	86.7/13.3	71.0/29.0	45.4/54.6	47.0/53.0	22.6/77.4
中上	1.99	78.8/21.2	59.5/40.5	83.0/17.0	75.9/24.1	49.4/50.6	49.9/50.1	28.7/71.3
最高	2.27	72.1/27.9	67.2/32.8	75.5/24.5	71.7/28.3	52.5/47.5	50.0/50.0	33.6/66.4
χ^2值或F值	F =5.109*** (0.000)	χ^2 =32.850*** (0.000)	χ^2 =89.656*** (0.002)	χ^2 =44.585*** (0.000)	χ^2 =53.604*** (0.000)	χ^2 =34.292*** (0.000)	χ^2 =49.264*** (0.000)	χ^2 =41.946*** (0.000)

注：括号内是显著性系数；* 表示在0.05水平上显著，** 表示在0.01水平上显著，*** 表示在0.001水平上显著。

第一，不同家庭经济背景的儿童在校外上网时间上有显著差异。最高经济水平家庭的儿童上网时间最多；随后依次是中下经济水平、最低经济水平和中等经济水平家庭的儿童；中上经济水平家庭儿童的上网时间最少。

第二，有关手机的配备上，中上和中等经济水平家庭的儿童配备的比例较高，最低经济水平家庭的儿童配备的比例最低；但在电脑的配备上，最高经济水平家庭的儿童配备的比例最高，最低经济水平家庭的儿童配备的比例最低。

第三，关于上网账号，最高和最低经济水平家庭的儿童拥有 QQ 号的比例相对较低，而中下、中等和中上经济水平家庭的儿童拥有比例较高；中上经济水平家庭儿童拥有微信号的比例最高，最低经济水平家庭拥有微信号的比例最低；最高经济水平家庭儿童拥有论坛/博客账号的比例最高，最低的是最低经济水平家庭的儿童。

第四，在上网功能的使用上，最高经济水平家庭的儿童用于学习的比例最高，而最低经济水平家庭的儿童用于娱乐的比例最高。

（七）公共参与的差异

公共参与兴趣是指儿童对各类公共问题（包括本地社会问题、中国社会问题、国际政治问题、环境问题）的兴趣程度，以及自己参与改善这些公共问题的兴趣程度。

如表 19 所示，可以发现以下几点。第一，综合来看，不同家庭经济水平儿童的公共参与兴趣有显著差异，并且最高经济水平家庭儿童的公共参与兴趣明显高于其他经济水平家庭。第二，具体到各类公共参与项目的兴趣，最高经济水平家庭的儿童都明显高于其他经济水平家庭的儿童。

公共参与行为是指儿童参与各类公共事务的频率，包括看电视新闻、阅读报纸新闻、看网络新闻、从事志愿者活动、捐款、努力改善公共生活六个方面。

如表 20 所示，综合来看，不同家庭经济背景的儿童在公共参与行为上表现出显著差异。在看电视新闻和看网络新闻的行为上，中上经济水平家庭儿童的频率最高，最低经济水平家庭儿童的频率最低；对于阅读报纸新闻、当志愿者、

表 19　不同家庭经济背景儿童的公共参与兴趣差异

家庭经济水平	公共参与兴趣指数	具体项目				
		本地社会问题	中国社会问题	国际政治问题	环境问题	努力改善公共生活
最低	14.04	2.68	2.78	2.77	2.95	2.87
中下	14.01	2.70	2.85	2.71	2.96	2.73
中等	14.15	2.70	2.86	2.76	2.97	2.79
中上	14.61	2.80	2.96	2.88	3.04	2.87
最高	16.11	3.13	3.16	3.12	3.19	3.26
F 值	14.461 *** (0.000)	10.679 *** (0.000)	8.029 *** (0.000)	11.815 *** (0.000)	4.090 ** (0.003)	13.934 *** (0.000)

注：括号内是显著性系数；* 表示在 0.05 水平上显著，** 表示在 0.01 水平上显著，*** 表示在 0.001 水平上显著。

表 20　不同家庭经济背景儿童的公共参与行为差异

家庭经济水平	公共参与行为指数	具体的公共参与行为					
		看电视新闻	阅读报纸新闻	看网络新闻	当志愿者	捐款	改善公共生活的努力
最低	13.52	2.62	2.19	2.55	2.01	2.06	2.12
中下	13.11	2.72	2.08	2.76	1.76	1.88	1.96
中等	13.96	2.94	2.31	2.94	1.83	1.99	1.97
中上	15.05	3.08	2.57	3.00	2.10	2.16	2.19
最高	15.52	2.77	2.67	2.73	2.48	2.49	2.57
F 值	29.657 *** (0.000)	16.414 *** (0.000)	27.385 *** (0.000)	10.683 *** (0.000)	37.936 *** (0.000)	30.807 *** (0.000)	21.008 *** (0.000)

注：括号内是显著性系数；* 表示在 0.05 水平上显著，** 表示在 0.01 水平上显著，*** 表示在 0.001 水平上显著。

捐款、改善公共生活的努力等，最高经济水平家庭儿童的参与频率最高，中下水平家庭儿童的参与频率最低。

三　父母职业和儿童参与差异

本部分将父母的职业分为蓝领和白领，考察蓝领家庭儿童和白领家庭儿童在各类参与上的差异，其中蓝领包括打工、做小生意等体力劳动者；白领是指专业人员、公司职员等脑力劳动者。

（一）家庭经历的差异

1. 亲子沟通的差异

亲子沟通指父母与儿童日常沟通的广度及频率，包括学习、心情、怎么交朋友、父母工作、合理用钱、什么是爱、生命和死亡以及社会新闻、时政、国家大事等方面内容的沟通。如表21所示，可以发现以下几点。

表21　蓝领家庭和白领家庭儿童的亲子沟通差异

父母	职业	亲子沟通指数	亲子沟通内容							
			学习	心情	交友	工作	花钱	爱	生死	时政
父亲	蓝领	27.05	4.86	3.69	3.17	3.13	3.62	2.81	2.28	3.57
	白领	29.12	5.05	4.22	3.46	3.21	3.49	3.09	2.52	4.15
	均值差	-2.075 *** (0.000)	-0.198 *** (0.000)	-0.530 *** (0.000)	-0.291 *** (0.000)	-0.080 (0.141)	0.134 * (0.014)	-0.279 *** (0.000)	-0.239 *** (0.000)	-0.578 *** (0.000)
母亲	蓝领	26.98	4.84	3.72	3.15	3.19	3.58	2.74	2.25	3.58
	白领	29.39	5.05	4.29	3.47	3.29	3.46	3.13	2.59	4.13
	均值差	-2.413 *** (0.000)	-0.213 *** (0.000)	-0.574 *** (0.000)	-0.325 *** (0.000)	-0.106 (0.069)	0.113 (0.052)	-0.394 *** (0.000)	-0.338 *** (0.000)	-0.552 *** (0.000)

注：括号内是显著性系数；* 表示在0.05水平上显著，** 表示在0.01水平上显著，*** 表示在0.001水平上显著。

第一，综合来看，蓝领家庭和白领家庭的儿童在亲子沟通上存在显著差异，白领家庭儿童的亲子沟通频率显著高于蓝领家庭。

第二，具体到沟通项目上，白领家庭儿童在沟通学习、心情、交友、爱、生死和时政各类议题上都显著高于蓝领家庭儿童；但在沟通花钱的频率上，蓝领家庭儿童显著高于白领家庭儿童。

2. 亲子活动的差异

亲子活动是指父母在儿童学习和日常生活中的参与表现，包括和父母一起看电视、父母辅导学习、运动健身、看演出、参观博物馆/艺术馆/展览馆等、国内旅游、国外旅游等项目。

如表22所示，可以发现以下几点。第一，综合来看，白领家庭的亲子活动频率显著高于蓝领家庭，即在白领家庭，父母和儿童一起开展活动的频率显著高于蓝领家庭。第二，具体到父母辅导学习、运动健身、看演出、参观博物馆等、国内外旅游亲子活动项目上，白领家庭的儿童都显著高于蓝领家庭；但是在父母和儿童"一起看电视"这一项上，白领家庭低于蓝领家庭。

表 22　蓝领家庭和白领家庭的亲子活动差异

父母	职业	亲子活动指数	亲子活动内容						
			一起看电视	辅导学习	运动健身	看演出	参观博物馆等	国内旅游	国外旅游
父亲	蓝领	18.05	4.23	3.48	3.13	2.07	2.06	1.86	1.34
	白领	20.75	4.04	4.00	3.77	2.56	2.57	2.23	1.69
	均值差	-2.695 *** (0.000)	0.185 *** (0.000)	-0.519 *** (0.000)	-0.643 *** (0.000)	-0.493 *** (0.000)	-0.502 *** (0.000)	-0.368 *** (0.000)	-0.348 *** (0.000)
母亲	蓝领	18.01	4.18	3.43	3.10	2.07	2.08	1.89	1.31
	白领	20.90	3.99	4.03	3.77	2.60	2.58	2.28	1.73
	均值差	-2.891 *** (0.000)	0.188 *** (0.001)	-0.609 *** (0.000)	-0.666 *** (0.000)	-0.532 *** (0.000)	-0.506 *** (0.000)	-0.387 *** (0.000)	-0.423 *** (0.000)

注：括号内是显著性系数；* 表示在 0.05 水平上显著，** 表示在 0.01 水平上显著，*** 表示在 0.001 水平上显著。

3. 家庭参与的差异

家庭参与包括家务参与、家庭财务参与、家庭决策参与。如表23所示，可以发现以下几点。第一，蓝领家庭和白领家庭在家务参与和家庭决策参与上都存在显著差异。蓝领家庭儿童的家务参与程度、家庭决策参与程度都显著高于白领家庭的儿童。

第二，蓝领家庭和白领家庭在家庭财务参与上存在显著差异。蓝领家庭儿童在家庭财务参与上显著低于白领家庭的儿童。

（二）放学后的时间分配

本部分将报告蓝领家庭和白领家庭儿童的放学后时间安排的差异。包括两方面：一是放学后安排的自主性差异；二是放学后时间分配的差异。如24表所示，可以发现以下几点。

表 23　蓝领家庭和白领家庭的家庭参与差异

父母	职业	家庭参与项目		
		家务参与	家庭财务参与	家庭决策参与
父亲	蓝领	3.29	2.82	3.37
	白领	3.12	2.88	3.22
	均值差	0.170 *** (0.000)	− 0.065 ** (0.006)	0.149 *** (0.000)
母亲	蓝领	3.25	2.85	3.34
	白领	3.12	2.90	3.18
	均值差	0.133 ** (0.002)	− 0.049 (0.052)	0.159 *** (0.000)

注：括号内是显著性系数；* 表示在 0.05 水平上显著，** 表示在 0.01 水平上显著，*** 表示在 0.001 水平上显著。

表 24　蓝领家庭儿童和白领家庭儿童的放学后时间分配差异

父母	职业	放学后自主性	放学后的时间分配					
			做家庭作业	和朋友玩	锻炼身体	看课外书	看电视	上网
父亲	蓝领	3.38	4.52	2.03	1.95	2.47	1.98	2.11
	白领	3.24	4.43	1.95	2.18	2.55	1.70	1.91
	均值差	0.132 *** (0.000)	0.088 (0.087)	0.081 (0.080)	− 0.232 *** (0.000)	− 0.078 (0.072)	0.283 *** (0.000)	0.193 *** (0.000)
母亲	蓝领	3.37	4.56	2.02	1.96	2.44	1.96	2.10
	白领	3.21	4.49	1.97	2.19	2.55	1.66	1.92
	均值差	0.160 *** (0.000)	0.070 (0.200)	0.045 (0.361)	− 0.229 *** (0.000)	− 0.112 * (0.016)	0.307 *** (0.000)	0.175 *** (0.000)

注：括号内是显著性系数；* 表示在 0.05 水平上显著，** 表示在 0.01 水平上显著，*** 表示在 0.001 水平上显著。

第一，蓝领家庭儿童在放学后安排的自主性程度上显著高于白领家庭儿童，即与白领家庭相比，蓝领家庭儿童在放学后安排上有更多的自主性。

第二，放学后蓝领家庭儿童看电视的时间、上网的时间都显著高于白领家庭儿童；但在锻炼身体、看课外书的时间上显著低于白领家庭儿童。这些结果表明，蓝领家庭儿童放学后的时间更多用来看电视和上网；而白领家庭的儿童更多用来锻炼身体和看课外书。

（三）学校参与的差异

本部分将报告蓝领家庭儿童和白领家庭儿童的学校参与差异。学校参与包括学生的上学方式（走读/住宿）、社团参与、师生交流、校园欺凌四个方面。如表 25 所示，可以发现以下几点。

表 25　蓝领家庭儿童和白领家庭儿童的学校参与差异

父母	职业类型	走读/住宿（%）	社团参与	师生交流	校园欺凌
父亲	蓝领	64.3/35.7	1.82	5.89	7.21
	白领	80.1/19.9	2.05	6.41	7.44
	均值差	−15.8%*** (0.000)	−0.230*** (0.000)	−0.517*** (0.000)	−0.231* (0.011)
母亲	蓝领	66.4/33.6	1.86	5.96	7.22
	白领	79.2/20.8	2.05	6.45	7.45
	均值差	−12.8%*** (0.000)	−0.185*** (0.000)	−0.500*** (0.000)	−0.229* (0.019)

注：括号内是显著性系数；* 表示在 0.05 水平上显著，** 表示在 0.01 水平上显著，*** 表示在 0.001 水平上显著。

第一，白领家庭儿童和蓝领家庭儿童在上学方式上存在显著差异，即与蓝领家庭儿童相比，白领家庭儿童更多走读而非住宿。

第二，白领家庭儿童的社团参与比例、师生交流频率都显著高于蓝领家庭儿童；但和蓝领家庭儿童相比，也更多遭遇校园欺凌。

（四）校外教育的差异

本部分报告蓝领家庭和白领家庭儿童的校外教育差异。校外教育包括校外活动和课外班两部分。其中，校外活动指校外主题活动（例如环境保护、社区服务、科学考察等活动）及国内、国外营地活动（如夏令营、冬令营、游学活动等）；课外班包括课外兴趣班（指机器人、舞蹈、钢琴等非学校考试内容的课外班）和补习课外班（如数、理、化、生、政、史、地等学校考试内容的补习班）。如表 26 所示，可以发现以下几点。

第一，白领家庭儿童和蓝领家庭儿童在校外活动参与上存在显著差异，即

表 26　蓝领家庭和白领家庭儿童的校外教育差异

父母	职业	校外活动						课外班			
		国内营地(%)		国外营地(%)		主题活动		兴趣班		补习班	
		参加	不参加	参加	不参加	门类	频率	门类	频率	门类	频率
父亲	蓝领	26.4	73.6	6.2	93.8	1.47	1.45	1.54	1.62	1.80	1.85
	白领	51.7	48.3	22.3	77.7	1.89	1.86	2.12	2.23	2.35	2.51
	均值差	−25.3% *** (0.000)		−16.1% *** (0.000)		−0.423*** (0.000)	−0.418*** (0.000)	−0.584*** (0.000)	−0.619*** (0.000)	−0.551*** (0.000)	−0.662 *** (0.000)
母亲	蓝领	25.6	74.4	7.1	92.9	1.48	1.46	1.54	1.66	1.81	1.90
	白领	48.0	52.0	20.9	79.1	1.94	1.89	2.16	2.26	2.42	2.54
	均值差	− 22.4% *** (0.000)		− 13.8% *** (0.000)		−0.458*** (0.000)	−0.438*** (0.000)	−0.617*** (0.000)	−0.608*** (0.000)	−0.618*** (0.000)	−0.642 *** (0.000)

注：括号内是显著性系数；* 表示在 0.05 水平上显著，** 表示在 0.01 水平上显著，*** 表示在 0.001 水平上显著。

白领家庭儿童参加国内营地、国外营地和校外主题活动的比例都显著高于蓝领家庭。

第二，白领家庭儿童和蓝领家庭儿童在课外班参与上也存在显著差异。白领家庭儿童参加校外兴趣班的门类和频率、参加校外补习班的门类和频率都显著高于蓝领家庭。这在一定程度上反映了校外教育机会在不同家庭背景儿童中的不平等。

（五）社会交往的差异

社会交往包括同伴交往（好朋友数量、交往方式和频率）、邻里交往和国际交往。统计结果如表 27 所示，可以发现以下几点。

第一，关于同伴交往，白领家庭儿童在本班、他班和校外的好朋友数量都显著高于蓝领家庭的儿童；在交往方式和频率上，白领家庭儿童出门交往的频率显著低于蓝领家庭的儿童。

第二，白领家庭儿童和蓝领家庭儿童的邻里交往、国际交往都表现出显著的差异性。白领家庭儿童的邻里交往频率显著低于蓝领家庭儿童；但在国际交往上频率显著高于蓝领家庭儿童。

表 27　蓝领家庭儿童和白领家庭儿童的社会交往差异

父母	职业	好朋友数量			交往方式和频率		邻里交往	国际交往
		同班	他班	校外	出门交往	电话/网络		
父亲	蓝领	5.04	4.58	4.07	2.95	4.23	2.75	1.55
	白领	5.29	4.88	4.52	2.75	4.32	2.61	2.11
	均值差	−0.257*** (0.000)	−0.299*** (0.000)	−0.449*** (0.000)	0.197*** (0.000)	−0.092 (0.050)	0.132*** (0.000)	−0.556*** (0.000)
母亲	蓝领	5.06	4.60	4.13	2.94	4.33	2.71	1.61
	白领	5.30	4.87	4.48	2.73	4.30	2.61	2.13
	均值差	−0.240*** (0.000)	−0.269*** (0.000)	−0.353*** (0.000)	0.211*** (0.000)	0.029 (0.556)	0.098*** (0.001)	−0.524*** (0.000)

注：括号内是显著性系数；* 表示在 0.05 水平上显著，** 表示在 0.01 水平上显著，*** 表示在 0.001 水平上显著。

（六）网络参与的差异

网络参与考察儿童的校外上网时间、各类网络账号的拥有、上网设备的配备比例和上网功能（学习和娱乐）四个方面。如表 28 所示，可以发现以下几点。

表 28　蓝领家庭儿童和白领家庭儿童的网络参与差异

父母	职业	校外上网时间	上网设备		上网账号				上网功能
			手机 有/没有 (%)	电脑 有/没有 (%)	QQ 号 有/没有 (%)	微信号 有/没有 (%)	论坛/博客账号 有/没有 (%)	E-mail 有/没有 (%)	学习/娱乐 (%)
父亲	蓝领	2.11	74.9/25.1	50.3/49.7	88.8/12.2	67.1/32.9	41.3/58.7	42.2/57.8	23.2/76.8
	白领	1.91	78.1/21.9	52.7/49.3	82.8/17.2	75.8/24.2	49.6/50.4	51.5/48.5	28.4/71.6
	均值差	0.193*** (0.000)	−3.2*** (0.000)	−2.4 (0.083)	6*** (0.000)	−8.7*** (0.000)	−8.3*** (0.000)	−9.3*** (0.000)	−5.2*** (0.000)
母亲	蓝领	2.10	76.9/23.1	51.5/48.5	88.5/11.5	69.2/30.8	43.7/56.3	44.9/55.1	22.5/77.5
	白领	1.92	77.0/23.0	53.1/46.9	82.6/17.4	76.4/23.6	49.6/50.4	52.8/47.2	27.9/72.1
	均值差	0.175*** (0.000)	−0.1 (0.952)	−1.6 (0.286)	5.9*** (0.000)	−7.2*** (0.000)	−5.9*** (0.000)	−7.9*** (0.000)	−5.4*** (0.000)

注：括号内是显著性系数；* 表示在 0.05 水平上显著，** 表示在 0.01 水平上显著，*** 表示在 0.001 水平上显著。

第一，蓝领家庭儿童校外上网时间显著高于白领家庭儿童；并且在上网功能的使用上比白领家庭儿童更偏娱乐而非学习。第二，在上网设备的配备上，白领家庭儿童拥有手机、电脑的比例都显著高于蓝领家庭儿童。第三，蓝领家庭儿童拥有 QQ 号的比例显著高于白领家庭儿童；但在微信号、论坛/博客账号、E-mail 的拥有比例上显著低于白领家庭儿童。

（七）公共参与的差异

公共参与兴趣是指儿童对各类公共问题（包括本地社会问题、中国社会问题、国际政治问题、环境问题）的兴趣程度，以及自己通过努力改善公共生活的程度。如表 29 所示，可以发现以下几点。

表 29　蓝领家庭儿童和白领家庭儿童的公共参与兴趣差异

父母	父母职业	公共参与兴趣指数	具体项目				
			本地社会问题	中国社会问题	国际政治问题	环境问题	努力改善公共生活
父亲	蓝领	14.06	2.68	2.85	2.73	2.97	2.76
	白领	14.75	2.82	3.01	2.91	3.06	2.87
	均值差	-0.695*** (0.000)	-0.135*** (0.000)	-0.154*** (0.000)	-0.184*** (0.000)	-0.082** (0.002)	-0.111*** (0.000)
母亲	蓝领	14.18	2.73	2.88	2.76	2.98	2.78
	白领	14.61	2.79	2.96	2.90	3.05	2.85
	均值差	-0.433*** (0.000)	-0.062* (0.040)	-0.079** (0.007)	-0.140*** (0.000)	-0.069* (0.015)	-0.077* (0.011)

注：括号内是显著性系数；* 表示在 0.05 水平上显著，** 表示在 0.01 水平上显著，*** 表示在 0.001 水平上显著。

第一，综合来看，蓝领家庭儿童和白领家庭儿童的公共参与兴趣有显著差异。白领家庭儿童的公共参与兴趣显著高于蓝领家庭儿童。

第二，具体来看，与蓝领家庭儿童相比，白领家庭儿童对本地社会问题、中国社会问题、国际政治问题、环境问题以及通过努力改善公共生活，都表现出更多的兴趣。

公共参与行为是指儿童参与各类公共事务的频率，包括看电视新闻、阅读

报纸新闻、看网络新闻、从事志愿者活动、捐款、努力改善公共生活六个方面。如表 30 所示，可以发现以下几点。

表 30　蓝领家庭儿童和白领家庭儿童的公共参与行为差异

父母	父母职业	公共参与行为指数	具体的公共参与行为					
			看电视新闻	阅读报纸新闻	看网络新闻	当志愿者	捐款	改善公共生活的努力
父亲	蓝领	13.60	2.85	2.20	2.83	1.81	1.96	1.98
	白领	15.07	3.12	2.60	3.14	2.01	2.11	2.11
	均值差	- 1.471 *** (0.000)	- 0.271 (0.262)	- 0.408 *** (0.000)	- 0.311 * (0.012)	- 0.200 *** (0.000)	- 0.150 *** (0.000)	- 0.129 *** (0.000)
母亲	蓝领	13.84	2.93	2.26	2.90	1.82	1.97	1.99
	白领	14.92	3.06	2.58	3.12	2.01	2.10	2.09
	均值差	- 1.081 *** (0.000)	- 0.128 ** (0.003)	- 0.323 *** (0.000)	- 0.210 *** (0.012)	- 0.184 *** (0.000)	- 0.134 *** (0.000)	- 0.104 *** (0.000)

注：括号内是显著性系数；* 表示在 0.05 水平上显著，** 表示在 0.01 水平上显著，*** 表示在 0.001 水平上显著。

第一，综合来看，白领家庭儿童的亲子活动频率显著高于蓝领家庭。第二，具体到各个项目，白领家庭儿童看电视新闻、阅读报纸新闻、看网络新闻、当志愿者、捐款等的频率都显著高于蓝领家庭儿童。

四　父母教育水平和儿童参与

本部分将儿童的父母教育水平划分为初中及以下、高中和大学及以上等，考察父母教育水平不同的儿童的参与差异。

（一）家庭经历的差异

1. 亲子沟通差异

亲子沟通指父母与儿童日常沟通的广度及频率，包括学习、心情、怎么交朋友、父母工作、合理用钱、什么是爱、生命和死亡以及社会新闻、时政、国家大事等方面内容的沟通。如表 31 所示，可以发现以下几点。

第一，综合来看，父母教育水平不同的儿童，其亲子沟通存在显著差异。

表31　父母不同教育水平儿童的亲子沟通差异

父母	教育水平	亲子沟通指数	亲子沟通项目							
			学习	心情	交友	工作	花钱	爱	生死	时政
父亲	初中及以下	26.57	4.74	3.51	3.12	3.16	3.65	2.76	2.25	3.44
	高中	28.28	5.00	3.96	3.40	3.16	3.54	3.04	2.40	3.85
	大学及以上	29.43	5.06	4.36	3.45	3.26	3.46	3.10	2.57	4.25
	F值	63.018 *** (0.000)	35.524 *** (0.000)	115.963 *** (0.000)	23.382 ** (0.000)	1.834 (0.160)	6.628 *** (0.001)	24.910 *** (0.000)	21.715 *** (0.000)	116.981 *** (0.000)
母亲	初中及以下	26.61	4.75	3.53	3.14	3.15	2.62	2.73	2.27	3.46
	高中	28.43	5.00	4.02	3.37	3.16	3.58	3.08	2.39	3.86
	大学及以上	29.51	5.09	4.36	3.48	3.28	3.45	3.14	2.55	4.27
	F值	65.034 *** (0.000)	36.982 *** (0.000)	112.756 *** (0.000)	21.529 ** (0.000)	2.759 (0.063)	5.108 ** (0.006)	36.620 *** (0.000)	16.174 *** (0.000)	110.971 *** (0.000)

注：括号内是显著性系数；* 表示在 0.05 水平上显著，** 表示在 0.01 水平上显著，*** 表示在 0.001 水平上显著。

父母教育在大学及以上水平的儿童，亲子沟通频率显著并依次高于父母教育是高中水平的儿童、父母教育是初中及以下水平的儿童。

第二，具体到沟通项目，除了花钱一项之外，大学及以上教育水平的父母和儿童沟通学习、心情、交友、工作、爱、生死和时政等内容的频率都显著并依次高于父母是高中水平、初中及以下教育水平的儿童。

2. 亲子活动差异

亲子活动是指父母在儿童学习和日常生活中的参与表现，包括和父母一起看电视、父母辅导学习、运动健身、看演出、参观博物馆/艺术馆/展览馆等、国内旅游、国外旅游等。

如表32所示，可以发现：大学及以上教育水平的父母辅导儿童学习、一起运动健身、看演出、参观博物馆等、国内外旅游亲子活动项目的频率，显著并依次高于父母是高中、初中及以下教育水平的儿童；但在父母和儿童一起看电视的频率上，高教育水平家庭显著低于其他家庭。

表 32　父母不同教育水平儿童的亲子活动差异

父母	父亲教育水平	亲子活动内容						
		一起看电视	辅导学习	运动健身	看演出	参观博物馆等	国内旅游	国外旅游
父亲	初中及以下	4.22	3.32	3.06	2.05	2.03	1.86	1.35
	高中	4.17	3.70	3.48	2.33	2.33	2.10	1.42
	大学及以上	3.97	4.06	3.77	2.55	2.57	2.23	1.74
	F 值	11.660 *** (0.000)	77.637 *** (0.000)	86.914 *** (0.000)	76.609 *** (0.000)	103.954 *** (0.000)	81.075 *** (0.000)	95.811 *** (0.000)
母亲	初中及以下	4.22	3.31	3.07	2.04	2.03	1.83	1.34
	高中	4.16	3.72	3.49	2.37	2.37	2.13	1.45
	大学及以上	3.96	4.15	3.82	2.61	2.61	2.26	1.77
	F 值	12.171 *** (0.000)	97.872 *** (0.000)	94.643 *** (0.000)	98.510 *** (0.000)	118.969 *** (0.000)	107.989 *** (0.000)	107.735 *** (0.000)

注：括号内是显著性系数；* 表示在 0.05 水平上显著，** 表示在 0.01 水平上显著，*** 表示在 0.001 水平上显著。

3. 家庭参与的差异

家庭参与包括家务参与、家庭财务参与、家庭决策参与。如表 33 所示，可以发现：高教育水平家庭和低教育水平家庭的儿童在各项家庭参与上存在

表 33　父母不同教育水平儿童的家庭参与差异

父母	父母教育水平	家庭事务参与内容		
		家务参与	家庭财务参与	家庭决策参与
父亲	初中及以下	3.30	2.80	3.31
	高中	3.16	2.83	3.29
	大学及以上	3.16	2.88	3.20
	F 值	9.468 *** (0.000)	4.929 ** (0.007)	12.505 *** (0.000)
母亲	初中及以下	3.29	2.80	3.32
	高中	3.15	2.81	3.28
	大学及以上	3.17	2.93	3.17
	F 值	8.723 *** (0.000)	15.020 *** (0.000)	19.348 *** (0.000)

注：括号内是显著性系数；* 表示在 0.05 水平上显著，** 表示在 0.01 水平上显著，*** 表示在 0.001 水平上显著。

显著差异，即父母教育在初中及以下水平的儿童，在家务参与、家庭决策参与上显著高于父母教育在高中及以上水平的儿童，但在家庭财务参与上显著低于父母教育在高中及以上水平的儿童。

（二）放学后的时间分配

本部分将报告不同教育背景家庭儿童的放学后时间安排的差异。包括两方面：一是放学后安排的自主性差异；二是放学后时间分配的差异。如表34所示，可以发现以下几点。

表34　父母不同教育水平儿童的放学后时间分配差异

父母	教育水平	放学后自主性	放学后的时间分配					
			做家庭作业	和朋友玩	锻炼身体	看课外书	看电视	上网
父亲	初中及以下	3.41	4.50	2.10	1.99	2.44	2.09	2.16
	高中	3.33	4.62	2.00	2.07	2.49	1.85	2.07
	大学及以上	3.22	4.47	1.86	2.15	2.56	1.59	1.90
	F值	28.218*** (0.000)	4.387* (0.012)	12.938*** (0.000)	9.127*** (0.000)	3.877* (0.021)	77.167*** (0.000)	17.065*** (0.000)
母亲	初中及以下	3.41	4.52	2.09	2.00	2.43	2.05	2.15
	高中	3.33	4.62	1.94	2.02	2.51	1.87	2.06
	大学及以上	3.20	4.43	1.93	2.21	2.60	1.61	1.90
	F值	34.678*** (0.000)	5.848** (0.003)	8.394*** (0.000)	16.093*** (0.000)	8.095*** (0.000)	57.888*** (0.000)	13.692*** (0.000)

注：括号内是显著性系数；* 表示在0.05水平上显著，** 表示在0.01水平上显著，*** 表示在0.001水平上显著。

第一，不同教育背景家庭儿童的放学后自主性存在显著差异。父母教育在初中及以下水平的儿童，在放学后安排的自主性程度上显著并依次高于父母教育在高中水平、大学及以上水平家庭的儿童，即与低教育水平家庭儿童相比，高教育水平家庭儿童更少拥有放学后安排的自主性。

第二，不同教育背景家庭儿童在放学后的时间分配上存在显著差异。其中，做家庭作业一项以父母为高中教育水平的儿童所花时间最多，父母为大学及以上教育水平的儿童所花时间最少。关于和朋友玩、看电视、上网这三项的时间，父母为初中及以下水平儿童所花的时间显著并依次高于父母为高

中水平、大学及以上水平的儿童所花的时间；但与之相反，关于锻炼身体、看课外书这两项，父母为初中及以下水平儿童所花的时间显著并依次低于父母为大学及以上水平、高中水平的儿童所花的时间。这些结果表明，低教育水平家庭儿童放学后看电视、上网和朋友玩的时间较多；而高教育水平家庭的儿童锻炼身体、看课外书的时间较多；而中等教育水平家庭的儿童做作业的时间较多。

（三）学校参与的差异

本部分将报告不同教育水平家庭儿童的学校参与差异。学校参与包括学生的上学方式（走读/住宿）、社团参与、师生交流、校园欺凌四个方面。

如表35所示，可以发现：不同教育水平父母的儿童，在学校参与上表现出显著差异。其中，父母教育为初中及以下水平的儿童，住宿比例显著高于父母教育为高中水平、大学及以上水平的儿童；但在社团参与、师生交流上，其频率都显著并依次低于父母教育为高中水平、大学及以上水平的儿童。关于校园欺凌，父母教育为大学及以上水平的儿童，遭遇欺凌的频率依次高于父母教育为高中水平、初中及以下水平的儿童。

表35 父母不同教育水平儿童的学校参与差异

父母	教育水平	走读/住宿（%）	社团参与	师生交流	校园欺凌
父亲	初中及以下	66.1/33.9	1.86	5.85	7.23
	高中	74.0/26.0	1.90	6.09	7.28
	大学及以上	79.9/20.1	2.08	6.43	7.38
	χ^2值或F值	χ^2 = 120.094 *** (0.000)	F = 30.927 *** (0.000)	F = 25.052 *** (0.000)	F = 1.418 (0.242)
母亲	初中及以下	66.2/33.8	1.85	5.83	7.23
	高中	74.5/25.5	1.92	6.20	7.33
	大学及以上	80.9/19.1	2.10	6.45	7.42
	χ^2值或F值	χ^2 = 133.253 *** (0.000)	F = 34.418 *** (0.000)	F = 29.598 *** (0.000)	F = 2.443 (0.087)

注：括号内是显著性系数；* 表示在 0.05 水平上显著，** 表示在 0.01 水平上显著，*** 表示在 0.001 水平上显著。

（四）校外教育的差异

本部分报告不同家庭教育水平儿童的校外教育经历差异。校外教育包括校外活动和课外班两部分。其中，校外活动指校外主题活动（例如环境保护、社区服务、科学考察等活动）及国内、国外营地活动（如夏令营、冬令营、游学活动等）；课外班包括课外兴趣班（指机器人、舞蹈、钢琴等非学校考试内容的课外班）和补习课外班（如数、理、化、生、政、史、地等学校考试内容的补习班）。如表 36 所示，可以发现以下几点。

表36　父母不同教育水平儿童的校外教育差异

父母	教育水平	校外活动						课外班			
		国内营地		国外营地		主题活动		兴趣班		补习班	
		参加（%）	不参加（%）	参加（%）	不参加（%）	门类	频率	门类	频率	门类	频率
父亲	初中及以下	24.4	75.6	7.9	92.1	1.44	1.42	1.51	1.61	1.76	1.80
	高中	36.9	63.1	10.5	89.5	1.55	1.54	1.72	1.85	1.97	2.10
	大学及以上	49.7	50.3	23.6	76.4	1.98	1.94	2.17	2.29	2.42	2.57
	x^2值或F值	$x^2=377.800$ *** (0.000)		$x^2=294.089$ *** (0.000)		F = 148.326 *** (0.000)	F = 119.935 *** (0.000)	F = 220.774 *** (0.000)	F = 134.381 *** (0.000)	F = 139.175 *** (0.000)	F = 119.084 *** (0.000)
母亲	初中及以下	24.0	76.0	7.7	92.3	1.44	1.42	1.52	1.62	1.75	1.81
	高中	38.1	61.9	11.5	88.5	1.57	1.56	1.73	1.88	2.01	2.17
	大学及以上	51.6	48.4	24.7	75.3	2.00	1.97	2.23	2.33	2.46	2.57
	x^2值或F值	$x^2=438.514$ *** (0.000)		$x^2=319.405$ *** (0.000)		F = 147.978 *** (0.000)	F = 129.511 *** (0.000)	F = 242.468 *** (0.000)	F = 139.553 *** (0.000)	F = 147.692 *** (0.000)	F = 116.105 *** (0.000)

注：括号内是显著性系数；* 表示在 0.05 水平上显著，** 表示在 0.01 水平上显著，*** 表示在 0.001 水平上显著。

第一，父母教育水平不同的儿童在校外活动参与上存在显著差异，即父母教育为大学及以上水平的儿童在参加国内营地、国外营地以及校外主题活动上，显著并依次高于父母教育为高中水平、初中及以下水平的儿童。

第二，不同教育背景家庭的儿童在课外班参与上也存在显著差异，即父母教育为大学及以上水平的儿童在参加校外兴趣班的门类和频率、参加补习班的门类和频率上，都显著并依次高于父母教育为高中水平、初中及以下水平的儿童。

（五）社会交往的差异

社会交往包括同伴交往（好朋友数量、交往方式和频率）、邻里交往和国际交往。统计结果如表37所示，可以发现以下几点。

表37　父母不同教育水平儿童的社会交往差异

父母	家庭经济水平	同伴交往					邻里交往	国际交往
		好朋友数量			交往方式和频率			
		同班	他班	校外	出门交往	电话/网络		
父亲	初中及以下	4.98	4.57	4.13	2.92	4.25	2.68	1.56
	高中	5.20	4.78	4.36	2.89	4.41	2.65	1.80
	大学及以上	5.28	4.86	4.54	2.69	4.35	2.61	2.18
	F值	17.243*** (0.000)	12.522*** (0.000)	22.666*** (0.000)	19.893*** (0.000)	6.388** (0.002)	2.828 (0.059)	350.929*** (0.000)
母亲	初中及以下	5.01	4.59	4.14	2.92	4.31	2.69	1.57
	高中	5.15	4.81	4.39	2.89	4.33	2.61	1.84
	大学及以上	5.27	4.81	4.50	2.72	4.33	2.62	2.20
	F值	12.456*** (0.000)	9.488*** (0.000)	18.763*** (0.000)	13.661*** (0.000)	0.209 (0.811)	5.249** (0.005)	355.909*** (0.000)

注：括号内是显著性系数；* 表示在 0.05 水平上显著，** 表示在 0.01 水平上显著，*** 表示在 0.001 水平上显著。

第一，在好友数量上，父母教育水平不同的儿童存在显著差异，并表现为父母教育水平越高的儿童，其好朋友数量也越多，即父母教育为大学及以上水平的儿童，无论在本班、他班还是校外，其好朋友的数量都显著并依次高于父母教育为高中水平、初中及以下水平的儿童。

第二，关于同伴交往的方式和频率，父母教育为初中及以下水平的儿童，采用出门或到对方家里去的交往方式的频率，显著并依次高于父母教育为高中水平、大学及以上水平的儿童。用电话或网络进行交往的方式，以父母教育为高中水平的儿童的频率最高，最低的是父母教育为初中及以下水平的儿童。

第三，邻里交往的频率，父母教育水平不同的儿童存在显著差异。父母教育为初中及以下水平儿童的邻里交往频率最高，其次是父母教育为高中水平的儿童，邻里交往最少的是父母教育为大学及以上水平的儿童。对于国际交往的频率，情况相反，即父母教育为大学及以上水平的儿童国际交往最多，其次是父母教育为高中水平的儿童，最少的是父母教育为初中及以下水平的儿童。

（六）网络参与的差异

网络参与考察儿童的校外上网时间、各类网络账号的拥有、上网设备的配备比例和上网功能（学习和娱乐）四个方面。如表38所示，可以发现以下几点。

第一，父母教育水平不同的儿童在上网时间、上网功能上存在显著差异。父母教育为初中及以下水平儿童的上网时间显著并依次高于父母教育为高中水平、大学及以上水平的儿童；并且在上网功能上，与父母教育为高中水平、大学及以上水平的儿童相比，其更多用于娱乐而非学习。

第二，在上网设备的配备和上网账号的拥有上，父母教育水平不同的儿童之间都存在显著差异。其中，父母教育为高中水平的儿童的手机、电脑的配备比例最高；父母教育为初中及以下的儿童的手机、电脑的配备比例最低。对于上网账号的拥有，父母教育为大学及以上水平的儿童拥有微信号、论坛/博客账号、E-mail的比例最高，父母教育为初中及以下水平的儿童拥有的比例最低。但相反的是，父母教育为初中及以下水平儿童拥有QQ号的比例最高，父母教育为大学及以上水平的儿童拥有QQ号的比例最低。

（七）公共参与的差异

公共参与兴趣是指儿童对各类公共问题（包括本地社会问题、中国社会问题、国际政治问题、环境问题）的兴趣程度，以及自己参与改善这些公共问题的兴趣程度。如表39所示，可以发现以下几点。

第一，综合来看，父母教育水平不同的儿童在公共参与的兴趣上有显著差异。父母是大学及以上教育水平的儿童，其公共参与兴趣显著并依次高于父母是高中水平、初中及以下水平的儿童。

表 38　父母不同教育水平儿童的网络参与差异

父母	教育水平	上网时间	上网设备		上网账号				上网功能
			手机 有/没有 （%）	电脑 有/没有 （%）	QQ号 有/没有 （%）	微信号 有/没有 （%）	论坛/博客账号 有/没有 （%）	E - mail 有/没有 （%）	学习/娱乐 （%）
父亲	初中及以下	2.16	75.0/25.0	50.5/49.5	87.7/12.3	67.0/33.0	40.7/59.3	41.4/58.6	21.0/79.0
	高中	2.07	78.3/21.7	56.7/43.3	87.9/12.1	73.1/26.9	50.6/49.4	49.7/50.3	22.7/77.3
	大学及以上	1.90	78.1/21.9	53.3/46.7	82.8/17.2	77.3/22.7	50.8/49.2	54.7/45.3	29.4/70.6
	χ^2值或F值	F = 17.065 *** （0.000）	χ^2 = 11.369 ** （0.003）	χ^2 = 21.634 *** （0.000）	χ^2 = 33.265 *** （0.000）	χ^2 = 72.321 *** （0.000）	χ^2 = 76.463 *** （0.000）	χ^2 = 97.817 *** （0.000）	χ^2 = 45.573 *** （0.000）
母亲	初中及以下	2.15	75.1/24.9	51.3/48.7	88.6/11.4	67.4/32.6	41.1/58.9	42.1/57.9	21.6/78.4
	高中	2.06	79.0/21.0	54.7/45.3	86.7/13.3	73.5/26.5	50.7/49.3	49.2/50.8	22.4/77.6
	大学及以上	1.90	77.9/22.1	54.4/45.6	81.4/18.6	78.1/21.9	50.7/49.3	54.6/45.4	29.3/70.7
	χ^2值或F值	F = 13.692 *** （0.000）	χ^2 = 13.587 *** （0.001）	χ^2 = 8.644 * （0.013）	χ^2 = 55.755 *** （0.000）	χ^2 = 75.104 *** （0.000）	χ^2 = 71.268 *** （0.000）	χ^2 = 82.818 *** （0.000）	χ^2 = 38.080 *** （0.000）

注：括号内是显著性系数；* 表示在 0.05 水平上显著，** 表示在 0.01 水平上显著，*** 表示在 0.001 水平上显著。

第二，具体到各个项目，父母是大学及以上教育水平的儿童，对本地社会问题、中国社会问题、国际政治问题、环境问题和改善公共生活的兴趣都显著并依次高于父母是高中水平、初中及以下水平的儿童。

公共参与行为是指儿童参与各类公共事务的频率，包括看电视新闻、阅读报纸新闻、看网络新闻、从事志愿者活动、捐款、努力改善公共生活六个方面。如表 40 所示，可以发现以下几点。

第一，综合来看，父母教育水平不同的儿童在公共参与行为上有显著差异。父母是大学及以上教育水平的儿童，其公共参与行为的频率显著并依次高

表39 父母教育水平不同儿童的公共参与兴趣

父母	教育水平	公共参与兴趣指数	具体项目				
			本地社会问题	中国社会问题	国际政治问题	环境问题	努力改善公共生活
父亲	初中及以下	14.06	2.69	2.84	2.72	2.96	2.79
	高中	14.34	2.76	2.91	2.81	2.99	2.82
	大学及以上	14.79	2.83	3.02	2.95	3.08	2.84
	F 值	21.000*** (0.000)	12.586*** (0.000)	23.660*** (0.000)	35.770*** (0.000)	9.664*** (0.000)	1.474* (0.023)
母亲	初中及以下	14.08	2.69	2.85	2.73	2.95	2.79
	高中	14.30	2.75	2.91	2.81	3.01	2.79
	大学及以上	14.86	2.84	3.02	2.95	3.07	2.88
	F 值	23.461*** (0.000)	13.853*** (0.000)	18.903*** (0.000)	32.370*** (0.000)	9.818*** (0.000)	5.589** (0.040)

注：括号内是显著性系数；* 表示在 0.05 水平上显著，** 表示在 0.01 水平上显著，*** 表示在 0.001 水平上显著。

表40 父母教育水平不同儿童的公共参与行为

父母	教育水平	公共参与行为的综合指数	具体的公共参与行为					
			看电视新闻	阅读报纸新闻	看网络新闻	当志愿者	捐款	改善公共生活的努力
父亲	初中及以下	13.40	2.79	2.15	2.75	1.82	1.96	2.00
	高中	14.47	3.01	2.40	3.05	1.91	2.06	2.06
	大学及以上	15.24	3.17	2.67	3.19	2.05	2.11	2.07
	F 值	79.743*** (0.000)	48.868*** (0.000)	92.490*** (0.000)	65.729*** (0.000)	25.521*** (0.000)	16.719*** (0.000)	2.918 (0.054)
母亲	初中及以下	13.48	2.81	2.16	2.79	1.83	1.95	1.99
	高中	14.39	2.99	2.42	3.03	1.91	2.06	2.02
	大学及以上	15.36	3.18	2.69	3.18	2.06	2.14	2.13
	F 值	77.850*** (0.000)	43.182*** (0.000)	94.890*** (0.000)	48.796** (0.000)	26.577*** (0.000)	25.751*** (0.000)	7.460*** (0.001)

注：括号内是显著性系数；* 表示在 0.05 水平上显著，** 表示在 0.01 水平上显著，*** 表示在 0.001 水平上显著。

于父母是高中水平、初中及以下水平的儿童。

第二，具体到各个项目，父母是大学及以上教育水平的儿童，在看电视新闻、阅读报纸新闻、看网络新闻、当志愿者、捐款以及改善公共生活的努力方面都显著并依次高于父母是高中水平、初中及以下水平的儿童。

五　总结和讨论

本部分将上述所有发现综合成表41，报告不同家庭背景的儿童在家庭经历、放学后时间分配、学校参与、校外教育、网络参与、公共参与等方面的差异。

表41　分家庭背景的儿童参与

儿童参与		家庭居住地（城区、郊区、乡镇、农村）	家庭经济水平（五个水平，从高到低）	父母职业（白领家庭/蓝领家庭）		父母教育（大学及以上、高中、初中及以下）	
				父亲	母亲	父亲	母亲
亲子沟通	学习	+（***）	－＋（***）	+（***）	+（***）	+（***）	+（***）
	心情	+（***）	－＋（***）	+（***）	+（***）	+（***）	+（***）
	交友	+（***）	－＋（***）	+（***）	+（***）	+（**）	+（**）
	工作	N	－＋（**）	N	N	N	N
	花钱	－（*）	N	－（*）	N	－（***）	－＋（**）
	爱	－＋（***）	N	+（***）	+（***）	+（***）	+（***）
	生死	+（*）	－＋（***）	+（***）	+（***）	+（***）	+（***）
	时政	+（***）	+（***）	+（***）	+（***）	+（***）	+（***）
亲子活动	一起看电视	－（***）	－（***）	－（***）	－（***）	－（***）	－（***）
	辅导学习	－＋（***）	－＋（***）	+（***）	+（***）	+（***）	+（***）
	运动健身	－＋（***）	－＋（***）	+（***）	+（***）	+（***）	+（***）
	看演出	+（***）	+（***）	+（***）	+（***）	+（***）	+（***）
	参观博物馆	+（***）	+（***）	+（***）	+（***）	+（***）	+（***）
	国内旅游	+（***）	+（***）	+（***）	+（***）	+（***）	+（***）
	国外旅游	+（***）	+（***）	+（***）	+（***）	+（***）	+（***）
家庭参与	家务参与	－（***）	－（***）	－（***）	－（**）	－（***）	－＋（***）
	财务参与	+（***）	+（***）	+（**）	N	+（**）	+（***）
	家庭决策参与	－＋（***）	N	－（***）	－（***）	－（***）	－（***）
放学后安排	自主性	－＋（***）	－＋（***）	－（***）	－（***）	－（***）	－（***）
	做作业	－＋（***）	－＋（***）	N	N	－＋（*）	－＋（**）
	和朋友玩	－（***）	－（***）	N	N	－（***）	－（***）
	锻炼身体	－＋（*）	－＋（***）	+（***）	+（***）	+（***）	+（***）
	看课外书	N	－（***）	N	+（*）	+（*）	+（***）
	看电视	－（***）	－（***）	－（***）	－（***）	－（***）	－（***）
	上网	－（***）	－（***）	－（***）	－（***）	－（***）	－（***）

续表

儿童参与		家庭居住地（城区、郊区、乡镇、农村）	家庭经济水平（五个水平，从高到低）	父母职业（白领家庭/蓝领家庭）		父母教育（大学及以上、高中、初中及以下）	
				父亲	母亲	父亲	母亲
学校参与	走读/住宿	+ (***)	− + (***)	+ (***)	+ (***)	+ (***)	+ (***)
	社团参与	− + (*)	+ (***)	+ (***)	+ (***)	+ (***)	+ (***)
	师生交流	− + (**)	− + (***)	+ (***)	+ (***)	+ (***)	+ (***)
	校园欺凌	− (**)	− + (***)	+ (*)	+ (*)	N	N
校外教育	国内营地	+ (***)	− + (***)	+ (***)	+ (***)	+ (***)	+ (***)
	国外营地	+ (***)	+ (***)	+ (***)	+ (***)	+ (***)	+ (***)
	主题活动(门类)	+ (***)	+ (***)	+ (***)	+ (***)	+ (***)	+ (***)
	主题活动(频率)	+ (***)	+ (***)	+ (***)	+ (***)	+ (***)	+ (***)
	兴趣班(门类)	+ (***)	+ (***)	+ (***)	+ (***)	+ (***)	+ (***)
	兴趣班(频率)	+ (***)	+ (***)	+ (***)	+ (***)	+ (***)	+ (***)
	补习班(门类)	+ (***)	+ (***)	+ (***)	+ (***)	+ (***)	+ (***)
	补习班(频率)	+ (***)	− + (***)	+ (***)	+ (***)	+ (***)	+ (***)

儿童参与		家庭居住地（城市/农村）	家庭经济水平（较高/较低）	家庭职业（白领家庭/蓝领家庭）		父母教育（较高/较低）	
				父亲	母亲	父亲	母亲
社会交往	同班好友数量	− + (**)	− + (***)	+ (***)	+ (***)	+ (***)	+ (***)
	他班好友数量	N	− + (***)	+ (***)	+ (***)	+ (***)	+ (***)
	校外好友数量	N	+ (***)	+ (***)	+ (***)	+ (***)	+ (***)
	出门交往	− (***)	− + (**)	− (***)	− (***)	− (***)	− (***)
	电话/网络交往	− + (***)	− + (***)	N	N	− + (**)	N
	邻里交往	− (***)	N	− (***)	− (***)	N	− (**)
	国际交往	+ (***)	+ (***)	+ (***)	+ (***)	+ (***)	+ (***)
网络参与	上网时间	− + (***)	− + (***)	− (***)	− (***)	− (***)	− (***)
	上网设备(手机)	− + (***)	− + (***)	+ (***)	N	− + (**)	− + (***)
	上网设备(电脑)	− + (**)	+ (***)	N	N	− + (***)	− + (*)
	上网账号:QQ	− + (***)	− + (***)	− (***)	− (***)	− + (***)	− (***)
	上网账号:微信	− + (***)	− + (***)	+ (***)	+ (***)	+ (***)	+ (***)
	上网账号:论坛/博客	− + (***)	+ (***)	+ (***)	+ (***)	+ (***)	+ (***)
	上网账号:E-mail	− + (***)	+ (***)	+ (***)	+ (***)	+ (***)	+ (***)
	上网功能（学习/娱乐）	− + (***)	+ (***)	+ (***)	+ (***)	+ (***)	+ (***)

续表

儿童参与		家庭居住地(城市/农村)	家庭经济水平(较高/较低)	家庭职业(白领家庭/蓝领家庭)		父母教育(较高/较低)	
				父亲	母亲	父亲	母亲
公共参与兴趣	本地的社会问题	N	+(***)	+(***)	+(*)	+(***)	+(***)
	中国的社会问题	- +(***)	+(***)	+(***)	+(**)	+(***)	+(***)
	国际政治问题	+(***)	- +(***)	+(***)	+(***)	+(***)	+(***)
	环境问题	N	+(**)	+(**)	+(*)	+(***)	+(***)
	努力改善公共生活	N	- +(***)	+(***)	+(*)	+(*)	+(**)
公共参与行为	看电视新闻	- +(***)	- +(***)	N	+(**)	+(***)	+(***)
	看报纸新闻	- +(***)	- +(***)	+(***)	+(***)	+(***)	+(**)
	看网络新闻	- +(***)	- +(***)	+(*)	+(***)	+(***)	+(***)
	当志愿者	+(***)	+(***)	+(***)	+(***)	+(***)	+(***)
	捐款	+(***)	+(***)	+(***)	+(***)	+(***)	+(***)
	努力改善公共生活	N	- +(***)	+(***)	+(***)	N	+(***)

注:* 表示 <10%,** 表示 <5%,*** 表示 <1%;N 代表不显著;"-""+"代表关系非线性:"+"表示正向差异,"-"表示负向差异。

主要发现如下:

第一,关于亲子沟通,城区家庭、经济水平较高的家庭、白领家庭和父母教育水平较高的家庭在学习、心情、交友、爱、生死、时政等亲子沟通项目上都显著高于农村家庭、经济水平较低家庭、蓝领家庭和父母教育水平较低的家庭。这表明,优势家庭背景(城区、经济水平高、白领、父母受教育水平高)的儿童更多与父母沟通学习、分享心情和交友、探讨爱与生死等。

第二,关于亲子活动,城区家庭、经济水平较高的家庭、白领家庭和父母教育水平较高的家庭在辅导学习、运动健身、一起看演出、参观博物馆等和国内外旅游上的频率上都显著高于农村家庭、经济水平较低家庭、蓝领家庭和父母教育水平较低的家庭。这表明,优势家庭背景的儿童拥有更多的机会与父母一起参与学习、运动、看演出等多种亲子活动。

第三,在家务参与上,城区家庭、父母教育水平较高家庭的儿童都显著高于农村家庭和父母教育水平较低家庭的儿童;但是白领家庭儿童做家务的频率显著低于蓝领家庭儿童的频率。在家庭财务参与上，城市家庭、经济水平较高的家庭、白领家庭和父母教育水平较高家庭的儿童都相应地显著高于农村家庭、经济水平较低的家庭、蓝领家庭和父母教育水平较低的家庭。在家庭决策参与上，父母教育水平较高家庭的儿童显著高于父母教育水平较低家庭的儿童。这表明，优势家庭背景的儿童会更多参与家庭财务。此外，城区、父母教育水平高、蓝领家庭的儿童更多参与家务，父母教育水平高的家庭儿童更多有家庭决策参与权。

第四，关于放学后安排，在其安排的自主性上，蓝领家庭的儿童显著高于白领家庭的儿童；父母教育水平较高家庭的儿童显著高于父母教育水平较低的儿童。具体到各项放学后安排，在做家庭作业时间上，不同家庭背景的儿童表现出显著差异，但差异性表现复杂；在和朋友玩的时间上，城区家庭、父母教育水平较高家庭的儿童显著低于非城区家庭和父母教育水平较低家庭的儿童；在看课外书的时间上，白领家庭儿童、父母教育水平较高家庭的儿童显著高于蓝领家庭儿童和父母教育水平较低家庭的儿童；在看电视的时间和上网时间上，城区家庭儿童、白领家庭儿童和父母教育水平较高家庭的儿童都显著低于非城区家庭儿童、蓝领家庭儿童和父母教育水平较低家庭的儿童。这在一定程度上表明，儿童的放学自主权存在父母职业和教育水平的差异。父母教育水平高的家庭儿童在放学后更多和朋友玩以及看课外书，而非看电视和上网；同样，白领家庭的儿童更多参与看课外书而非看电视和上网，城区家庭的儿童更多和朋友玩而非看电视和上网。

第五，关于学校参与，城区家庭、白领家庭以及父母教育水平较高家庭的儿童，其寄宿生比例显著低于非城区家庭、蓝领家庭和父母教育水平较低家庭的儿童；在社团参与的比例上，经济水平较高家庭、白领家庭、父母教育水平较高家庭的儿童显著高于经济水平较低家庭、蓝领家庭和父母教育水平较低家庭的儿童；在师生交流的频率上，白领家庭、父母教育水平较高家庭的儿童高于蓝领家庭和父母教育水平较低家庭的儿童；在校园欺凌上，城区家庭、蓝领家庭的儿童显著低于非城区儿童和白领家庭的儿童。这在一定程度上表明，儿童寄宿可能与家庭与学校距离、父母工作忙等相关；社团参与、师生交流存在明显的家庭背景优势效应；校园欺凌存在城乡和父母职业的差异。

第六，关于校外教育，城区家庭、白领家庭和父母教育水平较高家庭的儿

童参加国内营地活动的频率显著高于非城区家庭、蓝领家庭和父母教育水平较低家庭的儿童；在参加国外营地活动上，城区家庭、经济水平较高的家庭、白领家庭和父母教育水平较高家庭的儿童参加国外营地活动的频率显著高于非城区家庭、经济水平较低家庭、蓝领家庭和父母教育水平较低家庭的儿童；在参加校外主题活动、兴趣班和补习班等的门类和频率上，城区家庭、白领家庭和父母教育水平较高家庭的儿童都显著高于非城区家庭、蓝领家庭和父母教育水平较低家庭的儿童。这在一定程度上表明，儿童的校外教育参与存在显著的家庭背景差异，城区家庭、白领家庭、经济水平高的家庭和父母教育水平高的家庭更有可能获得校外教育，但在校外教育获得形式上有所不同。

第七，关于社会交往，在校内外的好朋友数量上，白领家庭、父母教育水平较高家庭的儿童都显著高于蓝领家庭和父母教育水平较低家庭的儿童；在出门和同伴交往的频率上，城区家庭、白领家庭和父母教育水平较高家庭的儿童都显著低于非城区家庭、蓝领家庭和父母教育水平较低家庭的儿童；在邻里交往的频率上，城区家庭、白领家庭和父母教育水平较高家庭的儿童都显著低于非城区家庭、蓝领家庭和父母教育水平较低家庭的儿童；对于国际交往的频率，城区家庭、白领家庭和父母教育水平较高家庭的儿童显著高于非城区家庭、蓝领家庭和父母教育水平较低家庭的儿童。这表明，在出门和同伴交往以及邻里交往中，家庭背景越弱的儿童参与度越高；相反，好朋友的数量和国际交往中，家庭背景越强的儿童参与度越高。

第八，关于网络参与，白领家庭、父母教育水平较高家庭的儿童在上网时间上显著低于蓝领家庭和父母教育水平较低家庭的儿童；在手机设备的配备比例上，白领家庭儿童显著低于蓝领家庭儿童；在上网电脑的配备比例上，经济水平较高家庭的儿童显著高于经济水平较低家庭的儿童；关于上网账号，白领家庭、父母教育水平较高家庭的儿童拥有 QQ 号的比例低于蓝领家庭和父母教育水平较低家庭的儿童；但是在微信号、电邮、论坛/博客等账号的拥有比例上，经济水平较高的家庭、白领家庭和父母教育水平较高家庭的儿童显著高于经济水平较低的家庭、蓝领家庭和父母教育水平较低家庭的儿童。最后，在上网功能的使用上，经济水平较高的家庭、白领家庭和父母教育水平较高家庭的儿童比经济水平较低的家庭、蓝领家庭和父母教育水平较低家庭的儿童更偏向于使用学习功能。这表明，电脑配备与家庭经济水平呈正相关，上网时间与父母教育水平、职业呈负相关，家庭背景越高的儿童上网功能更偏学习。

第九，关于公共参与，一方面，城区家庭、经济水平较高的家庭、白领家庭和父母教育水平较高家庭的儿童比非城区家庭、经济水平较低的家庭、蓝领家庭和父母教育水平较低家庭的儿童持有对各项公共事务更浓厚的兴趣。另一方面，城区家庭、白领家庭和父母教育水平较高家庭的儿童也比非城区家庭、蓝领家庭和父母教育水平较低家庭的儿童有更多的公共事务参与的行为，包括看新闻、当志愿者、捐款或努力改善公共生活。这表明，儿童的公共参与兴趣和公共参与行为都存在显著的家庭背景差异。

B.5
儿童参与和学校表现之间
关系的实证分析[*]

周金燕　冯思澈[**]

摘　要：　在中国儿童参与调查的数据基础上，采用相关检验方法，从
　　　　学业成绩、班干部的担任情况、学校投入三个方面，对儿童
　　　　参与和学校表现之间的关系进行了相关分析。其中，儿童参
　　　　与的内容包括儿童的家庭经历、放学后时间分配、学校参与、
　　　　校外教育、网络参与、公共参与等方面。调查发现，儿童的
　　　　各项参与和儿童在学校的学业成绩、是否当班干部和对学校
　　　　教育的投入都表现为不同程度的相关关系。

关键词：　儿童参与　学校表现　学业成绩　学校投入

　　本文将报告儿童参与和学校表现之间的关系。对儿童学校表现的评价包含
三个方面：一是学业成绩，以在班内的相对成绩进行测量，代表学生在学业成
就上的相对水平；二是班干部的担任情况，考虑到在中国一般会让各方面表现
较好的儿童担任班干部，因此以此代表儿童在学校的学业、行为和领导力等方
面的综合表现；三是学校投入（Engagement），这是国内外学者发展的测量儿
童对学校投入的重要指标，是预测儿童学习和个人发展的重要指标[①]。通常包

---

　　* 本文系国家自然科学基金青年项目（项目号：71403025）成果之一。
　** 周金燕，北京师范大学教育学部教育经济研究所；冯思澈，北京师范大学教育学部教育经
　　　济研究所。
　① Robert M. Carini, George D. Kuh, and Stephen Klein, Student Engagement and Student Learning:
　　Testing the Linkages. *Research in Higher Education*, 47 (2006): 1-32.

括行为投入（Behavioral Engagement）、情感投入（Emotional Engagement）和认知投入（Cognitive Engagement）三个维度。行为投入包括学生对于学业和社会、课外活动的投入情况，它无论是对于学生的学业成绩产出还是预防学生辍学，都是非常重要的影响因素。情感投入指的是学生对于老师、同学、学习和学校的积极或消极的反应，它包含学生对学校的归属感和对学习的兴趣。认知投入指学生努力去理解困难问题以及学习复杂技能的意愿和思考方式，例如个体的学习策略、认知策略、工作方式等。① 本研究仅对儿童的学校情感投入和行为投入进行了测量。具体测量工具如表 1 所示。

表 1　儿童发展的测量工具

维度	指标	内涵	测量工具
学校表现	学业成绩	学业成绩的相对表现	班级排名：①前 5 名左右；②前 6 ~ 10 名；③前 10 名以后；④后 10 名左右；⑤后 5 名左右
	班干部	班干部	①没有担任班干部；②担任副班长、组长等（正班长以外的职务）；③担任正班长
	学校投入	情感投入 行为投入	学生投入量表

应用上述测量框架，本文将对儿童参与和儿童学校表现进行相关检验。并且，除了报告简单相关之外，还报告了控制儿童家庭背景的偏相关系数。其中，控制的家庭背景变量包含家庭经济水平和母亲的教育年限。报告的偏相关系数是指排除了家庭背景影响后的儿童参与和儿童学校表现之间的相关。

依照儿童参与的分类框架，以下将分七个部分进行报告。一是家庭经历和儿童的学校表现；二是放学后时间安排和儿童的学校表现；三是学校参与和儿童的学校表现；四是校外教育和儿童的学校表现；五是社会交往和儿童的学校表现；六是网络参与和儿童的学校表现；七是公共参与和儿童的学校表现。

---

① Jennifer A. Fredricks, Phyllis C. Blumenfeld, and Alison H. Paris, School Engagement: Potential of the Concept, State of the Evidence. *Review of Educational Research*, 74（2004），59 – 109.

一　家庭经历和学校表现

（一）亲子沟通和学校表现

亲子沟通是指父母与儿童日常沟通的广度及频率，包含 8 个项目，包括学习、心情、怎么交朋友、父母工作、合理用钱、什么是爱、生命和死亡以及社会新闻、时政、国家大事（Cronbach 信度系数为 0.77）。将各项加总合成为亲子沟通指数，用以代表亲子沟通的总体情况。亲子沟通和学校各项表现的相关和偏相关如表 2 所示，可以发现以下几点。

第一，亲子沟通指数和儿童的学业成绩表现为显著的正向相关关系，即在更多亲子沟通家庭成长的孩子，其学业成绩也表现更好。控制家庭背景后，相关系数略有下降，但仍然表现显著。这表示加强父母和儿童的沟通，可能有助于提高儿童的学业成绩。

具体到各项沟通内容，父母和儿童对学习、心情、交友、工作、爱、生死和时政等内容的沟通，都和儿童的学业成绩表现为显著的正向相关关系。当控制家庭背景后，上述关系仍然表现显著。从相关程度来看，父母和儿童沟通心情、交友、爱、生死和时政等议题和儿童学业成绩的相关系数，反而高于沟通学习和学业成绩的相关系数。尤其是沟通心情这一项和学业成绩的偏相关系数达到了 0.117。这意味着多和儿童沟通心情而非只是沟通学习，能更有效地提高儿童的学业成绩。

第二，亲子沟通指数和儿童担任班干部也表现为显著的正向相关关系，即亲子沟通较多的儿童，成为班干部的比例更高。当控制家庭背景后，相关系数略有下降，但仍然表现显著。

具体到沟通项目，学习、心情、交友、工作、花钱、爱、生死和时政方面的亲子沟通都和儿童担任班干部表现为显著的正向相关关系。当控制家庭背景后，这些关系仍然表现显著。从相关程度看，沟通心情的相关系数最高；其次是爱、时政、交友、生死、学习和工作。

第三，亲子沟通指数和儿童的学校情感投入、学校行为投入都表现为显著的正向相关关系，即亲子沟通较多的儿童，其对学校的情感投入、行为投入程度也更高。当控制家庭背景后，相关系数略有下降，但上述关系仍然表现稳定。这表示加强亲子沟通，可能有助于儿童的学校情感投入程度，即对学校有更强的归属感，有更强的学习兴趣；并能更积极参加到学校的学业和课外活动当中去。

具体到各个沟通项目，可以发现学习、心情、交友、工作、花钱、爱、生死和时政方面的亲子沟通都和儿童的学校情感投入、学校行为投入表现出显著的较强相关关系。控制家庭背景后，上述关系仍然表现显著。从相关系数来看，以沟通爱、心情这两项和儿童的学校投入的相关程度较强；其次是交友、时政、学习、花钱、生死和工作等议题。

（二）亲子活动和学校表现

亲子活动是指父母在儿童学习和日常生活中的参与表现，包括父母辅导学习、运动健身、看演出、参观博物馆/艺术馆/展览馆等、国内旅游、国外旅游6个项目（Cronbach 信度系数为 0.721），加总后得到亲子活动指数。如表 3 所示，可以发现以下几点。

第一，亲子活动指数和儿童学业成绩表现为显著的正向相关关系，即在更多亲子活动家庭成长的孩子，其学业成绩也表现更好。控制家庭背景后，相关

表 2　亲子沟通和学校表现的相关系数

学校表现	亲子沟通指数		沟通内容							
			学习		心情		交友		工作	
	相关	偏相关	相关	偏相关	相关	偏相关	相关	偏相关	相关	偏相关
学业成绩	0.118 *** (0.000)	0.101 *** (0.000)	0.060 *** (0.000)	0.053 *** (0.000)	0.133 *** (0.000)	0.117 *** (0.000)	0.075 *** (0.000)	0.066 *** (0.000)	0.039 *** (0.000)	0.035 *** (0.001)
班干部	0.121 *** (0.000)	0.109 *** (0.000)	0.057 *** (0.000)	0.051 *** (0.000)	0.111 *** (0.000)	0.100 *** (0.000)	0.084 *** (0.000)	0.079 *** (0.000)	0.046 *** (0.000)	0.048 *** (0.000)
学校情感投入	0.221 *** (0.000)	0.219 *** (0.000)	0.129 *** (0.000)	0.123 *** (0.000)	0.168 *** (0.000)	0.162 *** (0.000)	0.152 *** (0.000)	0.156 *** (0.000)	0.069 *** (0.000)	0.080 *** (0.000)
学校行为投入	0.230 *** (0.000)	0.223 *** (0.000)	0.158 *** (0.000)	0.149 *** (0.000)	0.199 *** (0.000)	0.189 *** (0.000)	0.160 *** (0.000)	0.156 *** (0.000)	0.067 *** (0.000)	0.074 *** (0.000)

续表

学校表现	沟通内容							
	花钱		爱		生死		时政	
	相关	偏相关	相关	偏相关	相关	偏相关	相关	偏相关
学业成绩	0.018 (0.085)	0.014 (0.217)	0.090*** (0.000)	0.076*** (0.000)	0.065*** (0.000)	0.058*** (0.000)	0.095*** (0.000)	0.075*** (0.000)
班干部	0.033** (0.002)	0.034** (0.002)	0.090*** (0.000)	0.080*** (0.000)	0.071*** (0.000)	0.064*** (0.000)	0.084*** (0.000)	0.076*** (0.000)
学校情感投入	0.104*** (0.000)	0.116*** (0.000)	0.193*** (0.000)	0.200*** (0.000)	0.094*** (0.000)	0.098*** (0.000)	0.146*** (0.000)	0.140*** (0.000)
学校行为投入	0.092*** (0.000)	0.104*** (0.000)	0.175*** (0.000)	0.177*** (0.000)	0.089*** (0.000)	0.089*** (0.000)	0.165*** (0.000)	0.164*** (0.000)

注：括号内是显著性系数；* 表示在 0.05 水平上显著，** 表示在 0.01 水平上显著，*** 表示在 0.001 水平上显著。

表3 亲子活动和学校表现的相关系数

学校表现	亲子活动综合指数		活动内容			
			辅导学习		运动	
	相关	偏相关	相关	偏相关	相关	偏相关
学业成绩	0.131*** (0.000)	0.103*** (0.000)	0.076*** (0.000)	0.056*** (0.000)	0.109*** (0.000)	0.085*** (0.000)
班干部	0.139*** (0.000)	0.119*** (0.000)	0.070*** (0.000)	0.059*** (0.000)	0.070*** (0.000)	0.059*** (0.000)
学校情感投入	0.211*** (0.000)	0.212*** (0.000)	0.067*** (0.000)	0.074*** (0.000)	0.222*** (0.000)	0.218*** (0.000)
学校行为投入	0.208*** (0.000)	0.200*** (0.000)	0.063*** (0.000)	0.068*** (0.000)	0.203*** (0.000)	0.197*** (0.000)

学校表现	活动内容							
	看演出		参观博物馆等		国内旅游		国外旅游	
	相关	偏相关	相关	偏相关	相关	偏相关	相关	偏相关
学业成绩	0.106*** (0.000)	0.078*** (0.000)	0.110*** (0.000)	0.083*** (0.000)	0.088*** (0.000)	0.154*** (0.000)	0.066*** (0.000)	0.093*** (0.000)
班干部	0.120*** (0.000)	0.100*** (0.000)	0.115*** (0.000)	0.096*** (0.000)	0.100*** (0.000)	0.082*** (0.000)	0.107*** (0.000)	0.079*** (0.000)

学校表现	活动内容							
	看演出		参观博物馆等		国内旅游		国外旅游	
	相关	偏相关	相关	偏相关	相关	偏相关	相关	偏相关
学校情感投入	0.130 ***	0.131 ***	0.102 ***	0.106 ***	0.089 ***	0.068 ***	0.053 ***	0.038 **
	(0.000)	(0.000)	(0.000)	(0.000)	(0.000)	(0.000)	(0.000)	(0.001)
学校行为投入	0.118 ***	0.115 ***	0.110 ***	0.107 ***	0.143 ***	0.121 ***	0.070 ***	0.049 ***
	(0.000)	(0.000)	(0.000)	(0.000)	(0.000)	(0.000)	(0.000)	(0.000)

注：括号内是显著性系数；* 表示在 0.05 水平上显著，** 表示在 0.01 水平上显著，*** 表示在 0.001 水平上显著。

系数略有下降，但仍然表现显著。这表示加强亲子活动，可能有助于儿童提高学业成绩。

具体到各个亲子活动项目，父母辅导学习、亲子运动、一起看演出、参观博物馆/艺术馆/展览馆等、国内旅游、国外旅游和儿童的学业成绩都表现为显著的正向相关关系。当控制家庭背景后，上述关系仍然表现显著。从相关系数大小来看，和学业成绩的相关程度从高到低依次是旅游、运动、参观博物馆等、看演出、辅导学习。

第二，亲子活动指数和儿童担任班干部也表现为显著的正向相关关系，即在更多亲子活动家庭成长的孩子，担任班干部的比例更高。控制家庭背景后，相关系数略有下降，但仍然表现显著。

具体到各个亲子活动项目，父母辅导学习、亲子运动、一起看演出、参观博物馆/艺术馆/展览馆等、国内旅游、国外旅游和儿童担任班干部也表现为显著的正向相关关系。当控制家庭背景后，上述关系仍然表现显著。从相关系数大小来看，和担任班干部的相关程度从高到低依次是看演出、参观博物馆等、亲子旅游、运动和辅导学习。

第三，亲子活动指数和儿童的学校情感投入、学校行为投入都表现为显著的较强的正向相关关系，相关系数都超过了 0.2。表示亲子活动较多的儿童，其对学校的情感投入、行为投入程度也更高。当控制家庭背景后，相关关系仍然表现显著。这表示增加亲子活动，可能有助于儿童的学校情感投入程度，即对学校有更强的归属感，并有更强的学习兴趣；有助于儿童更积极参加到学校的学业和课外活动中去。

具体到各个亲子项目,父母辅导学习、亲子运动、一起看演出、参观博物馆/艺术馆/展览馆等、国内旅游、国外旅游都和儿童的学校情感投入、学校行为投入表现出显著的较强相关关系;尤其是亲子运动,其和学校投入之间的相关系数都超过了0.2。控制家庭背景后,上述关系仍然表现显著。从相关系数来看,和学校投入的相关程度从高到低依次是运动、看演出、参观博物馆等、辅导学习和国内旅游。

（三）家庭参与和学校表现

本部分将报告儿童的家庭参与和非认知能力之间的关系。在这里,儿童的家庭参与包括家务劳动参与、家庭财务参与、家庭决策参与。其中,家务参与是指儿童平时在家里做家务的多少;家庭财务参与通过询问得知儿童对家庭财务收支来源的了解程度;家庭决策参与是指儿童在家庭重要决策的参与程度。统计结果如表4所示。

表4 家庭参与和学校表现的相关系数

学校表现	家务劳动参与		家庭财务参与		家庭决策参与	
	相关	偏相关	相关	偏相关	相关	偏相关
学业成绩	0.079 *** (0.000)	0.082 *** (0.000)	0.087 *** (0.000)	0.082 *** (0.000)	-0.027 * (0.011)	-0.024 (0.360)
班干部	0.065 *** (0.000)	0.065 *** (0.000)	0.073 *** (0.000)	0.075 *** (0.000)	-0.006 (0.597)	0.006 (0.606)
学校情感投入	0.140 *** (0.000)	0.156 *** (0.000)	0.055 *** (0.000)	0.061 *** (0.000)	0.060 *** (0.000)	0.052 *** (0.000)
学校行为投入	0.139 *** (0.000)	0.153 *** (0.000)	0.110 *** (0.000)	0.115 *** (0.000)	0.070 *** (0.000)	0.070 *** (0.000)

注:括号内是显著性系数;* 表示在0.05水平上显著,** 表示在0.01水平上显著,*** 表示在0.001水平上显著。

1.家务劳动和学校表现

第一,家务劳动参与和儿童的学业成绩表现为显著的正相关关系,即做家务多的儿童,其学业成绩显著高于做家务少的儿童。当控制家庭背景后,这一关系仍然表现显著,并且相关系数略有增大。

第二，家务劳动参与和担任班干部也表现为显著的正相关关系，即做家务多的儿童，当班干部的比例显著更高。当控制家庭背景后，这一关系仍然表现显著。

第三，家务劳动参与和学校的情感投入、行为投入都表现为较强的显著正相关关系，即做家务多的儿童对学校有更强的归属感，有更强的学习兴趣，并能更积极地参加到学校的学业和课外活动中去。控制家庭背景后，这一关系仍然表现显著，相关系数还略有增大，并超过了 0.15。这意味着多让孩子做家务，可能有助于儿童的学校情感投入和行为投入。

2. 家庭财务参与和学业成绩

第一，家庭财务参与和儿童的学业成绩表现为显著的正相关关系，即更清楚了解家庭收支情况的儿童，其学业成绩显著更好。当控制家庭背景后，这一关系仍然表现显著。

第二，家庭财务参与和担任班干部也表现为显著的正相关关系，即更清楚家庭收支情况的儿童，当班干部的比例显著更高。当控制家庭背景后，这一关系仍然表现显著。

第三，家庭财务参与和学校的情感投入、行为投入都表现为较强的显著正相关关系，即更清楚了解家庭财务情况的儿童，对学校有更强的归属感，并有更强的学习兴趣，能更积极地参加到学校的学业和课外活动中去。控制家庭背景后，这一关系仍然表现显著，相关系数还略有增大。

3. 家庭决策参与和学校表现

第一，当未控制家庭背景时，家庭决策参与和儿童的学业成绩表现为显著的负向的弱相关。当控制家庭背景后，这一关系趋于不显著。此外，家庭决策参与和儿童是否当班干部也并无显著相关关系。

第二，家庭决策参与和儿童的学校情感投入和行为投入都表现为显著的正向相关。当控制家庭背景变量后，这一关系仍然表现显著。即更能参与家庭决策的儿童，对学校有更强的归属感，并有更强的学习兴趣；也能更积极参加到学校的学业和课外活动中去。

二　放学后参与和学校表现

本部分将报告有关儿童放学后参与和儿童学校表现之间的关系，主要包括

两大方面：一是儿童放学后的自主性与儿童学校表现之间的关系；二是儿童放学后的时间分配和学校表现之间的关系。

（一）放学后的自主性和学校表现

儿童放学后的自主性是指儿童安排放学后生活的自主程度。儿童放学后的自主性和学校表现之间的关系，如表5所示，可以发现以下几点。

表5　放学后的自主性和学校表现的相关系数

学校表现	放学后安排的自主性	
	相关	偏相关
学业成绩	0.008	0.011
	(0.481)	(0.359)
班干部	0.014	0.015
	(0.194)	(0.184)
学校情感投入	−0.001	0.000
	(0.903)	(0.977)
学校行为投入	0.014	0.014
	(0.214)	(0.238)

注：括号内是显著性系数；* 表示在 0.05 水平上显著，** 表示在 0.01 水平上显著，*** 表示在 0.001 水平上显著。

第一，当控制家庭背景后，儿童放学后的自主性程度和儿童的学业成绩无显著相关关系，这表示能更自主安排放学后时间的儿童，其学业成绩与放学后自主性更低的儿童并无显著差别。

第二，放学后的自主性和儿童担任班干部、学校的情感投入和行为投入都并无显著相关关系。

（二）放学后生活和学校表现

如表6所示，可以发现以下几点。

第一，放学后做家庭作业的时间和儿童学业成绩、当班干部、学校的情感投入和行为投入都表现为显著的负相关关系。当控制家庭背景后，上述关系仍然表现显著。这表明放学后更多时间做作业的儿童，其学业成绩表现更差，更

表6 儿童的放学后时间安排和学校表现

学校表现	家庭作业时间		同伴玩耍时间		锻炼身体时间	
	相关	偏相关	相关	偏相关	相关	偏相关
学业成绩	- 0. 106 ***	- 0. 098 ***	- 0. 077 **	- 0. 084 ***	0. 039 ***	0. 022 *
	(0. 000)	(0. 000)	(0. 000)	(0. 000)	(0. 000)	(0. 040)
班干部	- 0. 062 ***	- 0. 057 ***	0. 004	- 0. 001	0. 072 ***	0. 060 ***
	(0. 000)	(0. 000)	(0. 709)	(0. 948)	(0. 000)	(0. 000)
学校情感投入	- 0. 122 ***	- 0. 124 ***	- 0. 030 ***	- 0. 029 *	0. 113 ***	0. 108 ***
	(0. 000)	(0. 000)	(0. 000)	(0. 016)	(0. 000)	(0. 000)
学校行为投入	- 0. 089 ***	- 0. 085 ***	- 0. 051 ***	- 0. 048 ***	0. 106 ***	0. 098 ***
	(0. 000)	(0. 000)	(0. 000)	(0. 000)	(0. 000)	(0. 000)
学校表现	看课外书时间		看电视时间		上网时间	
	相关	偏相关	相关	偏相关	相关	偏相关
学业成绩	0. 061 ***	0. 049 ***	- 0. 077 ***	- 0. 075 ***	- 0. 080 ***	- 0. 077 ***
	(0. 000)	(0. 000)	(0. 000)	(0. 000)	(0. 000)	(0. 000)
班干部	0. 060 ***	0. 051 ***	- 0. 050 ***	- 0. 046 ***	- 0. 038 ***	- 0. 034 **
	(0. 000)	(0. 000)	(0. 000)	(0. 000)	(0. 000)	(0. 002)
学校情感投入	0. 102 ***	0. 098 ***	- 0. 061 ***	- 0. 052 ***	- 0. 165 ***	- 0. 160 ***
	(0. 000)	(0. 000)	(0. 000)	(0. 000)	(0. 000)	(0. 000)
学校行为投入	0. 081 ***	0. 077 ***	- 0. 091 ***	- 0. 085 ***	- 0. 181 ***	- 0. 176 ***
	(0. 000)	(0. 000)	(0. 000)	(0. 000)	(0. 000)	(0. 000)

注：括号内是显著性系数；* 表示在 0. 05 水平上显著，** 表示在 0. 01 水平上显著，*** 表示在 0. 001 水平上显著。

少担任班干部，也更少有对学校的情感投入和行为投入，即对学校有更低的归属感，更弱的学习兴趣，并难以积极参加到学校的学业和课外活动中去。从相关系数来看，家庭作业时间和儿童的学校情感投入的负相关最强，达到了 0. 124；其后依次为学业成绩、学校行为投入和担任班干部。

第二，放学后同伴玩耍的时间和学业成绩、学校情感投入和行为投入都表现为显著的负向相关，但和是否担任班干部并无显著关系。当控制家庭背景后，上述关系仍然表现稳定，即放学后更多时间和同伴玩耍的儿童，其学业成绩表现更差，对学校的情感投入和行为投入也更低，即对学校有更低的归属感，更弱的学习兴趣，并难以参加到学校的学业和课外活动中去。从相关系数

大小来看，放学后同伴玩耍时间和学业成绩的负相关最强，和学校的情感投入、行为投入的相关相对较弱。

第三，放学后锻炼身体的时间和儿童学业成绩、当班干部、学校的情感投入和行为投入都表现为显著的正向相关关系。当控制家庭背景后，上述关系仍然表现显著。这表示放学后时间更多花费在锻炼身体上的儿童，其学业成绩表现更好；更多担任班干部；更多对学校的情感投入和行为投入，即对学校有更强的归属感，更强的学习兴趣；更积极地参加到学校的学业和课外活动中去。从相关系数大小来看，锻炼身体和儿童对学校情感投入的正相关最强，其后依次为学校行为投入、班干部和学业成绩。

第四，放学后看课外书的时间和儿童的学业成绩、当班干部、学校的情感投入和行为投入都表现为显著的正向相关关系。当控制家庭背景后，上述关系仍然表现显著。这表示放学后时间更多花费在看课外书上的儿童，其学业成绩表现更好；更多担任班干部；更多对学校的情感投入和行为投入，即对学校有更强的归属感，更强的学习兴趣；更积极地参加到学校的学业和课外活动中去。从相关系数大小来看，放学后看课外书时间和儿童学校情感投入的正相关最强，其后依次为学校行为投入、当班干部和学业成绩。

第五，放学后看电视的时间和学业成绩、当班干部、学校的情感投入和行为投入都表现为显著的负向相关。当控制家庭背景后，上述关系仍然表现稳定，即放学后更多时间花费在看电视上的儿童，其学业成绩表现更差；更少担任班干部；对学校的情感投入和行为投入也更低，即对学校有更弱的归属感，更弱的学习兴趣，难以积极参加到学校的学业和课外活动中去。从相关系数大小来看，放学后看电视时间和学校的行为投入的负相关最强，其后依次是学业成绩、学校的情感投入和当班干部。

第六，放学后上网时间和学业成绩、当班干部、学校的情感投入和行为投入都表现为显著的负向相关。当控制家庭背景后，上述关系仍然表现稳定，即放学后更多时间花费在上网的儿童，其学业成绩表现更差；更少担任班干部；对学校的情感投入和行为投入也更低。从相关系数大小来看，放学后上网时间和学校的情感投入和行为投入表现为较强的相关关系，其后依次是学业成绩和当班干部。

三　学校参与和学校表现

本部分将报告儿童学校参与和学校表现之间的关系。儿童的学校参与包括：学生的上学方式（走读/住宿）、社团参与、师生交流、校园欺凌四个方面。其中，校园欺凌由语言欺凌（同学用难听的绰号来称呼）、行为欺凌（被同学故意冲撞）和关系欺凌（同学联合起来孤立）三个方面的指标，用因子分析方法综合而成，值越高表示受欺凌的程度越严重。统计结果如表7所示。

1. 走读/住宿和学校表现

第一，上学方式（走读/住宿）和儿童的学业成绩显著相关，但和担任班干部并无显著相关。当控制家庭背景后，这一相关仍然表现显著，即走读生的学业成绩显著高于寄宿生。

第二，上学方式（走读/住宿）和儿童的学校情感投入和行为投入都表现为显著的正向相关关系，即与寄宿生相比，走读生对学校有更强的归属感、更强的学习兴趣，并能积极参加到学校的学业和课外活动中去。当控制家庭背景后，这一关系仍然表现显著。

2. 学校社团参与和学校表现

第一，学校社团参与和儿童的学业成绩、当班干部显著相关。当控制家庭背景后，这一相关仍然表现显著，并且和当班干部之间表现为较强的相关关系。这表示参与学校社团更多的儿童，学业成绩表现更好，担任班干部的比例也更高。

第二，学校社团参与和儿童的学校情感投入、行为投入都表现为较强的显著的正向相关关系，即更多参加学校社团的儿童，对学校有更强的归属感、更强的学习兴趣，能积极参加到学校的各项活动中去。当控制家庭背景后，这一关系仍然表现显著。这表示多让儿童参加学校的社团，可能有助于提升儿童对学校的情感投入和行为投入。

3. 师生交流和学校表现

第一，师生交流和儿童的学业成绩、当班干部表现为较强的正向显著相关。当控制家庭背景后，这一相关仍然表现显著。这表示多和老师交流的儿

童，学业成绩表现更好，担任班干部的比例也更高。

第二，师生交流和儿童的学校情感投入、行为投入都表现为较强的显著的正向相关关系，即和老师交流更多的儿童，对学校有更强的归属感、更强的学习兴趣，并积极参加到学校的各项活动中去。当控制家庭背景后，这一关系仍然表现显著。这表示加强师生交流，可以有效地提升儿童对学校的情感投入和行为投入。

4. 校园欺凌和学校表现

第一，校园欺凌和儿童的学业成绩、当班干部都表现为显著的负向相关，即经历更多校园欺凌的儿童，其学业成绩表现更低，并更少担任班干部。当控制家庭背景后，这一关系依然显著。这表示减少儿童的校园欺凌可能有助于提升儿童的学业成绩，儿童担任班干部的比例也更高。

第二，校园欺凌和儿童的学校情感投入、行为投入都表现为显著的负向关系，即经历更多校园欺凌的儿童，其对学校有更低的归属感、更少的学习兴趣，并难以积极参与到学校的各项活动中去。当控制家庭背景后，这一关系仍然表现显著。这表示减少儿童的校园欺凌可能有助于提升儿童对学校的情感投入和行为投入。

表7　学校参与和学校表现的相关系数

学校表现	走读/住宿		学校社团参与		师生交流		校园欺凌	
	相关	偏相关	相关	偏相关	相关	偏相关	相关	偏相关
学业成绩	0.067 ***	0.046 ***	0.087 ***	0.083 ***	0.174 ***	0.171 ***	-0.051 ***	-0.035 **
	(0.000)	(0.000)	(0.000)	(0.000)	(0.000)	(0.000)	(0.000)	(0.004)
班干部	0.017	0.002	0.155 ***	0.152 ***	0.193 ***	0.196 ***	-0.032 **	-0.033 **
	(0.150)	(0.882)	(0.000)	(0.000)	(0.000)	(0.000)	(0.003)	(0.005)
学校情感投入	0.146 ***	0.127 ***	0.121 ***	0.132 ***	0.236 ***	0.243 ***	-0.059 ***	-0.045 ***
	(0.000)	(0.000)	(0.000)	(0.000)	(0.000)	(0.000)	(0.000)	(0.000)
学校行为投入	0.111 ***	0.092 ***	0.141 ***	0.149 ***	0.299 ***	0.301 ***	-0.082 ***	-0.067 ***
	(0.000)	(0.000)	(0.000)	(0.000)	(0.000)	(0.000)	(0.000)	(0.000)

注：括号内是显著性系数；* 表示在 0.05 水平上显著，** 表示在 0.01 水平上显著，*** 表示在 0.001 水平上显著。

四　校外教育参与和学校表现

（一）校外活动和学校表现

本部分报告校外活动和儿童学校表现之间的相关关系。校外活动主要包括校外主题活动（例如环境保护、社区服务、科学考察等活动）及国内、国外营地活动（如夏令营、冬令营、游学活动等）三个方面。如表 8 所示，可以发现以下几点。

表 8　校外活动参与和学校表现的相关系数

| 学校表现 | 校外主题活动 | | | | 国内营地活动 | | 国外营地活动 | |
| | 数量 | | 频率 | | | | | |
	相关	偏相关	相关	偏相关	相关	偏相关	相关	偏相关
学业成绩	0.076 ***	0.058 ***	0.089 ***	0.071 ***	0.075 ***	0.043 ***	0.049 ***	0.022
	(0.000)	(0.000)	(0.000)	(0.000)	(0.000)	(0.000)	(0.000)	(0.069)
班干部	0.088 ***	0.071 ***	0.090 ***	0.076 ***	0.109 ***	0.088 ***	0.065 ***	0.041 **
	(0.000)	(0.000)	(0.000)	(0.000)	(0.000)	(0.000)	(0.000)	(0.001)
学校情感投入	0.089 ***	0.086 ***	0.104 ***	0.087 ***	0.089 ***	0.071 ***	0.043 ***	0.024 *
	(0.000)	(0.000)	(0.000)	(0.000)	(0.000)	(0.000)	(0.000)	(0.035)
学校行为投入	0.097 ***	0.091 ***	0.110 ***	0.098 ***	0.104 ***	0.087 ***	0.041 ***	0.021
	(0.000)	(0.000)	(0.000)	(0.000)	(0.000)	(0.000)	(0.000)	(0.104)

注：括号内是显著性系数；* 表示在 0.05 水平上显著，** 表示在 0.01 水平上显著，*** 表示在 0.001 水平上显著。

第一，参加校外主题活动和儿童的学业成绩、班干部、学校情感投入、行为投入都表现为显著的正向相关关系，即校外主题活动参加较多的儿童，其学业成绩表现更好；更多担任班干部；对学校有更强的归属感、更强的学习兴趣，并更能积极参加到学校的各项活动中去。当控制家庭背景后，上述关系仍然表现显著。这表示多让儿童参加校外主题活动，可能有助于提升儿童的学业成绩以及对学校的情感投入、行为投入。

第二，当未控制家庭背景时，参加国内、国外营地活动和儿童的学业成绩、班干部、学校情感投入、行为投入都表现为显著的正向相关关系。控制家

庭背景后，国内、国外营地活动仍然和各项学校表现显著正相关，这表示多让儿童参加营地活动，可能有助于提升儿童的学业成绩，更多担任班干部，且提高儿童对学校的情感、行为投入。

（二）课外班参与和学校表现

本部分将报告课外班参与和儿童学校各项表现之间的关系。其中，课外班参与是指这学期儿童参加课外兴趣班的数量和频率、参加课外补习班的数量和频率。兴趣班是指如机器人、舞蹈、钢琴等非学校考试内容的课外班；而补习班指如数、理、化、生、政、史、地等学校考试内容的补习课外班。如表9所示，可以发现以下几点。

表9　课外班参与和学校表现的相关系数

学校表现	兴趣班参与				补习班参与			
	数量		频率		数量		频率	
	相关	偏相关	相关	偏相关	相关	偏相关	相关	偏相关
学业成绩	0.119 ***	0.095 ***	0.101 ***	0.084 ***	0.069 ***	0.061 ***	0.066 ***	0.057 ***
	(0.000)	(0.000)	(0.000)	(0.000)	(0.000)	(0.000)	(0.000)	(0.000)
班干部	0.134 ***	0.130 ***	0.118 ***	0.112 ***	0.086 ***	0.073 ***	0.073 ***	0.061 ***
	(0.000)	(0.000)	(0.000)	(0.000)	(0.000)	(0.000)	(0.000)	(0.000)
学校情感投入	0.134 ***	0.127 ***	0.131 ***	0.121 ***	−0.013	−0.020	0.025 *	0.018
	(0.000)	(0.000)	(0.000)	(0.000)	(0.269)	(0.123)	(0.038)	(0.178)
学校行为投入	0.142 ***	0.136 ***	0.138 ***	0.135 ***	0.010	0.009	0.046 ***	0.047 ***
	(0.000)	(0.000)	(0.000)	(0.000)	(0.389)	(0.492)	(0.000)	(0.000)

注：括号内是显著性系数；* 表示在 0.05 水平上显著，** 表示在 0.01 水平上显著，*** 表示在 0.001 水平上显著。

第一，参加课外班（兴趣班、补习班）和儿童的学业成绩、担任班干部都表现为显著的正向相关，即更多参加兴趣班、补习班的儿童，其学业成绩相对更好，也更多担任班干部。从相关系数看，学业成绩和兴趣班的相关系数高于和补习班的相关系数。当控制家庭背景后，这一关系仍然表现显著。这表示让儿童参加课外兴趣班、补习班的学习，可能有助于提升儿童的学业成绩。

第二，参加课外兴趣班和儿童的学校情感投入、行为投入都表现为较强的显著相关，即更多参与兴趣班学习的儿童比较少参加兴趣班的儿童，对学校有更强的归属感、更强的学习兴趣，并更能积极参加到学校的各项活动中去。当控制家庭背景后，这一关系仍然显著。这意味着，多让儿童参加兴趣班，可能也有助于提升儿童对学校的情感投入和行为投入。此外，参加补习班的数量和儿童对学校的情感投入、行为投入的相关并不显著，但其频率和学校的行为投入仍然表现为正向相关关系。

五　社会交往和学校表现

本部分将报告儿童的社会交往和学校表现之间的关系。其中，社会交往包括同伴关系、同伴交往的频度，以及邻里交往、国际交往。同伴关系以在同班的好朋友数、在其他班级的好朋友数、校外好友的数量三项指标为代表；同伴交往的方式和频率包括是否和同伴经常出门交往或到对方家里去，以及是否经常使用电话、微信、QQ 等方式联系朋友。邻里交往是指和邻居交往的频率，国际交往是指和外国人交往的频率。

1. 同伴交往和学校表现

如表 10 所示，可以发现以下几点。

表 10　社会交往和学校表现的相关系数

学校表现	同伴关系（好朋友数量）						交往方式和频率			
	同班		他班		校外		出门交往		电话/网络	
	相关	偏相关	相关	偏相关	相关	偏相关	相关	偏相关	相关	偏相关
学业成绩	0.049 *** (0.000)	0.031 ** (0.006)	-0.007 (0.494)	-0.024 * (0.030)	-0.012 (0.280)	-0.028 * (0.012)	-0.026 ** (0.017)	-0.029 * (0.010)	-0.037 ** (0.001)	-0.041 *** (0.000)
班干部	0.076 *** (0.000)	0.072 *** (0.000)	0.058 *** (0.000)	0.056 *** (0.000)	0.047 *** (0.000)	0.043 *** (0.000)	-0.005 (0.633)	-0.002 (0.843)	0.028 ** (0.009)	0.029 ** (0.009)
学校情感投入	0.180 *** (0.000)	0.170 *** (0.000)	0.113 *** (0.000)	0.098 *** (0.000)	0.087 *** (0.000)	0.065 *** (0.000)	0.023 * (0.043)	0.021 (0.087)	-0.038 ** (0.001)	-0.058 *** (0.000)
学校行为投入	0.205 *** (0.000)	0.184 *** (0.000)	0.128 *** (0.000)	0.106 *** (0.000)	0.107 *** (0.000)	0.081 *** (0.000)	0.026 * (0.022)	0.024 * (0.046)	0.002 (0.858)	-0.019 (0.122)

注：括号内是显著性系数；* 表示在 0.05 水平上显著，** 表示在 0.01 水平上显著，*** 表示在 0.001 水平上显著。

第一，同班好朋友数量和儿童的学业成绩、担任班干部、对学校的情感投入和行为投入都表现为显著的正向相关关系，即同班好朋友数量越多的儿童，其学业成绩也表现更好；更多担任班干部；并且对学校有更强的归属感、更强的学习兴趣，并更能积极参加到学校的各项活动中去。控制家庭背景后，这一关系仍然表现显著。从相关系数看，同班好朋友数量和学校的情感投入、行为投入表现为较强的相关。这表示鼓励儿童多交同班好朋友，可能有助于提升儿童的各项学校表现。

第二，当控制家庭背景后，儿童在其他班级和校外的好朋友数量与其学业成绩却表现为显著的负向的弱相关关系；但是和担任班干部、学校情感投入和学校行为投入之间仍然表现为正向的显著相关。表示在其他班或校外的同伴数量更多的儿童在学业成绩表现上略差，但担任班干部的比例更高，对学校也有更强的归属感和学习兴趣，并更能积极参加到学校的各项活动中去。

第三，同伴交往频率和学业成绩表现为显著的负相关；电话/网络交往的频率和担任班干部表现为显著的正相关，但相关系数都较小。控制家庭背景后，上述关系仍然显著。这表示同伴交往虽然有可能会影响学业成绩，但对担任班干部可能略有助益。

第四，和同伴出门交往的方式和儿童对学校的情感投入、行为投入表现为显著的弱正向相关，但是电话/网络的交往方式却和学校的情感投入表现为显著的负向相关。控制家庭背景后，这一关系仍然表现显著。

2．邻里交往、国际交往和学校表现

如表 11 所示，可以发现以下几点。

表 11　邻里交往、国际交往和学校表现的相关系数

学校表现	邻里交往		国际交往	
	相关	偏相关	相关	偏相关
学业成绩	0.040 *** (0.000)	0.034 ** (0.002)	0.121 *** (0.000)	0.094 *** (0.000)
班干部	0.061 *** (0.000)	0.065 *** (0.000)	0.143 *** (0.000)	0.128 *** (0.000)
情感投入	0.179 *** (0.000)	0.180 *** (0.000)	0.091 *** (0.000)	0.060 *** (0.000)
行为投入	0.190 *** (0.000)	0.196 *** (0.000)	0.125 *** (0.000)	0.108 *** (0.000)

注：括号内是显著性系数；* 表示在 0.05 水平上显著，** 表示在 0.01 水平上显著，*** 表示在 0.001 水平上显著。

第一，邻里交往和儿童的学校表现显著正向相关，即和邻居交往更多的孩子，其学业成绩显著更高；更多担任班干部；对学校的情感投入和行为投入也更强。控制家庭背景后，这一关系表现显著。从相关系数看，邻里交往和学校的情感投入、行为投入表现为较强的关系，相关系数接近0.2；其次是和班干部、学业成绩的相关关系。

第二，国际交往和儿童的学校表现显著正向相关，即国际交往更多的孩子，其学业成绩显著更高；更多担任班干部；对学校的情感投入和行为投入也更强。控制家庭背景后，这一关系仍然表现显著。

六 网络参与和学校表现

本部分将报告网络参与和儿童学校表现之间的关系。网络参与包含四个方面的指标：一是上网时间（校外）；二是网络各类账号的拥有（包括 QQ 号、微信号、论坛或博客账号、E – mail 等）；三是网络设备，包括是否拥有一部上网手机和是否拥有一部可以上网并且专门供其使用的电脑；四是上网功能，划分为学习和娱乐功能，其值越大表示上网越多用来学习而非娱乐。

第一，上网时间和儿童的学业成绩、担任班干部、学校的情感投入和行为投入都表现为显著的负向相关，即上网时间较长的儿童，其学业成绩相对落后，更少担任班干部，对学校的情感投入和行为投入也都显著更低。当控制家庭背景后，这一关系仍然表现稳定。从相关系数上看，上网时间和学校的情感投入、行为投入的相关程度最强。这表示儿童沉溺于网络有可能损害其学校表现，尤其是伤害儿童对学校的归属感、学习兴趣和对学校的参与度。

第二，拥有网络账号（QQ、微信号、论坛或博客账号、E – mail）和儿童的学业成绩、对学校的情感投入和行为投入都表现为显著的负相关关系；但和班干部担任表现为较弱的显著正相关。控制家庭背景后，这一关系表现稳定。这表示拥有较多网络账号的儿童，其学业成绩表现更低，而对学校的归属感、学习兴趣和对学校的参与度也显著更低。

第三，儿童拥有专其所有并可以上网的电脑、手机和儿童的学业成绩、对学校的情感投入、行为投入都表现为显著的负向相关。控制家庭背景后，这一关系仍然表现稳定。这表示上网设备的提供反而在一定程度上不利于儿童学业

成绩，伤害其对学校的归属感、学习兴趣和对学校的参与度。

第四，上网功能（学习）和儿童的学业成绩、担任班干部和对学校的情感投入、行为投入都表现为显著的正向相关，即上网更多用于学习的儿童，其学业成绩显著更高，更多担任班干部，并且有强的学校归属感、学习兴趣和学校参与度。当控制家庭背景后，这一关系表现稳定。这表示妥善使用网络，可能也有助于儿童提升学业成绩和对学校的情感投入、行为投入。

表12　网络参与和学校表现的相关系数

学校表现	上网时间		上网账号		上网设备				上网功能	
					手机		电脑			
	相关	偏相关	相关	偏相关	相关	偏相关	相关	偏相关	相关	偏相关
学业成绩	-0.080 ***	-0.080 ***	-0.029 **	-0.042 ***	-0.035 **	-0.038 **	-0.016	-0.034 **	0.086 ***	0.078 ***
	(0.000)	(0.000)	(0.006)	(0.000)	(0.001)	(0.001)	(0.141)	(0.003)	(0.000)	(0.000)
班干部	-0.038 ***	-0.034 **	0.029 **	0.030 **	0.016	0.022 *	0.009	-0.001	0.058 ***	0.065 ***
	(0.000)	(0.002)	(0.008)	(0.009)	(0.146)	(0.049)	(0.391)	(0.962)	(0.000)	(0.000)
学校情感投入	-0.165 ***	-0.161 ***	-0.120 ***	-0.160 ***	-0.081 ***	-0.099 ***	-0.044 ***	-0.049 ***	0.223 ***	0.218 ***
	(0.000)	(0.000)	(0.000)	(0.000)	(0.000)	(0.000)	(0.000)	(0.000)	(0.000)	(0.000)
学校行为投入	-0.181 ***	-0.179 ***	-0.070 ***	-0.113 ***	-0.049 ***	-0.071 ***	-0.046 ***	-0.053 ***	0.208 ***	0.203 ***
	(0.000)	(0.000)	(0.000)	(0.000)	(0.000)	(0.000)	(0.000)	(0.000)	(0.000)	(0.000)

注：括号内是显著性系数；* 表示在 0.05 水平上显著，** 表示在 0.01 水平上显著，*** 表示在 0.001 水平上显著。

七　公共参与和学校表现

（一）公共参与意愿和学校表现

本部分将报告儿童的公共参与意愿和学校表现之间的关系。公共参与意愿包括儿童参与公共事务的信心和兴趣，前者指儿童是否有信心通过自己的努力来改善公共生活状况；后者指儿童对各类公共问题（本地社会问题、中国社会问题、国际政治问题、环境问题）的兴趣程度，以及自己参与改善这些公共问题的兴趣程度。通过对上述项目进行综合，得到公共参与的兴趣指数（Cronbach 信度系数为 0.870）。如表 13 所示，可以发现以下几点。第一，公共参与信心和儿童的学业成绩、担任班干部、学校的情感投入和行为投入都表现为显著的正向相关关系，即对公共参与信心更强的儿童，其学业成绩更好，更多担任班干部，并且对学校归属感、学习兴趣和学校参与度也都更高。控制家庭背景后，上述关系仍然稳定。从相关系数上看，儿童的公共参与信心和儿童的情感投入、行为投入表现为较强的相关，超过了0.2；其后依次是学业成绩、担任班干部。

表 13　公共参与意愿和学校表现的相关系数

学校表现	公共参与信心		公共参与兴趣	
	相关	偏相关	相关	偏相关
学业成绩	0.079 ***	0.071 ***	0.106 ***	0.094 ***
	(0.000)	(0.000)	(0.000)	(0.000)
班干部	0.072 ***	0.069 ***	0.062 ***	0.054 ***
	(0.000)	(0.000)	(0.000)	(0.000)
情感投入	0.256 ***	0.255 ***	0.196 ***	0.201 ***
	(0.000)	(0.000)	(0.000)	(0.000)
行为投入	0.245 ***	0.246 ***	0.211 ***	0.210 ***
	(0.000)	(0.000)	(0.000)	(0.000)

注：括号内是显著性系数；* 表示在 0.05 水平上显著，** 表示在 0.01 水平上显著，*** 表示在 0.001 水平上显著。

第二，公共参与兴趣和儿童的学业成绩、担任班干部、学校的情感投入和行为投入都表现为显著的正向相关关系，即对公共参与兴趣更强的儿童，其学业成绩更好，更多担任班干部，并且对学校归属感、学习兴趣和学校参与度也都更高。控制家庭背景后，上述关系仍然稳定。从相关系数上看，儿童的公共参与兴趣和儿童的情感投入、行为投入表现最为相关。

（二）公共参与行为和学校表现

公共参与行为是指儿童参与以下事务的频率，包括"看电视了解国内国际新闻"，"阅读报纸了解国内国际新闻"，"使用网络了解国内国际新闻"，"从事志愿者活动（例如学雷锋、义务讲解员等各类公益活动）"，"捐款"（例如捐款援助身边有困难的同学、援助灾区等）、"通过自己的努力，改善

某一方面的公共生活的状况"六个方面。这六个项目的信度系数为 0.789。项目综合后得到儿童的公共参与行为指数，代表儿童公共参与行为的综合情况。公共参与行为和儿童学校表现之间的关系如表 14 所示，可以发现以下几点。

表 14　公共参与行为和学校表现的相关系数

学校表现	公共参与行为指数		公共参与行为			
			看电视新闻		读报纸新闻	
	相关	偏相关	相关	偏相关	相关	偏相关
学业成绩	0.104 *** (0.000)	0.088 *** (0.000)	0.082 *** (0.000)	0.077 *** (0.000)	0.093 *** (0.000)	0.081 *** (0.000)
班干部	0.131 *** (0.000)	0.122 *** (0.000)	0.096 *** (0.000)	0.091 *** (0.000)	0.108 *** (0.000)	0.102 *** (0.000)
学校的情感投入	0.222 *** (0.000)	0.214 *** (0.000)	0.186 *** (0.000)	0.178 *** (0.000)	0.176 *** (0.000)	0.171 *** (0.000)
学校的行为投入	0.268 *** (0.000)	0.257 *** (0.000)	0.234 *** (0.000)	0.225 *** (0.000)	0.208 *** (0.000)	0.196 *** (0.000)

学校表现	公共参与行为							
	上网看新闻		当志愿者		捐款		改善公共生活	
	相关	偏相关	相关	偏相关	相关	偏相关	相关	偏相关
学业成绩	0.065 *** (0.000)	0.057 *** (0.000)	0.075 *** (0.000)	0.061 *** (0.000)	0.059 *** (0.000)	0.047 *** (0.000)	0.047 *** (0.000)	0.040 *** (0.000)
班干部	0.081 *** (0.000)	0.078 *** (0.000)	0.099 *** (0.000)	0.098 *** (0.000)	0.079 *** (0.000)	0.075 *** (0.000)	0.068 *** (0.000)	0.066 *** (0.000)
情感投入	0.088 *** (0.000)	0.077 *** (0.000)	0.169 *** (0.000)	0.177 *** (0.000)	0.137 *** (0.000)	0.141 *** (0.000)	0.163 *** (0.000)	0.164 *** (0.000)
行为投入	0.145 *** (0.000)	0.134 *** (0.000)	0.177 *** (0.000)	0.182 *** (0.000)	0.160 *** (0.000)	0.159 *** (0.000)	0.175 *** (0.000)	0.177 *** (0.000)

　　注：括号内是显著性系数；* 表示在 0.05 水平上显著，** 表示在 0.01 水平上显著，*** 表示在 0.001 水平上显著。

　　第一，公共参与行为和儿童的学业成绩、担任班干部、学校的情感投入和行为投入都表现为显著的正向相关，即公共参与行为更多的儿童，其学业成绩更好，更多担任班干部，并且学校的情感投入和行为投入也更强。控制家庭背景后，这一关系仍然表现稳定。从相关系数上看，公共参与行为与学校的情感投入、行为投入的相关表现最强，都超过了0.2，其后依次是担任班干部、学业成绩。

第二，具体到各项公共参与行为，发现各个项目都和儿童的学业成绩、担任班干部、学校的情感投入、行为投入表现为显著的正向相关，即有更多公共参与行为的儿童（包括看电视新闻、读报纸、上网了解新闻、从事志愿者活动、捐款、努力改善公共生活），其学业成绩也表现更好，更多担任班干部，并且对学校的归属感、对学习的兴趣以及对学校的参与度都表现更强。这表示多让儿童参与公共事务，可能有助于儿童的学校表现。

八　总结和讨论

本部分将上述统计结果整理到表15，如下所示。

表15　儿童参与和学校表现的相关系数总结

儿童参与		学业成绩	班干部	学校情感投入	学校行为投入
亲子沟通	综合指数	0.101 ***	0.109 ***	0.219 ***	0.223 ***
	学习	0.053 ***	0.051 ***	0.123 ***	0.149 ***
	心情	0.117 ***	0.100 ***	0.162 ***	0.189 ***
	交友	0.066 ***	0.079 ***	0.156 ***	0.156 ***
	工作	0.035 ***	0.048 ***	0.080 ***	0.074 ***
	花钱	0.014	0.034 ***	0.116 ***	0.104 ***
	爱	0.076 ***	0.080 ***	0.200 ***	0.177 ***
	生死	0.058 ***	0.064 ***	0.098 ***	0.089 ***
	时政	0.075 ***	0.076 ***	0.140 ***	0.164 ***
亲子活动	综合	0.103 ***	0.119 ***	0.212 ***	0.200 ***
	辅导学习	0.056 ***	0.059 ***	0.074 ***	0.068 ***
	运动健身	0.085 ***	0.059 ***	0.218 ***	0.197 ***
	看演出	0.078 ***	0.100 ***	0.131 ***	0.115 ***
	参观博物馆等	0.083 ***	0.096 ***	0.106 ***	0.107 ***
	国内旅游	0.154 ***	0.082 ***	0.068 ***	0.121 ***
	国外旅游	0.093 ***	0.079 ***	0.038 ***	0.049 ***

续表

儿童参与		学业成绩	班干部	学校情感投入	学校行为投入
家庭参与	家务劳动参与	0.082 ***	0.065 ***	0.156 ***	0.153 ***
	家庭财务参与	0.082 ***	0.075 ***	0.061 ***	0.115 ***
	家庭决策参与	−0.024	0.006	0.052 ***	0.070 ***
放学后安排	自主性	0.011	0.015	0.000	0.014
	做作业时间	−0.098 ***	−0.057 ***	−0.124 ***	−0.085 ***
	和朋友玩的时间	−0.084 ***	−0.001	−0.029 **	−0.048 ***
	锻炼身体的时间	0.022 **	0.060 ***	0.108 ***	0.098 ***
	看课外书的时间	0.049 ***	0.051 ***	0.098 ***	0.077 ***
	看电视的时间	−0.075 ***	−0.046 ***	−0.052 ***	−0.085 ***
	上网时间	−0.077 ***	−0.034 ***	−0.160 ***	−0.176 ***
学校参与	走读/住宿	0.046 ***	0.002	0.127 ***	0.092 ***
	社团参与	0.083 ***	0.152 ***	0.132 ***	0.149 ***
	师生交流	0.171 ***	0.196 ***	0.243 ***	0.301 ***
	校园欺凌	−0.035 ***	−0.033 ***	−0.045 ***	−0.067 ***
校外教育	主题活动数量	0.058 ***	0.071 ***	0.086 ***	0.091 ***
	主题活动频率	0.071 ***	0.076 ***	0.087 ***	0.098 ***
	国内营地	0.043 ***	0.088 ***	0.071 ***	0.087 ***
	国外营地	0.022 *	0.041 ***	0.024 **	0.021
	兴趣班参与数量	0.095 ***	0.130 ***	0.127 ***	0.136 ***
	兴趣班参与频率	0.084 ***	0.112 ***	0.121 ***	0.135 ***
	补习班参与数量	0.061 ***	0.073 ***	−0.020	0.009
	补习班参与频率	0.057 ***	0.061 ***	0.018	0.047 ***
社会交往	同班好友数量	0.031 ***	0.072 ***	0.170 ***	0.184 ***
	他班好友数量	−0.024 **	0.056 ***	0.098 ***	0.106 ***
	校外好友数量	−0.028 **	0.043 ***	0.065 ***	0.081 ***
	出门交往	−0.029 **	−0.002	0.021 *	0.024 **
	电话/网络交往	−0.041 ***	0.029 ***	−0.058 ***	−0.019
	邻里交往	0.034 ***	0.065 ***	0.180 ***	0.196 ***
	国际交往	0.094 ***	0.128 ***	0.060 ***	0.108 ***
网络参与	上网时间	−0.080 ***	−0.034 ***	−0.161 ***	−0.179 ***
	上网账号	−0.042 ***	0.030 ***	−0.160 ***	−0.113 ***
	上网设备：手机	−0.038 ***	0.022 **	−0.099 ***	−0.071 ***
	上网设备：电脑	−0.034 ***	−0.001	−0.049 ***	−0.053 ***
	上网功能（学习/娱乐）	0.078 ***	0.065 ***	0.218 ***	0.203 ***

儿童参与		学业成绩	班干部	学校情感投入	学校行为投入
公共参与意愿	公共参与信心	0.071 ***	0.069 ***	0.255 ***	0.246 ***
	公共参与兴趣	0.094 ***	0.054 ***	0.201 ***	0.210 ***
公共参与行为	综合指数	0.088 ***	0.122 ***	0.214 ***	0.257 ***
	看电视新闻	0.077 ***	0.091 ***	0.178 ***	0.225 ***
	看报纸新闻	0.081 ***	0.102 ***	0.171 ***	0.196 ***
	看网络新闻	0.057 ***	0.078 ***	0.077 ***	0.134 ***
	当志愿者	0.061 ***	0.098 ***	0.177 ***	0.182 ***
	捐款	0.047 ***	0.075 ***	0.141 ***	0.159 ***
	努力改善公共生活	0.040 ***	0.066 ***	0.164 ***	0.177 ***

注：表内是控制了家庭背景后的偏相关系数；* 表示在 10% 水平上显著，** 表示在 5% 水平上显著，*** 表示在 1% 水平上显著。

第一，亲子沟通、亲子活动、家务劳动参与、家庭财务和儿童的各项学校表现，包括学业成绩、担任班干部、学校的情感投入和行为投入，都表现为显著的正向相关；而家庭决策参与也和儿童的学校情感投入和行为投入表现为显著的正向相关。这一结果表明，家庭参与越多的儿童，往往更积极投入学校生活，学校表现也更佳。

第二，放学后做作业的时间、看电视的时间、上网的时间都和儿童的各项学校表现，包括学业成绩、担任班干部、学校的情感投入和行为投入，表现为显著的负向相关；而锻炼身体的时间、看课外书的时间和儿童的学业成绩、担任班干部、学校的情感投入和行为投入却表现为显著的正向关系。这一结果反映出，放学后过多做作业、看电视和上网可能不利于学校表现；而锻炼身体和看课外书可能有助于提升学生的学校表现。

第三，校外教育包括校外主题活动、国内外营地、兴趣班参加，它们都和儿童的各项学校表现，包括学业成绩、担任班干部、学校的情感投入和行为投入，表现为显著的正向相关；参加补习班虽然和儿童的学业成绩、班干部表现为显著正相关，但是和学校的情感投入的相关并不显著。

第四，关于社会交往，儿童在同班的好友数量与其学校表现，包括学业成绩、担任班干部、学校的情感投入和行为投入，表现为显著的正向相关；儿童

在其他班和校外好友的数量与其担任班干部、学校的情感投入、行为投入都表现为正向相关，但是却和学业成绩表现为显著的负向相关；儿童出门交往、电话/网络交往的频率也和儿童的学业成绩表现为负相关；邻里交往、国际交往和儿童的学业成绩、担任班干部、学校的情感投入和行为投入，都表现为显著的正向相关。

第五，上网的时间、上网各类账号的拥有、上网设备的配备（手机和电脑）都和儿童的学业成绩、对学校的情感投入和行为投入表现为显著的负向关系；但是上网多用于学习而非娱乐却和儿童的学业成绩、担任班干部、学校的情感投入和行为投入表现为显著的正向相关。

第六，儿童公共参与的各个方面，包括公共参与的信心和兴趣、公共参与的各项行为，都和儿童的学业成绩、担任班干部、学校的情感投入和行为投入表现为显著的正向相关。这一结果表明，公共参与越多的儿童，也更积极投入学校生活，学校表现也更好。

上述发现表明，加强家庭中的亲子沟通、亲子活动及家务、家庭财务、决策等的参与；放学后多让儿童锻炼身体、看课外书，减少做作业时间、看电视的时间；为儿童提供校外教育的机会；让儿童多交同班好友，多和邻居、国际友人打交道；用好网络；加强儿童的公共参与，都可能有助于提升儿童的学校表现，包括学业成绩、担任班干部、学校的情感和行为投入。

B.6
儿童参与和非认知能力发展之间关系的实证分析*

周金燕　冯思澈**

摘　要：　在中国儿童参与调查的数据基础上，本文采用相关检验方法，
从大五人格、自尊、控制点、意志力和社会互赖倾向五个方
面，对儿童参与和其非认知能力间进行了相关分析。其中，
儿童参与的内容包括儿童的家庭经历、放学后时间分配、学
校参与、校外教育、网络参与、公共参与等方面。调查分析
发现，儿童的各项参与和儿童的大五人格发展、自尊、控制
点、意志力和社会互赖倾向都表现为不同程度的相关关系。

关键词：　儿童参与　非认知能力　大五人格　自尊　控制点　意志力
社会互赖倾向

本文将报告儿童参与和儿童非认知能力发展之间的关系。儿童的非认知能
力包括儿童的大五人格发展（Big Five Personality）、自尊（Self-esteem）、控制
点（Locus of control）、意志力（Grit）和社会互赖倾向。

大五人格是指 20 世纪 80 年代人格心理学家综合的一种人格结构模型，包
括宜人性、外向性、开放性、尽责性、情绪稳定性五大人格特质。[1] 其中，宜
人性人格的内涵包含信任、直率、利他、温顺、谦虚、慈悲等特质；外向性人

---

* 本文系国家自然科学基金青年项目（项目号：71403025）成果之一。

** 周金燕，北京师范大学教育学部教育经济研究所；冯思澈，北京师范大学教育学部教育经
济研究所。

① Lewis R. Goldberg, The Development of Markers for the Big-Five Structure. *Psychological Assessment*, 4 (1992), 26 – 42.

格的内涵包含热情、合群、果断、活跃、寻求刺激、积极情绪等特质；开放性人格的内涵包括想象力、审美、情感丰富、尝新、好奇、不断检验旧观念等特质；尽责性人格的内涵包括自信、秩序、责任感、为成果努力、自律、慎重；情绪稳定性是指个体焦虑、生气敌意、沮丧、敏感害羞、冲动、脆弱等的反向特质。很多研究发现，这五项人格特质对预测人们未来的经济和社会生活具有重要意义。例如与 IQ 相比，尽责性人格的预测力虽然仅有 IQ 预测力的一半，但影响力比 IQ 更为持久，并可以预测多种职业类型。①②

自尊（Self-esteem）是指个人对自己价值的主观评价。研究发现，自尊水平是预测个人未来经济社会生活的重要变量③④，这可能是因为高自尊水平的人更期望从事有声望的职业⑤，并更愿意坚持完成艰难的任务⑥。如 Drago 指出："能力和努力是互补的，当一个人对其能力不确定的时候，努力的程度就会下降；较高的自尊会带来更多的努力从而影响收入。"⑤

控制点（Locus of Control）是指个人对其生活决定因素的一种看法，是外在因素决定还是自己行为决定。内控特点（Internal）的人相信生活在其掌控之内；而外控特点（External）的人相信是运气、命运主宰了他们的生活。由于内控者和外控者理解的控制点来源不同，他们对待事物的态度和行为方式也不同。内控者相信自己能发挥作用，因此在面临问题和困境时，愿意付出更大的努力；而外控者由于看不到自己努力的积极结果，在面对失败和困难时，常归咎于外在原因并推卸责任，而不去寻找解决问题的办法，倾向于无助、被动

---

① Murray R. Barrick and Michael K. Mount, The Big Five Personality Dimensions and Job Performance: A Meta-analysis. *Personnel Psychology*, 44 (1991), 1 – 26.

② Gregory M. Hurtz and John J. Donovan, Personality and Job Performance: The Big Five Revisited. *Journal of applied psychology*, 85 (2000), 869 – 879.

③ Timothy A. Judge and Joyce E. Bono, Relationship of Core Self-Evaluations Traits-Self-Esteem, Generalized Self-Efficacy, Locus of Control, and Emotional Stability-With Job Satisfaction and Job Performance: A Meta-Analysis. *Journal of Applied Psychology*, 86 (2001), 80 – 92.

④ Francesco Drago, Self-Esteem and Earnings. *Journal of Economic Psychology*, 32 (2011), 480 – 488.

⑤ Arthur G. Bedeian, The Roles of Self-Esteem and Achievement in Aspiring to Prestigious Vocations. *Journal of Vocational Behavior*, 11 (1977), 109 – 119.

⑥ Kristin L. Sommer and Roy F. Baumeister, Self-Evaluation, Persistence, and Performance Following Implicit Rejection: The Role of Trait Self-Esteem. *Personality and Social Psychology Bulletin*, 28 (2002), 926 – 938.

地面对生活。基于此，控制点理论也经常被用于解释人们工作和经济生活的差异，被证实对个人的经济生活确实有积极的显著的影响。①②③④

意志力（Grit）是指对长期目标的坚持和热情。高意志力水平者通常能更长久地保持兴趣、维持努力并勤奋地面对工作中的挑战，能以马拉松式的方式取得成就。⑤ 意志力高的个体在面对困难时会努力寻找方法以克服挫折；相反，意志力水平较低的人容易在面对挫折时放弃挑战。⑥⑦ 研究也发现，高成就的获得者并不一定是最有天赋的人，而往往是能经受住挫折并且即使有令人不愉快的事情也要为了达成目标而一直保持兴趣的人。⑧ 因此，意志力水平通常被认为是影响儿童学业成绩及其未来经济生活的一种重要的非认知能力。⑨

社会互赖倾向包括合作倾向（Cooperation）、竞争倾向（Competition）和个人主义倾向（Individualism）。合作倾向是指想同他人一起学习并帮助、促进他们学习的心理愿望；而竞争倾向则相反，是指想要在学业上超过其他学生的心理愿望；个人主义倾向是合作、竞争之外的第三种倾向，指的是一种想要自

---

① Timothy A. Judge and Charlice Hurst, Capitalizing on One's Advantages: Role of Core Self-Evaluations. *Journal of Applied Psychology*, 92（2007），1212 – 1227.

② Melissa Osborne Groves, How Important is Your Personality? Labor Market Returns to Personality for Women in the US and UK. *Journal of Economic Psychology*, 26（2005），827 – 841.

③ Liya Wang, Edward Kick, James Fraser, and Thomas J. Burns, Status Attainment in America: The Roles of Locus of Control and Self-Esteem in Educational and Occupational Outcomes. *Sociological Spectrum*, 19（1999），281 – 298.

④ Rachel Dunifon and Greg Duncan, Long-run effects of motivation on labor-market success. *Social Psychology Quarterly*, 61（1998），33 – 48.

⑤ Angela L. Duckworth, Christopher Peterson, Michael D. Matthews, and Dennis R. Kelly, Grit: Perseverance and Passion for Long-Term Goals. *Journal of Personality and Social Psychology*, 92（2007），1087 – 1101.

⑥ Robert Eisenberger, David Kuhlman, and Norman Cotterell, Effects of Social Values, Effort Training, and Goal Structure on Task Persistence. *Journal of Research in Personality*, 26（1992），258 – 272.

⑦ Robert Eisenberger and Janet Mauriello Leonard, Effects of Conceptual Task Difficulty on Generalized Persistence. *American Journal of Psychology*, 93（1980），285 – 298.

⑧ Angela L. Duckworth, Christopher Peterson, Michael D. Matthews, and Dennis R. Kelly, Grit: Perseverance and Passion for Long-Term Goals. *Journal of Personality and Social Psychology*, 92（2007），1087 – 1101.

⑨ Winnie Chang, Grit and Academic Performance: Is Being Grittier Better?（Ph. D diss., University of Miami, 2014）.

己独自学习而不受他人影响的欲望。①

具体测量工具如表 1 所示。

表 1 儿童非认知能力的测量工具

指标	内涵	测量工具
大五人格	宜人性、外向性、开放性、尽责性、情绪稳定性	儿童五因素人格量表
自尊	个体对自己的评价和看法	Rosenberg 自尊量表,得分越高表示自尊水平越高,反之越低
控制点	个人对其生活决定因素的一种看法	内外控量表,得分越高表示越偏内控;得分越低表示越偏外控
意志力	对长期目标的坚持和热情	意志力短表
社会互赖倾向	合作倾向、竞争倾向、个人主义倾向	社会互赖量表

应用上述儿童非认知能力的测量框架,本文将采取相关系数核算的办法,报告儿童参与和儿童非认知能力发展之间的关系。考虑到儿童参与和非认知能力发展之间的关系有可能受到儿童家庭背景的干扰,因此,除了报告简单相关之外,还报告控制了儿童家庭背景的偏相关系数。控制的家庭背景变量包含家庭经济水平和父母的教育年限。核算得到的偏相关系数表示排除了家庭背景影响之后的儿童参与和各项非认知能力发展之间的关系。

依照儿童参与的分类框架,下文将分七个方面进行报告,即家庭经历、放学后参与、学校参与、校外教育、社会交往、网络参与、公共参与和儿童非认知能力发展之间的关系。

一 家庭经历和儿童非认知能力

(一)亲子沟通和儿童非认知能力的关系

亲子沟通是指父母与儿童日常沟通的广度及频率。沟通内容涉及学习、心

---

① David W. Johnson, Roger T. Johnson, and Douglas Anderson, Student Cooperative, Competitive, and Individualistic Attitudes, and Attitudes Toward Schooling. *Journal of Psychology*, 100 (1978), 183 – 199.

情、怎么交朋友、父母工作、合理用钱、什么是爱、生命和死亡以及社会新闻、时政、国家大事等，将各项加总可合成亲子沟通指数，用以代表亲子沟通的总体情况。

1. 亲子沟通和儿童大五人格的关系

亲子沟通与儿童五项人格之间的关系，如表2所示，我们发现：

表2　亲子沟通和儿童大五人格发展的相关系数

大五人格	亲子沟通指数		沟通项目							
			学习		心情		交朋友		工作	
	相关	偏相关	相关	偏相关	相关	偏相关	相关	偏相关	相关	偏相关
宜人性	0.111***	0.110***	0.102***	0.096***	0.077***	0.064*	0.059**	0.062*	0.022	0.039
	(0.000)	(0.000)	(0.000)	(0.000)	(0.000)	(0.014)	(0.005)	(0.017)	(0.296)	(0.136)
外向性	0.171***	0.172***	0.072**	0.086**	0.101***	0.111***	0.126***	0.115***	0.069**	0.072**
	(0.000)	(0.000)	(0.001)	(0.001)	(0.000)	(0.000)	(0.000)	(0.000)	(0.001)	(0.006)
开放性	0.182***	0.192***	0.091***	0.106***	0.105***	0.086**	0.121***	0.137***	0.062**	0.096***
	(0.000)	(0.000)	(0.000)	(0.000)	(0.000)	(0.001)	(0.000)	(0.000)	(0.004)	(0.000)
尽责性	0.149***	0.159***	0.100***	0.106***	0.113***	0.091***	0.111***	0.109***	0.029	0.029
	(0.000)	(0.000)	(0.000)	(0.000)	(0.000)	(0.000)	(0.000)	(0.000)	(0.170)	(0.173)
情绪稳定性	0.165***	0.156***	0.082***	0.077***	0.172***	0.135***	0.124***	0.131***	0.035	0.041
	(0.000)	(0.000)	(0.000)	(0.003)	(0.000)	(0.000)	(0.000)	(0.000)	(0.092)	(0.113)

大五人格	沟通项目							
	花钱		爱		生死		时政	
	相关	偏相关	相关	偏相关	相关	偏相关	相关	偏相关
宜人性	0.049*	0.068**	0.063**	0.082**	0.052**	0.063*	0.076***	0.054*
	(0.019)	(0.009)	(0.002)	(0.002)	(0.012)	(0.015)	(0.000)	(0.038)
外向性	0.123***	0.115***	0.127***	0.127***	0.074***	0.071**	0.112***	0.113***
	(0.000)	(0.000)	(0.000)	(0.000)	(0.001)	(0.006)	(0.000)	(0.000)
开放性	0.117***	0.137***	0.110***	0.119***	0.090***	0.093***	0.122***	0.134***
	(0.000)	(0.000)	(0.000)	(0.000)	(0.000)	(0.000)	(0.000)	(0.000)
尽责性	0.078***	0.101***	0.086***	0.086**	0.062**	0.083***	0.115***	0.115***
	(0.000)	(0.000)	(0.000)	(0.001)	(0.004)	(0.001)	(0.000)	(0.000)
情绪稳定性	0.048**	0.066*	0.099***	0.094***	0.084***	0.076***	0.114***	0.111***
	(0.020)	(0.011)	(0.000)	(0.000)	(0.000)	(0.003)	(0.000)	(0.000)

注：括号内是显著性系数；* 表示在 0.05 水平上显著，** 表示在 0.01 水平上显著，*** 表示在 0.001 水平上显著。

第一，亲子沟通和儿童的宜人性人格得分、外向性人格得分、开放性人格得分、尽责性人格得分和情绪稳定性人格得分都表现为显著的正向相关。在控制家庭背景变量后，这一关系仍然表现显著。这表示亲子沟通较多的儿童比亲子沟通较少的儿童，在人格发展上更具宜人性（信任、直率、利他、温顺、谦虚、慈悲）；更具外向性（热情、合群、果断、活跃、寻求刺激、积极情绪）；更具开放性（想象力、审美、情感丰富、尝新、好奇、不断检验旧观念）；更具尽责性（自信、秩序、责任感、为成果努力、自律、慎重）；更具情绪稳定性（焦虑、生气敌意、沮丧、敏感害羞、冲动、脆弱等方面的反向内涵）。从关系密切程度看，亲子沟通和各项人格的相关系数，从高到低依次是开放性人格、外向性人格、尽责性人格、情绪稳定性人格和宜人性人格。

第二，具体到各个沟通项目，发现几乎所有项目都与儿童五项人格发展显著相关，但从每个项目的相关系数大小来看，学习上的沟通和儿童的开放性、尽责性人格最具相关性；心情的沟通和儿童的外向性人格、情绪稳定性人格最具相关性；有关交友的沟通和儿童的外向性、开放性和情绪稳定性人格最具相关性；讨论父母工作和儿童的开放性、外向性人格最具相关性；讨论花钱和儿童的开放性人格、外向性人格最具相关性；讨论爱的主题和儿童的外向性人格、开放性人格最具相关性；讨论生死主题和儿童的开放性人格、尽责性人格最具相关性；讨论时政和儿童的开放性人格最具相关性。

2. 亲子沟通和儿童的自尊水平、意志力水平和控制点的关系

如表3所示，可以发现以下几点。

第一，亲子沟通和儿童的自尊水平得分表现为显著的正向相关。在控制家庭背景变量后，这一关系仍然表现显著，但相关系数略有下降。这表示在亲子沟通更多的家庭中成长的儿童，其自尊水平也表现更高，即更肯定自己的价值。

具体到各个沟通项目，发现所有项目都与儿童的自尊水平显著相关。在控制家庭背景后，它们之间的关系仍然表现显著。从每个项目的相关系数大小来看，与自尊水平的相关从大到小的顺序依次是沟通心情、时政、交友、爱的主题、学习、父母工作、生死的主题、花钱。

表3 亲子沟通和儿童自尊水平、意志力水平和内控水平的相关系数

非认知	综合指数		沟通内容							
			学习		心情		交朋友		工作	
	相关	偏相关	相关	偏相关	相关	偏相关	相关	偏相关	相关	偏相关
自尊	0.187***	0.164***	0.114***	0.096***	0.206***	0.182***	0.147***	0.134***	0.049***	0.049***
	(0.000)	(0.000)	(0.000)	(0.000)	(0.000)	(0.000)	(0.000)	(0.000)	(0.000)	(0.001)
意志力	0.175***	0.160***	0.091***	0.050**	0.157***	0.128***	0.118***	0.125***	0.041	0.061
	(0.000)	(0.000)	(0.000)	(0.003)	(0.000)	(0.000)	(0.000)	(0.000)	(0.000)	(0.000)
内控	0.130***	0.138***	0.073***	0.058**	0.103***	0.108***	0.102***	0.116***	0.026*	0.037*
	(0.000)	(0.000)	(0.000)	(0.001)	(0.000)	(0.000)	(0.000)	(0.000)	(0.032)	(0.032)

非认知	沟通内容							
	花钱		爱		生死		时政	
	相关	偏相关	相关	偏相关	相关	偏相关	相关	偏相关
自尊	0.036**	0.040**	0.127***	0.116***	0.056***	0.043**	0.161***	0.138***
	(0.002)	(0.002)	(0.000)	(0.000)	(0.000)	(0.000)	(0.000)	(0.000)
意志力	0.067***	0.067***	0.149***	0.153***	0.076***	0.096***	0.143***	0.138***
	(0.000)	(0.000)	(0.000)	(0.000)	(0.000)	(0.000)	(0.000)	(0.000)
内控	0.067***	0.069***	0.110***	0.120***	0.051***	0.072***	0.104***	0.117***
	(0.000)	(0.000)	(0.000)	(0.000)	(0.000)	(0.000)	(0.000)	(0.000)

注：括号内是显著性系数；* 表示在 0.05 水平上显著，** 表示在 0.01 水平上显著，*** 表示在 0.001 水平上显著。

第二，亲子沟通和儿童意志力水平的得分表现为显著的正向相关。在控制家庭背景变量后，这一关系仍然表现显著。这表示在亲子沟通更多的家庭中成长的儿童，其意志力水平表现更高，即更能坚持长期目标，并保持热情。

具体到各个沟通项目，发现所有亲子沟通项目都与儿童的意志力水平显著相关。在控制家庭背景后，它们之间的关系仍然表现显著。从每个项目的相关系数大小来看，与意志力水平的相关从大到小的顺序依次是沟通爱、时政、心情、交友、生死、花钱、工作、学习。

第三，亲子沟通和儿童内控水平的得分表现为显著的正向相关。在控制家庭背景变量后，这一关系仍然表现显著，相关系数反而上升。这表示在亲子沟通更多的家庭中成长的儿童，其内控水平也更高，即更相信生活在其控制之内，能更积极主动而非无助、被动地面对生活。

具体到各沟通项目，发现所有项目都与儿童的内控水平显著正向相关。在

控制家庭背景后，它们之间的关系仍然表现显著。从每个项目的相关系数大小来看，与儿童内控水平的相关从大到小的顺序依次是沟通爱、时政、交友、心情、生死、花钱、学习。

3. 亲子沟通和社会互赖倾向的关系

社会互赖倾向包含合作倾向、竞争倾向和个人主义倾向三个方面，如表 4 所示。

表 4　亲子沟通和儿童社会互赖倾向的相关系数

社会互赖	综合指数		沟通内容							
			学习		心情		交朋友		工作	
	相关	偏相关	相关	偏相关	相关	偏相关	相关	偏相关	相关	偏相关
合作	0.113 *** (0.000)	0.123 *** (0.000)	0.094 *** (0.000)	0.090 *** (0.000)	0.113 *** (0.000)	0.111 *** (0.000)	0.069 *** (0.000)	0.083 *** (0.000)	0.052 *** (0.000)	0.054 ** (0.002)
竞争	0.088 *** (0.000)	0.067 *** (0.000)	0.091 *** (0.000)	0.079 *** (0.000)	0.049 *** (0.000)	0.043 ** (0.002)	0.058 *** (0.000)	0.039 * (0.022)	0.038 *** (0.000)	0.039 ** (0.005)
个人主义	−0.067 *** (0.000)	−0.073 *** (0.000)	−0.044 ** (0.002)	−0.043 * (0.012)	−0.059 *** (0.000)	−0.066 *** (0.000)	−0.036 * (0.010)	−0.052 ** (0.003)	−0.027 (0.060)	−0.017 (0.313)

社会互赖	沟通内容							
	花钱		爱		生死		时政	
	相关	偏相关	相关	偏相关	相关	偏相关	相关	偏相关
合作	0.060 *** (0.000)	0.073 *** (0.000)	0.060 *** (0.000)	0.077 *** (0.000)	0.026 (0.057)	0.040 * (0.019)	0.087 *** (0.000)	0.099 *** (0.000)
竞争	0.049 *** (0.000)	0.048 ** (0.001)	0.055 *** (0.000)	0.049 ** (0.004)	0.029 * (0.038)	0.029 * (0.034)	0.063 *** (0.000)	0.053 ** (0.002)
个人主义	−0.052 *** (0.000)	−0.060 *** (0.000)	−0.045 ** (0.002)	−0.066 *** (0.000)	−0.002 (0.913)	−0.002 (0.916)	−0.057 *** (0.000)	−0.060 *** (0.000)

注：括号内是显著性系数；* 表示在 0.05 水平上显著，** 表示在 0.01 水平上显著，*** 表示在 0.001 水平上显著。

第一，亲子沟通和儿童合作倾向指数表现为显著的正向相关。在控制家庭背景变量后，这一关系仍然表现显著，相关系数还略有上升。这表示在亲子沟通更多的家庭中成长的儿童，合作倾向更高，即更愿意和他人在学习或工作中进行合作。

具体到各个沟通项目，发现所有项目都与儿童的合作倾向表现为显著的正向相关。在控制家庭背景后，它们之间的关系仍然表现显著。从每个项目的相关系数大小来看，与儿童合作倾向的偏相关系数从大到小的顺序依次是心情、时政、学习、交朋友、爱、花钱、工作和生死。

第二，亲子沟通和儿童的竞争倾向表现为显著的正向相关。在控制家庭背景变量后，这一关系仍然表现显著，但相关系数有所下降。这表示总体上看，在亲子沟通更多的家庭中成长的儿童，其竞争倾向也相对更强。

具体到沟通项目，发现所有项目都与儿童的竞争倾向表现为显著的正向相关。在控制家庭背景后，这一关系仍然表现显著，但相关系数多数趋于下降。从每个项目的相关系数大小来看，以沟通学习和儿童竞争倾向的相关最强，其他项目的相关从大到小的顺序依次是沟通时政、爱、花钱、心情、交友、工作、生死。

第三，亲子沟通和儿童的个人主义倾向指数表现为显著相关，但方向却为负。在控制家庭背景变量后，这一关系仍然表现显著，但相关系数上升。这表示总体上看，在较多亲子沟通的家庭中成长的儿童，其个人主义倾向更低。

具体到沟通项目，发现除了讨论工作和生死这些项目之外，其余所有项目都与儿童的个人主义倾向表现为显著的负向相关。在控制家庭背景后，多数项目的相关关系趋于加强。从每个项目的相关系数大小来看，以沟通爱、心情、交友、时政等内容的项目和儿童个人主义倾向的负相关最强，这在一定程度上可以预示，父母多和儿童沟通爱、心情、交友、时政等话题，可能减少儿童的个人主义倾向。

（二）亲子活动和儿童非认知能力的关系

亲子活动是指父母在儿童学习和日常生活中的参与表现，包括父母辅导儿童学习、运动健身、看演出、参观博物馆/艺术馆/展览馆等、国内旅游、国外旅游6个项目，加总后得到亲子活动指数。

1. 亲子活动和儿童大五人格

亲子活动与儿童五项人格之间的关系，如表5所示，可以发现以下几点。

表5　亲子活动和儿童大五人格发展的相关系数

大五人格	亲子活动指数		亲子活动项目			
			辅导学习		运动	
	相关	偏相关	相关	偏相关	相关	偏相关
宜人性	0.043 *	0.043	0.060 **	0.054 *	0.089 ***	0.110 ***
	(0.042)	(0.096)	(0.004)	(0.037)	(0.000)	(0.000)
外向性	0.155 ***	0.151 ***	0.072 **	0.057 *	0.122 ***	0.122 ***
	(0.000)	(0.000)	(0.001)	(0.028)	(0.000)	(0.000)
开放性	0.128 ***	0.131 ***	0.050 *	0.056 *	0.139 ***	0.141 ***
	(0.000)	(0.000)	(0.019)	(0.032)	(0.000)	(0.000)
尽责性	0.091 ***	0.092 ***	0.068 **	0.061 *	0.126 ***	0.137 ***
	(0.000)	(0.000)	(0.002)	(0.019)	(0.000)	(0.000)
情绪稳定性	0.128 ***	0.118 ***	0.086 ***	0.082 **	0.154 ***	0.158 ***
	(0.000)	(0.000)	(0.000)	(0.002)	(0.000)	(0.000)

大五人格	亲子活动项目							
	看演出		参观博物馆等		国内旅游		国外旅游	
	相关	偏相关	相关	偏相关	相关	偏相关	相关	偏相关
宜人性	0.007	0.003	0.014	0.011	0.073 ***	0.073 **	− 0.005	0.006
	(0.746)	(0.903)	(0.505)	(0.672)	(0.000)	(0.005)	(0.827)	(0.823)
外向性	0.116 ***	0.121 ***	0.120 ***	0.107 ***	0.102 ***	0.094 ***	0.102 ***	0.113 ***
	(0.000)	(0.000)	(0.000)	(0.000)	(0.000)	(0.000)	(0.000)	(0.000)
开放性	0.073 **	0.078 **	0.092 ***	0.108 ***	0.123 ***	0.103 ***	0.045 *	0.060 *
	(0.001)	(0.003)	(0.000)	(0.000)	(0.000)	(0.000)	(0.035)	(0.021)
尽责性	0.032	0.023	0.047 *	0.073 **	0.121 ***	0.126 ***	0.022	0.039
	(0.135)	(0.376)	(0.030)	(0.005)	(0.000)	(0.000)	(0.300)	(0.127)
情绪稳定性	0.059 **	0.058 *	0.071 **	0.067 *	0.151 ***	0.140 ***	0.026	0.028
	(0.005)	(0.027)	(0.001)	(0.010)	(0.000)	(0.000)	(0.215)	(0.282)

注：括号内是显著性系数；* 表示在 0.05 水平上显著，** 表示在 0.01 水平上显著，*** 表示在 0.001 水平上显著。

　　第一，亲子活动指数和儿童的宜人性人格得分、外向性人格得分、开放性人格得分、尽责性人格得分和情绪稳定性人格得分都表现为显著的正向相关。在控制家庭背景变量后，除了亲子活动指数和宜人性人格的显著性水平降低到 10% 的水平以外，其余人格维度的相关关系均通过 0.001 的显著性水平检验，即亲子活动指数和这四项人格发展具有稳定的正向显著关系。

这表示亲子活动频率较高的儿童比亲子活动频率较少的儿童，在人格发展上更具外向性（热情、合群、果断、活跃、寻求刺激、积极情绪）；更具开放性（想象力、审美、情感丰富、尝新、好奇、不断检验旧观念）；更具尽责性（自信、秩序、责任感、为成果努力、自律、慎重）；更具情绪稳定性（焦虑、生气敌意、沮丧、敏感害羞、冲动、脆弱等方面的反向内涵）。从关系密切程度看，当控制家庭背景后，亲子活动和各项人格的相关系数，从高到低依次是外向性、开放性、情绪稳定性、尽责性和宜人性。

第二，具体到各亲子活动项目，亲子辅导学习和五项人格都具有正向相关，并和情绪稳定性、尽责性人格相关最强；亲子运动健身和五项人格发展都表现为正向相关，并和情绪稳定性和开放性人格的相关最强；看演出和外向性、开放性、情绪稳定性人格表现为显著相关，并和外向性的相关最强；参观博物馆/艺术馆/展览馆等也和外向性、开放性、尽责性、情绪稳定性人格都表现为显著相关，并和开放性、外向性人格的相关最强；国内旅游和五项人格都表现为显著相关，并和情绪稳定性的相关最强；国外旅游和外向性、开放性人格表现为显著的相关关系，并和外向性的相关程度最强。

2. 亲子活动和儿童的自尊、意志力和控制点

如表6所示，可以发现以下几点。

表6　亲子活动和儿童自尊水平、意志力水平、内控水平的相关系数

非认知	综合指数		活动内容			
			辅导学习		运动	
	相关	偏相关	相关	偏相关	相关	偏相关
自尊	0.164 ***	0.139 ***	0.112 ***	0.099 ***	0.159 ***	0.138 ***
	(0.000)	(0.000)	(0.000)	(0.000)	(0.000)	(0.000)
意志力	0.190 ***	0.184 ***	0.183 ***	0.149 ***	0.198 ***	0.162 ***
	(0.000)	(0.000)	(0.000)	(0.000)	(0.000)	(0.000)
内控	0.138 ***	0.152 ***	0.131 ***	0.131 ***	0.135 ***	0.138 ***
	(0.000)	(0.000)	(0.000)	(0.000)	(0.000)	(0.000)

续表

非认知	活动内容							
	看演出		参观博物馆等		国内旅游		国外旅游	
	相关	偏相关	相关	偏相关	相关	偏相关	相关	偏相关
自尊	0.117 ***	0.102 ***	0.114 ***	0.101 ***	0.161 ***	0.119 ***	0.096 ***	0.052 ***
	(0.000)	(0.000)	(0.000)	(0.000)	(0.000)	(0.000)	(0.000)	(0.000)
意志力	0.115 ***	0.100 ***	0.109 ***	0.105 ***	0.083 ***	0.054 ***	0.043 ***	0.018
	(0.000)	(0.000)	(0.000)	(0.000)	(0.000)	(0.000)	(0.000)	(0.178)
内控	0.071 ***	0.089 ***	0.089 ***	0.114 ***	0.061 ***	0.042 **	0.031 *	0.023
	(0.000)	(0.000)	(0.000)	(0.000)	(0.000)	(0.002)	(0.012)	(0.082)

注：括号内是显著性系数；* 表示在 0.05 水平上显著，** 表示在 0.01 水平上显著，*** 表示在 0.001 水平上显著。

第一，亲子活动指数和儿童的自尊水平表现为显著的正向相关。在控制家庭背景变量后，这一关系仍然表现显著，但相关系数略有下降。这表示在亲子活动更多的家庭中成长的儿童，其自尊水平也更高，即能更肯定自己的价值。

具体到各个亲子活动项目，发现所有项目都和儿童的自尊水平表现为显著的正向相关，并且在控制家庭背景后，它们之间的关系仍然表现显著。从每个项目的相关系数大小来看，与自尊水平的相关从大到小的顺序依次是运动、国内旅游、看演出、参观博物馆/艺术馆/展览馆等、辅导学习、国外旅游。

第二，亲子活动指数和儿童意志力水平的得分表现为显著的正向相关。在控制家庭背景变量后，这一关系仍然表现显著，但相关系数略有下降。这表示在更多亲子活动家庭中成长的儿童，其意志力水平更高，即更能坚持长期目标，并保持热情。

具体到各个亲子活动项目，发现所有项目都与儿童的意志力水平显著正相关；但控制家庭背景后，国外旅游和意志力之间的相关失去显著性，其他项目仍然表现显著。表示和父母在一起更多开展学习辅导、运动、看演出、参观博物馆以及国内旅游项目等亲子活动的儿童，其意志力水平也更高。从每个亲子项目的相关系数大小来看，与意志力水平的相关程度从大到小的顺序依次是亲子运动、辅导学习、参观博物馆/艺术馆/展览馆等、看演出、国内旅游。

第三，亲子活动指数和儿童内控水平的得分表现为显著的正向相关。在控制家庭背景变量后，这一关系仍然表现显著，并且相关性得以加强。这表示在较多亲子活动家庭中成长的儿童，其内控水平也更高，即更相信生活在其控制之内，能更积极主动而非无助、被动地面对生活。

具体到各个亲子活动项目，所有项目都与儿童的内控水平显著正向相关，控制家庭背景后，除国外旅游之外，其余亲子项目仍然和儿童内控水平显著相关。这表明，更多亲子活动家庭的儿童，其内控水平也表现更高，即更相信生活在其掌控之中，能积极主动地面对生活。从每个项目的相关系数大小来看，与儿童内控水平的相关程度从大到小的顺序依次是运动、辅导学习、参观博物馆/艺术馆/展览馆等、看演出、国内旅游。

3. 亲子活动和儿童的社会互赖倾向

社会互赖倾向包含合作倾向、竞争倾向和个人主义倾向三个方面，亲子活动与儿童社会互赖倾向之间的关系，如表 7 所示，可以发现以下几点。

表 7　亲子活动和社会互赖的相关系数

社会互赖倾向	综合指数		活动内容			
			辅导学习		运动	
	相关	偏相关	相关	偏相关	相关	偏相关
合作	0.067 ***	0.111 ***	0.062 ***	0.105 ***	0.094 ***	0.116 ***
	(0.000)	(0.000)	(0.000)	(0.000)	(0.000)	(0.000)
竞争	0.060 ***	0.073 ***	0.063 ***	0.071 ***	0.059 ***	0.061 ***
	(0.000)	(0.000)	(0.000)	(0.000)	(0.000)	(0.000)
个人主义	− 0.033 *	− 0.065 ***	− 0.045 **	− 0.074 ***	− 0.051 ***	− 0.075 ***
	(0.023)	(0.000)	(0.001)	(0.000)	(0.000)	(0.000)

社会互赖倾向	活动内容							
	看演出		参观博物馆等		国内旅游		国外旅游	
	相关	偏相关	相关	偏相关	相关	偏相关	相关	偏相关
合作	0.046 **	0.062 ***	0.042 **	0.089 ***	0.080 ***	0.074 ***	− 0.003	− 0.008
	(0.001)	(0.000)	(0.002)	(0.000)	(0.000)	(0.000)	(0.826)	(0.607)
竞争	0.031 *	0.039 *	0.048 ***	0.052 **	0.026	0.019	0.024	0.018
	(0.025)	(0.022)	(0.000)	(0.002)	(0.062)	(0.197)	(0.085)	(0.234)
个人主义	− 0.004	− 0.024	0.005	− 0.027	− 0.051 ***	− 0.057 ***	0.015	0.012
	(0.772)	(0.159)	(0.703)	(0.117)	(0.000)	(0.000)	(0.297)	(0.405)

注：括号内是显著性系数；* 表示在 0.05 水平上显著，** 表示在 0.01 水平上显著，*** 表示在 0.001 水平上显著。

第一，亲子活动指数和儿童合作倾向指数表现为显著的正向相关。在控制家庭背景变量后，这一关系仍然表现显著，相关系数还略有上升。这表示在更多亲子活动家庭中成长的儿童，表现为更强的合作倾向，即更愿意和他人在学习或工作中进行合作。

具体到各个活动项目，除国外旅游之外，其余亲子项目和儿童的合作倾向都表现为显著的正向关系，从相关系数大小来看，与儿童合作倾向的相关从大到小的顺序依次是运动、辅导学习、参观博物馆/艺术馆/展览馆等、国内旅游、看演出。

第二，亲子活动指数和儿童的竞争倾向也表现为显著的正向相关。在控制家庭背景变量后，这一关系仍然表现显著，相关系数也略有上升。这表示在更多亲子活动家庭中成长的儿童，其竞争倾向也更强，即更愿意和他人在学习或工作中开展竞争性活动。

具体到各个活动项目，辅导学习、运动、看演出、参观博物馆/艺术馆/展览馆等亲子活动和儿童的竞争倾向都有显著的正向关系，其中以辅导学习的相关最强，其余项目的相关程度从大到小依次是运动、参观博物馆/艺术馆/展览馆等、看演出。而国内旅游和国外旅游这两项亲子活动和儿童的竞争倾向并无显著关系。

第三，亲子活动指数和儿童的个人主义倾向表现为显著相关，但方向却为负。在控制家庭背景变量后，这一关系仍然表现显著，但相关系数上升。这表示从总体上看，在亲子活动较多的家庭中成长的儿童，其个人主义的倾向性更低。

具体到各个活动项目，辅导学习、亲子运动、国内旅游这三个项目和儿童的个人主义倾向有显著的负向关系，但其余活动项目的关系并不显著。表示辅导学习、亲子运动和国内的亲子旅游较少的儿童，更倾向于个人主义。其中，以亲子运动与儿童个人主义倾向的负相关程度最强。

（三）家务、财务参与和非认知能力

本部分将报告家庭参与和儿童的非认知能力之间的关系。在这里，儿童的家庭参与包括家务劳动的参与、家庭财务的参与、家庭决策的参与。家务参与是指儿童平时在家里做家务的多少；家庭财务的参与是指儿童对家庭财务收支来源的了解程度；家庭决策参与是指儿童在家庭重要决策的参与程度。

1. 家庭参与和儿童大五人格

家庭参与和儿童的五项人格之间的相关系数如表 8 所示。可以发现以下几点。

表 8　家庭参与和大五人格发展的相关系数

大五人格	家务劳动参与		家庭财务参与指数		家庭决策参与	
	相关	偏相关	相关	偏相关	相关	偏相关
宜人性	0.082 ***	0.107 ***	0.079 ***	0.071 **	0.089 ***	0.086 **
	(0.000)	(0.000)	(0.000)	(0.006)	(0.000)	(0.001)
外向性	0.139 ***	0.146 ***	0.106 ***	0.103 ***	−0.015	−0.026
	(0.000)	(0.000)	(0.000)	(0.000)	(0.480)	(0.328)
开放性	0.138 ***	0.146 ***	0.152 ***	0.152 ***	0.033	0.028
	(0.000)	(0.000)	(0.000)	(0.000)	(0.124)	(0.287)
尽责性	0.122 ***	0.153 ***	0.133 ***	0.133 ***	0.117 ***	0.127 ***
	(0.000)	(0.000)	(0.000)	(0.000)	(0.000)	(0.000)
情绪稳定性	0.095 ***	0.123 ***	0.131 ***	0.131 ***	0.073 **	0.092 ***
	(0.000)	(0.000)	(0.000)	(0.000)	(0.001)	(0.000)

注：括号内是显著性系数；* 表示在 0.05 水平上显著，** 表示在 0.01 水平上显著，*** 表示在 0.001 水平上显著。

第一，儿童家务劳动的参与程度和儿童的五项人格得分，即宜人性、外向性、开放性、尽责性和情绪稳定性的人格之间表现为显著的正向相关。在控制家庭背景变量后，这一关系仍然表现显著，并且相关系数趋于增大。这表示经常在家做家务的儿童比做家务少的儿童，在人格发展上更具宜人性、外向性、开放性、尽责性和情绪稳定性。从相关程度看，当控制家庭背景后，儿童的家务参与程度与尽责性人格发展之间的关系最为密切。这表示多让儿童参与家务劳动，可以有效地培养儿童的尽责性人格特质。

第二，儿童的家庭财务参与程度和儿童的五项人格，即宜人性、外向性、开放性、尽责性和情绪稳定性的人格之间表现为显著的正向相关。在控制家庭背景变量后，这一关系仍然表现显著。这表示更多参与家庭财务的儿童，在人格发展上更具宜人性、外向性、开放性、尽责性和情绪稳定性。从相关程度看，当控制家庭背景后，儿童的家庭财务参与程度与儿童的开放性人格之间的

相关最高。

第三，儿童的家庭决策参与程度和儿童的宜人性、尽责性和情绪稳定性之间表现为显著的正向相关关系，但和外向性、开放性人格的发展之间并无显著关系。控制家庭背景后，这一关系仍然表现显著。这表示更多参与家庭决策的儿童，在人格发展上更具宜人性、尽责性和情绪稳定性。从相关程度看，家庭决策的参与和儿童的尽责性人格之间的相关最高，表示多让儿童参与家庭的重要决定，可以有效地发展儿童的尽责性人格特质。

2. 家庭参与和儿童的自尊水平、意志力水平和控制点

家庭参与包括家务劳动参与、家庭财务参与和家庭决策参与。家庭参与和儿童自尊水平的相关系数如表9所示。可以发现以下几点。

表9　家庭参与和儿童的自尊水平、意志力水平和内控水平的相关系数

非认知	家务劳动参与		家庭财务参与指数		家庭决策参与	
	相关	偏相关	相关	偏相关	相关	偏相关
自尊	0.049 ***	0.062 ***	0.143 ***	0.148 ***	0.047 ***	0.049 ***
	(0.000)	(0.000)	(0.000)	(0.000)	(0.000)	(0.000)
意志力	0.160 ***	0.179 ***	0.085 ***	0.088 ***	0.022	0.029 *
	(0.000)	(0.000)	(0.000)	(0.000)	(0.052)	(0.034)
内控	0.063 ***	0.077 ***	0.091 ***	0.091 ***	0.021	0.005
	(0.000)	(0.000)	(0.000)	(0.000)	(0.083)	(0.709)

注：括号内是显著性系数；* 表示在 0.05 水平上显著，** 表示在 0.01 水平上显著，*** 表示在 0.001 水平上显著。

第一，儿童家务劳动的参与程度、家庭财务参与程度、家庭决策参与程度都和儿童的自尊水平表现为显著的正向相关。在控制家庭背景变量后，这一关系仍然表现显著，并且相关系数有所增大。这表示做家务多的儿童比做家务少的儿童，其自尊水平更高；参与家庭财务多比参与少的儿童，其自尊水平更高；参与家庭决策多的儿童比参与少的儿童，其自尊水平也更高，即更能肯定自己的价值。这些发现表明，多让儿童参与家庭事务，包括家务劳动、财务状况、家庭的重要决定等，有可能显著提升儿童的自尊水平。

第二，儿童家务劳动的参与程度、家庭财务参与程度、家庭决策参与程度都和儿童的意志力水平表现为显著的正向相关。在控制家庭背景变量后，这一

关系仍然表现显著，并且相关系数增大。这表示做家务多的儿童与做家务少的儿童相比，意志力水平更高；参与家庭财务多的儿童比参与少的儿童，意志力水平更高；参与家庭决策多的儿童比参与少的儿童，意志力水平也更高。这些发现也表明，多让儿童参与家庭事务，包括家务劳动、财务状况、家庭的重要决定，有可能显著提升儿童的意志力水平。

第三，儿童家务劳动的参与程度、家庭财务参与程度和儿童的内控水平表现为显著的正向相关。在控制家庭背景变量后，这一关系仍然表现显著。这表示经常在家做家务的儿童与做家务少的儿童相比，其内控水平更高；更多了解家庭财务状况的儿童，其内控水平也更高。但是儿童的家庭决策参与程度与其内控水平只是略有相关，仅通过10%的显著性检验。在控制家庭背景后，这一关系趋于不显著。上述发现表明，多让儿童参与家务劳动、家庭财务等有可能显著提升儿童的内控水平，帮助其更积极主动而非无助、被动地面对生活。

3. **家庭参与和社会互赖倾向**

家庭参与和儿童社会互赖倾向的相关系数如表10所示。可以发现以下几点。

表10　家庭参与和社会互赖关系的相关系数

社会互赖	家务劳动参与		家庭财务参与指数		家庭决策参与	
	相关	偏相关	相关	偏相关	相关	偏相关
合作倾向	0.063 *** (0.000)	0.072 *** (0.000)	0.105 *** (0.000)	0.102 *** (0.000)	0.076 *** (0.000)	0.059 *** (0.000)
竞争倾向	0.026 (0.065)	0.035 * (0.040)	0.064 *** (0.000)	0.056 ** (0.001)	−0.015 (0.273)	−0.025 (0.091)
个人主义倾向	−0.036 * (0.012)	−0.035 * (0.014)	−0.051 *** (0.000)	−0.042 * (0.014)	−0.089 *** (0.000)	−0.084 *** (0.000)

注：括号内是显著性系数；* 表示在 0.05 水平上显著，** 表示在 0.01 水平上显著，*** 表示在 0.001 水平上显著。

第一，儿童家务劳动的参与程度与儿童的合作倾向、竞争倾向表现为显著的正向相关；和儿童的个人主义倾向表现为显著的负相关关系。控制家庭背景后，这一关系仍然表现显著，并以和合作倾向的关系表现最强。这表示家务劳动参与较多的儿童，其合作倾向、竞争倾向都更强，并更少出现个人主义倾向。

第二，儿童的财务参与程度与其合作倾向、竞争倾向都表现为显著的正向相关，但和个人主义倾向表现为显著的负相关关系。控制家庭背景后，这一关系仍然显著，并以和合作倾向的关系表现最强。这也表示家庭财务参与较多的儿童，其合作倾向、竞争倾向也都更强，并更少出现个人主义倾向。

第三，儿童的家庭决策参与程度与其合作倾向表现为显著的正向相关，但和个人主义倾向表现为显著的负向相关；这一关系在控制家庭背景后，仍然显著。有趣的是当控制家庭背景后，儿童的家庭决策与其竞争倾向却表现为一定的负相关关系，虽然仅通过10%的显著性水平检验。这表示参与家庭决策更多的儿童，表现出更强的合作倾向，但表现出更低的个人主义倾向和竞争倾向。

二 放学后参与和儿童非认知能力

本部分将报告儿童放学后安排和儿童非认知能力之间的关系，主要包括两大方面：一是儿童在安排放学后生活的自主性程度和儿童非认知能力之间的关系；二是儿童的放学后时间分配和儿童的非认知能力之间的关系。

（一）放学后的自主性和非认知能力

儿童放学后的自主性是指儿童安排放学后生活的自主性程度。以下将报告儿童放学后的自主性和非认知能力发展之间的关系，有以下发现。

第一，如表11所示，儿童放学后安排的自主性和儿童情绪稳定性有显著的正向关系，但和其他人格类型的相关并不显著。控制家庭背景后，上述关系表现稳定，表示放学后自主性程度越高的儿童，其情绪稳定程度也越高，即更少出现焦虑、生气敌意、沮丧、敏感害羞、冲动、脆弱等方面的情绪。

表11 放学后自主性和大五人格的关系

儿童参与	宜人性		外向性		开放性		尽责性		情绪稳定性	
	相关	偏相关	相关	偏相关	相关	偏相关	相关	偏相关	相关	偏相关
放学后自主性	0.000	−0.001	0.018	0.034	0.028	0.024	0.053*	0.036	0.059**	0.070**
	(0.100)	(0.961)	(0.417)	(0.196)	(0.189)	(0.358)	(0.015)	(0.175)	(0.005)	(0.008)

注：括号内是显著性系数；* 表示在0.05水平上显著，** 表示在0.01水平上显著，*** 表示在0.001水平上显著。

第二，如表12所示，儿童放学后安排的自主性和儿童的自尊水平、内控水平都表现为显著的正向关系，但和意志力水平之间的相关并不显著。控制家庭背景后，这一关系基本稳定。这表示能更自主安排放学后生活的儿童，其自尊水平和内控水平也更高，即更肯定自己的价值进而积极主动而非无助、被动地面对生活。

表12　放学后的自主性和儿童自尊水平、意志力水平和内控水平之间的关系

儿童参与	自尊水平		意志力		内控水平	
	相关	偏相关	相关	偏相关	相关	偏相关
放学后的自主性	0.038 ** (0.002)	0.039 ** (0.004)	0.020 (0.084)	0.003 (0.836)	0.029 * (0.019)	0.039 ** (0.004)

注：括号内是显著性系数；* 表示在 0.05 水平上显著，** 表示在 0.01 水平上显著，*** 表示在 0.001 水平上显著。

第三，如表13所示，儿童放学后安排的自主性与其合作倾向表现为显著的正向相关；但和竞争倾向、个人主义倾向的相关不显著。控制家庭背景后，这一关系仍然表现稳定。这表示越能自主安排放学后生活的儿童，合作倾向性也越高，即越愿意和别人发展合作关系。

表13　放学后的自主性和儿童社会互赖倾向的关系

儿童参与	合作		竞争		个人主义	
	相关	偏相关	相关	偏相关	相关	偏相关
放学后自主性	0.052 *** (0.000)	0.046 ** (0.002)	0.016 (0.243)	0.012 (0.422)	- 0.017 (0.232)	- 0.011 (0.463)

注：括号内是显著性系数；* 表示在 0.05 水平上显著，** 表示在 0.01 水平上显著，*** 表示在 0.001 水平上显著。

（二）放学后时间分配和儿童非认知能力发展

在本研究中，儿童放学后的时间分配是指儿童放学后做家庭作业、和朋友一起出去玩、锻炼身体、看课外书（指小说、传记、漫画等与学校考试无关的书）、看电视的时间和上网时间。以下将分别报告儿童放学后的时间分配和

儿童的大五人格、自尊、内控、意志力和社会互赖倾向的关系。

1. 放学后时间分配和儿童大五人格

表14呈现了儿童放学后的时间分配与其大五人格发展之间的相关关系。可以发现以下几点。

表14　放学后生活和大五人格发展的相关系数

大五人格	家庭作业的时间		和同伴玩耍的时间		锻炼身体的时间	
	相关	偏相关	相关	偏相关	相关	偏相关
宜人性	-0.033 (0.116)	-0.034 (0.100)	-0.061** (0.003)	-0.066** (0.002)	0.026 (0.216)	0.040 (0.119)
外向性	-0.090*** (0.000)	-0.097*** (0.000)	0.061** (0.004)	0.075** (0.004)	0.103*** (0.000)	0.114*** (0.000)
开放性	-0.079*** (0.000)	-0.103*** (0.000)	-0.005 (0.796)	-0.010 (0.704)	0.088*** (0.000)	0.083** (0.001)
尽责性	-0.097*** (0.000)	-0.124*** (0.000)	-0.074** (0.001)	-0.055* (0.033)	0.041 (0.057)	0.036 (0.166)
情绪稳定性	-0.111*** (0.000)	-0.125*** (0.000)	-0.036 (0.083)	-0.018 (0.486)	0.046* (0.030)	0.042 (0.100)
大五人格	看课外书的时间		看电视的时间		上网的时间	
	相关	偏相关	相关	偏相关	相关	偏相关
宜人性	0.041* (0.049)	0.042* (0.047)	-0.075*** (0.000)	-0.069** (0.008)	-0.080*** (0.000)	-0.100*** (0.000)
外向性	0.073** (0.001)	0.061* (0.019)	0.000 (0.995)	-0.005 (0.853)	0.005 (0.820)	-0.025 (0.329)
开放性	0.066** (0.002)	0.079** (0.002)	-0.041 (0.052)	-0.032 (0.219)	-0.010 (0.638)	-0.038 (0.138)
尽责性	0.056** (0.009)	0.069** (0.008)	-0.079*** (0.000)	-0.070** (0.006)	-0.087*** (0.000)	-0.113*** (0.000)
情绪稳定性	0.076*** (0.000)	0.045 (0.080)	-0.080*** (0.000)	-0.060* (0.019)	-0.096*** (0.000)	-0.116*** (0.000)

注：括号内是显著性系数；* 表示在 0.05 水平上显著，** 表示在 0.01 水平上显著，*** 表示在 0.001 水平上显著。

第一，放学后做家庭作业的时间和儿童的外向性、开放性、尽责性和情绪稳定性人格的关系表现为显著的负相关关系；当控制家庭背景后，上述关系仍然表现显著。这表示放学后时间更多花费在做作业时间上的儿童，其外向性、开放性、尽责性、情绪稳定性，都比做作业少的儿童表现更低。其中，情绪稳定性与其相关程度最强，这表示减少儿童做家庭作业的时间，最有可能增进儿童情绪稳定性人格的发展，而对其他维度人格的发展可能也都有增益效应。

第二，放学后和同伴玩耍的时间和儿童的外向性人格表现为显著的正向相关关系；但和儿童的尽责性人格的相关却表现为负；当控制家庭背景后，这一关系仍然显著。这表示放学后更多和朋友出去玩的儿童更表现为外向性人格；但却更少表现为尽责性人格。

第三，放学后锻炼身体的时间和儿童的外向性、开放性、情绪稳定性人格都表现为显著的正向关系。但当控制家庭背景后，锻炼身体的时间和情绪稳定性人格的相关失去显著性。这表明放学后经常锻炼身体可能有助于儿童外向性人格、开放性人格的养成。

第四，放学后看课外书的时间和儿童的五项人格发展都表现为显著的正向相关。但当控制家庭背景后，看课外书和宜人性人格、外向性人格、开放性人格和尽责性人格仍然表现为显著正向相关。

第五，放学后看电视的时间和儿童的宜人性、尽责性和情绪稳定性人格之间表现为显著的负相关关系。当控制家庭背景后，这一关系仍然表现显著，即放学后时间更多花在看电视上的儿童，其宜人性得分、尽责性得分和情绪稳定性得分都更低。这意味着减少儿童放学后看电视的时间，可能有助于儿童宜人性、尽责性和情绪稳定性人格的养成。

第六，放学后上网的时间和儿童的宜人性、尽责性和情绪稳定性人格之间也表现为显著的负相关关系。当控制家庭背景后，这一关系仍然稳定，即放学后时间更多花在上网上的儿童，其宜人性得分、尽责性得分和情绪稳定性得分都更低。这意味着减少儿童放学后的上网时间，可能有助于儿童宜人性人格、尽责性和情绪稳定性人格的养成。

2. 放学后生活和自尊、意志力和控制点

表15是放学后的时间分配和儿童的自尊、意志力和内控水平的相关关系，可以发现以下几点。

第一，儿童放学后的时间分配和儿童的自尊水平显著相关。对于儿童放学后的生活来说，更多花费在做家庭作业上、更多用来看电视和上网的儿童，其

表 15　放学后时间分配和儿童的自尊水平、意志力水平和内控水平的相关系数

非认知	家庭作业		和同伴玩耍		锻炼身体	
	相关	偏相关	相关	偏相关	相关	偏相关
自尊	− 0. 051 *** （0. 000）	− 0. 066 *** （0. 000）	− 0. 006 （0. 602）	0. 018 （0. 235）	0. 066 *** （0. 000）	0. 081 *** （0. 000）
意志力	− 0. 124 *** （0. 000）	− 0. 118 *** （0. 000）	− 0. 022 （0. 054）	− 0. 011 （0. 567）	0. 120 *** （0. 000）	0. 111 *** （0. 000）
内控	− 0. 086 *** （0. 000）	− 0. 080 *** （0. 000）	0. 007 （0. 583）	0. 007 （0. 547）	0. 067 *** （0. 000）	0. 061 *** （0. 000）
非认知	看课外书		看电视		上网	
	相关	偏相关	相关	偏相关	相关	偏相关
自尊	0. 063 *** （0. 000）	0. 063 *** （0. 000）	− 0. 068 *** （0. 000）	− 0. 036 * （0. 017）	− 0. 064 *** （0. 000）	− 0. 047 ** （0. 002）
意志力	0. 112 *** （0. 000）	0. 056 ** （0. 002）	− 0. 056 *** （0. 000）	− 0. 058 *** （0. 001）	− 0. 143 *** （0. 000）	− 0. 128 *** （0. 000）
内控水平	0. 036 ** （0. 003）	0. 030 * （0. 015）	− 0. 030 * （0. 015）	− 0. 026 * （0. 033）	− 0. 089 *** （0. 000）	− 0. 089 *** （0. 000）

　　注：括号内是显著性系数；* 表示在 0.05 水平上显著，** 表示在 0.01 水平上显著，*** 表示在 0.001 水平上显著。

自尊水平相对更低；而更多用于锻炼身体、看课外书的儿童，其自尊水平更高。在控制家庭背景后，这些关系仍然表现显著。这表示放学后多让儿童锻炼身体、多看课外书，而非做作业、看电视和上网等，可能有助于提升儿童的自尊水平，即更肯定自己的价值。

　　第二，儿童放学后的时间分配和儿童意志力水平显著相关。更多花费在做家庭作业上、更多看电视和上网的儿童，其意志力水平相对更低；而更多用于锻炼身体、看课外书的儿童，意志力水平则更高。在控制家庭背景后，这些关系仍然表现稳定，尤其是锻炼身体和儿童的意志力水平的关系最强，表示多让儿童锻炼身体可能有助于提升儿童的意志力水平。

　　第三，儿童的放学后生活和控制点显著相关。更多时间花在做家庭作业上、看电视和上网的儿童，更倾向于外控而非内控；而时间更多用于锻炼身体、看课外书的儿童，则更倾向于内控。在控制家庭背景后，这些关系仍然显著。这表示多让儿童锻炼身体、多看课外书可能有助于提升儿童的内控水平，帮助其更积极主动而非无助、被动地面对生活；而相反，做作业、看电视和上网时间上的消耗，却可能使其提升外控水平，即更消极地面对生活和学习。

3. 放学后生活和儿童社会互赖

如表 16 所示，放学后的时间安排和儿童的合作倾向、竞争倾向和个人主义倾向表现出显著相关关系。

表 16 放学后生活和儿童社会互赖倾向的相关系数

社会互赖	家庭作业		和同伴玩耍		锻炼身体	
	相关	偏相关	相关	偏相关	相关	偏相关
合作	0.055 ***	0.036 *	− 0.029 *	− 0.018	− 0.030 *	0.021
	(0.000)	(0.047)	(0.035)	(0.321)	(0.033)	(0.259)
竞争	0.000	− 0.002	− 0.011	− 0.024	0.013	0.021
	(0.983)	(0.925)	(0.426)	(0.197)	(0.361)	(0.250)
个人主义	− 0.014	0.017	0.010	− 0.022	− 0.007	− 0.017
	(0.308)	(0.343)	(0.487)	(0.241)	(0.616)	(0.311)
社会互赖	看课外书		看电视		上网	
	相关	偏相关	相关	偏相关	相关	偏相关
合作	0.023	0.024	− 0.084 ***	− 0.061 **	− 0.089 ***	− 0.095 ***
	(0.093)	(0.164)	(0.000)	(0.001)	(0.000)	(0.000)
竞争	0.008	0.001	− 0.059 ***	− 0.088 ***	− 0.056 ***	− 0.064 **
	(0.571)	(0.936)	(0.000)	(0.000)	(0.000)	(0.001)
个人主义	− 0.022	− 0.025	0.002	− 0.030	0.053 ***	0.042 *
	(0.116)	(0.178)	(0.889)	(0.106)	(0.000)	(0.022)

注：括号内是显著性系数；* 表示在 0.05 水平上显著，** 表示在 0.01 水平上显著，*** 表示在 0.001 水平上显著。

第一，放学后儿童看电视的时间、上网的时间和儿童的合作倾向、竞争倾向都表现为显著的负相关关系；但和儿童的个人主义倾向表现为显著的正向相关关系。控制家庭背景后，上述关系仍然显著。这表示放学后更多看电视、上网等的儿童，其合作倾向和竞争倾向都较低，而个人主义倾向更强。

第二，放学后看课外书、锻炼身体、和同伴玩耍的时间和儿童的合作、竞争和个人主义倾向都并没有表现出显著的相关关系。但做家庭作业和合作倾向表现为显著的正相关关系。

三 学校参与和儿童非认知能力

本部分将报告儿童的学校参与和非认知能力发展之间的关系。儿童的学校参与包括学生的走读/住宿情况、社团参与、师生交流、校园欺凌四个方面。

校园欺凌有语言欺凌（同学用难听的绰号来称呼）、行为欺凌（被同学故意冲撞）和关系欺凌（同学联合起来孤立）三个方面的指标，用因子分析方法综合而成，值越高表示受欺凌的程度越严重。

1. 学校参与和大五人格

如表 17 所示，可以发现以下几点。

表 17　学校参与和儿童大五人格的相关系数

大五人格	走读		社团参与		师生交流		校园欺凌	
	相关	偏相关	相关	偏相关	相关	偏相关	相关	偏相关
宜人性	0.066 ***	0.074 *	0.002	-0.024	0.095 ***	0.100 **	-0.086 **	-0.111 ***
	(0.006)	(0.019)	(0.916)	(0.456)	(0.000)	(0.002)	(0.000)	(0.000)
外向性	0.005	0.003	0.138 ***	0.159 ***	0.146 ***	0.143 ***	-0.027	-0.021
	(0.828)	(0.890)	(0.000)	(0.000)	(0.000)	(0.000)	(0.220)	(0.346)
开放性	0.053 *	0.052 *	0.085 ***	0.086 **	0.133 ***	0.147 ***	-0.057 **	-0.080 *
	(0.032)	(0.035)	(0.000)	(0.007)	(0.000)	(0.000)	(0.008)	(0.012)
尽责性	0.110 ***	0.106 **	0.064 **	0.090 **	0.178 ***	0.228 ***	-0.104 ***	-0.148 ***
	(0.000)	(0.001)	(0.003)	(0.004)	(0.000)	(0.000)	(0.000)	(0.000)
情绪稳定性	0.071 **	0.069 **	0.073 **	0.061 **	0.177 ***	0.174 ***	-0.191 **	-0.184 **
	(0.004)	(0.005)	(0.001)	(0.004)	(0.000)	(0.000)	(0.000)	(0.000)

注：括号内是显著性系数；* 表示在 0.05 水平上显著，** 表示在 0.01 水平上显著，*** 表示在 0.001 水平上显著。

第一，走读生比住宿生的宜人性得分、开放性得分、尽责性得分、情绪稳定性得分更高，并都通过显著性检验；控制家庭背景后，这一关系仍然表现显著。但在外向性人格得分上，走读生和住宿生之间并无显著差异。

第二，社团参与和儿童的外向性得分、开放性得分、尽责性得分和情绪稳定性得分都表现为显著的正向相关，但和宜人性的相关不显著。控制家庭背景后，上述关系仍然保持一致。其中，儿童的社团参与和外向性得分的相关最高。这表示社团参与有助于儿童的外向性、开放性、尽责性和情绪稳定性人格的养成。

第三，师生交流是指学生和老师的交流频率。可以发现，师生交流和儿童的五项人格发展都表现为显著的正向相关。当控制了家庭背景后，这一关系仍然表现显著。从相关系数大小来看，相关程度从大到小依次是尽责性、情绪稳定性、开放性、外向性和宜人性。这表示加强师生交流，能有效地提升儿童的宜人性、外向性、开放性、尽责性和情绪稳定性。

第四，校园欺凌和儿童的宜人性人格、开放性人格、尽责性人格和情绪稳定性人格之间表现为显著的负向相关。控制家庭背景后，上述关系仍然表现显著。这表示减少儿童的校园欺凌可能有助于儿童的宜人性、开放性、尽责性和情绪稳定性四项人格的发展。

2. 学校参与和自尊、意志力、控制点

如表 18 所示，可以发现以下几点。

表 18　学校参与和儿童的自尊水平、意志力水平和内控水平的相关系数

非认知	走读		社团参与		师生交流		校园欺凌	
	相关	偏相关	相关	偏相关	相关	偏相关	相关	偏相关
自尊	0. 056 *** (0. 000)	0. 016 (0. 063)	0. 079 ** (0. 000)	0. 067 *** (0. 000)	0. 196 ** (0. 000)	0. 189 *** (0. 000)	− 0. 124 ** (0. 000)	− 0. 100 *** (0. 000)
意志力	0. 107 *** (0. 000)	0. 085 *** (0. 000)	0. 091 *** (0. 000)	0. 072 *** (0. 000)	0. 192 *** (0. 000)	0. 221 *** (0. 000)	− 0. 049 *** (0. 000)	− 0. 066 *** (0. 000)
内控	0. 060 *** (0. 000)	0. 058 *** (0. 000)	0. 032 ** (0. 010)	0. 059 *** (0. 001)	0. 138 *** (0. 000)	0. 153 *** (0. 000)	− 0. 045 *** (0. 000)	− 0. 051 ** (0. 005)

注：括号内是显著性系数；* 表示在 0. 05 水平上显著，** 表示在 0. 01 水平上显著，*** 表示在 0. 001 水平上显著。

第一，学校参与和儿童的自尊水平表现为显著相关。其中，走读生的自尊水平显著高于寄宿生；学校社团参与、师生交流和儿童的自尊水平都表现为显著的正向相关；但校园欺凌和儿童的自尊水平表现显著的负向关系。上述关系在控制家庭背景后仍然基本一致，这表示多让儿童参加学校的社团活动、加强师生交流可能有助于提升儿童的自尊水平；但是校园欺凌伤害了学生的自尊水平，应加以关注。

第二，学校参与和儿童的意志力水平显著相关。其中，走读生的意志力水平显著高于寄宿生；在控制家庭背景后，这一关系仍然保持显著性。学校社团参与、师生交流和儿童的意志力水平都表现为显著的正向相关；但校园欺凌和儿童的意志力水平表现显著的负向关系，并且这一关系在控制家庭背景后仍然

表现显著。这表示参加学校社团活动、加强师生交流，可能有助于提升儿童的自尊水平；但是校园欺凌可能伤害学生的意志力水平，应当加以关注。

第三，学校参与和儿童的内控水平显著相关。其中，走读生的内控水平显著高于寄宿生；在控制家庭背景后，这一关系仍然保持显著性。学校社团参与、师生交流和儿童的内控水平都表现为显著的正向相关；但校园欺凌和儿童的内控水平表现为显著的负向关系，并且这一关系在控制家庭背景后仍然表现显著。这表示参加学校社团活动、加强师生交流，可能有助于提升儿童的内控水平；但是校园欺凌则伤害学生的内控水平，应当加以关注。

3. 学校参与和儿童社会互赖

如表 19 所示，可以发现以下几点。

表 19　学校参与和儿童社会互赖的相关系数

社会互赖	走读		社团参与		师生交流		校园欺凌	
	相关	偏相关	相关	偏相关	相关	偏相关	相关	偏相关
合作	0.013 (0.379)	0.007 (0.687)	0.051 *** (0.000)	0.070 *** (0.000)	0.193 *** (0.000)	0.199 *** (0.000)	-0.096 *** (0.000)	-0.062 ** (0.001)
竞争	0.050 ** (0.001)	0.050 ** (0.006)	0.047 ** (0.001)	0.069 *** (0.000)	0.114 *** (0.000)	0.129 *** (0.000)	0.030 * (0.030)	0.046 * (0.011)
个人主义	-0.013 (0.399)	0.007 (0.703)	-0.009 (0.522)	-0.025 (0.167)	-0.121 *** (0.000)	-0.097 *** (0.000)	0.081 *** (0.000)	0.077 *** (0.000)

注：括号内是显著性系数；* 表示在 0.05 水平上显著，** 表示在 0.01 水平上显著，*** 表示在 0.001 水平上显著。

第一，走读/住宿的上学方式和儿童的竞争倾向表现为显著的正向关系，即走读生的竞争性倾向显著高于寄宿生。当控制家庭背景后，这一关系仍然表现显著。但是上学方式和儿童的合作倾向、个人主义倾向并无显著关系。

第二，学校的社团参与和儿童的合作倾向、竞争倾向都表现为显著的正向相关；并且这一关系在控制家庭背景后，仍然表现显著，即参与学校社团较多的学生，其合作倾向、竞争倾向都显著高于较少或不参与学校社团的学生。这表示多让儿童参加学校的社团，可能有助于提升儿童和他人的合作或竞争的互赖关系。此外，是否参与学校社团和儿童的个人主义倾向并无显著相关。

第三，师生交流和儿童的合作倾向、竞争倾向都表现为显著的正向相关，但和儿童的个人主义倾向表现为显著的负向关系；并且在控制家庭背景后，上述关系仍然显著，即师生交流较多的儿童，其合作倾向、竞争倾向都高于师生交流较少的儿童，但个人主义倾向较低。表示加强师生交流可能有助于提升儿童和他人的合作或竞争的互赖关系，减少其个人主义倾向。

第四，校园欺凌和儿童的合作倾向表现为显著的负相关关系，即经历校园欺凌的儿童，其合作倾向显著低于未经历或少经历校园欺凌的儿童。这表示减少儿童的受欺凌遭遇，可能有助于提升儿童的合作倾向。但是校园欺凌和儿童的竞争倾向、个人主义倾向却表现为显著的正向关系，表示经历校园欺凌的儿童，其竞争倾向和个人主义倾向都显著高于未经历或少经历校园欺凌的儿童。

四 校外教育和儿童非认知能力

（一）校外活动和儿童非认知能力

本部分报告校外活动和儿童非认知能力之间的相关关系。校外活动主要包括校外主题活动（例如环境保护、社区服务、科学考察等活动）及国内、国外营地活动（如夏令营、冬令营、游学活动等）三个方面。

1. 校外活动参与和大五人格

如表 20 所示，可以发现以下几点。

第一，除宜人性人格外，参加校外主题活动的数量、频率都和儿童的其余四项人格表现出显著的正向关系，即参加校外主题活动越多的儿童，其外向性、开放性、尽责性和情绪稳定性的得分都显著高于较少参加校外主题活动的儿童。在控制家庭背景变量后，这一关系仍然表现显著。这表示多让儿童参加校外主题活动，可能有助于儿童的大五人格发展。

第二，国内、国外营地活动和儿童的外向性人格表现为显著的正向关系，即参加过国内、外营地活动的儿童，其外向性人格得分显著高于未参加过国内、国外营地活动的儿童。控制家庭背景后，这一关系仍然表现显著。这表示让儿童参加国内、国外营地活动可能有助于儿童外向性人格的发展。

表 20　校外活动参与和儿童大五人格的相关系数

大五人格	校外主题活动				国内营地活动		国外营地活动	
	数量		频率					
	相关	偏相关	相关	偏相关	相关	偏相关	相关	偏相关
宜人性	0.040 (0.058)	0.048 (0.065)	0.041* (0.047)	0.059* (0.022)	0.004 (0.847)	0.025 (0.395)	-0.034 (0.111)	-0.036 (0.211)
外向性	0.077*** (0.000)	0.067** (0.009)	0.091*** (0.000)	0.083** (0.001)	0.100*** (0.000)	0.083*** (0.000)	0.060** (0.005)	0.043* (0.046)
开放性	0.065** (0.002)	0.061* (0.018)	0.053* (0.013)	0.069** (0.008)	0.074*** (0.000)	0.065** (0.002)	0.036 (0.098)	0.046 (0.109)
尽责性	0.046* (0.034)	0.064* (0.013)	0.077*** (0.000)	0.101*** (0.000)	0.021 (0.341)	0.030 (0.290)	-0.014 (0.518)	0.003 (0.923)
情绪稳定性	0.094*** (0.000)	0.076** (0.003)	0.092*** (0.000)	0.081** (0.002)	0.026 (0.215)	0.034 (0.242)	-0.004 (0.854)	-0.025 (0.391)

注：括号内是显著性系数；* 表示在 0.05 水平上显著，** 表示在 0.01 水平上显著，*** 表示在 0.001 水平上显著。

第三，国内营地活动和儿童开放性人格的相关表现出一定的显著性；并且在控制家庭背景后，这一关系仍然保持显著性。这表示国内营地活动可能对儿童的开放性人格有一些助益。此外，国内、国外营地活动和儿童其他人格特征如宜人性、尽责性、情绪稳定性的相关性都并不显著。

2. 校外活动和儿童的自尊、意志力和控制点

如表 21 所示，可以发现以下几点。

表 21　校外活动参与和儿童的自尊水平、意志力水平和内控水平的相关系数

非认知	校外主题活动参与				国内营地活动		国外营地活动	
	数量		频率					
	相关	偏相关	相关	偏相关	相关	偏相关	相关	偏相关
自尊	0.067*** (0.000)	0.037** (0.002)	0.069*** (0.000)	0.040** (0.001)	0.106*** (0.000)	0.072*** (0.000)	0.047*** (0.000)	0.024 (0.168)
意志力	0.097*** (0.000)	0.069*** (0.000)	0.112*** (0.000)	0.087*** (0.000)	0.071*** (0.000)	0.051** (0.006)	0.031** (0.006)	0.032 (0.082)
内控	0.047*** (0.000)	0.052*** (0.000)	0.053*** (0.000)	0.059*** (0.000)	0.051*** (0.000)	0.045* (0.014)	0.018 (0.150)	0.020 (0.264)

注：括号内是显著性系数；* 表示在 0.05 水平上显著，** 表示在 0.01 水平上显著，*** 表示在 0.001 水平上显著。

第一，参加校外主题活动和儿童的自尊水平、意志力水平和内控水平都有显著的正向相关关系。控制家庭背景后，这些关系仍然保持显著。这表示多让儿童参加校外主题活动，可能有助于提升儿童的自尊水平、意志力水平和内控水平，即更能肯定自身的价值，更能坚持长期目标，并更能积极面对生活和学习。

第二，国内营地活动的参加和儿童的自尊水平、意志力水平和内控水平都有显著的正向相关关系。控制家庭背景后，这一关系仍然表现显著。表示让儿童参加国内营地活动，可能有助于儿童的自尊水平、意志力和内控水平，即儿童更能肯定自身的价值，更积极面对生活和学习，并更能坚持长期目标。

第三，在未控制家庭背景时，国外营地活动的参与和儿童的自尊水平、意志力水平表现为显著的正向相关。但对家庭背景进行控制后，国外营地活动和自尊水平之间的关系失去显著性，和意志力水平之间的相关也降低到 8.2% 的显著性水平。此外，是否参加国外营地活动和儿童内控水平之间的相关也表现为不显著。

3. 校外活动和儿童的社会互赖倾向

如表 22 所示，可以发现以下几点。

表 22　校外活动参与和社会互赖能力的相关系数

| 社会互赖 | 校外主题活动参与 | | | | 国内营地活动 | | 国外营地活动 | |
| | 数量 | | 频率 | | | | | |
	相关	偏相关	相关	偏相关	相关	偏相关	相关	偏相关
合作	0.015	0.028 *	0.019	0.021	0.069 ***	0.064 ***	− 0.018	− 0.020
	(0.267)	(0.050)	(0.163)	(0.142)	(0.000)	(0.000)	(0.208)	(0.166)
竞争	0.014	0.020	0.013	0.016	0.059 ***	0.053 ***	0.018	0.014
	(0.301)	(0.177)	(0.365)	(0.278)	(0.000)	(0.000)	(0.204)	(0.447)
个人主义	− 0.006	− 0.015	0.000	− 0.003	− 0.023	− 0.026	0.023	0.021
	(0.647)	(0.312)	(0.997)	(0.816)	(0.103)	(0.070)	(0.117)	(0.149)

注：括号内是显著性系数；* 表示在 0.05 水平上显著，** 表示在 0.01 水平上显著，*** 表示在 0.001 水平上显著。

第一，无论是否控制家庭背景，参与校外主题活动和儿童合作倾向、竞争倾向、个人主义倾向之间的相关性均不显著，这表示儿童参加校外主题活动，

对儿童的合作倾向、竞争倾向和个人主义倾向并无影响。

第二,当控制家庭背景后,国内营地活动和儿童的合作倾向、竞争倾向表现为显著的正向相关关系,和儿童的个人主义倾向表现为负相关,并通过10%的显著性水平。这表示多让儿童参加国内营地活动,可能有助于提升儿童的合作和竞争倾向,减少其个人主义倾向。

第三,无论是否控制家庭背景,国外营地活动和儿童的合作、竞争和个人主义倾向之间都并无显著相关关系。

(二)课外班和儿童非认知能力

本部分将报告课外班和儿童非认知能力之间的关系。其中,课外班参与是指这学期儿童参加课外兴趣班的数量和频率,以及参加课外补习班的数量和频率。兴趣班是指如机器人、舞蹈、钢琴等非学校考试内容的课外班;而补习班则指如数、理、化、生、政、史、地等学校考试内容的补习课外班。

1. 课外班参与和儿童大五人格

如表 23 所示,可以发现以下几点。

表 23　课外班参与和大五人格发展的相关系数

大五人格	兴趣班参与				补习班参与			
	数量		频率		数量		频率	
	相关	偏相关	相关	偏相关	相关	偏相关	相关	偏相关
宜人性	0.019 (0.359)	0.033 (0.253)	0.053 * (0.011)	0.054 * (0.010)	-0.041 (0.066)	-0.056 (0.052)	0.016 (0.481)	0.013 (0.660)
外向性	0.091 *** (0.000)	0.089 ** (0.002)	0.071 ** (0.001)	0.055 * (0.011)	0.054 * (0.020)	0.049 (0.089)	0.018 (0.442)	0.010 (0.738)
开放性	0.098 *** (0.000)	0.092 ** (0.001)	0.084 *** (0.000)	0.078 *** (0.000)	0.000 (0.986)	-0.009 (0.752)	0.008 (0.729)	-0.005 (0.857)
尽责性	0.059 ** (0.006)	0.066 * (0.022)	0.087 *** (0.000)	0.082 *** (0.000)	-0.023 (0.327)	-0.032 (0.270)	-0.009 (0.690)	-0.032 (0.265)
情绪稳定性	0.095 *** (0.000)	0.114 *** (0.000)	0.092 *** (0.000)	0.079 *** (0.000)	0.001 (0.981)	-0.001 (0.982)	0.020 (0.387)	0.004 (0.880)

注:括号内是显著性系数;* 表示在 0.05 水平上显著,** 表示在 0.01 水平上显著,*** 表示在 0.001 水平上显著。

第一，兴趣班参与和儿童的五项人格发展基本上都表现为显著的正相关关系。控制家庭背景之后，五项人格的相关仍然表现显著。这表示鼓励儿童参加兴趣班，可能有助于儿童外向性、开放性、尽责性和情绪稳定性人格的培养。

第二，无论是否控制家庭背景，补习班参与和儿童的五项人格之间的相关关系都未能通过5%的显著性检验。这表示补习班参与可能无助于提升儿童的五项人格发展。

2.课外班参与和儿童自尊、意志力、控制点

如表24所示，可以发现以下几点。

表24 课外班参与和儿童的自尊水平、意志力水平和内控水平的相关系数

非认知	兴趣班参与				补习班参与			
	数量		频率		数量		频率	
	相关	偏相关	相关	偏相关	相关	偏相关	相关	偏相关
自尊	0.086*** (0.000)	0.048*** (0.000)	0.082*** (0.000)	0.052*** (0.000)	0.026* (0.038)	0.005 (0.759)	0.053*** (0.000)	0.035* (0.043)
意志力	0.113*** (0.000)	0.058** (0.002)	0.112*** (0.000)	0.052** (0.005)	0.013 (0.264)	0.029 (0.114)	0.032** (0.007)	0.024 (0.198)
内控	0.080*** (0.000)	0.063** (0.001)	0.080*** (0.000)	0.068*** (0.000)	0.007 (0.563)	0.002 (0.928)	0.035** (0.004)	0.023 (0.208)

注：括号内是显著性系数；* 表示在0.05水平上显著，** 表示在0.01水平上显著，*** 表示在0.001水平上显著。

第一，参与兴趣班和儿童的自尊水平、意志力水平、内控水平表现为显著的正向相关关系。当控制家庭背景后，相关程度虽然下降，但仍然通过了显著性检验。这表示参加兴趣班可能在一定程度上可以提升儿童的自尊、意志力和内控水平。

第二，参加补习班的数量、频率和儿童的自尊水平也表现为显著相关。但是当控制家庭背景后，补习班数量和儿童的自尊水平的相关失去显著性，但其频率仍然表现为正向相关；此外，上补习班的频率和儿童的意志力、内控水平表现为正向相关关系，但当控制家庭背景后，这一关系失去了显著性。这表示补习班的参加可能对提升儿童自尊水平略有效应，但无助于提升儿童的意志力和内控水平。

3. 课外班参与和儿童的社会互赖倾向

如表 25 所示，可以发现以下几点。

表 25　课外班参与和社会互赖倾向的相关系数

社会互赖	兴趣班				补习班			
	数量		频率		数量		频率	
	相关	偏相关	相关	偏相关	相关	偏相关	相关	偏相关
合作	0.005	0.006	0.012	0.014	0.019	0.034	0.003	0.000
	(0.703)	(0.655)	(0.389)	(0.311)	(0.207)	(0.062)	(0.856)	(0.987)
竞争	0.023	0.019	0.028 *	0.040 *	0.050 **	0.067 ***	0.036 *	0.042 *
	(0.102)	(0.171)	(0.043)	(0.030)	(0.001)	(0.000)	(0.013)	(0.024)
个人主义	0.018	0.011	− 0.013	− 0.026	0.025	0.018	0.007	0.006
	(0.215)	(0.548)	(0.343)	(0.165)	(0.104)	(0.317)	(0.629)	(0.762)

注：括号内是显著性系数；* 表示在 0.05 水平上显著，** 表示在 0.01 水平上显著，*** 表示在 0.001 水平上显著。

第一，当控制家庭背景后，参加兴趣班和儿童的竞争倾向都表现为显著的正向相关关系，即参加或较多参加兴趣班的儿童在竞争倾向上的表现都显著高于没有或很少参加兴趣班的儿童。这表示参加兴趣班可能有助于提升儿童与人竞争的互赖倾向，但是兴趣班参加和儿童的合作倾向、个人主义倾向并无显著相关。

第二，参加补习班和儿童的竞争倾向表现为显著的正向相关关系，即参加或较多参加补习班的儿童，其竞争倾向显著高于未参加或较少参加补习班的儿童。控制家庭背景后，这一关系仍然表现显著。但是，无论是否控制家庭背景，参加补习班和儿童的合作倾向、个人主义倾向的相关都并没有表现出显著性。

五　社会交往和儿童非认知能力

本部分将报告儿童的社会交往和学校表现之间的关系。其中，社会交往包括同伴关系、同伴交往的频度，以及邻里交往、国际交往。同伴关系以在同班的好朋友数、在其他班级的好朋友数、校外好友的数量三项指标代表；同伴交往的方式和频率包括是否和同伴经常出门交往或到对方家里去，以及是否经常使用电话、微信、QQ 等方式联系朋友。邻里交往是指和邻居交往的频率，国际交往是指和外国人交往的频率。

（一）同伴交往和儿童非认知能力

1. 同伴交往和儿童大五人格

如表 26 所示，可以发现以下几点。

表 26　同伴交往和大五人格的相关系数

大五人格	同伴关系（好朋友数量）						交往方式和频率			
	同班		其他班		校外		出门交往		电话或网络交往	
	相关	偏相关	相关	偏相关	相关	偏相关	相关	偏相关	相关	偏相关
宜人性	0.142 ***	0.136 ***	0.125 ***	0.118 ***	0.115 ***	0.107 ***	0.035	0.015	0.035	0.027
	(0.000)	(0.000)	(0.000)	(0.000)	(0.000)	(0.000)	(0.097)	(0.564)	(0.094)	(0.311)
外向性	0.120 ***	0.134 ***	0.122 ***	0.115 ***	0.145 ***	0.137 ***	0.077 ***	0.090 **	0.073 ***	0.069 **
	(0.000)	(0.000)	(0.000)	(0.000)	(0.000)	(0.000)	(0.000)	(0.001)	(0.000)	(0.009)
开放性	0.111 ***	0.115 ***	0.085 ***	0.091 **	0.144 ***	0.150 ***	0.016	0.033	0.081 ***	0.071 **
	(0.000)	(0.000)	(0.000)	(0.001)	(0.000)	(0.000)	(0.439)	(0.209)	(0.000)	(0.007)
尽责性	0.169 ***	0.179 ***	0.132 ***	0.139 ***	0.147 ***	0.132 ***	0.033	0.028	0.102 ***	0.079 **
	(0.000)	(0.000)	(0.000)	(0.000)	(0.000)	(0.000)	(0.127)	(0.281)	(0.000)	(0.003)
情绪稳定性	0.178 ***	0.177 ***	0.154 ***	0.145 ***	0.159 ***	0.140 ***	0.030	0.013	0.055 **	0.045 *
	(0.000)	(0.000)	(0.000)	(0.000)	(0.000)	(0.000)	(0.147)	(0.627)	(0.009)	(0.032)

注：括号内是显著性系数；* 表示在 0.05 水平上显著，** 表示在 0.01 水平上显著，*** 表示在 0.001 水平上显著。

第一，同伴关系对儿童的五项人格都表现显著的较强的正向相关关系。当控制家庭背景后，这一关系仍然表现稳定，即无论是同班、其他班级还是校外，好朋友数量较多的儿童在宜人性人格、外向性人格、开放性人格、尽责性人格和情绪稳定性人格上的得分都显著高于好朋友数量较少的儿童。从相关系数大小来看，同班或他班的好朋友数量和儿童的情绪稳定性、尽责性人格的相关最强；校外好朋友的数量和儿童的开放性人格和情绪稳定性人格的相关最强。这表示多让儿童结交好友，可能有助于儿童宜人性、外向性、开放性、尽责性和情绪稳定性人格的发展。

第二，同伴交往的频率和儿童部分人格之间表现出显著的相关关系。其中，出门交往的频率和外向性人格都表现为显著的正向相关关系；电话或网络交往频率和儿童的外向性、尽责性、开放性人格、情绪稳定性人格之间出现显著的正向相关关系。在控制家庭背景后，上述关系仍然表现显著。

2. 同伴交往和儿童的自尊、意志力和控制点

如表27所示，可以发现以下几点。

表27　同伴交往和儿童的自尊水平、意志力水平和内控水平的相关系数

非认知	同伴关系（好朋友数量）						交往方式和频率			
	同班		他班		校外		出门交往		电话/网络	
	相关	偏相关	相关	偏相关	相关	偏相关	相关	偏相关	相关	偏相关
自尊	0.189 *** (0.000)	0.173 *** (0.000)	0.132 *** (0.000)	0.112 *** (0.000)	0.139 *** (0.000)	0.108 *** (0.000)	0.025 * (0.035)	0.022 (0.192)	0.059 *** (0.000)	0.055 *** (0.000)
意志力	0.122 *** (0.000)	0.092 *** (0.000)	0.132 *** (0.000)	0.116 *** (0.000)	0.082 *** (0.000)	0.060 ** (0.001)	0.046 *** (0.000)	0.034 * (0.045)	−0.063 *** (0.000)	−0.067 *** (0.000)
内控	0.112 *** (0.000)	0.100 *** (0.000)	0.061 *** (0.000)	0.055 ** (0.003)	0.081 *** (0.000)	0.089 *** (0.000)	0.032 ** (0.009)	0.040 * (0.018)	−0.020 (0.100)	−0.025 (0.143)

注：括号内是显著性系数；* 表示在 0.05 水平上显著，** 表示在 0.01 水平上显著，*** 表示在 0.001 水平上显著。

第一，同伴关系，即好朋友的数量和儿童的自尊水平都表现为较强的显著正向相关，即好朋友数量多的儿童，其自尊水平也更高。交往频率仅仅在电话/网络交往频率和自尊水平之间表现为较弱的关系。当控制家庭背景后，这一关系仍然显著。表示让儿童多交好友（无论是校内还是校外）可能有助于提升儿童的自尊水平。

第二，同伴关系，即好朋友的数量和儿童的意志力水平表现为显著的正向相关关系，即好朋友数量多的儿童，其意志力水平也表现更高。当控制家庭背景后，这一关系表现稳定。出门交往方式的频率和儿童的意志力水平也表现为显著的正向相关关系；但以电话或网络方式交往的频率却和儿童的意志力水平表现为显著的负相关关系，这表示经常使用电话或网络和同伴交往的儿童，其意志力水平更低。

第三，同伴关系，即好朋友的数量和儿童的内控水平表现为显著的正向相

关关系，即好朋友数量多的儿童，其内控水平也更高。当控制家庭背景后，这一关系仍然表现显著。此外，出门交往的频率和儿童的内控水平也表现为显著的正向相关关系，但电话或网络交往频率和儿童的内控并无显著相关。

3. 同伴交往和社会互赖

如表 28 所示，可以发现以下几点。

表 28　同伴交往和社会互赖倾向的相关系数

社会互赖	同伴关系（好朋友数量）						交往频率			
	同班		他班		校外		出门交往		电话/网络	
	相关	偏相关	相关	偏相关	相关	偏相关	相关	偏相关	相关	偏相关
合作	0.170 ***	0.167 ***	0.133 ***	0.121 ***	0.124 ***	0.096 ***	0.018	0.019	0.083 ***	0.045 *
	(0.000)	(0.000)	(0.000)	(0.000)	(0.000)	(0.000)	(0.195)	(0.168)	(0.000)	(0.014)
竞争	0.097 ***	0.099 ***	0.071 ***	0.067 ***	0.064 ***	0.062 ***	0.044 **	0.042 *	0.036 *	0.012
	(0.000)	(0.000)	(0.000)	(0.000)	(0.000)	(0.000)	(0.001)	(0.023)	(0.010)	(0.497)
个人主义	−0.136 ***	−0.128 ***	−0.093 ***	−0.091 ***	−0.064 ***	−0.061 ***	−0.022	−0.023	−0.065 ***	−0.064 ***
	(0.000)	(0.000)	(0.000)	(0.000)	(0.000)	(0.000)	(0.119)	(0.205)	(0.000)	(0.000)

注：括号内是显著性系数；* 表示在 0.05 水平上显著，** 表示在 0.01 水平上显著，*** 表示在 0.001 水平上显著。

第一，同伴关系，即好朋友的数量和儿童的合作倾向、竞争倾向表现为显著的正向相关关系，但和儿童的个人主义倾向却表现为显著的负向关系。表示好朋友数量较多的儿童，其合作倾向、竞争倾向都更高，而个人主义倾向则更低。当控制家庭背景后，这一关系仍然表现稳定。从相关系数来看，以同伴关系和合作关系的相关最强。上述证据表示，让儿童多交好友，可能有助于儿童发展合作、竞争等社会互赖倾向，减少其个人主义倾向。

第二，同伴交往的频率和儿童的互赖倾向也显著相关。当控制家庭背景后，出门交往频率和儿童的竞争倾向表现为较弱的显著正相关；而电话/网络交往的频率和儿童的合作倾向表现为显著的正相关，但和儿童的个人主义倾向表现为显著的负相关。

（二）邻里交往、国际交往和儿童非认知能力

1. 邻里交往、国际交往和儿童的大五人格

如表 29 所示，可以发现以下几点。

表29　社会交往和儿童大五人格发展的相关系数

大五人格	邻里交往		国际交往	
	相关	偏相关	相关	偏相关
宜人性	0.083 *** (0.000)	0.097 *** (0.000)	0.013 (0.538)	0.027 (0.301)
外向性	0.128 *** (0.000)	0.144 *** (0.000)	0.113 *** (0.000)	0.126 *** (0.000)
开放性	0.147 *** (0.000)	0.161 *** (0.000)	0.073 ** (0.001)	0.097 *** (0.000)
尽责性	0.119 *** (0.000)	0.137 *** (0.000)	0.046 * (0.033)	0.055 * (0.036)
情绪稳定性	0.150 *** (0.000)	0.166 *** (0.000)	0.065 ** (0.002)	0.053 * (0.045)

注：括号内是显著性系数；* 表示在 0.05 水平上显著，** 表示在 0.01 水平上显著，*** 表示在 0.001 水平上显著。

第一，邻里交往和儿童的五项人格都表现为显著的正向相关，即经常和邻居交往的儿童，其宜人性、外向性、开放性、尽责性和情绪稳定性的得分都较高。当控制家庭背景后，这一关系表现稳定，并且邻里交往和儿童的情绪稳定性、开放性的相关程度最高。

第二，国际交往和儿童的外向性、开放性、尽责性和情绪稳定性都表现为显著的正向相关。当控制家庭背景后，这一关系仍然表现稳定。从相关系数上来看，除国际交往和外向性人格的相关表现较高之外，其他的相关程度都较低。

2. 邻里交往、国际交往和儿童的自尊、意志力和控制点

如表30所示，可以发现以下几点。

表30　社会交往和儿童的自尊水平、意志力水平和内控水平的相关系数

非认知	邻里交往		国际交往	
	相关	偏相关	相关	偏相关
自尊	0.127 *** (0.000)	0.134 *** (0.000)	0.136 *** (0.000)	0.091 *** (0.000)
意志力	0.152 *** (0.000)	0.161 *** (0.000)	0.105 *** (0.000)	0.075 *** (0.000)
内控	0.103 *** (0.000)	0.092 *** (0.000)	0.067 *** (0.000)	0.062 *** (0.001)

注：括号内是显著性系数；* 表示在 0.05 水平上显著，** 表示在 0.01 水平上显著，*** 表示在 0.001 水平上显著。

第一，邻里交往和儿童的自尊水平、意志力和内控水平都表现为显著的正向相关关系，即经常和邻居有交往的儿童，其自尊水平、意志力和内控水平要表现更高。当控制家庭背景后，这一关系仍然显著。从相关系数上来看，以邻里交往和儿童的意志力、自尊水平的相关程度较高。这可能意味着，让儿童和邻居多交往有助于儿童自尊水平、意志力和内控水平等非认知能力的提升。

第二，国际交往和儿童的自尊水平、意志力和内控水平也都表现为显著的正向相关关系，即国际交往频率更高的儿童，其自尊水平、意志力和内控水平也更高。控制家庭背景后，这一关系仍然表现为稳定的正向关系。从相关系数上看，以国际交往和自尊水平之间的相关最高，但总体相关程度较弱。

3. 邻里交往、国际交往和儿童的社会互赖倾向

如表31所示，可以发现以下几点。

表31　其他交往和社会互赖能力的相关系数

社会互赖	邻里交往		国际交往	
	相关	偏相关	相关	偏相关
合作	0.139 ***	0.153 ***	0.061 ***	0.059 **
	(0.000)	(0.000)	(0.000)	(0.001)
竞争	0.057 ***	0.049 **	0.065 ***	0.072 ***
	(0.000)	(0.008)	(0.000)	(0.000)
个人主义	-0.109 ***	-0.117 ***	-0.012	-0.018
	(0.000)	(0.000)	(0.378)	(0.335)

注：括号内是显著性系数；* 表示在 0.05 水平上显著，** 表示在 0.01 水平上显著，*** 表示在 0.001 水平上显著。

第一，邻里交往和儿童的合作倾向、竞争倾向都表现为显著的正向关系，但是和儿童的个人主义倾向表现为显著的负向关系，即邻里交往较多的儿童与邻里交往较少的儿童相比，其合作倾向和竞争倾向更高，但个人主义倾向更低。控制家庭背景后，上述关系仍然显著。从相关系数上来看，以邻里交往和儿童的合作倾向之间的关系最强，其次是儿童的个人主义倾向、竞争倾向。这表示多让儿童和邻居来往，可能有助于提升儿童的合作和竞争倾向，减少个人主义倾向。

第二，国际交往和儿童的合作倾向、竞争倾向也都表现为显著的正向相关关系，但和个人主义倾向并无显著关系。当控制家庭背景后，国际交往和儿童的合作倾向、竞争倾向之间的关系仍然显著。这表示多让儿童参与国际交往，可能也有助于提升儿童的合作、竞争倾向。

六 网络参与和儿童非认知能力

本部分将报告网络参与和儿童的非认知能力发展之间的关系。网络参与包含四方面的指标：一是上网的时间（指校外）；二是网络各类账号的拥有（包括 QQ 号、微信号、论坛或博客账号、E - mail 等）；三是网络设备，包括是否拥有一部上网手机和是否拥有一部可以上网并且专门供其使用的电脑；四是上网功能，划分为学习和娱乐两类。

1. 网络参与和大五人格

如表 32 所示，可以发现以下几点。

表 32 网络参与和大五人格发展的相关系数

大五人格	上网时间		网络账号（QQ、微信号、论坛博客号、E - mail）		上网设备				上网功能（学习/娱乐）	
					手机		电脑（专门所有）			
	相关	偏相关	相关	偏相关	相关	偏相关	相关	偏相关	相关	偏相关
宜人性	− 080 ***	− 0.103 ***	− 0.050 *	− 0.050 *	− 0.033	− 0.044	− 0.067 **	− 0.081 **	0.127 ***	0.133 ***
	(0.000)	(0.000)	(0.017)	(0.049)	(0.118)	(0.099)	(0.001)	(0.002)	(0.000)	(0.000)
外向性	0.005	− 0.016	0.040	0.008	0.016	0.016	0.023	− 0.010	0.016	0.019
	(0.820)	(0.535)	(0.060)	(0.749)	(0.453)	(0.547)	(0.275)	(0.693)	(0.457)	(0.468)
开放性	− 0.010	− 0.020	0.056 **	0.052 *	0.012	0.011	0.031	0.020	0.039	0.041
	(0.638)	(0.453)	(0.008)	(0.016)	(0.589)	(0.675)	(0.150)	(0.442)	(0.065)	(0.124)
尽责性	− 0.087 ***	− 0.103 ***	− 0.014	− 0.032	− 0.009	− 0.004	− 0.048 *	− 0.066 *	0.121 ***	0.131 ***
	(0.000)	(0.000)	(0.503)	(0.210)	(0.€71)	(0.883)	(0.026)	(0.013)	(0.000)	(0.000)
情绪稳定性	− 0.096 ***	− 0.106 ***	− 0.026	− 0.042	− 0.032	− 0.044	− 0.046 *	− 0.059 *	0.106 ***	0.089 **
	(0.000)	(0.000)	(0.214)	(0.105)	(0.128)	(0.100)	(0.029)	(0.026)	(0.002)	(0.001)

注：括号内是显著性系数；* 表示在 0.05 水平上显著，** 表示在 0.01 水平上显著，*** 表示在 0.001 水平上显著。

第一，儿童的上网时间与其宜人性、尽责性和情绪稳定性都表现为显著的负向相关，但和外向性、开放性之间并无显著相关。这表示上网时间较长的儿童，其宜人性、尽责性和情绪稳定性都低于上网时间较短的儿童。当控制家庭背景后，这一关系仍然表现显著。

第二，是否拥有网络账号（QQ、微信号、论坛/博客号、E-mail）和儿童的宜人性人格表现为显著的负相关关系；但和儿童的开放性人格表现为显著的正向相关。当控制家庭背景后，这些关系仍然表现一致。这表示拥有网络账号的儿童，其宜人性人格得分低于没有拥有网络账号的儿童，但其开放性人格得分却高于没有拥有网络账号的儿童。

第三，上网电脑的配备和儿童的宜人性、情绪稳定性、尽责性人格都表现为显著的负相关关系，并且当控制家庭背景后，这种相关关系还趋于增大。这表示拥有上网电脑的儿童，其宜人性、尽责性和情绪稳定性都显著低于没有上网电脑的儿童；但是否拥有可以上网的手机和儿童的五项人格之间并没有表现出显著的相关关系。

第四，上网功能（学习/娱乐）和儿童的宜人性、尽责性、情绪稳定性之间表现为显著的较强相关，即上网主要用来学习的儿童，其宜人性、尽责性和情绪稳定性都显著高于上网主要用来娱乐的儿童。当控制家庭背景后，这一相关关系还趋于加强。

2. 网络参与和儿童的自尊、意志力和控制点

如表33所示，可以发现以下几点。

表33　网络参与儿童的自尊水平、意志力水平和内控水平的相关系数

非认知	上网时间		网络账号（QQ、微信号、论坛博客号、E-mail）		上网设备				上网功能（学习/娱乐）	
					手机		电脑			
	相关	偏相关	相关	偏相关	相关	偏相关	相关	偏相关	相关	偏相关
自尊	-0.064***	-0.059***	0.062***	0.053***	0.028*	0.026*	0.035**	0.020	0.071***	0.062***
	(0.000)	(0.000)	(0.000)	(0.000)	(0.017)	(0.032)	(0.003)	(0.113)	(0.000)	(0.000)
意志力	-0.143***	-0.128***	-0.089***	-0.105***	-0.058***	-0.061***	-0.039**	-0.049***	0.192***	0.182***
	(0.000)	(0.000)	(0.000)	(0.000)	(0.000)	(0.000)	(0.001)	(0.000)	(0.000)	(0.000)
内控	-0.089***	-0.096***	-0.059***	-0.070***	-0.034**	-0.035**	-0.012	-0.015	0.107***	0.115***
	(0.000)	(0.000)	(0.000)	(0.000)	(0.006)	(0.004)	(0.332)	(0.378)	(0.000)	(0.000)

注：括号内是显著性系数；* 表示在0.05水平上显著，** 表示在0.01水平上显著，*** 表示在0.001水平上显著。

第一，上网时间和儿童的自尊、意志力和内控水平都表现为显著的负向相关，即经常上网的儿童比较少上网的儿童有更低水平的自尊、意志力和内控。当控制家庭背景，这一关系仍然显著。这表示减少儿童沉溺于网络的时间，可能有助于提升儿童的自尊水平、意志力水平和内控水平。

第二，是否拥有网络账号（QQ、微信号、论坛/博客号、E - mail）和儿童的自尊水平表现为显著的正相关关系；但和儿童的意志力和内控水平却表现为显著的负向相关。当控制家庭背景后，上述关系仍然表现显著。这表示拥有较多网络账号的儿童，其自尊水平显著高于拥有较少网络账号的儿童；但其意志力、内控水平却显著低于拥有较少网络账号的儿童。

第三，儿童是否拥有一部可以上网的手机和儿童的自尊水平表现为显著的正向相关，但是和儿童的意志力、内控水平表现为显著的负相关。控制家庭背景后，这种关系仍然表现显著。此外，当控制家庭背景后，儿童是否拥有一部可以上网的电脑和儿童的意志力水平显著负相关。

第四，上网功能（学习/娱乐）的使用和儿童的自尊水平、意志力水平、内控水平表现为显著的相关关系，尤其是和意志力水平表现为较强的相关关系，即上网主要用来学习的儿童，其自尊水平、意志力水平和内控水平都显著高于上网主要用来娱乐的儿童。当控制家庭背景后，这一关系仍然表现显著。

3. 网络参与和社会互赖

如表 34 所示，可以发现以下几点。

表34　网络参与和社会互赖能力的相关系数

社会互赖	上网时间		上网账号		上网设备				上网功能（学习/娱乐）	
					手机		电脑			
	相关	偏相关	相关	偏相关	相关	偏相关	相关	偏相关	相关	偏相关
合作	-0.089 ***	-0.081 ***	0.079 ***	0.058 ***	0.037 **	0.009	-0.002	-0.009	0.081 ***	0.081 ***
	(0.000)	(0.000)	(0.000)	(0.000)	(0.009)	(0.592)	(0.869)	(0.602)	(0.000)	(0.000)
竞争	-0.056 ***	-0.064 ***	0.031 *	0.019	0.002	-0.020	0.028 *	0.011	0.052 ***	0.053 ***
	(0.000)	(0.000)	(0.024)	(0.191)	(0.912)	(0.246)	(0.041)	(0.532)	(0.000)	(0.000)
个人主义	0.053 ***	0.053 **	-0.028	-0.020	-0.011	-0.021	0.018	0.016	-0.032 *	-0.034 *
	(0.000)	(0.002)	(0.051)	(0.164)	(0.446)	(0.236)	(0.205)	(0.348)	(0.025)	(0.017)

注：括号内是显著性系数；* 表示在 0.05 水平上显著，** 表示在 0.01 水平上显著，*** 表示在 0.001 水平上显著。

第一，上网时间和儿童的合作倾向、竞争倾向都表现为显著的负向相关，但是和儿童的个人主义倾向表现为显著的正向相关关系，即经常上网的儿童比较少上网的儿童有更低的合作倾向、更低的竞争倾向和更高的个人主义倾向。当控制家庭背景，这一关系仍然表现显著。这表示减少儿童沉溺于网络的时间，有可能提升儿童的合作、竞争倾向，减少其个人主义倾向。

第二，是否拥有网络账号（QQ、微信号、论坛/博客号、E-mail）和儿童的合作倾向表现为显著的正相关关系；但和儿童的个人主义倾向的相关不显著。当控制家庭背景后，上述关系仍然表现一致。这表示拥有较多网络账号的儿童，其合作倾向显著高于拥有较少网络账号的儿童。

第三，是否拥有上网设备和儿童的社会互赖倾向并无显著相关，即儿童是否拥有一部可以上网的电脑或手机和儿童的合作倾向、竞争倾向和个人主义倾向都没有表现出显著的相关关系。

第四，上网功能（学习/娱乐）和儿童的合作倾向、竞争倾向表现为显著的正向相关，但是和个人主义倾向都表现为显著的负向关系，即上网主要用来学习的儿童与上网主要用来娱乐的儿童相比，具有更高的合作倾向、竞争倾向，但其个人主义倾向却更低。

综上发现，儿童的网络参与时间、程度与绝大部分非认知能力之间都表现为显著的负相关关系，这可能表示中国儿童在网络使用上还缺乏有效的引导。但如果能够积极引导儿童对网络的使用，使其服务于学习和成长，可能使网络发挥积极效应。

七　公共参与和儿童非认知能力

（一）公共参与意愿和非认知能力

本部分将报告儿童的公共参与意愿和儿童非认知能力发展之间的关系。公共参与意愿包括儿童参与公共事务的信心和兴趣。前者指儿童是否有信心通过自己的努力来改善公共生活状况；后者指儿童对各类公共问题（本地社会问题、中国社会问题、国际政治问题、环境问题）的兴趣程度，以及自己参与改善这些公共问题的兴趣程度。通过对上述项目进行综合，得到公共参与兴趣

指数。

1. 公共参与意愿和儿童的大五人格

如表 35 所示，可以发现以下几点。

表 35 公共参与意愿和大五人格发展的相关系数

大五人格	公共参与信心		公共参与兴趣	
	相关	偏相关	相关	偏相关
宜人性	0.061 ** (0.003)	0.109 *** (0.000)	0.100 *** (0.000)	0.114 *** (0.000)
外向性	0.149 *** (0.000)	0.169 *** (0.000)	0.199 *** (0.000)	0.204 *** (0.000)
开放性	0.170 *** (0.000)	0.221 *** (0.000)	0.237 *** (0.000)	0.273 *** (0.000)
尽责性	0.146 *** (0.000)	0.177 *** (0.000)	0.139 *** (0.000)	0.167 *** (0.000)
情绪稳定性	0.156 *** (0.000)	0.175 *** (0.000)	0.122 *** (0.000)	0.129 *** (0.000)

注：括号内是显著性系数；* 表示在 0.05 水平上显著，** 表示在 0.01 水平上显著，*** 表示在 0.001 水平上显著。

第一，儿童的公共参与信心和儿童的五项人格之间表现为较强的显著正相关关系。当加入家庭背景的控制后，它们之间的相关程度反而得到上升。这表示更有信心改善公共生活状况的儿童，在人格发展上更具宜人性、外向性、开放性、尽责性和情绪稳定性。从相关系数大小来看，儿童公共参与信心和儿童开放性人格的相关最强，其后依次是尽责性、情绪稳定性、外向性和宜人性得分。

第二，儿童的公共参与兴趣和儿童的五项人格之间也表现为较强的显著正相关关系。当加入家庭背景的控制后，它们之间的相关程度反而得到上升。这表示更有兴趣改善公共生活状况的儿童，在人格发展上更具宜人性、外向性、开放性、尽责性和情绪稳定性。从相关系数大小来看，儿童公共参与兴趣和儿童开放性人格之间的相关最强，其后依次是外向性、尽责性、情绪稳定性和宜人性人格。

2. 公共参与意愿和自尊、意志力和控制点

如表 36 所示，可以发现以下几点。

表 36　公共参与意愿和儿童的自尊水平、意志力水平和内控水平的相关系数

非认知	公共参与信心		公共参与兴趣（本地的社会问题、中国的社会问题、国际政治问题、环境问题）	
	相关	偏相关	相关	偏相关
自尊	0.202 ***	0.199 ***	0.139 ***	0.131 ***
	(0.000)	(0.000)	(0.000)	(0.000)
意志力	0.229 ***	0.241 ***	0.154 ***	0.199 ***
	(0.000)	(0.000)	(0.000)	(0.000)
内控	0.207 ***	0.206 ***	0.144 ***	0.138 ***
	(0.000)	(0.000)	(0.000)	(0.000)

注：括号内是显著性系数；* 表示在 0.05 水平上显著，** 表示在 0.01 水平上显著，*** 表示在 0.001 水平上显著。

第一，儿童的公共参与信心和儿童的自尊、意志力和内控水平之间都表现为较强的显著正相关关系。当加入家庭背景的控制后，上述关系仍然表现显著。这表示有信心改善公共生活状况的儿童，其自尊水平、意志力水平和内控水平更高。从相关系数大小来看，儿童公共参与信心和儿童意志力水平的相关最强，其后依次是内控水平和自尊水平。

第二，儿童的公共参与兴趣和儿童的自尊、意志力和内控水平之间也表现为显著的正相关关系。当加入家庭背景的控制后，上述关系仍然表现显著。这表示更有兴趣改善公共生活状况的儿童，其自尊水平、意志力水平和内控水平的表现都更高。从相关系数大小来看，儿童公共参与兴趣和儿童意志力水平的相关最强，其后依次是内控水平、自尊水平。

3. 公共参与意愿和社会互赖倾向

如表 37 所示，发现儿童的公共参与兴趣和儿童的合作倾向、竞争倾向都表现为显著的正相关关系，但和儿童的个人主义倾向表现为显著的负相关关系。当加入家庭背景的控制后，上述关系仍然表现显著。这表示更有兴趣改善公共生活状况的儿童，也更倾向于与人合作和竞争，更少出现个人主义倾向。从相关系数大小来看，儿童的公共参与兴趣和儿童合作倾向的相关最强，其后依次是儿童的竞争倾向、个人主义倾向。

表 37　公共参与意愿和社会互赖能力的相关系数

互赖倾向	公共参与信心		公共参与兴趣(本地的社会问题、中国的社会问题、国际政治问题、环境问题)	
	相关	偏相关	相关	偏相关
合作	0.156 ***	0.164 ***	0.174 ***	0.202 ***
	(0.000)	(0.000)	(0.000)	(0.000)
竞争	0.122 ***	0.127 ***	0.085 ***	0.095 ***
	(0.000)	(0.000)	(0.000)	(0.000)
个人主义	- 0.074 ***	- 0.084 ***	- 0.089 ***	- 0.088 ***
	(0.000)	(0.000)	(0.000)	(0.000)

注：括号内是显著性系数；* 表示在 0.05 水平上显著，** 表示在 0.01 水平上显著，*** 表示在 0.001 水平上显著。

（二）公共参与行为和非认知能力

本部分将报告儿童的公共参与行为和儿童的非认知能力之间的关系。公共参与行为是指儿童参与以下事务的频率，包括"看电视了解国内国际新闻""阅读报纸了解国内国际新闻""使用网络了解国内国际新闻""从事志愿者活动（例如学雷锋、义务讲解员等各类公益活动）"、"捐款"（例如捐款援助身边有困难的同学、援助灾区等）、"通过自己的努力，改善某一方面的公共生活的状况"六个方面。项目综合后得到儿童的公共参与行为指数。

1. 公共参与行为和大五人格

如表 38 所示，可以发现以下几点。

第一，儿童的公共参与行为与其大五人格发展之间表现为较强的显著正向相关。当控制家庭背景后，这一关系仍然表现显著。这表示更多参与公共事务的儿童，在人格发展上更具宜人性、外向性、开放性、尽责性和情绪稳定性。从相关系数大小来看，公共参与行为和儿童的开放性人格的相关最强，其后依次是尽责性、情绪稳定性、外向性和宜人性人格。

第二，具体到各项公共参与行为，发现这些行为也都和儿童的五项人格表现为显著的正向相关关系，即有更多公共参与行为的儿童（包括看电视新闻、读报纸、上网了解新闻、从事志愿者活动、捐款、努力改善公共生活），在人格发展上更具宜人性、外向性、开放性、尽责性和情绪稳定性。当控制家庭背

表38　公共参与行为和儿童大五人格的相关系数

大五人格	综合指数		具体项目			
			看电视新闻等		读报纸新闻	
	相关	偏相关	相关	偏相关	相关	偏相关
宜人性	0.148 ***	0.137 ***	0.131 ***	0.115 ***	0.107 ***	0.111 ***
	(0.000)	(0.000)	(0.000)	(0.000)	(0.000)	(0.000)
外向性	0.186 ***	0.167 ***	0.126 ***	0.113 ***	0.164 ***	0.146 ***
	(0.000)	(0.000)	(0.000)	(0.000)	(0.000)	(0.000)
开放性	0.229 ***	0.222 ***	0.198 ***	0.190 ***	0.192 ***	0.181 ***
	(0.000)	(0.000)	(0.000)	(0.000)	(0.000)	(0.000)
尽责性	0.197 ***	0.206 ***	0.191 ***	0.197 ***	0.166 ***	0.179 ***
	(0.000)	(0.000)	(0.000)	(0.000)	(0.000)	(0.000)
情绪稳定性	0.232 ***	0.204 ***	0.218 ***	0.192 ***	0.194 ***	0.179 ***
	(0.000)	(0.000)	(0.000)	(0.000)	(0.000)	(0.000)

大五人格	具体行为							
	上网看新闻		当志愿者		捐款		改善公共生活	
	相关	偏相关	相关	偏相关	相关	偏相关	相关	偏相关
宜人性	0.094 ***	0.079 **	0.103 ***	0.102 ***	0.094 ***	0.101 ***	0.099 ***	0.091 ***
	(0.000)	(0.002)	(0.000)	(0.000)	(0.000)	(0.000)	(0.000)	(0.000)
外向性	0.115 ***	0.090 **	0.139 ***	0.121 ***	0.137 ***	0.132 ***	0.144 ***	0.137 ***
	(0.000)	(0.001)	(0.000)	(0.000)	(0.000)	(0.000)	(0.000)	(0.000)
开放性	0.182 ***	0.172 ***	0.127 ***	0.122 ***	0.123 ***	0.139 ***	0.139 ***	0.157 ***
	(0.000)	(0.000)	(0.000)	(0.000)	(0.000)	(0.000)	(0.000)	(0.000)
尽责性	0.157 ***	0.149 ***	0.114 ***	0.127 ***	0.093 ***	0.119 ***	0.103 ***	0.113 ***
	(0.000)	(0.000)	(0.000)	(0.000)	(0.000)	(0.000)	(0.000)	(0.000)
情绪稳定性	0.175 ***	0.138 ***	0.137 ***	0.124 ***	0.114 ***	0.108 ***	0.139 ***	0.138 ***
	(0.000)	(0.000)	(0.000)	(0.000)	(0.000)	(0.000)	(0.000)	(0.000)

注：括号内是显著性系数；* 表示在 0.05 水平上显著，** 表示在 0.01 水平上显著，*** 表示在 0.001 水平上显著。

景后，这些相关仍然表现显著。这意味着多让儿童参与公共事务，有可能可以有效地提升儿童的大五人格发展。

2. 公共参与行为和自尊、意志力和内控

如表39所示，可以发现以下几点。

第一，公共参与行为和儿童的自尊、意志力和内控特质都表现为较强的显著正向相关关系，即公共参与行为更多的儿童，在自尊水平、意志力水平和内控水平上均更高。当控制家庭背景后，这一关系仍然表现显著。这表示多让儿

表39　公共参与行为和儿童的自尊水平、意志力水平和内控水平的相关系数

非认知	公共参与行为指数		公共参与行为			
			看电视		读报纸	
	相关	偏相关	相关	偏相关	相关	偏相关
自尊	0.195 ***	0.182 ***	0.177 ***	0.168 ***	0.181 ***	0.165 ***
	(0.000)	(0.000)	(0.000)	(0.000)	(0.000)	(0.000)
意志力	0.173 ***	0.233 ***	0.139 ***	0.166 ***	0.150 ***	0.184 ***
	(0.000)	(0.000)	(0.000)	(0.000)	(0.000)	(0.000)
内控	0.116 ***	0.114 ***	0.101 ***	0.096 ***	0.114 ***	0.109 ***
	(0.000)	(0.000)	(0.000)	(0.000)	(0.000)	(0.000)

非认知	公共参与行为							
	上网看新闻		当志愿者		捐款		改善公共生活	
	相关	偏相关	相关	偏相关	相关	偏相关	相关	偏相关
自尊	0.143 ***	0.132 ***	0.095 ***	0.087 ***	0.083 ***	0.080 ***	0.099 ***	0.095 ***
	(0.000)	(0.000)	(0.000)	(0.000)	(0.000)	(0.000)	(0.000)	(0.000)
意志力	0.048 ***	0.040 ***	0.132 ***	0.181 ***	0.101 ***	0.143 ***	0.148 ***	0.198 ***
	(0.000)	(0.000)	(0.000)	(0.000)	(0.000)	(0.000)	(0.000)	(0.000)
内控	0.022	0.004	0.086 ***	0.090 ***	0.072 ***	0.083 ***	0.100 ***	0.109 ***
	(0.077)	(0.741)	(0.000)	(0.000)	(0.000)	(0.000)	(0.000)	(0.000)

注：括号内是显著性系数；* 表示在 0.05 水平上显著，** 表示在 0.01 水平上显著，*** 表示在 0.001 水平上显著。

童参与公共事务，可能有助于提升儿童的自尊、意志力和内控水平。从相关系数大小来看，公共参与行为和儿童意志力的相关最强，其后依次是自尊水平和内控水平。

第二，具体到各项公共参与行为，发现各项公共行为也基本都和儿童的自尊、意志力和内控水平表现为显著的正向相关关系，即有更多公共参与行为的儿童（包括看电视新闻、读报纸、上网了解新闻、从事志愿者活动、捐款、努力改善公共生活），其自尊水平、意志力和内控水平也表现更高。这意味着多让儿童参与公共事务，可能有助于提升儿童的自尊、意志力和内控水平。

3. 公共参与行为和社会互赖倾向

如表40所示，可以发现以下几点。

表 40　公共参与行为和儿童社会互赖倾向的相关系数

社会互赖	公共参与行为指数		公共参与行为			
			看电视		读报纸	
	相关	偏相关	相关	偏相关	相关	偏相关
合作	0.203 ***	0.225 ***	0.168 ***	0.162 ***	0.147 ***	0.159 ***
	(0.000)	(0.000)	(0.000)	(0.000)	(0.000)	(0.000)
竞争	0.126 ***	0.121 ***	0.082 ***	0.070 ***	0.094 ***	0.092 ***
	(0.000)	(0.000)	(0.000)	(0.000)	(0.000)	(0.000)
个人主义	−0.081 ***	−0.102 ***	−0.100 ***	−0.102 ***	−0.035 ***	−0.039 *
	(0.000)	(0.000)	(0.000)	(0.000)	(0.000)	(0.024)

社会互赖	公共参与行为							
	上网看新闻		当志愿者		捐款		改善公共生活	
	相关	偏相关	相关	偏相关	相关	偏相关	相关	偏相关
合作	0.162 ***	0.138 ***	0.093 ***	0.151 ***	0.116 ***	0.167 ***	0.117 ***	0.165 ***
	(0.000)	(0.000)	(0.000)	(0.000)	(0.000)	(0.000)	(0.000)	(0.000)
竞争	0.070 ***	0.063 ***	0.083 ***	0.102 ***	0.094 ***	0.111 ***	0.099 ***	0.115 ***
	(0.000)	(0.000)	(0.000)	(0.000)	(0.000)	(0.000)	(0.000)	(0.000)
个人主义	−0.104 ***	−0.126 ***	−0.011	−0.052 **	−0.020	−0.040 *	−0.021	−0.046 **
	(0.000)	(0.000)	(0.445)	(0.003)	(0.156)	(0.019)	(0.143)	(0.008)

注：括号内是显著性系数；* 表示在 0.05 水平上显著，** 表示在 0.01 水平上显著，*** 表示在 0.001 水平上显著。

第一，公共参与行为和儿童的合作倾向、竞争倾向表现为显著的正向相关关系，但是和儿童的个人主义倾向表现为显著的负向相关，即公共参与行为更多的儿童，更倾向于与人合作和竞争，并且表现为更少的个人主义倾向。当控制家庭背景后，这一关系仍然表现显著。这表示多让儿童参与公共事务，可能有助于提升儿童的合作和竞争倾向，减少其个人主义倾向。从相关系数大小来看，公共参与行为和儿童合作倾向的相关最强，达到 0.225，其后依次是儿童的竞争倾向、个人主义倾向。

第二，具体到各项公共参与行为，发现这些行为也基本都和儿童的合作倾向、竞争倾向表现为显著的正向相关关系，但是和儿童的个人主义倾向表现为显著的负向相关，即有更多公共参与行为的儿童（包括看电视新闻、读报纸、上网了解新闻、从事志愿者活动、捐款、努力改善公共生活），更倾向于与人合作和竞争，而更少有个人主义的倾向。

八　总结和讨论

第一，亲子沟通、亲子活动和家务、财务等的参与，和儿童的非认知能力包括大五人格发展、自尊水平、意志力水平、内控水平都表现为显著的一致的正向相关，并且和社会互赖倾向中的合作倾向、竞争倾向正向相关，但和个人主义负向相关。这在一定程度上表明，有更紧密的家庭关系的儿童，其非认知能力也越高。

第二，放学后安排的自主性和儿童的情绪稳定性、自尊水平、意志力、内控水平、合作倾向表现为显著的正向相关；放学后做作业的时间、看电视的时间、上网的时间却和儿童的大五人格、自尊水平、意志力、内控水平等基本呈现为显著的负向相关；但是锻炼身体的时间、看课外书的时间和儿童的大五人格发展、自尊水平、意志力水平、内控水平等基本表现为显著的正向相关。这在一定程度上表明，放学后过多地做作业、看电视、上网可能不利于非认知能力的发展；但锻炼身体、看课外书相反。

第三，关于学校参与，走读生在大五人格表现、自尊、意志力、内控水平等方面的发展都显著高于住宿生；学校社团参与和儿童的大五人格发展、自尊、意志力、内控水平以及合作、竞争倾向都表现为显著的正向相关；师生交流和儿童的非认知能力的所有调查项目，包括大五人格、自尊、意志力、内控水平、合作和竞争倾向都表现为显著的正向相关；而校园欺凌几乎和所有的非认知能力项目，包括大五人格、自尊、意志力、内控水平、合作倾向等表现为显著的负向相关。这表明，儿童多参加社团和师生交流有助于儿童非认知能力的发展；但遭遇校园欺凌却对儿童非认知能力的发展有明显的伤害。

第四，关于校外教育，校外主题活动、国内营地活动、参加兴趣班等和儿童的多数非认知能力都表现为显著的正向相关；但是补习班与儿童多数非认知能力的关系不明显，并且和个别人格发展表现为显著的负相关关系。

第五，关于社会交往，儿童的好友数量（无论是同班、他班和校外）、邻里交往、国际交往的频率都和儿童的非认知能力包括大五人格、自尊、意志力、

表41　儿童参与和儿童非认知能力的发展

儿童参与		大五人格					自尊	意志力	内控	社会互赖		
		宜人性	外向性	开放性	尽责性	情绪稳定性				合作	竞争	个人主义
亲子沟通指数	综合	0.110***	0.172***	0.192***	0.159***	0.156***	0.164***	0.160***	0.138***	0.123***	0.067***	-0.073***
	学习	0.096***	0.086***	0.106***	0.106***	0.077***	0.096***	0.050***	0.058***	0.090***	0.079***	-0.043**
	心情	0.064***	0.111***	0.086***	0.091***	0.135***	0.182***	0.128***	0.108***	0.111***	0.043***	-0.066***
	交友	0.062**	0.115***	0.137***	0.109***	0.131***	0.134***	0.125***	0.116***	0.083***	0.039**	-0.052***
	工作	0.039	0.072***	0.096***	0.029	0.041	0.049***	0.061***	0.037**	0.054***	0.039***	-0.017
	花钱	0.068***	0.115***	0.137***	0.101***	0.066**	0.040**	0.067***	0.069***	0.073***	0.048***	-0.060***
	爱	0.082***	0.127***	0.119***	0.086***	0.094***	0.116***	0.153***	0.120***	0.077***	0.049***	-0.066***
	生死	0.063**	0.071***	0.093***	0.083***	0.076***	0.043***	0.096***	0.072***	0.040***	0.029*	-0.002
	时政	0.054**	0.113***	0.134***	0.115***	0.111***	0.138***	0.138***	0.117***	0.099***	0.053***	-0.060***
亲子活动	综合指数	0.043*	0.151***	0.131***	0.092***	0.118***	0.139***	0.184***	0.152***	0.111***	0.073***	-0.065***
	辅导学习	0.054**	0.057**	0.056**	0.061**	0.082***	0.099***	0.149***	0.131***	0.105***	0.071***	-0.074***
	运动健身	0.110***	0.122***	0.141***	0.137***	0.158***	0.138***	0.162***	0.138***	0.116***	0.061***	-0.075***
	看演出	0.003	0.121***	0.078***	0.023	0.058***	0.102***	0.100***	0.089***	0.062***	0.039***	-0.024
	去博物馆等	0.011	0.107***	0.108***	0.073***	0.067**	0.101***	0.105***	0.114***	0.089***	0.052***	-0.027
	国内旅游	0.073***	0.094***	0.103***	0.126***	0.140***	0.119***	0.054***	0.042***	0.074***	0.019	-0.057***
	出国旅游	0.006	0.113***	0.060**	0.039	0.028	0.052***	0.018	0.023*	-0.008	0.018	0.012
家庭参与	家务参与	0.107***	0.146***	0.146***	0.153***	0.123***	0.062***	0.179***	0.077***	0.072***	0.035**	-0.035**
	财务参与	0.071***	0.103***	0.152***	0.133***	0.131***	0.148***	0.088***	0.091***	0.102***	0.056***	-0.042**
	决策参与	0.086***	-0.026	0.028	0.127***	0.092***	0.049***	0.029**	0.005	0.059***	-0.025*	-0.084***

189

续表

儿童参与		大五人格					自尊	意志力	内控	社会互赖		
		宜人性	外向性	开放性	尽责性	情绪稳定性				合作	竞争	个人主义
放学后安排	自主性	-0.001	0.034	0.024	0.036	0.070***	0.039***	0.003	0.039***	0.046***	0.012	-0.011
	做作业的时间	-0.034	-0.097***	-0.103***	-0.124***	-0.125***	-0.066*	-0.118***	-0.080***	0.036**	-0.002	0.017
	和朋友玩的时间	0.066***	0.075***	-0.010	-0.055*	-0.018	0.018	-0.011	0.007	-0.018	-0.024	-0.022
	锻炼身体的时间	0.040	0.114***	0.083***	0.036	0.042	0.081***	0.111***	0.061***	0.021	0.021	-0.017
	看课外书的时间	0.042**	0.061**	0.079***	0.069***	0.045*	0.063***	0.056***	0.030**	0.024	0.001	-0.025
	看电视的时间	-0.069***	-0.005	-0.032	-0.070***	-0.060**	-0.036*	-0.058***	-0.026*	-0.061***	-0.088***	-0.030
	上网时间	-0.100***	-0.025	-0.038	-0.113***	-0.116***	-0.047*	-0.128***	-0.089***	-0.095***	-0.064***	0.042**
	走读/住宿	0.074**	0.003	0.052**	0.106***	0.069***	0.016*	0.085***	0.058***	0.007	0.050***	0.007
学校参与	社团参与	-0.024	0.159***	0.086***	0.090***	0.061***	0.067***	0.072***	0.059***	0.070***	0.069***	-0.025
	师生交流	0.100***	0.143***	0.147***	0.228***	0.174***	0.189***	0.221***	0.153***	0.199***	0.129***	-0.097***
	校园欺凌	-0.111***	-0.021	-0.080**	-0.148***	-0.184***	-0.100***	-0.066**	-0.051***	-0.062***	0.046**	0.077***
	主题活动数量	0.048*	0.067***	0.061**	0.064***	0.076***	0.037*	0.069***	0.052***	0.028*	0.020	-0.015
	主题活动频率	0.059**	0.083***	0.069***	0.101***	0.081***	0.040*	0.087***	0.059***	0.021	0.016	-0.003
校外教育	国内营地	0.025	0.083***	0.065***	0.030	0.034	0.072***	0.051***	0.045***	0.064***	0.053***	-0.026*
	国外营地	-0.036	0.043**	0.046	0.003	-0.025	0.024	0.032*	0.020	-0.020	0.014	0.021
	兴趣班数量	0.033	0.059***	0.092***	0.066**	0.114***	0.048***	0.058***	0.063***	0.006	0.019	0.011
	兴趣班频率	0.054**	0.055**	0.078***	0.082***	0.079***	0.052***	0.052***	0.068***	0.014	0.040***	-0.026
	补习班数量	-0.056*	0.049*	-0.009	-0.032	-0.001	0.005	0.029	0.002	0.034*	0.067***	0.018
	补习班频率	0.013	0.010	-0.005	-0.032	0.004	0.035**	0.024	0.023	0.000	0.042**	0.006

续表

儿童参与		大五人格					自尊	意志力	内控	社会互赖		
		宜人性	外向性	开放性	尽责性	情绪稳定性				合作	竞争	个人主义
社会交往	同班好友	0.136***	0.134***	0.115***	0.179***	0.177***	0.173***	0.092***	0.100***	0.167***	0.099***	-0.128***
	他班好友	0.118***	0.115***	0.091***	0.139***	0.145***	0.112***	0.116***	0.055***	0.121***	0.067***	-0.091***
	校外好友	0.107***	0.137***	0.150***	0.132***	0.140***	0.108***	0.060***	0.089***	0.096***	0.062***	-0.061***
	出门交往	0.015	0.090***	0.033	0.028	0.013	0.022	0.034**	0.040**	0.019	0.042**	-0.023
	电话/网络交往	0.027	0.069***	0.071***	0.079***	0.045**	0.055***	-0.067***	-0.025	0.045**	0.012	-0.064***
	邻里交往	0.097***	0.144***	0.161***	0.137***	0.166***	0.134***	0.161***	0.092***	0.153***	0.049***	-0.117***
	国际交往	0.027	0.126***	0.097***	0.055***	0.053**	0.091***	0.075***	0.062***	0.059***	0.072***	-0.018
网络参与	上网时间	-0.103***	-0.016	-0.020	-0.103***	-0.106***	-0.059***	-0.128***	-0.096***	-0.081***	-0.064***	0.053***
	网络账号	-0.050**	0.008	0.052**	-0.032	-0.042	0.053***	-0.105***	-0.070***	0.058***	0.019	-0.020
	上网手机	-0.044*	0.016	0.011	-0.004	-0.044	0.026**	-0.061***	-0.035***	0.009	-0.020	-0.021
	上网电脑	-0.081***	-0.010	0.020	-0.066**	-0.059**	0.020	-0.049***	-0.015	-0.009	0.011	0.016
	上网功能（学习/娱乐）	0.133***	0.019	0.041	0.131***	0.089***	0.062***	0.182***	0.115***	0.081***	0.053***	-0.034***
公共参与意愿	公共参与信心	0.109***	0.169***	0.221***	0.177***	0.175***	0.199***	0.241***	0.206***	0.164***	0.127***	-0.084***
	公共参与兴趣	0.114***	0.204***	0.273***	0.167***	0.129***	0.131***	0.199***	0.138***	0.202***	0.095***	-0.088***
	综合指数	0.137***	0.167***	0.222***	0.206***	0.204***	0.182***	0.233***	0.114***	0.225***	0.121***	-0.102***
	看电视新闻	0.115***	0.113***	0.190***	0.197***	0.192***	0.168***	0.166***	0.096***	0.162***	0.070***	-0.102***
	看报纸新闻	0.111***	0.146***	0.181***	0.179***	0.179***	0.165***	0.184***	0.109***	0.159***	0.092***	-0.039**
	看网络新闻	0.079***	0.090***	0.172***	0.149***	0.138***	0.132***	0.040***	0.004	0.138***	0.063***	-0.126***
公共参与行为	当志愿者	0.102***	0.121***	0.122***	0.127***	0.124***	0.087***	0.181***	0.090***	0.151***	0.102***	-0.052***
	捐款	0.101***	0.132***	0.139***	0.119***	0.108***	0.080***	0.143***	0.083***	0.167***	0.111***	-0.040**
	改善公共生活	0.091***	0.137***	0.157***	0.113***	0.138***	0.095***	0.198***	0.109***	0.165***	0.115***	-0.046***

注：表内是控制了家庭背景后的偏相关系数；* 表示在10%水平上显著，** 表示在5%水平上显著，*** 表示在1%水平上显著。

内控水平、合作和竞争倾向，表现为显著的正向相关。

第六，上网的时间、上网设备的配备（手机和电脑）和儿童的大部分非认知能力（包括人格、自尊、意志力、内控水平等）项目都表现为负向相关；但上网多用于学习而非娱乐却和儿童的非认知能力包括大五人格、自尊、意志力、内控水平都表现为显著的正向相关。

第七，儿童公共参与的各个方面，包括公共参与的信心和兴趣、公共参与的各项行为，都和儿童的非认知能力，包括大五人格、自尊、意志力、内控水平，都表现为显著的正向相关。

上述发现表明，加强亲子沟通、亲子活动，多让儿童参与家务、财务、家庭决策等；放学后多让儿童锻炼身体、看课外书，减少做作业、看电视的时间；为儿童提供校外教育，特别是多参加主题活动和兴趣班的机会；让儿童多交校内外好友，多和邻居、国际友人打交道；用好网络；加强儿童的公共参与，都可能有助于提升儿童的非认知能力发展，包括大五人格发展、自尊水平、意志力水平、内控水平和合作、竞争倾向等。

专 题 篇

Special Reports

B.7
儿童参与政治生活：发出自己的声音

何 玲*

摘 要： 本文从儿童结社、参与立法、参政议政、建言献策、意见表
达等方面来分析我国儿童政治参与的现状和主渠道。在立法
方面，儿童更多地"作为信息的参与"，为政府决策制定者更
好地进行决策提供信息，间接参与立法和政策咨询。儿童入
队、青少年入团是我国儿童政治结社的普遍参与方式。我国
少年儿童通过入队结社、选举少代会代表等方式间接参与儿
童相关事宜的政策制定和执行，并对执行结果进行评估，实
现参政议政，少代会、红领巾议事制度是我国少年儿童参与
政治过程的主要渠道，也是覆盖面最广的参与途径。在建言
献策方面，儿童通过信访制度，或者通过各级政府开设专门
的网站，以网络为平台直接"上书"表达民意，发挥作用；
现实中因为儿童"上书"得到重视或者实践活动效果不错，

* 何玲，中央团校（中国青年政治学院）副教授。

进而推广，开设了一些面向儿童群体建言献策的制度渠道。在意见表达方面，除了机构（成人）发起/创设表达和分享的平台让儿童参与外，更多的儿童通过媒体网络表达诉求，以非制度性参与的方式进行意见表达。建议进一步完善儿童制度性间接参与途径，扩大儿童制度性直接参与途径，正确引导儿童非制度性的参与途径，让儿童政治参与总体上呈现健康、积极、稳定的发展态势。

关键词： 政治参与　少年儿童　制度性参与

"政治参与的扩大是政治现代化的标志。"① 现代民主政治发展的过程就是政治参与不断扩大的过程，一个国家公民政治参与的程度和水平越高，这个国家的政治发展程度就越高。随着我国社会的发展进步，国内学者对政治参与的研究逐渐增多。近十年来，学者们从不同的研究视角出发，对政治参与做了大量研究，包括政治参与的含义与意义、参与的途径与方式、参与存在的问题与应对建议等。② 在研究中重点关注青年、妇女、农民、老年人群，尤其是青年政治参与，农民、中国女性政治参与问题已经得到诸多国内外学者的关注③。但是，目前关于儿童的政治参与研究不多，一方面，是因为在人们脑海里，政治参与的重要形式是选举，我国法律规定不满 18 周岁的未成年人不具有选举权，于是就将儿童排除在外，将其列为没有政治参与权利的人群。另一方面，是认为儿童年龄小，其参与意识和能力特征不足以支持儿童参与行为的实现。甚至有人怀疑，我国儿童参与政治生活了吗。

事实上，随着人类赋权解放运动的发展和联合国《儿童权利公约》的颁

① 〔美〕亨廷顿、纳尔逊：《难以抉择：发展中国家的政治参与》，汪晓寿等译，华夏出版社，1989，第 1 页。
② 顾训宝：《十年来我国公民参与现状研究综述》，《北京行政学院学报》2009 年第 4 期，第 33 页。
③ 师凤莲：《当代中国女性政治参与研究综述》，《中华女子学院山东分院学报》2009 年第 2 期，第 12 页。

布，人们对儿童的认识逐渐发生根本性的改变。20 世纪初，自瑞典儿童教育家爱伦·凯发出"20 世纪是儿童的世纪"的呼吁后，世界各国都开始致力于从法律、政策等层面尊重和保障儿童的各项权益。1989 年联合国《儿童权利公约》以准法律的形式认定儿童具有参与的权利，有且不限于"自由发表言论的权利"。作为联合国《儿童权利公约》的缔约国，该条约在我国获得批准，表示了我国政府对儿童参与权利的确认。因此，我国所有涉及儿童利益的事项儿童都应该参与，包括立法。

什么是政治参与？政治参与是公民为影响政府决策而采取的政治行为。我国常见的政治参与方式包括选举、基层群众自治、社会协商对话与人民信访①。本文定义儿童政治参与为"儿童根据法定程序参与政治的行为，涵盖试图影响政治抉择的儿童的一切自愿行为"。可以理解为儿童通过各种合法方式参加政治生活，影响政治体系构成、运行方式、运行规则和政策过程的一系列行为②③。根据研究需要，我国儿童政治参与分为制度性参与（由政权所认可的，并由法律或制度所规定的合法的参与方式）和非制度性参与（是法律及相关制度规定以外的政治参与方式或行为，可能是合法的也可能是非法的，或者是法律没有做出明确规定的参与方式）两种类型④。需要说明的是，本文所提及的政治参与仅包括客观的政治活动而不包括主观的政治态度，尽管有关政治知识、政治兴趣、政治能力和效能感以及政治相关性的认识与政治行为密切相关。结合我国儿童参与的实际，本文主要在政治学视角下从儿童参与立法、儿童参政议政、儿童建言献策、儿童意见表达四个方面描述我国儿童政治参与的现状，重点关注儿童参与政治生活的渠道。

一　儿童参与立法

自 2004 年上海市人大常委会首次邀请未成年人参与《上海市未成年人保护

---

① 王帮佐等：《新政治学概要》，复旦大学出版社，1998。
② 施雪华：《政治科学原理》，中山大学出版社，2001，第 766 页。
③ 孙永怡：《试析我国公民参与公共政策过程的途径》，《中共贵州省委党校学报》2006 年第 3 期，第 35～36 页。
④ 王明生、杨涛：《改革开放以来我国政治参与研究的回顾与展望》，《清华大学学报》（哲学社会科学版）2011 年第 6 期，第 14～15 页。

条例（草案）》地方立法工作，未成年人提出如"父母应当尊重未成年人的人格，学习正确的教育方式""不得公布学生的考试成绩名次"等意见被采纳后①，2005年安徽起草《安徽省预防未成年人犯罪条例》，也专门从管教所和教养所邀请正在服刑或接受教养的未成年人加入到立法起草工作中。2006年《广东省预防未成年人犯罪条例》中也吸纳了张萌萌等11名未成年学生代表提出的8项建议。2007年江苏吴江市人民法院通过教育局建立少年陪审员资源库、人民法院颁发聘书等方式聘请54名少年作为少年陪审员，享有旁听青少年刑事案件审理过程及除合议时表决权外的所有与其他陪审员相同的权利②。这是中国少年司法探索中首次尝试让未成年人深度参与少年司法审判。少年陪审员制度探索体现了未成年人的参与权，开始有了类似国外少年法庭的雏形。

从上面儿童参与立法的案例中可以看出，目前，我国立法和行政机关在与儿童利益相关的行政立法、制定政策或做出行政决定的过程中，相关机构已经开始主动征求儿童的意见，给予儿童直接充分表达意见的机会，为儿童提供了一个近距离广泛参与政策过程和与不同利益相关人对话、辩论的平台。在儿童参与立法方面，目前主要由地方立法机构发起，因为工作的内容涉及儿童，邀请儿童参与，提出建议和意见，大多属于政策咨询活动。政策咨询通常是在决策前，政策部门向有关专家和政策研究机构进行咨询。儿童参与更多的是被咨询，被视为从儿童视角出发的智慧贡献，儿童的意见和建议在一定程度上被吸纳到地方法规条例中。此外，鉴于我国的政策咨询系统主要由各级党和政府的政策研究机构、各级职能部门的调研机构、学术性研究机构和民间咨询机构组成，儿童也可以通过这些团体或者咨询机构，在制度体系内发挥间接参与的作用。

二 儿童结社、参政议政

当前，在我国参加政党和政治社团是一种主要的政治参与方式。"政治结

---

① 《上海修订未成年人保护法，首次邀青少年参与立法》，新华网，http：//news. xinhuanet. com/legal/2004－08/26/content_ 1889943. htm。
② 《吴江首批"少年陪审员"：全程参与青少年刑案审理》，法律快车，http：//www. lawtime. cn/info/guojia/gjpcal/2010101845632. html。

社是指有共同利益的公民结成持久性的集团组织的政治行为。"参加组织即是一种政治参与方式。政治结社包括组织或参加政党活动和社团活动。

在我国，少先队、共青团是代表儿童、青少年利益的最大的政治性团体，儿童入队、青少年入团就是政治结社的参与方式①。在我国，绝大多数适龄儿童都是少先队员或者共青团成员，少先队、共青团是我国儿童广泛参与的典型的基层群众（群团）自治组织②，通过严格的组织议程和选举产生的少先队代表大会、红领巾议事团是少年儿童③参政议政的重要途径。

少先队代表大会、红领巾议事团机制的建立与我国国情有关。第一，少先队在我国覆盖面大，我国"7~14 周岁的少年儿童约有 1.3 亿名，他们都是少先队员"。第二，少先队具有合法的组织地位，工作体制机制健全。少先队事业是"党的事业的重要组成部分，是共青团事业的重要组成部分，是教育事业的重要组成部分"，拥有自己的组织章程、队徽、队标（红领巾）、队报队刊。第三，党和各级政府重视其发展，关注其"中国特色社会主义事业的合格建设者和可靠接班人"的作用，被提升至"党和国家事业后继有人的战略高度"。党和国家在制度、组织形式、归口管理、工作队伍、财力物力等方面全面保障少先队组织发展和工作需要。这种自上而下，有组织、有制度、有保障的参与，奠定了我国少年儿童制度化参与的重要地位。

少先队代表大会，简称"少代会"，是同级队组织的最高权力机构，有商讨、决定一个时期队的重大事务及选举产生少先队工作领导委员会的权力。少代会也是少先队组织实施民主集中制领导和管理方法的具体体现。少代会以少先队队员代表为主体，包括全国，省、直辖市或自治区，区、县，乡、街道和学校大队少代会等多级机构。学校少代会每年召开一次，区少代会三年召开一次，国家级少代会五年召开一次。

少代会是我国少先队员实施民主权利、当家做主的保证，是队员学习民主、发扬民主、培养民主能力和主人翁思想的重要形式。党和国家对少代会很重视。各级少先队组织基本上都会按时、认真筹备召开少代会，少先队队长和

① 王少萍：《当前青少年依法参与的现状分析与路径依赖》，《广西青年干部学院学报》2010年第 6 期。

② 本文"儿童"依据《儿童权利公约》规定指的是 18 周岁以下任何人。

③ "少年儿童"按照我国规定，年龄界定为 7~14 周岁，本文以少先队组织为例进行论述。

队员代表也会积极支持，开好少代会。如 2015 年 6 月 1 日至 2 日中国少年先锋队第七次全国代表大会在北京举行。根据少代会严格的会议议程和组织形式，经各省、自治区、直辖市少先队组织推选出全国少代会代表 806 人参加。选举产生了第七届全国少工委，由各方代表 227 人构成。在各级少代会中，少先队员代表拥有投票、审议的权利，发挥了少先队员代表"作为投票的参与"和"作为审议的参与"的作用。这种制度性参与和少代会所担负的责任是有一定的关联性的。

2015 年有 32 名第七届全国少代会代表来到教育部，教育部部长袁贵仁、副部长刘利民亲自接见，相互交流，小代表们提出了各自关注的问题，包括学生体质健康、流动儿童教育、传统文化保护、儿童志愿服务等，得到刘利民同志的赞许和回应。从中可以看出少代会代表在我国社会生活中的影响力：少代会代表可以直接与教育部部长面谈，提出建议；可以进行社会倡导，享有信息交流的便捷通道。这些便捷渠道有利于发挥少代会代表的作用，及时将来自基层儿童的意见反映到主事机构。

红领巾议事团是改变传统的由成人包办少年儿童事务的工作模式，是贯彻落实《关于进一步加强少年儿童和少先队工作的实施意见》的创新举措。一般是在当地少工委领导下，以优秀少先队员为主体的参与性议事机构及联合组织，通过少年儿童自我教育、自我管理、自我服务和自我发展，让少先队员做到自己的事情自己做，自己的活动自己办，自己的阵地自己建。

如 2015 年 5 月 31 日，深圳团市委、市少工委主办了"红领巾相约中国梦——关注少代会，当好小主人"主题队日活动暨"深圳市红领巾议事团"成立仪式①，来自全市各中小学 300 名优秀少先队员及 200 名少先队辅导员参加了活动。"如何解决校门口拥堵问题""如何让佩戴红领巾成为一种自觉行为""如何实现少先队员的科技创新梦"，活动现场三组少先队员代表的提案引起了大家的关注。

红领巾议事机制让儿童在自我教育、自我管理和自我服务中激发参与的意识，发挥儿童的能动性。以深圳市红领巾议事团为例，红领巾议事团的具

---

① 《深圳青少年报》：《红领巾议事团成立！我们有提案！》，http://qsnb.sznews.com/html/2015
-06/04/content_ 3246939. htm。

体职能主要体现为：代表儿童的利益，反映儿童诉求，参与少先队工作决策；作为联系少先队工作部门和少年儿童的桥梁和纽带，建立起"重点联系学校"工作制度、工作例会制度和重点关注机制；发起和组织全市性少先队活动。主要通过出主意、架桥梁、办活动、做宣传等途径，为少先队优秀小骨干提供发展平台，培养少先队员的主人翁精神，引领少年儿童从小培育和践行社会主义核心价值观，参与到社会生活中，发挥自己的主动性，贡献自己的力量。

由此可见，少先队制度为我国少年儿童参与政治生活提供了根本保证。少代会、红领巾议事制度是我国儿童参与政治过程的主要渠道，也是覆盖面最广的参与途径。我国儿童通过少代会代表间接参与儿童事宜的相关政策的制定和执行，并对执行结果进行评估。少先队是我国官方社团，少代会是我国少年儿童制度性参与政治生活的重要途径，也是法律法规规范下的参与活动。少先队参与模式实际上是一种政策协调模式，儿童通过参加少先队进入到国家政策参与的组织体系，把相关建议要求反映到自己所在的少先队，通过少先队收集意见，民主协商，讨论决策，加以综合，通过少先队上情下达、下情上传的沟通渠道，并经过一定程序反映到决策部门，从而间接影响政策。

除了通过上述官方社团（少先队）间接参与政策过程外，我国少年儿童还可以通过社会活动直接或者间接参与政策过程。如在广州，几名学生在自己调研的基础上，分析市政管理中存在的问题，通过"羊城小市长"活动获得"小市长"的身份与时任市长进行对话，他们的建议获得了市长的答复并得以落实。该活动已经被列入高中思想政治教材人民教育出版社版《政治生活》中，作为政治参与的典型案例。

三　儿童建言献策

目前，在我国儿童建言献策主要有两种渠道：一种是通过信访制度，或者通过各级政府开设的专门的网站，以网络为平台直接"上书"表达民意，产生作用；另一种是因为"上书"或者实践活动效果不错而得到重视和推广，进而面向某个群体开通了建言献策的制度渠道。

第一种情况，比较典型的案例如2016年全国人大常委会法工委首次正式

回函小学生立法建议①。针对当前儿童节目最精彩处频繁插播广告、部分广告内容不利于儿童身心健康等广告制作、发布中的突出问题,南京市琅琊路小学9名学生给江苏省人大常委会法工委写信,从广告的时间、内容、形式对食品及玩具类广告及广告法提出了修改意见。该信被转至全国人大常委会法工委,不仅得到了回应,还以书面回函的方式正式回复。相关负责人认为"同学们结合切身感受和调查研究情况提出的这些完善法律的建议,对法律的制定和实施都有很好的参考价值"。上面的案例充分显示了儿童"作为公民身份的参与",是典型的儿童通过信访制度参与国家政治生活的过程。在我国,信访制度已成为我国基本的民意表达制度之一,是公民表达愿望、参与公共政策制定的重要渠道。需要说明的是,儿童的来信也会受到同样的重视。

此外,随着网络的发展,网络已成为我国儿童参与政治生活的重要载体。根据参与途径的不同,儿童网络参与也可以分为体制内参与和体制外参与。体制内参与指的是由政府组织和发起的,以网络为平台进行的政治活动,包括投票选举、民主协商及对话沟通等,如现在各级政府经常开设专门的网站,儿童通过上网"旁听"省人大常委会议并发表意见,建言献策;体制外参与指儿童自发地利用网络平台传播信息,表达政治诉求和意愿。

另外一种途径是因为"上书"或者实践表达民意得到重视,而后推广建立了制度化参与机制。如北京市中小学生科学建议奖,起因是2008年北京第二实验小学朱小轩等30余名同学提出了推广节能环保的合理化建议,受到中央领导和北京市相关领导的高度关注。北京市教委为了进一步鼓励全市中小学生关注首都社会发展参与城市建设,于2009年开始设立了"北京市中小学生科学建议奖"。参考议题涉及与人们生产、生活息息相关的实际问题。

通过北京市中小学生科学建议奖,在过去的7年中,北京市孩子们提出了不少有建设性的建议。如2016年提出"关于地铁机场线增加望京南站的建议""关于北京市增加儿童室外健身设施数量及产品多样化的建议""关于加强婴幼儿托管服务的建议""关于在公共场所增设并完善公益性母婴哺乳室的

---

① 《全国人大常委会法工委首次正式回函小学生立法建议》,新华网,http://news. xinhuanet. com/politics/2016 – 09/19/c_ 129286597. htm。

建议""让阅读遍布京津两地的建议"等。其中部分建议得到政府采纳并开始实施。

从上面的例子可以看出，原来个人的或民间的信访参与方式（点状参与），因为政府部门（北京市教委）的参与，而成为一种广泛采集儿童群体意见和建议的制度（群体参与），建立了一个民意上传的有效渠道。

此外，还有一种自下而上，因为社会实践产生了较好的社会影响力，获得政府机构的支持而得以形成制度，进而得到推广。比如说"两会"小记者①，自 2003 年开始，中华小记者活动指导委员会就开始选派小记者参加全国"两会"，到 2006 年，小记者参加"两会"的事件逐渐被媒体关注，尤其是 2007 年以后，中央电视台等权威媒体正式将小记者参加"两会"作为重大新闻事件报道，从此在全国掀起了"小记者"参加"两会"热。同时小记者参加"两会"采访的权利也在不断扩大，从旁听"两会"到直接采访市长和书记；有的地方还专门给小记者安排与政协委员和人大代表的座谈会。媒体对小记者采访的成果也越来越重视，专门为小记者的"两会"采访开辟专栏，关注他们的采访经历。

四 儿童意见表达

政治表达是公民行使参与权利重要的行为之一。在儿童意见表达方面，存在以下几种不同的参与形式。

第一种：机构（成人）发起，儿童参与。

如 2010 年，儿童顾问在救助儿童会的成人协作下一起制作完成了《救助儿童会报告——联合国儿童权利公约中国实施状况》的儿童报告部分。儿童顾问将报告划分为教育、家庭及替代照顾、困境中的儿童、健康及娱乐、环境保护五个部分，针对这五部分的现状儿童表达了自己的观点，提供了意见和建议。2006 年，国务院妇儿工委办公室和联合国儿童基金会共同发起了题为"'我的生活我来说'儿童参与《中国儿童发展纲要（2001～2010 年）》中期

---

① 《太原：小记者跑"两会"展少年风采》，人民网，http：//npc. people. com. cn/GB/28320/80575/81898/9203585. html。

评估"活动。中国儿童中心组织来自北京、河南、安徽和河北等地，代表不同群体的 20 余名儿童代表参与了此次评估活动。活动分理论学习、实地考察和成果整理与展示。2011 年，30 余名儿童代表，在成人的指导和支持下，搜集了很多有建设性的建议。2012 年，儿童代表参与新一轮《中国儿童发展纲要（2011～2020 年)》宣传的探索。通过对儿童代表相关知识和理念的开发，启发儿童开发宣传纲要的宣传品，用儿童喜欢和易于接受的方式，向儿童群体进行宣传。[①]

以上活动均表现出组织者通过邀请儿童参与自己的工作，通过指导孩子、培训孩子，对儿童代表的相关知识和理念的开发，倾听儿童的想法，关注儿童的建议，把儿童作为评估分析专家，将其意见和建议纳入自己的工作流程中，这样一方面，向公众宣传了工作内容，提高了知晓率；另一方面，获得了服务对象的满意度，或者创新结果，更重要的是邀请了联合国儿童基金会、国务院妇儿工委办公室、报告起草专家共同参与，为儿童创造了一个共同工作、表达和分享的平台。

第二种：成人（机构）创设表达和分享的平台，儿童参与。

具体表现为儿童参与各种国际国内会议、儿童论坛。如 2002 年 5 月，联合国召开儿童问题特别联大，不仅先期举行了由来自世界各地的约 400 名儿童代表参加的儿童论坛，通过论坛递交给世界各国领导人一份声明，而且，论坛所推选的两名儿童代表，更在特别联大召开时，登上联合国大会的讲坛，向与会的世界各国领导人发表讲话，表达他们的心声。再如国际儿童环保会议[②]、儿童友好城市国际会议，这些主办方都认为我们（成人）应越来越多地聆听儿童对环境问题的呼声，强调儿童青少年对城市建设、对社会的重要性。儿童的参与是经过严格选拔的，如出席"国际儿童环保会议"的 3 名中国小代表均是在当年 3 月份国家环保局举办的"全国中小学生环保英语演讲比赛"中，经过激烈角逐后获奖的儿童。

① 宋秀岩：《中国儿童发展纲要（2011～2020 年）学习辅导读本》，中国妇女出版社，2013。
② 《我国派出小代表参加"国际儿童环保会议"》，新浪网，http：//eladies. sina. com. cn/2002 - 05 - 23/54368. html。

在国际化发展的浪潮中，我国也开始举办如"国际儿童论坛"（2004年)①、"儿童发展国际论坛"（2005 年)②、"为了孩子"（1999 年开始，每两年定期举办一次）等国际儿童论坛。在会议举办的过程中，尊重儿童，以儿童为参与主体为原则，注重不同国家儿童代表的参与和表达，保障儿童与成年人具有平等的地位和作用，采用国际流行的"参与式培训"，通过互动活动游戏和演讲等方式组织活动，激发孩子的内在潜能，提高孩子的团队合作意识，以便让儿童代表们更好地适应论坛形式，顺畅地表达自己的思想和观点；论题集中在工业化、城市化和全球化下儿童健康、儿童权益、儿童发展、儿童教育、性别、环保、社会情感等全球性、人类共同关心的核心问题，包括"儿童发展质量""儿童创造力与社会发展""儿童健康与社会责任""公共政策与儿童发展""儿童教育、性别差异与文化""儿童保护与权利""关心你身边的人、关心你身边的事，关心人类、关心大自然""21 世纪儿童与社会的可持续发展"等议题。会议由国际机构（联合国儿童基金会）、基金会（中国宋庆龄基金会）、研究机构（上海社会科学院、华东师范大学等）独立或者联合举办，获得政府机构（上海市妇女儿童工作委员会、上海市妇女联合会等）的参与或支持。

第三种：儿童参与网络和媒体表达。

网络和媒体的快速发展，大大拓宽了儿童参与政治生活的渠道和参与面，从根本上改变了儿童政治参与的结构和模式。互联网被称为一种新的政治参与手段，儿童借助互联网平台，在网上发表言论，进行评论、讨论和表达。这种情况下参与的主体是儿童，参与的载体（平台）是网络，参与内容或目标是与政治相关的活动或行为。

网络具有直接性、开放性、快捷性、跨时空性、互动性和平等性，以及参与的低成本性和高效性。它通过高度分散的、无中心的结构模式和运作特征来消除歧视、实现人人平等地参与，真正赋予公民话语权；网络技术使得儿童可以自由地表达，突破了时间空间的障碍，使得信息能够在瞬间生成、瞬间传播、实时互动、高度共享，使儿童与政府的直接对话成为可能。在网络的帮助

---

① 《"首届国际儿童论坛"在沪举行　各国小代表纵论"学会关心"》，搜狐网，http：//news. sohu. com/20040728/n221234138. shtml。

② 《中国将召开首届儿童发展国际论坛——国际会议/儿童发展》，育儿网，http：//www. ci123. com/article. php/2352。

下，形成儿童与公众、政府与社会之间的回应，提高了儿童的地位和作用；"公众参与所形成的网络舆论，尽管并不必然影响政府决策，却是任何政府决策需要考量的因素"，网络引发了包括政治参与在内的社会行为参与路径和方式的转变①。

网络和媒体已成为儿童表达政治兴趣、发表政治观点的重要手段。如儿童小记者通过媒体的调查、报道和公开披露，扩大影响，制造社会舆论，形成吁求，引起有关部门的重视；儿童在网站上交流思想，讨论话题，发起自由讨论，形成舆论压力；儿童自发地利用网络平台获取信息，广泛、迅速地传播信息，制造压力。目前的网络大大拓宽了儿童的参与空间，儿童开始拥有线上虚拟空间的参与，如在网络平台上交流思想，表达政治意见、利益诉求，讨论现实议题，对政府部门及其领导人进行舆论监督，利用网络聚集人气，发起现实的参与运动。

政治参与是公民自我教育和养成健康理性政治人格的重要方式②。作为教育公民的方式，政治参与是培养政治文化（包含公民的政治态度、政治情感和政治意识）的重要途径③。政治参与可以增强公民政治责任感，提高公民民主观念和民主能力④。参与型民主理论将参与看成是实现自由的平等权利和自我发展的基本途径。儿童参与政治生活的意义，主要表现在以下几方面：一是儿童参与有利于儿童权利的实现，是儿童利益表达的主要途径；二是儿童参与有利于合格公民的培养，是提升儿童主体意识、权利意识、妥协精神和政治技巧的主要方式。有学者指出，"公共参与的民主实践是培育合格公民的唯一手段"；⑤⑥ 三是儿童参与有利于从儿童视角看问题，"从某种意义上说，在政治参与过程中，可以教育公民更多地注意到他人的立场，因而变得更加成熟"，通过解构成人思维和权威，促进与儿童利益相关的公共政策的科学化和民主化，是增强相关政策有效性与合法性的重要渠道；四是儿童参与有利于政府与公民（儿童及其利益相关者）的互动，建构和谐社会；五是儿童参与在一定

① 王明生、杨涛：《改革开放以来我国政治参与研究的回顾与展望》，《清华大学学报》（哲学社会科学版）2011年第6期，第16页。
② 黄玲：《政治参与理论研究综述》，《黑河学刊》2010年第9期，第80页。
③ 孔德元：《政治生活学导论》，人民出版社，2001。
④ 王浦劬等：《政治学基础》（第二版），北京大学出版社，2006，第166页。
⑤ 李海青：《政治哲学视野中的公民参与》，《学习时报》2008年1月14日。
⑥ 蒲岛郁夫：《政治参与》，经济日报出版社，1989，第5页。

程度上有利于防止政府腐败，是制约公共权力的有效手段①。由此可见，无论是从培育未来理想公民角度来看，还是从政府、儿童自身发展的角度来看，都非常有必要重视儿童的政治参与。

五　小结

随着我国政治建设的不断完善，网络的普及和发展，儿童政治参与生活的形式和参与特征呈现丰富的多样性和鲜明的时代性，儿童不仅可以作为个体依法直接参与各项活动，也可以通过组织参与，以组织化方式直接或间接参与各项活动。少先队、共青团组织是绝大多数儿童青少年依法参与的重要组织载体。当前，随着自组织的蓬勃发展，也有部分儿童通过参加自组织开展政治参与。

党和国家日趋重视儿童民主参与国家和社会事务管理，尽管面临着一些问题，如成人的限制或干涉、儿童自身条件不足、民主制度或参与渠道的不足、社会传统观念及规范的束缚等，但在各个领域，儿童参与的社会环境总体上越来越好，如《中国儿童发展纲要（2011~2020年）》将"儿童参与原则"作为一个重要原则列入。当下，我国儿童自己发声、自我表达的机会越来越多，儿童形式参与渐趋褪色而实质参与不断发展，儿童为社会发展贡献了自己的力量，发挥了自己的作用。

目前不足的是，我国缺乏适宜儿童直接参与公共政策的机会和途径制度。当前儿童是否有机会直接参与到公共政策过程中，取决于主事机构的认识和开放意愿，缺乏制度层面的明文规定和技术上对儿童参与的支持。儿童直接参与公共政策的机会和途径严重不足，尽管我国各级政府建立了公示和听证制度，开通了政府网站收集民意，但这种方式并不能将更多的普通儿童（尤其是低龄儿童，不识字儿童）纳入，使其直接参与到公共政策制定过程中。

建议进一步宣传、完善少代会等儿童制度性间接参与途径，扩大儿童制度性直接参与途径，正确引导儿童非制度性的参与途径（网络媒体），让儿童政治参与总体上呈现健康、积极、稳定的发展态势。

---

① 顾训宝：《十年来我国公民参与现状研究综述》，《北京行政学院学报》2009年第4期，第33页。

B.8
"让学生回到学校的中心"

——北京十一学校改革的呈现与对学校中儿童参与的思考[*]

段会冬[**]

摘　要： 由于工业化逻辑的介入和对高考压力的担忧，高中学校始终
未能很好地践行因材施教的原则，"学生参与"的状况也令人
担忧。不少人认为这个难题很难破解，然而，在对现有教育
进行反思的基础上，北京十一学校却进行了包括走班制等诸
多举措在内的全面改革。这场改革向我们诠释了"学校是学
生的"这个对于学校本质最为质朴的理解，也探索了一条
"让学生回到学校中心"的学校改革之路。

关键词： 学生参与　学校改革　因材施教

作为校长，你能把校长办公室的钥匙给学生让他们随时来上自习吗？

作为校长，你能脱掉西装穿着校服在学校里走来走去吗？

作为校长，你能在参观团队络绎不绝时坐视教室的垃圾桶不那么整
洁吗？

作为校长，你能让学生在学校里开小卖部、书店、咖啡厅吗？

作为校长，你能想尽一切办法为特殊需要的孩子们提供私人订制课
程吗？

---

* 本文系全国教育科学"十二五"规划 2014 年度教育部青年课题"普及化进程中普通高中学
校特色生成机制研究"（项目编号：EHA140396）成果之一。

** 段会冬，教育学博士，海南师范大学副教授，硕士生导师，主要研究方向为基础教育、农村
教育、民族文化传承等。

许多人都认为，没有学生的参与，学校的教育教学活动根本无法进行。因此，"学生参与"应该是个不证自明的事情。然而，是否有学生在场就算得上学生参与？学生只带着耳朵没有带心地听课是否算得上学生参与？学生只能被动地接受所有被安排好的活动是否算得上学生参与？当诸如此类的问题被提出来时，不难发现，"学生参与"并不像看上去那么简单和顺理成章。一所只有学生在场而并没有给学生创造各种参与机会的学校，抑或是学生只能被动地"参与"到学校的各种活动之中，都可能使得"学生参与"大打折扣甚至走向反面。从这个意义上讲，"学生参与"既意味着学校为学生提供各种参与的机会，也意味着学生在主动参与中获得成长。

学校教育中的儿童参与本应该是最为基础的事情，但为什么会成为近年来学界和教育一线关注的焦点话题？是我们的教育出了方向性的问题，还是因为一些细节没有处理好从而影响了学生参与的效果？为什么有些人会认为给小学生充分的空间让他们参与学校的各项活动并无不妥，但在高中也让学生积极参与就显得有些"不合时宜"？"学生参与"背后究竟隐藏着怎样的教育理念？一所高中学校当真无法实现真正的"学生参与"吗？

一　为何关注学校中的学生参与

对学校中"学生参与"的关注，至少源自近年来对因材施教落实情况的反思。距今两千多年前，《论语·先进》中记载了孔子因材施教的经典案例：子路和冉有都向孔子问到"闻斯行诸"，孔子对两个弟子的回答却截然相反。第三个弟子公西华对此颇为困惑，孔子向他解释道："求也退，故进之；由也兼人，故退之。"虽然因材施教被视为教育必须遵循的基本原则的历史非常悠久，然而，不少老师却不得不坦承这一传承几千年的教育原则在教育教学实践中并未被很好地践行。稍有教学经验的人都了解，在班级授课制的框架内，教师很难兼顾每一个学生的需求。从层次上说，对学得快的学生而言，课堂教学就是在浪费时间，因为老师不可能根据他们的水平设置教学进度；而对于基础弱的学生而言，即便是悬梁刺股也没有办法改变课堂教学节奏较快、难度较大的现实。从类型上说，有的学生代数很棒但几何学得一塌糊涂，有的学生立体几何不错但解析几何摸不着门路，还有的学生空间思维欠缺导致学习立体几何

时总是搞不懂该如何做辅助线……面对类型迥异的学生，老师们往往非常困惑该如何在一堂课上同时顾及他们个性化、多样化的需求。如此一来，因材施教就成了停留在口头上的理念。

在孔子生活的那个时代，似乎孔子并没有遇到过这种窘迫。然而，近代社会以来，这种无法兼顾的问题变得日益突出。作为教育近代化的重要举措，班级授课制在为教育的普及提供了一种低成本高效率的教学组织形式的同时，也埋下了无法兼顾学生个性化发展需求的隐患。毫无疑问，今天的学校受近代社会工业化逻辑的影响很深，规模效应和批量生产是学校教育难以抛弃的特征。在这种模式中，统一的时间安排、统一的招生、统一的培养过程、统一的标准……一切的"统一"都带有鲜明的流水线生产的特征。用更形象的比喻来说，不论高矮胖瘦、肤色气质、兴趣性格，学生就像待炸的鸡翅一样排着队被送上培养的流水线。在这条流水线上，学生是否希望成为炸鸡翅、希望成为哪种口味的炸鸡翅都不重要，因为学校并不关注他们的需求，所关注的只是生产的标准和出口的审核。只要是符合培养的标准，能够顺利通过出口的审核，那就是一次成功的培养过程。即便是有的学生希望成为炸鸡腿，但往往都会因为没有那条生产线而作罢。在这种批量化生产的学校体系中，显然没有多样化、个性化的学生，只有待炸的"鸡翅"而已。

在批量生产中，"炸鸡翅"的教育极易扼杀学生的想法。既然在整个培养过程中学生只是待加工的原材料，并没有参与课程设置与标准制定，因此，他们怎么想甚至想不想都不重要。反正整个加工过程已经设计好了，有没有想法都会按照这个轨道前进，又何须劳心费力地去规划未来呢？没有责任又何需选择？不曾选择又何需想法？没有想法又何来参与？因此，"炸鸡翅"教育模式成就了批量生产的辉煌，也注定了个性化发展的衰败。

"炸鸡翅"教育模式的问题尚难以解决，现实中残酷的高考竞争又使得这一问题雪上加霜。不知何时，残酷的高考竞争似乎成为学校不敢放任学生自己探索的合理借口。让学生自己探索，万一高考失败了，谁负责？于是，不少老师便打着为学生好的旗号主动为学生规划一切。学生几点起床，几点睡觉，几点跑操，作文第一段写什么写几句，第二段写什么写几句，甚至连吃饭上厕所要用多少时间都被清晰地规定了。学生深知老师是为了自己能够考上大学，所以也就能够接受那些甚至有些不近人情的规定和建议。但问题在于，帮助学生考上大学是不是必须要剥夺学生主动参与的权利？难道"被安排好"是考上理想大学的必要条件？主动参与必然意味着考不上大学吗？

或许有人会说，从理论上讲，高中学校当然应当给予学生充分的参与机会，"学生参与"也的确可以破解"炸鸡翅"教育模式的困境。然而，那只是从理论上讲，在残酷的现实面前，还是让"被安排好"说了算吧，因为它已经被过去几十年证明过，确实可以提高学生的高考成绩。如此一来，"学生参与"在自然失去高中学校阵地的同时，也沦为了远离高考的小学甚至学前教育的谈资。可是，"学生参与"真的与高中学校无缘吗？它真的与高考成绩的提升背道而驰吗？现实中的"学生参与"真的那么不切实际吗？

正当大家围绕这个看似无解的问题愁眉不展之时，北京十一学校（以下简称"十一学校"）所进行的转型性变革引发了广泛的关注，也为我们进一步思考高中学校的"学生参与"提供了宝贵的现实范例。十一学校原为中央军委子弟学校，在周恩来总理等老一辈革命家的亲切关怀下成立，聂荣臻元帅用共和国的生日为学校命名。在20世纪90年代，十一学校在"国有民办"体制改革中的探索取得了令人瞩目的成绩。2010年和2011年，十一学校先后被批准为北京市综合改革实验学校和国家级教育体制改革试点项目"深化基础教育学校办学体制改革试验项目学校"，自此拉开了十一学校作为课程改革名校的序幕。

许多来参观的人坦承，十一学校进行了别的学校想做但又不敢做的改革。然而，围绕这场改革的争论在改革之初便不绝于耳。有人认为这场改革最大的功绩在于充分调动了孩子们的积极性、主动性，给孩子们创造了无与伦比的选择空间，也有人担心孩子们会在改革中无法无天难以管理，还有很多人甚至担忧十一学校这么改很可能导致高考的失败。但2017年刚刚公布的高考成绩，不仅使得那些对十一学校因为这场改革而走上高考成绩下坡路的担心不攻自破，也为我们关注这所学校提供了更为充足的理由。经过几年的改革，十一学校高考650分以上的人数已经超过了北大附中、清华附中、北京一〇一中学等名校，跃居名校林立的海淀区第二名。他们进行的选课走班等改革走在了高考改革的前面，现在已经成为许多学校应对新一轮高考改革的重要的经验来源。每天到校参观的人络绎不绝，还有更多的人希望到校参观却始终缘悭一面。可以说，十一学校的改革为破解"炸鸡翅"式的教育模式提供了鲜活的案例，

也向我们证明了高中学校的"学生参与"不只是停留在理论层面,"学生参与"与高考成绩之间也不是天然对立。那么,这样一所学生可以在校长室上自习的学校,究竟经历了怎样的改革历程?他们究竟在追求什么呢?

二　十一学校为什么改革

尽管我们不愿意用高考成绩作为衡量高中学校的唯一标尺,但谁也无法否认它在现实中的"权威性"。因此,高考成绩不好往往会成为许多学校全面改革最合理的理由。然而,如果说一所高中是在高考成绩不断提升的良好态势下决定进行一场颠覆式的改革,那么恐怕许多人都会对学校的"疯狂"选择表示怀疑。而十一学校的改革就有些"疯狂"的味道……

2004年,学校刚刚被评为北京市示范性普通高中时,十一学校高考600分以上的只有60余人,考上北大、清华的学生刚过30人,重点本科上线率仅约为80%。根据当时的高考成绩,十一学校在北京充其量只算得上是"还不错的学校",很难跻身高中学校的第一集团。然而,经过了短短几年的努力,到2010年,十一学校高考600分以上的人数已经超过了220人,重点本科率接近了99%,在北大、清华整体控制在京招生人数的情况下依然有57人考上两校,还有30多人考上了国外和港台地区的知名高校。从高考指标来看,十一学校已然完成了从"不错的学校"向"知名高中"的华丽转身。

正是在这个夏天,一场根本性的变革却在悄然酝酿着。如此良好的发展势头,的确很难让人联想到在此时学校会突然开展大刀阔斧的改革。因此,即便改革已悄然酝酿,但许多老师对改革的到来依然没有充分的心理准备。然而,显而易见的进步和不容置疑的成绩并没有冲昏所有人的头脑,少数老师保持了难得的清醒。尤其是一些带竞赛的老师深知,在竞赛成绩同大学录取之间有着紧密联系的时代,豪赌竞赛显然对学校高考成绩的蹿升贡献不菲。自从2006年、2007年竞赛成绩大幅度提升开始,此后几年间十一学校始终位列京城第一梯队,有的竞赛的场次十一学校竟然可以占据北京市的半壁江山。当所有的竞赛对手都被甩在身后的时候,一种空虚不期而至。特别是当国家逐渐明确了将竞赛同高考脱钩的政策导向之后,坚守竞赛的意义变得模糊起来。如果竞赛无法再为学校的高考增加荣誉,那么对竞赛的豪赌还有意义吗?学校高考成绩的提升又将寄托在谁的身上？

"教育学是一种自我反思的活动，它必须愿意对它所做的和所代表的随时质疑。"① 不知所措的空虚引发的正是对现有的、习以为常的教育的反思：十一学校正在为孩子们提供怎样的教育？早在 2008 年，十一学校就确立了"志远意诚、思方行圆的社会栋梁和民族脊梁"的育人目标，少数参加竞赛的孩子能支撑起学校的培养目标吗？一个学校是不是有少数竞赛小能手或者高考达人就足以自我标榜了？现行的教育真的能够落实十一学校的育人目标吗？实际上，少数学生的成绩光环掩盖了教育理念的虚置，更掩盖了教育过程中的批量生产。总之，自认为对学生好的教育实际上眼中未必有学生！

2009 年，十一学校对即将进入该校高中的新生进行了关于数学、物理、化学三门课程难度适合情况的调查，三门学科都有三成左右的学生反映现行的难度并不适合自己学习。然而，他们明知不适合却也对此无可奈何。这只是学生没有想法的诸多表现的冰山一角。当我们每天慨叹学生不懂得规划未来、没有独立思考能力的时候，我们可曾想过这或许不是他们的错。没想法的他们也只是"炸鸡翅"教育模式的牺牲品而已。当整个学校体系变成了一个封闭的流水线，学生的选择权丧失殆尽，规划意识不曾觉醒，我们又怎么可能真正培养出勇于担当、善于规划的国家栋梁之材？

如果只是站在教师的角度思考该如何实现因材施教，恐怕老师们想破脑袋也无法真正关照到如此多的学生的个性化需求。② 只有从根本上转变思维，站在学生的角度思考学校的课程、教学、管理等各个维度，让学生回到学校的中心，才能真正改变现有的局面。对于现有教育的困惑逐渐诱发了老师们大胆的探索：物理秦老师发现不断的课堂教学改革始终无法真正满足每一个学生的需求，也许把物理课根据学生的程度分成物理Ⅰ、物理Ⅱ、物理Ⅲ三个层次会更好地满足不同学生的需求；数学老师们更是直接按照三个层次由三位老师开设课程；体育课开始划分成田径和球类，球类又分为篮球、羽毛球等不同的类别；语文课逐渐分出了现代文、文言文、记叙文、议论文等多个模块……积极

① 马克斯·范梅南：《教学机智——教育智慧的意蕴》，李树英译，教育科学出版社，2001，第 15 页。
② 李希贵：《面向个体的教育》，教育科学出版社，2014。

的探索指向了高中最为复杂的课程改革。这个过程固然有争吵，有彷徨，有委屈，有孤寂，有兴奋，也有泪水，但诚如李希贵校长所言："我们不做，谁来做？现在不做，何时做？"能否真正在课程领域大刀阔斧地改革，关键不在于前路是否布满荆棘，而在于是否真的希望改变"炸鸡翅"式的、眼中没有学生的教育。正是这份责任和担当，不仅使得越来越多的老师意识到"学校是学生的学校"这个最为浅显但又最为深刻的理念，也使得越来越多的老师投身到课程全面改革的进程之中，大家的共同努力最终成就了十一学校课程改革名校的社会声望。在这些积极的探索中，课程的选择性逐渐凸显出来，"炸鸡翅"的教育模式也随之瓦解。

因此，如果要给十一学校这场略显疯狂的改革一个充足的理由的话，这个理由只有一个：学生！雅思贝尔斯曾说："人的回归才是教育改革的真正条件。"① 明知高考成绩的提升掩盖了大多数学生的发展问题，遮蔽了"炸鸡翅"教育模式的弊端，那么我们有什么理由躺在高考成绩簿上沾沾自喜？我们有什么理由继续"炸鸡翅"呢？

三　十一学校如何改革

了解一个学校有许多角度，教室的桌椅板凳，校园的花花草草，路旁的宣传栏，操场的看台，甚至餐厅的垃圾桶、厕所的门窗都可以生动地体现一个学校的办学理念。这些细节比单纯听学校的介绍还能更加真实地反映出学校的水平与品位。当然，有人担心单独通过这些角度看到的都是学校的片段，但是当这些片段拼接起来，一个整体性的学校便呈现在面前了。一个真正懂得落实理念的学校不会垃圾桶一塌糊涂却有着出类拔萃的课程体系，一个真正尊重学生的学校也不会挂着以学生为中心的横幅却让学生吃不上热腾腾的饭菜。因此，多个片段的呈现是了解学校的重要方式。而多个片段拼接起来的十一学校，充分体现了改革之后的它是一所"不一样"的学校。

1. 学生"走起来"

初见十一学校，人们很可能会觉得它与平日所见的中学有很大的不同。大

---

① 卡尔·雅思贝尔斯：《什么是教育》，邹进译，生活·读书·新知三联书店，1991，第51页。

家所熟悉的行政班的概念在这里变得有些模糊。全校充分地"走起来"是给人最为直观的印象：学生们并不是固定在自己的教室里等待不同学科的老师们来到教室上课，在走廊上也很难看到物理、化学、生物等学科的老师拿着大大小小的仪器设备在不同教室间赶场的场面。在这里，学生像大学生一样到不同的教室上不同的课程。不少到校参观的人都不禁要问："为什么要改变长久以来已经普遍存在的学生不走老师走的状态？为什么非要让学生'走起来'呢？"

对于实验演示课堂的反思客观上促成了"学生不动教师动"状况的改变。原先十一学校实验室和许多教室都不在同一个楼，不仅那些沉重的设备无法搬离实验室，即便是携带那些轻便器材的老师也很难在课间十分钟的时间完成楼与楼之间的大搬家。因此，很多时候老师们也就不带器材上课了，一些实验的演示就从"实物直观"变成了"语言直观"。尽管老师们的语言表达能力很强，实验过程也完全可以被说得幽默生动，但是学生只能凭借着自己的想象力想象着实验过程究竟会发生什么。不仅如此，在原来的教育情境下，行政班教室、实验室、图书资料室分散在不同的地方，或许学生在听课的时候萌生了一些想法，但由于时间有限，他们根本无法马上到实验室验证一下自己的想法或者到图书资料室查找所需要的资料。当学生在教室里只能读教科书或者只能听老师讲时，教室就成了真正意义上的"教"室，而学生也成了真正意义上的"学"生。于是，教师成为课堂唯一的信息源，学生也慢慢放弃了主动探究的愿望。反正坐在那里听老师讲也可以考不错的分数，那又何必非得自己去探究呢？

这样的状况引发了校长的思考：距离较远与搬运不易的现实困难是否真的不可克服？实际上，当思路始终在"老师该怎么走"的圈圈里打转的时候，我们的确很难寻求到解决问题的思路。或许我们更该思考的问题是为什么我们总是在想老师该怎么走而不是学生该怎么走？为什么我们建设的时候总是让资源离学生那么远？为什么同一个学科的资源要分散在不同的地方？我们可以把所有化学所需的仪器、设备、资料、原料等都集中在一个教室里，如果我们让学生来到这间教室，那么教师可以少了搬运和赶场之苦，学生也可以随时使用这个学科所需的各种资源，资源的问题和搬运的问题不都迎刃而解了吗？从"教师走"转变为"学生走"，表明当看问题的思路发生了转换，问题解决的思路也随之改变。

十一学校将这种特殊的教室称为"学科功能教室",这种教室的出现使得学生离所需的资源更近了。可以说,学科功能教室的创建更好地满足了学生"走起来"的学习需求,当学生在教室里真的可以读书,可以实验,可以研讨,可以自学时,教室便不只是一个教育发生的空间,更是一个真正意义上的教育空间;学生也不再是资源的被动接受者,而是资源的主动选择者。总之,整个教室更有教育的意蕴。

当然,这种尝试在实现了学生离资源更近的目的的同时,也带来了一些问题。比如,学生要把一天所有的东西都带着然后不断辗转于不同的学科功能教室吗?如果不同的学科功能教室离得很远,如何确保学生可以在课间十分钟之内到达下一间教室?新问题的出现引发了更多的思考,也许可以在走廊里摆放一些柜子便于学生存放每天的书籍资料,这样他们就不用背着一天的东西辗转于不同的教学楼。柜子很快就到位了,然而,忙乱的现象似乎并没有多少改善。学生甲忘带了笔记本,学生乙落下了教科书,学生丙走错了教室,学生丁和学生戊在走廊里为了抢路撞在了一起……但是学校并没有因此就选择退回到原来的样子,因为老师们看到在这些忙乱的背后是学生开始主动规划自己一天的生活。即便当下的规划有些混乱,但这总是好的开始。

"走起来"的学生逐渐体会到了走起来的意义,至少他们必须琢磨自己一天的安排,否则忙乱总是会与他们相伴。从这个意义上讲,"走"并不是目的,而是希望通过"走"使资源离学生更近,并且为他们创造更多选择的机会。

2. 学生自选课程①

在走廊里的秩序逐渐恢复正常的同时,越来越多的学生开始考虑如何选择自己的课程才不会让自己用课间十分钟奔走于两楼之间。于是,学生的选择从拿什么书、带什么资料扩展到了在什么时间上什么课。这个跨越不只是选择的东西多了,而是从学校细枝末节的选择扩展到了学校核心领域的选择。这意味着十一学校必须关注每一位学生的课程需求,为每一位学生的课程选择搭建平台。

学生想要选择自己的课程,就得有足够的课程提供给学生备选。如果将学

---

① 关于十一学校课程体系的详细情况可参看李希贵《学校转型:北京十一学校创新育人模式的探索》,教育科学出版社,2014,第36~49页。

校比作超市，课程无疑是最为重要、最为核心的商品。如果一家超市只有少数几款商品，肯定无法满足顾客的需求。因此，课程的丰富性决定了学校这所另类的超市是否真正能够满足不同层次、不同兴趣学生的个性化需求。为此，十一学校进行了大胆的课程改革，分层＋分类＋综合的课程超市构筑了真正意义上的"十一课程"。

分层是增加课程选择性的一种重要思路。尤其是对于一些理科课程而言，根据需求和基础分层是一种较为常见的做法。由于三年制、四年制两种学制并存，生源类型多样，不同类型的学生对未来的规划不同，因此，十一学校对数学、物理等理科课程大都采用了分层设置的思路。通过深入的讨论和交流，老师们逐渐总结出高中学生最为重要的四种发展方向：人文与社会方向、工程与经济学方向、数理方向和出国留学方向。四种基本方向的确定再加上对学制、自学能力、现有基础等方面的考虑，一种兼顾不同学科基础、不同发展方向、不同学习方式的分层课程体系逐渐被构建起来。

表1　分层课程之物理

课程	适用学生
物理Ⅰ	人文与社会方向的学生；达到高中毕业要求
物理Ⅱ	三年制高中工程与经济学方向、有一定自主学习能力的学生；达到理科高考难度
物理Ⅲ	四年制高中工程与经济学方向、有一定自主学习能力的学生；在国家课程标准的基础上进行适度提升
物理Ⅳ	三年制高中数理方向、自主学习习惯和能力较强的学生；对国家课程标准进行较大幅度的内容提升
物理Ⅴ	四年制高中数理方向、酷爱物理、具备了一定的物理思维的学生；对初中、高中和大学的内容进行统整
普通物理学	工程与数理方向的学生
物理原理与问题	出国留学方向的学生
AP物理	

与理科课程不同，以语文为代表的语言文学领域的课程有着另外的特点。人的语言交流围绕着听、说、读、写等不同的能力维度，而这些维度既相互关联，又可以自成体系，因此，十一学校在讨论如何设置此类课程时并没有简单照搬理科课程的设计逻辑，而是充分考虑到不同模块的设计，设置了以基础模

块为根基的兼顾补弱或提升的设置思路。在这类课程中，无论基础是薄弱还是扎实，都可以找到适合自己的模块课程。

表2　分类课程之语文

课程	适用学生
高中语文	全体学生
高中现代文阅读	在现代文阅读方面需要加强的学生
高中文言文基础阅读	在文言文阅读方面需要加强的学生
高中记叙文写作	在记叙文阅读方面需要加强的学生
高中议论文写作	在议论文阅读方面需要加强的学生
中外名篇欣赏	对高中语文学习特别感兴趣并希望进一步提升的学生
先秦散文欣赏	
鲁迅专题研究	
时事深度评论	
高中基础语文	出国留学方向的学生
中国传统文化	

除那些高考的科目外，不少学生在艺术上也有着强烈的需求。这种需求并不只限于那些有着超然艺术天赋的学生，对于那些看上去在艺术上表现平平的学生而言，哪怕站到台前，他们也有追求自己艺术体验的权利。而以往分科设置艺术课程时教师过于注重技能培训，学生的个性化需求很难得到满足。因此，十一学校大胆尝试了艺术课程的综合化设置。在任何一个剧目的学习、排练和表演中，所涉及的艺术门类都是全面的。没有灯光道具的配合，主角就是苍白的；没有音乐的伴奏，舞蹈就是孤独的；没有美术的介入，舞台就很容易缺少了美的味道……即便自己并没有站在台前，每一个人都可以在一部剧作中找到适合自己的位置，台前台后都是一种选择，都是一种责任。与此同时，综合类艺术课程打破了年级之间的界限，允许不同年级的学生共同选择同一个剧目，这意味着学生们有了更大的空间来选择与谁合作。总之，舞台很大，如何选择都是一种历练。

3. 特殊需求学生的"私人订制课程"

可以为大多数学生提供课程选择菜单已属不易，是否有可能为某一位学生单独设置课程呢？如果一位学生的大多数常规时间都要接受马术的训练，这位

表3　综合类课程之戏剧音乐表演类

课程	适用学生
《阳光路上》音乐情景剧	全体学生
《音乐之声》音乐剧	
《雷雨》话剧	
《嘎达梅林》音乐剧	
HIGH SCHOOL MUSICAL 音乐剧 (英文)	
《三岔口》《贵妃醉酒》京剧	
戏剧自修	
音乐基础	
声乐	
影视音乐鉴赏	
经典动画短剧	
奥尔夫音乐体验	
流行音乐创作	
交响乐	金帆交响乐团成员
童声合唱	金帆童声合唱团成员
民乐	民乐队成员
舞蹈	舞蹈队学生

学生又被视为中国马术的希望之星，那学校能否为她单独设置课程？也许我们会很轻松地回答"这当然没有问题啊"。然而，当现行的体育课无法满足她单独增强下肢力量的需要，现行的英语课无法满足她同外籍马术教练口语交流的需要，现行的课程时间安排无法适应她训练和比赛的需要，我们是否还认为给她单独设置课程是一件轻而易举的事情？还是我们开始认为可以单独为一位学生设计课程的想法根本就难以实现？

无论如何，学生的需求都是切实存在的，人数少并不应当成为拒绝为学生提供服务的充足理由。为了能够更好地满足"马术希望之星"的学习需求，十一学校单独为她开了小灶：体育老师专门设置了锻炼下肢力量的课程，外语老师特意关注了对她口语的训练，历史老师采用"聊天式"教学……在这种私人订制的课程体系中，那个柔弱的马术精灵完成了从担心自己文化课薄弱难以完成高中学业到坚信自己可以"带着马参加高考"的转变。

那位爱写小说的学生得到了学校为他私人订制的一对一的作文课程；那位

不适合剧烈运动的学生得到了学校为他私人订制的体育课程；那位对赛车着迷的学生得到了学校为他私人订制的"汽车课程"；那位喜欢历史的学生得到了学校为他私人订制的"历史原著"的课程……越来越多的学生在十一学校获得了属于自己的课程，这种私人订制的课程也成为十一学校尊重每一位学生发展的标签。十一学校给这种课程起了一个很有诗意的名称——枣林村书院。之所以选择"枣林村"这个名字，不仅因为学校最初就坐落于此，还因为枣树花小果大的特点。这个诗意的名字也预示着学校对于那些有着特殊需求的孩子们诗意的期待，期待他们也会像枣树结果一样有一个诗意的人生。

4. 让学校生长学生的想法

开学典礼、升旗仪式、图书购置……这些学校中的重要工作如果都交给学生来做会是什么样子？也许许多人会认为这纯属天方夜谭，但是，我们为什么认为学生做不了这些事情？为什么认为必须由老师组织学生才能得到提升？

这些看似天方夜谭的事情在十一学校都变成了现实。十一学校定期会向学生征集提案，有的学生还被请到校委会上亲自阐述自己的提案。学校还会定期公布"校园机会榜"，把学校许多活动的策划权、组织权还给学生。学生希望参与哪些活动，都可以提出自己的提案。当然并不是所有想做的学生都能够获得机会，有时为了争取某一个机会，学生们也需要相互竞争。他们要学着完成更为合理的策划案，寻找更为合理的搭档，接纳不同的声音。

一些学生承担起选题、编辑、出版工作，学生出版社应运而生；一些喜欢广告设计的学生凑到一起自己跑客户接单，研究收入分配，学生广告公司应运而生；一些学生认准了学校里的图书资料中隐藏着商机，决定经营新旧图书和资料的书店，学生书店应运而生……诚如希贵校长所言："当我们希望校园里能生长更多学生的想法时，一个生机勃勃的校园氛围就会诞生，创新精神自然也会在校园里蓬蓬勃勃。"①

当然，十一学校不仅看重学生想法的创新性，还希望引导他们向着更有社会责任感的方向去思考问题。这样才能更加符合学校社会栋梁和民族脊梁的培养目标。而向着这个方向的努力已经看到了效果：一个喜欢咖啡的女孩子不仅开了一个咖啡厅，还用咖啡厅的盈利设置了"乐仁奖学金"，专门用来奖励从

---

① 李希贵：《面向个体的教育》，教育科学出版社，2014，第51页。

事公益性活动的学生。当学校里生长了学生的想法时，责任感也就随之产生了。

5. 学生参与学校管理

学生不知道校长室在哪里，恐怕并不会令多少人感到奇怪。反正在一个学校生活了几年，学生路过校长室门口的机会也不多。即便那些知道校长室位置的同学，也未必真的想过要去找校长说些什么。恐怕有些学生也会心中疑惑，学生能找校长干什么呢？

如果我们也有类似的看法，那么我们更该反思为何自己对于这种现象习以为常。问题是学生真的没有什么想要与校长说吗？这种学生对校长无话可说的状况是正常的吗？当教师充当了学生与校长之间传声筒的时候是否会存在信息的遗漏？难道真的是无比繁忙的校长少有机会同人数众多的学生进行面对面交流？

在十一学校，学生想要见到校长并不是一件很麻烦的事情，因为每个中午学校都有一项特殊的活动："校长有约，共进午餐。"这项活动并不是校长主动要求哪些学生来与自己共进午餐，而是要求每天中午都要有一位校级领导在校值班，等待学生的邀约。无论是学生在生涯规划上的迷茫困惑，或是学习中的酸甜苦辣，还是对社团或公司运行的奇思妙想，都可以通过事先的预约向"校长"诉说。

由于不同领导分管的工作不同，因此每天共进午餐的主题也有所不同。在哪一天中午来参加"校长有约"本身就是一次选择的过程。而且由于名额有限，学生需要在网络系统中"争抢"名额，且学生需要自己支付餐费，因此，要不要抢这个名额是摆在学生面前又一次选择的机会。一顿饭的时间有限，同时与校长吃饭的人都希望能够把自己想说的话说给校长听，选择哪些最重要的话题、以什么样的方式讲给校长听，都成为学生必须做出的选择。于是，一顿平常的午饭吃出了选择的滋味。

与学生连校长室在哪里都不知道的状况相比，这顿饭的意义绝不仅是为学生提供了选择的机会，它在让学生近距离接触校长的同时，也搭建了校长近距离了解学生需求的平台。一所真正尊重学生的学校，应当给予学生充分的表达权和表达的机会。相对于抽象的表达权，表达的机会更为实际，后者是落实前者的关键所在。通过这顿饭，学生有机会直接参与学校的管理工作，这种角色

的转换不仅使学校的管理更具针对性，而且也是对学校管理整体思路的改变——学生不只是管理的对象，更是管理的主人。

短短的篇幅显然无法穷尽十一学校的方方面面，但是将这些片段拼接起来所看到的十一学校的确有些与众不同。当他们没有沉浸在高考成绩的喜悦之中，开始对标准化的"炸鸡翅"模式进行深刻的反思时，他们便走在了正确的路上。或许不少人依旧慨叹于十一学校强大的经济实力、优秀的师资队伍或者巨大的校园面积，但我们是否意识到，十一学校真正值得关注的地方并不在于华丽的外观或者值钱的设备，而在于他们对于学校和教育的理解。他们在用心将学生带回学校的中心，因为那才是他们心中真正的学校。

四　十一学校的改革何以可贵

"什么是真正的学校？"也许是十一学校给我们带来的最大的思考。这个问题看似简单，但实际上并不容易回答。尽管所有的学校都以"学校"自居，但是并不见得都仔细思考过究竟什么才是真正的学校。笔者曾到某所以整齐划一为最大特色的学校调研。这所学校不仅规定宿舍里所有的枕头摆放的位置必须统一，所有的被子叠放的方式和尺寸必须统一，甚至规定所有暖壶的把手和所有牙刷的毛都必须朝向一致！在对这所学校的规定"震撼"之余，更应该思考的是我们何以认为这是一所"学校"？我们何以认为整齐划一就可以培养出人才？为什么我们总是对整齐划一有着格外的迷信？

如前所述，数百年工业社会的发展改变了人们对学校的理解。为了适应工业化生产的基本逻辑，人们早已习惯了"把学生看作教育事业的原材料，把教学设施比作工厂，把校董事会和教职员工的关系比作资方与劳方的关系，把教学形式比作生产方法……"[1] 在这种理解下，标准化和批量生产的工厂逻辑替代了因材施教，成为学校最为重要的特征。整个学校像流水线一样运转，学生是等待学校加工的原材料。这个模式在为社会输送了大量初级劳动力的同时也使得学校教育最为根本的育人功能窄化为劳动力的培训。人都被物化了，我

---

[1]　雷蒙德·E. 卡拉汉：《教育与效率崇拜——公立学校管理的社会影响因素研究》，马焕灵译，教育科学出版社，2011。

们又怎么可能轻易认清学校的本质呢？

也许许多人会说，在残酷的高考竞争面前，任何学校都不敢轻易改变已经被实践证明了的"炸鸡翅"模式。但是"不敢"不意味着"正确"，更不意味着我们应当"坚守"。联合国教科文组织 2015 年发布的《反思教育：向"全球共同利益"的理念转变?》中明确提出"这是一个动荡的时代。世界日新月异，对于人权和尊严的渴求正在日益凸显"。① 如果我们所谓的学校正在不断将学生视为原材料，视为待炸的"鸡翅"，那么我们凭什么认为自己正在尊重人权和尊严？

从这个意义上理解十一学校的改革，更能体会到这场改革的意义与价值。至少，十一学校的改革向我们生动地诠释了"学校"是学生的，因而是"学"校，不是"教"校。既然学校是学生的，那么我们就必须充分尊重学生。然而，如何才算尊重学生？我们都知道，教育不只是面对少数尖子生的活动，但是教育也不是面对抽象的全体学生，这一点时常被我们所忽视。当"全体"扮演着每一个学生的替代者的角色不断出现的时候，每一个学生最为生动、具体的侧面也就被淹没在抽象的概念之中。教育变成了一种面向概念群体的活动，而不是面对活生生的学生的实践。

因此，真正的学校当然是因材施教的，因为它面对的是每一个，既不是少数几个，也不是抽象的所有，就是那一个个天真的、活泼的、羞涩的、仗义的、蔫儿坏的、帅气逼人的、运动天赋极高的、经济头脑不凡的、喜欢蹲在角落里思考的孩子们。而要让每一个孩子都能获得发展，学校必须充分考虑自己的资源配置是否能够服务于学生，而不是怎么管理才方便，或者是外人来参观时怎么看上去更漂亮、更整齐。当我们把实验室的大门紧锁，把图书馆开放的时间限定在学生上课的时间，把牙刷毛的朝向都统一的时候，我们就离真正的学校越来越远了。反之，如果我们开始思考把走廊尽头的角落留给喜欢在角落思考的学生，为颇有经济头脑的孩子开一个学生银行，把校长室的会客区腾出来留给那个内秀的孩子让她可以在这里写写画画时，我们就走在了正确的路上。

与此同时，现实中许多打着尊重学生旗号的做法实际上恰恰是对学生的不

---

① 联合国教科文组织：《反思教育：向"全球共同利益"的理念转变?》，熊建辉译，教育科学出版社，2017。

尊重。无视学生的主体性就是一种常见的不尊重学生的做法。十一学校李希贵校长曾经提到一个"给健康人喂汤"的比喻：看到躺在床上不能自理的病人由陪护人员喂汤喂饭，享受精心贴心的服务，倍感温馨。可是，如果我们在日常生活中让健康的人也同样享受如此的照料，不仅看上去荒唐滑稽，而且被服务者也会感到无比别扭……①给原本有着自主能力的学生不断地填鸭，不正与给健康人喂汤喂饭的样子一样吗？因此，真正的学校是会"把勺子给喝汤的人"，而不是打着为学生好的旗号给他们"喂汤"。

另一种不尊重学生的做法是只考虑培养学生而从不考虑发现学生。长久以来，我们一直把培养当作学校的主要任务，实际上却回避了一个至关重要的问题：如果没有发现，那又谈何培养？每一个学生都是独特的，每一个学生都有自己的生长点，不能发现那个与众不同的他，我们又何以知道正在进行的教育是一种培养而非毁坏？我们何以判断自己是在因材施教还是在削足适履？我们又何以判断我们所认为的学生的缺点不是他们的特点？因此，真正的学校是要"创造适合学生发展的教育"而不是"塑造适合教育的学生"。②

此外，还有一种不懂得尊重学生的做法是不允许学生犯错。当我们鼓励百分时，可曾想过从 90 分到 100 分孩子得到的只是分数，失去的却是兴趣？金无足赤，人无完人，谁都会犯错，我们凭什么要求学生不犯错？当我们担心学生能力不足或者视野狭窄无法真正参与学校的管理时，我们可曾想过学生参与本身就是一种教育？如果我们把参与过程中的犯错视为一种教育，那么我们还会纠结于完美的标准与学生的错误之间的不协调吗？

其实，真正的学校从不拒斥学生的错误。恰恰相反，创设选择的机会就是希望他们能够犯错，因为只有犯了错误，经历了失败，他们才能更加深刻地理解成长的意义。学生的每一次选择都会有成功或失败两种可能，失败固然会付出代价，但是如果他们只习惯于成功，那他们在今后的人生道路上可能会付出更大的代价，因为他们不曾学会如何面对失败。因此，真正的学校在意的是他们在学会成功的同时是否也学会了面对失败。

---

① 李希贵：《面向个体的教育》，教育科学出版社，2014，第 151 页。
② 李希贵等：《学校转型：北京十一学校创新育人模式的探索》，教育科学出版社，2014，第 4 页。

五　未来学校中儿童参与何以可能

也许有人会说，十一学校之所以可以如此大刀阔斧地改革是因为他们拥有人数众多且质量极高的教师队伍，正是这支队伍确保了诸如私人订制课程等改革举措最终能够落地。然而，我们在承认许多学校难以实现这么多门私人订制课程的同时，也必须承认对于相当多的学校而言，为一位学生或几位学生单独开设此类课程简直是痴人说梦。当我们在开设课程门数多寡的问题上斤斤计较时，实际上是在为我们的不作为寻找更为合理的借口而已。哪怕我们目前只有能力为一位学生提供特需的帮助，但我们也尽力去做了，那么我们也就走在正确的路上了。"学生奔跑到哪里，轨道就铺设到哪里"[1]，哪怕只有一位学生在奔跑，他也并不孤独，因为学校总是会和他并肩前行。

如果十一学校的改革并非只能在十一的校园内发生，那么，十一学校的改革举措是否代表了高中教育发展的趋势和方向？实际上，在新高考改革方案出台之前，十一学校就大胆开始了走班制等改革的探索。当时笔者在调研时同某些省份的高中校长进行过沟通，认为走班将在未来若干年内成为高中改革的重要方向。然而，绝大多数校长并不认同笔者的观点。他们以自己学校的规模庞大、师资不足等客观条件作为理由，认为走班并不适合自己的学校从而拒绝开始这种"不切实际"的改革。这表明许多校长只是从外在的形式上认识走班制改革，并没有从根本上意识到走班所代表的改革背后的教育理念与价值追求。随着新高考改革方案的出台，无论校长是否认为自己的学校具有走班的条件，让学生在选择的过程中"走起来"都将成为每一所高中学校无法回避的改革方向。在许多学校被动地忙乱背后，我们更应该思考如果十一学校的改革只是一种偶然的个例，又如何解释至关重要的高考改革同十一学校改革方向的内在一致性？

这场改革首先考验的是我们的心态。我们是否真的希望如此去做，是否真的敢于放手给孩子们创造参与的空间？如果我们始终怀有一种"造物主心

---

① 李建平：《中国教育寻变——北京十一学校的1500天》，教育科学出版社，2015，第204页。

态"，认为"儿童在任何方面偏离了成人的方式就被当作一种罪恶，成人要迅速加以纠正"①，那么我们很难放手去给孩子们创造真正的参与空间。不能把属于他们的选择还给他们，我们又凭什么要求他们敢于担当？不能正视他们在学校建设和发展中本应发挥的作用，我们又凭什么相信自己从事的是教育而非"炸鸡翅"式的培训？

当然，所谓的"放权"不等同于"放任"，并不是让学生自生自灭，更不是推卸教育者本应当肩负的责任。放权不是故作姿态，也不是在无关痛痒的地方象征性地给学生留点空间。真正的放权基于教育者对于教育问题的反思和教育理念的追求，指向学生参与平台的搭建。十一学校之所以决定为更多的学生提供国旗下讲话的机会，正是因为他们发现只有少数人发言的升旗仪式对于发言者而言是一种机会的浪费：当他们反复获得在国旗下讲话的机会时，这个机会的锻炼价值在无形中被大打折扣。因此，与其坐视机会的浪费，倒不如给更多的学生提供难得的锻炼机会。校长之所以允许学生在学校里开书店并且在学生经费紧张的时候不肯直接把钱借给学生，并不是校长囊中羞涩没有多余的经费，而是他希望借此帮助他们明白经营之道。与校长共进午餐的活动不是校长无聊地想要找几个学生一起吃饭聊天，而是学校在追求管理的扁平化，在追求管理向服务的转变，在追求学校的各项行动离学生更近一点。学校决定邀请学生参加校务会议，并不只是希望给他们了解学校的机会，更是希望能够让他们在参与决策的过程中得到难得的锻炼……

放权只是一种创设机会的手段，而非目的本身。通过机会的创设，学生有更多的可能从自己的选择出发切实参与到学校的生活中来。这种参与使得学校生活和学生成长有机融合。从这个意义上讲，放权并不是某所学校的特权，也非某所学校的独创。当然，我们必须承认，对于那些习惯于标准化甚至军事化管理的管理者而言，放权所带来的学校形态的改变有些自寻烦恼的味道。但是"担心混乱"、"学生没有能力"或者"学生不会选择"也许都是为管理的简单化思维和隐藏在背后的省事儿逻辑打掩护。"要达到真正的卓越是要做出牺牲的，需要在从错误中吸取教训的同时付出巨大的努力。毕竟，教育无捷径。"②

---

① 玛丽亚·蒙台梭利：《童年的秘密》，马荣根译，人民教育出版社，2005，第31页。
② 雷夫·艾斯奎斯：《第56号教室的奇迹》，卞娜娜译，中国城市出版社，2008。

十一学校的改革告诉我们，真正的学校也许很简单，它是学生的学校，是为每一个学生的学习创造条件的学校，是把资源用于学生发展的学校，是尊重学生的自主性、选择权甚至错误的学校，是学生参与的学校，是把学生放在心中的学校。每一位学生都有寻求自主发展的权利，每一所学校都有机会成为一所真正的学校。"让学生回到学校的中心"，这是一条体现学生参与的改革之路。

B.9
把学习的权利还给儿童
—— "安吉游戏" 带给中国学前教育改革的探索

常　晶*

摘　要：　本文中笔者采取了实地调研、专家访谈等方式对 "安吉游戏"
　　　　　对中国学前教育改革的启示进行了研究和分析，梳理了 "安
　　　　　吉游戏" 产生的背景及其在全世界受到欢迎的原因，总结了
　　　　　"安吉游戏" 的主要经验。

关键词：　"安吉游戏"　学前教育　改革

在美国威斯康星州麦迪逊市一城（One City）幼儿园，4 岁的美籍非裔男孩麦克斯，在乐此不疲地搭建着简单的木头。他把木头横竖相间，层层垒高，在上面架上两个轮毂，后部跨上横梁，正前方支起长木——半个多小时后，一座坦克跃然眼前。成功带来的喜悦，瞬间在麦克斯的面庞浮现，他腼腆地笑起来。母亲看到这一幕，紧步走过去，从后面环抱住蹲在坦克上的麦克斯，激动得热泪盈眶。

这个场景让程学琴感到意外，她看到过无数家长与孩子玩 "安吉游戏"，眼前这位母亲的表现显得有些 "夸张"。这位母亲说，"程老师，我衷心地感谢你给我的孩子带来这些玩具和快乐！事实上，在我丈夫车祸遇难后的这两年里，这是麦克斯的第一次微笑"。

"安吉游戏"，是浙江省安吉县教育局基础教育科副科长程学琴，基于安吉县的教育生态，改革探索出的全新的学前教育实践。15 年的厚积薄发，

---

　　* 常晶，《中国教育报》记者。

"安吉游戏"不仅给中国国内学前教育的发展带来全新视角、深刻改革，引起无数国内幼教人士的膜拜取经；而且美国一城幼儿园的正式开园，标志着"安吉游戏"正在影响世界学前教育的发展，给不同国家、不同种族的儿童带来欢乐。

一　什么是"安吉游戏"

"'安吉游戏'实在是一个极其朴实的名字，那就是安吉的幼儿园正在开展的游戏，但是这种游戏却是幼儿最喜欢、最自主、最符合天性、最体现幼年生命本质的一种活动"，华东师范大学学前教育系教授华爱华如是说。

近50年来，华爱华一直在研究幼儿游戏。5年前，她第一次接触安吉游戏，"我欣喜地感到，这就是我多年来追求却未及的游戏状态。"

这是一种什么游戏状态？华爱华回忆了第一次观摩"安吉游戏"的场景。当时，她来到安吉县机关幼儿园和实验幼儿园观摩户外自主游戏，可是眼看时间就要到了，户外场地上仍空荡荡，什么都没有准备。谁知9点一到，孩子们冲出教学楼，飞快地从场地周围搬出了想要玩的游戏材料，大小梯子、木板木块、轮胎、箱子以及各种小玩具等。没有老师向孩子交代游戏玩法，没有孩子等待老师组织安排，孩子们自发地三五成群，进入了各种类别的游戏情境。游戏中，没有教师教导孩子应当干什么、不应该干什么。

"我很快被孩子们在游戏中的精彩表现所吸引，我用相机尽快地捕捉着他们的行动，事实上相机充的电根本不够用。"华教授感叹孩子们太会玩了，创造出许多意想不到的玩法，看到"久违的自然游戏中的玩性、野趣和童真"。游戏结束时，让华教授更加吃惊的是游戏场上四处散落的大大小小的材料，全都经由孩子的手，仅花了十分钟的时间，就整整齐齐地归位成原来的样子，呈现一种训练有素的能力和自觉性。

近年来，"安吉游戏"带给中国学前教育工作的触动和热情非常疯狂。2005年以来，有无数的园长、教师、教育行政干部潮水般地涌向安吉，在观看了安吉幼儿园的活动后，他们热血沸腾、感慨万千。回到本地后，他们大面积地效仿学习"安吉游戏"。一时间，全国许许多多的幼儿园都有了安吉的影

子，仿佛"无安吉，不学前"。

切尔西·白丽曾任美国纽约大学学前教育系主任，她在美国从事学前教育事业 20 多年。2014 年 7 月她首次来到安吉后，就深深地被"安吉游戏"迷住了。"这是真游戏，在游戏中能看到孩子们的天真，感受得到孩子们发自内心的快乐"。

卡斯·何曼是美国著名的设计学院——罗德岛设计学院工业设计系副教授，她设计的玩具在全球广泛销售和使用，她认为："想象力和创造力是非常强大的工具。'安吉游戏'容许孩子自己创作和发明游戏和故事，在没有成人指挥和说明的情况下，寻找运用这些材料的玩法。相比遵从指示，这样的孩子会有更多的创新和创造力。"

雷娜特·齐默尔博士是德国奥斯纳布吕克大学体育与教育学教授，运动感知、精神运动学研究中心主任，下萨克森州早期儿童教育与发展研究所所长。她多年致力于儿童运动研究，多部著作在中国发行。2008 年她到中国考察了多个省市的幼儿园，走进安吉，她欣喜地说："这是我见过的最好的幼儿园！这么多孩子，每一个人都能找到自己想做的事情。老师就陪伴在那个最需要帮助的儿童旁边。"

芬兰的多位幼教专家，了解安吉的情况后表示："芬兰的教育虽然很开放，但不像安吉有这么丰富的玩具材料，特别是那种移动的、可以驾驭、可以搬动的玩具，以及那种挑战性极高的滚筒、梯子、户外的大型积木。"

与有机会来到安吉的人相比，其他许多国家的学者通过脸书、推特等社交网络，了解到"安吉游戏"，并多方周折联系程学琴。就比如，前不久在韩国召开的世界学前教育大会上，多位加拿大的大学教师早早地找到程学琴发言的会场，听完报告后她们迫不及待地提出想到安吉考察研究的请求。除上述国家外，还有来自英国、澳大利亚、巴西、印度尼西亚、印度、尼日利亚、韩国等国的专家、幼儿园已经引入或正在联系引入安吉模式。

二 "安吉游戏"为何受到世界的欢迎

安吉，是浙江省北部一个小县城。2014 年全县财政收入首次突破 50 亿元大关，在浙江省的县（县级市）区财政收入排名中等。然而这里的学前教育发展却走在经济发展的前面。这里，没有机场，没有高铁站。从距离最近的杭州萧山机场到安吉县需要坐两个小时的汽车，穿越六座山；从最近的湖州市高铁站到安吉需要一个多小时的汽车路程。崇山峻岭，也没有阻挡住安吉在国际上声名远播。这几年，全世界多个国家的教育人士、儿童心理研究者来到这个县城，探寻安吉的学前教育秘密。那么，"安吉游戏"缘何成了国际学前教育的样本？

高杰（Jesse Coffino），"安吉游戏"海外的策划、组织、筹备实行人，他认为，在美国，日益增长的贫富差异和几百年历史积累的种族歧视，给处境不利的儿童带来了一些负面影响。"低收入、受到代际创伤的孩子，生活在种族隔离环境里，被逼着安静地背知识。因为有决定权的人认为，这样会解决教育成果差距的问题。"高杰的分析，与华爱华所观察到的美国学前教育的发展，似乎是一种相互印证。"2005 年，我在美国看到的情形是，富人孩子上的幼儿园在'玩'，穷人孩子上的幼儿园在'教'。"为此，美国许多教育研究者、政客和家长在寻找"高质量"的幼儿教育理念，以解决当前美国存在的教育不平等问题。

当切尔西等专家来到安吉，看到安吉游戏中孩子的发展水平，大为感叹，他们走遍安吉县各个乡镇幼儿园、村教学点，观察与研究安吉游戏是如何促进孩子的学习和发展的。他们惊奇地发现，在这个经济并不发达的中国农村幼儿园，没有高学历的幼教老师；大部分孩子，是留守儿童——父母外出打工，孩子在家乡由祖辈抚养。然而，这里的幼儿园，仅仅以游戏就赢得了孩子高水平的发展，这引起外国专家极大的兴趣，考虑学习并引进安吉游戏。

华爱华教授认为，"中国农村幼儿园的小学化不就类似于美国的学前补偿教育吗？中国多年的小学化并没有改变农村孩子的生存状态，相反安吉幼儿园的去小学化倒促使了农村孩子的发展。既然安吉可以，那美国中下阶层的幼儿园也应该可以尝试，毕竟孩子有着共同的成长规律"。

"安吉游戏"负责人程学琴说，"面对农村大量的流动儿童、留守儿童，让每一个孩子都享受到公平、普惠、优质的学前教育"，这就是"安吉游戏"产生的根本原因。今年初，在美国西部教育 30 年庆典大会上，会方邀请程学琴与享誉世界的瑞吉欧儿童主席、瑞吉欧儿童基金会马拉古齐中心主席卡

拉·里纳尔迪（Carla Rinaldi）教授同台对话，并与美国幼教人士交流，"安吉游戏"解决处境不利儿童的现实难题、尊重和发展儿童的理念引起了强烈反响。

一城幼儿园，作为"安吉游戏"在美国的第一个试点幼儿园，是麦迪逊市首次投入 200 万美元的幼儿园，该园占地 1243 平方米，设计规模可接纳 110 名低收入家庭的子女。一城幼儿园的董事长卡里米·卡瑞（Kaleem Caire）介绍，未来 5 年计划在当地开办 12 所安吉课程的幼儿园，目标是招收 1100 名低收入家庭孩子。

三　向"安吉游戏"学什么

2001 年教育部颁发的《幼儿园教育指导纲要（试行）》明确指出："幼儿园教育应尊重幼儿的人格和权利，尊重幼儿身心发展的规律和学习特点，以游戏为基本活动。"然而，当前，幼儿园仍然屡屡触碰这一红线，大面积地牺牲游戏，以"教"作为主要内容。华东师范大学教授李季湄一语道破中国学前教育发展的痛点，"谁都知道孩子爱玩，但放手让孩子玩却一直是我国幼儿教育迈不过去的坎儿。尽管以游戏为幼儿园的基本活动喊了若干年，但在今天中国的大多数地区，且不说县城、乡村，即使在城市幼儿园里，推行'以游戏为基本活动'也是阻力重重"。

在"安吉游戏"成为改革的成功典范，并首次代表中国幼教落户外国之时，我们是否该思考一下，到底应向"安吉游戏"学什么？

1. 把游戏的权利还给孩子

在北京一家知名幼儿园里，笔者因工作采访时观看了幼儿园特别安排的集体教学活动。可以想象，这应该是最能代表幼儿园教育水平的一个活动。这个活动主要是教孩子们认识钟表，课长半小时。大班的 30 余个孩子，分组围坐在四张桌子旁，桌子上放着石英钟表。老师面对全体孩子站立，手持钟表，分别教孩子认识时针、分针、秒针。

起初，孩子看到桌上的钟表，表现出极大的兴趣，不停地摆弄。老师反复高声强调："一二三，眼睛看老师；四五六，小手放两边。"孩子听到老师的口令，赶紧放下钟表，整整齐齐坐好。老师表扬了其中一位坐得笔直笔直的小男孩，孩子们朝这个男孩露出羡慕的眼神。随后老师教孩子认读指针的顺序，又随机调整表盘上的时间，让孩子辨认时间。这期间，为了引起孩子的注意，让孩子聚精会神地学习，老师多次大声规范孩子的行为，并走到孩子中间维持纪律。

高控下的幼儿教育，要么抛弃游戏，把儿童关在教室开展集体教学；要么在设计、布置好的区域里开展有限的主题角色活动；更有甚者以游戏为幌子行灌输知识之实。中国传统观念注重知识的教育，家庭对于升学压力的教育功利态度，学前教育工作者对于儿童、游戏和课程认知存在的局限性，共同导致了当前中国的学前教育以学习知识为导向的现实。

那么，儿童与游戏是什么样的关系才科学？如何战胜这一板结化的教育惰性？

在安吉，有另一番风景：这里的孩子，玩真的竹子、木块、木板、砖头、超大油桶、PVC管道、滑道绳索、沙土、锅碗瓢盆、轮胎、废旧汽车……那种购买的精致的大型玩具器材往往无人问津；这里的孩子，玩法也与众不同，他们站在大油桶上用脚滚动着油桶向前、向后，他们在三米高的软梯上爬上爬下，他们拉住手环从高空索道上冲下来，他们用造型简单的大型积木搭建各种造型，他们穿着雨鞋玩真的沙、真的水。

安吉幼儿园的墙面，与其他地方的幼儿园有所不同，这里的墙面均由幼儿做主，有的地方挂着孩子画的游戏故事；有的地方挂着孩子的各种记录，喝水记录、植物观察记录、阅读笔记、一日生活记录、游戏和生活中的发现和探究记录等；有的地方张贴着孩子心目中最得意的作品；有的地方他们做了大量留白，等待进一步地探究和补充。墙面成为孩子最爱的地方，他们经常三五成群地聚到墙边，相互讨论、介绍、交流、分享。

"对于儿童来讲，游戏等于学习，游戏就是学习。没有游戏就没有童年，没有游戏就没有完整健全的儿童。"华东师范大学教育学部学前教育系教授、博士生导师王振宇分析说："'安吉游戏'最重要的地方是把游戏的权利还给了儿童，让儿童自由、自主、自觉地开展游戏。它实际上体现着游戏课程化的方向，实现着'游戏是儿童的基本活动'和'游戏＝学习'的科学理念，可以与国外的许多课程模式交相辉映。"

把游戏的权利还给孩子，是"安吉游戏"的第一个重大革命。

2. 充分信任儿童、解放儿童

在安吉，有一个很有趣的现象，这里的教师都是"不说话的"。他们在儿童的游戏活动中，只是无声无息地拿着手机、照相机，悄悄地追着孩子拍摄，他们的表情时而惊喜、时而紧张、时而期待、时而喜悦。

老师总是不相信幼儿自己能行，总是不放心幼儿自己能学到什么，是当前中国幼儿老师的普遍心态，他们总是希望用自己精心设计的课程，带给孩子肉眼可见的知识与规范。

"安吉游戏"的创造者程学琴说："孩子的发展是一个连续的过程，他必然是在昨天的基础上，获得今天的进步，并成为明天的基础。然而，许多时候，教师精心准备的、片段化的、零散的、所谓的课程，实际上干扰破坏了儿童发展的秩序。"

所以安吉在改革教育中，第一步就是让教师"管住你的手，闭上你的嘴，睁开你的眼，竖起你的耳，发现儿童"。程学琴坦言，15 年前，她总结的这句话受到许许多多的批判和非议，质疑者纷纷议论，"安吉的学前教育全乱套了，孩子不学习，老师不能上课"。

亲历这一过程的安吉县机关幼儿园的园长盛奕说，"教师们管住了手和嘴后，他们的眼睛里终于看到了儿童，并为儿童惊人的能力所欣喜。"

通过随机选择跟踪观察一个男童的游戏发展过程，笔者亲眼见到了盛奕口中"惊人的能力"。在活动开展将要接近尾声时，朱凌宇慢慢悠悠地骑着三轮车闯进了笔者的视野。由于程学琴站的位置挡住了他运输木块的路，他坐在三轮车上，喏喏地不愿出声，等着程学琴看到他给他让路。盛园长向笔者悄悄介绍，这个孩子的家长非常溺爱和包办代替，所以孩子表现得比较娇气和独来独往。程学琴其实早就发现了这些，只是故意装作没有看见，等待着孩子主动交往。朱凌宇扭扭捏捏半天，终于在嗓子眼里咕噜出一句话，"老师你能让一下吗？"程学琴蹲下身来，抚摸他的后背说："孩子，你说什么，老师没有听清楚。"朱凌宇获得了鼓励大声地说："老师，你能给我让一下路吗？我在运输木块。"程学琴说："好呀！没有问题的！你好有力气，运这么多的积木！"听到赞扬，他骑车的速度明显快了许多，边骑车还不忘回头照看成堆的木块有没有掉落。把木块运到玩具收纳区，朱凌宇与其他的孩子进行了语言的沟通，其他的孩子卸下了他运来的玩具。至此，由平行游戏中孩子各玩各的，过渡到了有商议有分工的合作性游戏。愉快的合作，让朱凌宇感到非常有成就感，他的两只小脚上下欢快地踏着脚蹬，继续满操场寻找需要整理的木块。盛满后，他小心翼翼地骑着三轮车，不过明显可以看到他比之前更娴熟了，车速和稳定性都有了很大提升。路过我们旁边，他看了看我们，程学琴又一次回应了他，表扬他骑车又快又稳。

活动结束的音乐响起时，孩子们自觉地开始收拾玩具，放回原位后走向教室。原来满满都是玩具材料的操场，瞬间被收拾归纳整齐。朱凌宇把三轮车骑回铁架焊成的"车位"。他发现，旁边有一辆车没有归位，于是两手举起那辆三轮车，"咣当"一声送进了车位。由于三轮车的重量超过他的能力，他仿佛是举重运动员，不禁大喊一声"啊"。几位在场的老师看到他巨大的进步，激动地走过去夸奖他太有责任心了。孩子的胳膊仍然在颤抖，但他故作从容，自信满满地向教室走去。

在这个过程中，老师从始至终没有规定游戏的规则、游戏的材料、游戏的玩法；老师没有规定孩子们的分工与角色，没有扶一下朱凌宇车上摇摇晃晃的木块，没有伸手去收拾孩子玩完的玩具材料。他们只是观察儿童的活动，并适时地鼓励孩子。

在安吉，看似孩子放羊般的"野玩"，实则是在教师充分信任儿童、解放儿童的过程中让儿童实现自我发展。教师把孩子们在游戏中遇到的问题、获得的发展，自然生成为他们的课程，适时在背后推一把孩子。

"无游戏的学前教育，教师自愧、专业缺乏；假游戏下的学前教育，教师疲惫、职业倦怠；真游戏下的学前教育，教师幸福、专业自觉。"程学琴说。

"安吉游戏"承认教师有研究和建设课程的能力，将教师的角色定位于课程的开发者，并率先抛弃了统一的教材，让教师通过研究、建设、开发、生成自主的课程和综合活动。"因为教师成为儿童的研究者和终身学习者，他们才会在教育的实施、教育的改革中拥有更多的进步、更多的职业幸福感。"程学琴说。

"安吉游戏"的第二个重大革命，是对教师角色的变革。

3.家园合作共建良好教育生态

孩子是幼儿园的，更是家庭的，让孩子在游戏中学会对自己负责。在爬跳梯子时，笔者看到一个个孩子爬上两米高的梯子，然后，扑通跳下，形态各异

地趴在地垫上。就这么一个简单的过程，孩子们乐此不疲地反复玩，并多次放声大笑。

笔者与程学琴打赌，"如果地上这个厚垫子，挪开，孩子还会不会往下跳？"程学琴说肯定不跳。于是，我们假装不经意地用脚踢走了垫子。爬到梯子上准备往下跳的男孩，一看垫子没了，便默默地爬下来，把垫子挪到梯子正前方，再重新爬上去跳下来。

"今天不敢从梯子最高端跳下，那从第一个梯凳上往下跳，一次次，一天天，他才能不断地发展拓展自己的能力与勇气。"程学琴对笔者说，他们也经历过家长对"安吉游戏"的担忧和集体抵抗。

教师经常用视频和照片与家长分享孩子们的游戏故事，并让家长亲自观察孩子们的游戏，同时向家长解释游戏中孩子的表现和发展。家长目睹了教师对孩子的欣赏和尊重，不仅理解了游戏对幼儿发展的价值，也看到了幼教的专业性所在，反过来促使家长对教师更加尊重和支持。"最终，家长们认可'一点点小擦伤防大伤'，我们的游戏是要让孩子学会对自己负责。"程学琴说。

不用成人制造真空保护层，孩子在一天天的尝试冒险中，自发地打开了安全自护机制，也只有这样的安全机制才能真正地保护孩子，才让家长放心。

孩子是幼儿园的，更是家庭的，安吉抓住这一根本，营造了良好的教育生态圈。"在一个全社会都理解和支持儿童游戏的地方，'安吉游戏'就已经大大超越了游戏本身的价值。"王振宇说。

"安吉游戏"的第三个重大革命，是成功地解决了教育与家长之间的关系。

四 "安吉游戏" 为什么能成功

今天的"安吉游戏"，就像我们看到的竹林，只是地上的结果。它涉及的自然生态环境、政治文化传统、教育行政管理方式等，恰恰是它生长所依的"竹鞭"。在改革探路的 15 年中，安吉解决了生存问题，才获得发展的可能。而在中国，大部分幼儿园正在面临生存问题、小部分幼儿园在探索发展问题的当下，不论是学习、借鉴"安吉游戏"，还是研究、发展"安吉游戏"，如果不了解它背后的教育生态环境，便不能理解，所有的效仿只是断章取义，所有的发展也只能是无本之木。

1.“安吉游戏”的教材来自孩子的生活

“课程创设是最艰难的事，当开展预设主题活动时，我的心忐忑不安，担心自己组织不好，怕孩子们的学习和发展不够。失去了教材、教学参考，我就像无头苍蝇。”这是安吉高禹幼儿园教师郑梅曾经的难题。笔者在实地调研中看到了郑梅写的一则教育笔记：

> 今天，自然角投放了3只小乌龟，孩子们发现后弯着腰，将小脸凑近观察，开心地说：“好可爱啊！”
>
> 看着孩子们对乌龟这么感兴趣，于是我和孩子们开展了“乌龟的秘密”谈话活动。“老师，我想知道乌龟壳上为什么有花纹”“我想知道乌龟的壳为什么这么硬”“我想知道乌龟喜欢吃什么”……问题一经提出，大家便七嘴八舌地讨论开来：“乌龟喜欢吃肉”“乌龟喜欢吃小鱼”“我刚刚看见那只小乌龟的肚子下面有花纹，我家里有只乌龟好像是没有花纹的”“我知道‘女乌龟’背上是白色的”……
>
> 听完孩子们的交流，我发现他们已经对乌龟的外形、种类、生活习性有所了解了。接下来带着孩子的问题，我们一起进入乌龟的世界，第一个生成的活动是“乌龟家族”。国庆假期里，我给孩子们的任务是搜集“乌龟家族”的资料，期待孩子们能够有所收获……

在这次教育活动中，郑梅及时发现了孩子们的兴趣，追随孩子们的脚步随即创设出课程。“重新认识‘安吉游戏’背景下的课程建设时，我发现孩子是课程的发起者，只要把孩子们感兴趣的点串联起来，支持和陪伴孩子们一起发现和认知周围生活中的一切。其实课程就在身边，既看得见又摸得到。”如今的郑梅，已然变成了一个研究者。

游戏，是儿童的生活经验，是个体生活履历经验的重组。“我们的改革，不用远离孩子的教材而教，而是自觉地利用儿童原生态的生活经验，甚至部分保留儿童原生态的生活，由此衍生出游戏课程。”“安吉游戏”的创造者程学琴介绍说。

在这种教育自觉、游戏信念指导下的课程，教师的“教”便不再局限于

系统化的书本知识，而是观照儿童个体的生活经验。所以，"安吉游戏"的整个教育过程，儿童看似"信马由缰"，实则在教师的掌控之中，这其实已经远远高于儿童的原生态生活。

"尽管由于条件限制，有些老师未必能够深刻地理解，但他们都坚定地尝试并落实这一观念，这本身需要勇气来战胜传统观念和教育的保守性与惰性。"程学琴补充说。

2. "安吉游戏"的玩具取自孩子的生长环境

每一种教育模式的诞生与发展，都有其必然的生态环境。在这一点上，"安吉游戏"体现得更为深刻。

发端于黄浦江源头的西苕溪，是安吉的母亲河，她送给子女最好的礼物，便是溪旁茂盛的竹林。一根根竹子关乎安吉的衣食住行用：竹的笋可即食、可晒干储食，竹的竿可制地板、凉席、坐垫、脚手架，竹的梢和鞭可做工艺品、文体用品，就连废料竹粉也可做成竹炭、竹板，被广泛应用在家纺、服装等领域。

丰富的自然环境，让安吉的学前教育在面临投入不足的困境时，想到了取法自然——给孩子们提供真实的、低结构的、丰富多彩的自然之物，作为游戏材料。他们利用遍地的竹子制成梯子、秋千、桌椅，搭建茅屋、瞭望台；利用丰富的木材，切割、打磨成造型简单的大型建构积木、原生态的跷跷板、平衡木；利用丰富的沙土资源、水利资源，建成沙池、水池、泥池。

美国罗德岛设计学院副教授、著名玩具设计师卡斯·何曼来到安吉后十分赞叹："他们所运用的材料，并不花哨华丽，能在幼儿园之外的任何地方找到。孩子可以运用这些材料去做任何想象的东西，比如从搭建一座堡垒到摆出一条龙。"

在竹林中长大的安吉孩子，从小便知道生活中处处都有游戏、充满挑战，而决定如何获取、使用、改造这些自然宝物的人是自己。

华东师范大学教授李季湄也说："'安吉游戏'罕见的规模、丰富的内容、鲜活的场面、既乡土又现代的实践形态，其每一个园、哪怕是小小的村园都无一例外地拥有充满乡土情趣、各具特色、生态环保的游戏环境。"

"安吉游戏"的产生，是我国学前教育发展的必然，因为它顺应了学前教育回归儿童身心发展规律的必然；同时不容置疑的是，它又具有区域发展的偶然性，谁能想到在一个经济并不富足的中国农村，学前教育的改革做得如此深刻且深得民心，淋漓尽致地释放了儿童和教师的潜能？

我们不得不向安吉幼教工作者们致以敬意，因为他们心中装着幼儿，所以满怀教育情怀，勇于身先示范。也许，他们对其所依赖的中国厚重的乡土文化、自然生态系统、人文风俗环境并不具有文化自觉，但是不容置疑的是，这一丰富的给养，共同造就了今天的"安吉游戏"，造就了其对世界学前教育发展的影响。而这只是一个开始。

在一个全社会都理解和支持儿童游戏的地方，"安吉游戏"其实已经超越了教育本身的价值。

B.10
校外教育中儿童参与的经验探索
——以中国儿童中心为例

马学阳　王润洁*

摘　要：　本文梳理总结了校外教育的概念以及当前我国校外教育的发展现状、功能定位，提出儿童参与是校外教育的独特价值，从教育内容、教育方法、教育过程以及教育环境四个方面总结了校外教育中儿童参与的策略经验，并以中国儿童中心为例对此进行了介绍分析，在此基础上提出了推动校外教育中儿童参与的建议。

关键词：　校外教育　儿童参与　中国儿童中心

一　我国校外教育发展概述

校外教育作为一种培养人的社会实践，可以追溯到古希腊和古罗马时代。但是，作为一个现代学术概念，校外教育出现于何时何处却很难考证。国外尤其是在英语国家，校外教育所用的词汇有："Afterschool Education"（"放学后的教育"）、"Out－of－School Time Education"（"学校之外的教育"）、"Extracurricular Education"（"课外教育"）等。国内学者如沈明德（1989）、张印成（1997）、顾明远（1998）、谢维和（2000）在国外学者对于

---

* 马学阳，中国儿童中心副研究员，主要从事人口发展与儿童福利相关领域研究；王润洁，中国儿童中心科研与信息部助理研究员，教育学硕士，主要从事校外教育、儿童权利、儿童发展等相关领域的研究，并多次作为主要执行人参与管理并执行联合国儿童基金会与中国政府合作的项目。

"校外教育"概念界定的基础上提出了各自不同的定义。综合来看，理解校外教育的概念和内涵，主要基于三个方面的要素：时间、空间和对象。大多数学者对于时间、对象的界定没有差异，认为校外教育是儿童在学校时间之外接受的教育；而在空间要素上却存在诸多不一致的地方，有的认为整个社会公共文化设施都是校外教育的实施主体，有的认为需要限定在一些具有明确教育功能的专门性教育机构，还有的倾向于局限在如青少年宫、少年宫、青少年学生活动中心、儿童活动中心、科技馆等由政府投资兴办的校外活动场所。

因此，国内校外教育有广义和狭义之分。广义的校外教育可以认为是在学校教育体系之外，由各级各类教育机构针对儿童开展的促进身心发展、培养个性品质的教育活动。而狭义的校外教育则是指综合性或专门性的校外教育机构利用课外或校外时间开展的思想道德建设、科学技术普及、文艺体育培训、劳动技能锻炼等教育实践活动。

1947年宋庆龄先生创立的中国福利基金会建成第一个儿童福利站（校外教育机构的雏形）、1949年大连儿童文化馆成立（新中国第一所校外教育机构），我国校外教育经过60多年的发展，目前已经成为基础教育的重要组成部分。据不完全统计，由政府投资兴建的校外活动场所约有5000所，主要分属于教育系统（约3000个）、共青团系统（约800个）、妇联系统（约600个）和科协系统（约350个）四个部门，逐步形成了国家、省、市、区县、乡镇街道五级校外活动场所网络，基本实现每个县都有一所综合性、多功能的未成年人校外活动场所。除了上述公办的校外教育机构外，还有由社会力量和个人出资兴办的各类民办校外教育培训机构，这类机构数量更多，远超公办校外教育机构。

校外教育的功能定位和校外活动场所的建设一样，相比新中国成立之初发生了极大的变化。1957年，团中央、教育部颁布的《关于少年宫和少年之家工作的几项规定》（第一个校外教育法规性文件）明确校外教育的基本任务是配合学校对少年儿童进行教育，这一时期校外教育的定位是学校教育的延伸和补充。1985年，中共中央颁布的《关于教育体制改革的决定》提出要"学校教育和学校外、学校后的教育并举"，这标志着校外教育已逐步成为社会主义教育事业的重要组成部分。之后，校外教育的发展更是迅速，取得了令人瞩目的成绩，在促进儿童健康成长和全面发展方面发挥着不可替代的重要作用。

二 校外教育中儿童参与的策略经验

如果说学校教育体现了国家意志，更多地类似于体育比赛中的"规定动作"，那么校外教育则体现儿童个性发展的自我需求和选择，更多地类似于"自选动作"。"自选动作"和"规定动作"在教育内容、教育形式、教育方法等方面都存在很大的差异，而这些差异的核心都指向一点：儿童参与。

从参与机会看，学校教育的内容受制于课程大纲和教学计划，不能随意变动，学生参与机会少或只能被动接受；校外教育的内容则具有开放性和灵活性，可以根据儿童需求"私人定制"。从参与形式看，学校教育主要通过班级授课来实现教育目的，学业水平参差不齐的几十个学生同时听一个老师讲授；而校外教育主要通过开展丰富多彩、形式多样的教育活动，让每个学生都能在三五个或十多个人的"小规模"团队活动或实践中得到充分的关注、展现。从参与方法看，学校教育主要是在封闭的教室空间里进行传授和讲解，考核指标多为标准答案和分数；而校外教育可以经常走到户外，强调体验、探究、参与、合作、讨论、调查、社会实践等能发挥学生主体性的教育方法，目标是动手能力、分析解决问题的能力、创新精神和实践能力的提高。

具体到校外教育中儿童参与的基本策略经验，下文将从教育内容、教育方法、教育过程以及教育环境四个方面进行分析总结。

（一）教育内容：以儿童经验和能力为中心

传统的校外教育活动主要有文艺（如钢琴、表演、舞蹈、唱歌等项目）、体育（如游泳、乒乓球、跆拳道、武术、围棋等项目）、美术（如绘画、书法、设计等项目）、科技（如乐高、机器人、航模、小牛顿等项目）等多种类别，其中很多项目的学习内容都以儿童某方面的技能训练为主，目的都在于技能水平的提高，往往会存在简单重复、枯燥无趣的情况，这样使得儿童的兴趣得不到充分的挖掘、培养和有效提升，有时甚至会起到相反的效果，一些孩子对所学的内容毫无兴趣，校外教育有可能成为他们痛苦不堪的学习经历。因此，现在很多校外教育活动开始了"以儿童为中心"的改造，设计的内容或课程更加符合儿童的年龄特征和生活经验，一些外出进行的自然体验（如了解山河湖海、动物植物等）

活动、一些本地节日民俗的文化活动（如清明、端午、中秋、重阳等传统节日和具有本地特色的民间游戏、礼仪等）、一些与自己日常生活息息相关而且还能和自己的父母朋友一起参加的互动活动，都能让孩子们在熟悉和亲切中积极主动参与有利于其健康人格的培养。

（二）教育方法：引导与启发为主

校外教师应该摒弃学校教育中直接灌输的教育方法，在教育过程中循循善诱，采取引导与启发的教育方法。在校外教育的活动过程中，教师的角色要有所转变，比起知识的传授者或技能的训练者而言，他们更为重要的角色应该是引导、支持、鼓励以及创设环境。能够激发孩子的兴趣、好奇心和求知欲，引导孩子进行积极主动的思考、参与，启发孩子在过程中全身心投入、创新思维、亲自行动、解决问题，这应该就是参与作为校外教育方法的重要意义所在。比如现在比较流行的创客教育，教师通常只教授基本知识原理，所有作品需要儿童通过主动思考与参与，发挥创造力与想象力来完成，教师在其中起到的是引导与协助的作用。再比如很多艺术创作类活动，都可以走出去，到生活中、自然中采风，找寻灵感，其实这也是一种启发，教师无须说太多，让儿童可以放飞自我，主动思考与创造，这就是儿童参与的重要意义所在。

（三）教育过程：活动全过程设计和运用

为给儿童创造更多参与的机会，教育活动的准备、实施和评价阶段全过程都应该尽可能多地蕴含儿童参与的理念，设计儿童参与的内容。活动的准备阶段，要根据儿童的特征（性别、年龄、身高、认知能力、行为能力、情绪等），设计活动中儿童参与的任务。这个阶段也需要儿童、家长的积极参与并贡献智慧。活动的实施阶段，要让儿童在各个参与任务中积极投入，特别注重讨论、分享、互动等关键环节，引导儿童与同伴、家长、教师以及其他参与者有效互动。活动的评价阶段，要通过面谈、电话、网络等多个渠道去深入了解儿童、家长对教育活动的意见和建议，从而对下一步的教育活动进行改进。

（四）教育环境策略：友好对话的支持性环境

校外教育活动中创设儿童友好的支持性环境，对于促进儿童参与的有效实

施具有非常重要的作用，也是体现儿童参与理念的基础保障。这种环境创设主要体现在两个方面：一个是硬环境，即教育活动的场所，这些局域应该进行儿童友好型的设计和布置，如在墙上贴上儿童活动照片、绘画的墙壁会更温馨，围坐成一圈或者"U"形的方式比排排坐更加有利于师生的沟通和互动；另一个是软环境，尤其是家人的心理认同和支持。校外教师需要加强与家长的沟通，让家长了解教育活动的理念、内容、形式，从而取得家长的支持和配合，形成多方共同支持的教育氛围。

三 校外教育中儿童参与的案例分析——以中国儿童中心为例

中国儿童中心成立于1982年，是国家级综合性校外教育机构，在我国校外教育系统发挥着引领和示范作用。中心以构建特色鲜明的校外教育实践模式为主线，以培养儿童健康人格为目标，坚持以儿童为主体，尊重儿童自身成长规律，注重儿童个性发展和主动发展，把儿童参与的理念贯穿于教育活动全过程，彰显了校外教育的独特价值。

（一）儿童参与《中国儿童发展纲要》的评估/起草/宣传系列活动

如前所述，1992年《儿童权利公约》在我国正式生效后，中华人民共和国国务院共颁布了三个"中国儿童发展纲要"。为促进儿童参与的践行，提高儿童的主体意识、参与能力，同时为"纲要"可以准确反映儿童的需求并对"纲要"进行广泛宣传，国务院妇女儿童工作委员会办公室于2006年，在对《中国儿童发展纲要（2001~2010年）》（以下简称《儿纲》）的实施效果进行中期评估的过程中，邀请了儿童代表的参与，整个活动是在联合国儿童基金会的支持下与中国儿童中心合作开展的。此后，在新一轮的《中国儿童发展纲要（2011~2020年）》（以下简称《新儿纲》）的起草与宣传工作中，也都引入了儿童代表的参与，中国儿童中心一直作为活动组织方与核心技术力量承办了该系列活动，这也是校外教育机构源头参与政策实施的一个重要案例。

1. 活动过程

该系列活动分为三个阶段，即儿童参与《儿纲》的评估，儿童参与《新儿纲》的起草，儿童参与《新儿纲》的宣传。这三个活动虽有相似性，但各有侧重与特点。评估活动重点在于对现存的儿童生活状态的描述与评估；起草活动重点在于基于现存的一些问题，提出更好的完善性的建议；宣传活动，则更多地在于通过不同活动形式来让更多的人了解《新儿纲》与儿童权利。但所有活动始终坚持儿童发展、儿童最大利益、无歧视和儿童参与的原则，在最大限度上保持儿童视角、倾听儿童的声音。项目主要通过以下几个关键活动来带动儿童参与。

（1）意识开发与技能培训

通过参与式培训的方式使儿童代表了解儿童权利与《儿纲》或《新儿纲》等理念和内容，并在模拟演练中掌握访谈技巧和方法，为下一步行动做好准备。这部分的重点即参与式，非传统的讲座或灌输式，通过教师的鼓励与引导，让儿童有兴趣参与到趣味性的活动中，同时习得相关的理念与技能。比如权利卡片分类、角色扮演、发展树、参与阶梯等活动，还有让孩子们用画笔描绘他们心中理想的家园等。

（2）实地考察

在掌握了相关理念和技能之后，儿童就要开始分头行动了。实地考察是以儿童代表为主，带队教师进行协助的儿童行动过程。儿童代表们在这个阶段返回到自己生活和学习的环境（社区），运用观察、访谈、问卷调查等方式搜集一手资料。观察与采访从儿童权利视角出发，对自己生活环境中有关儿童生存发展的方方面面问题进行关注，并做记录、整理与思考。

（3）表达分享

儿童代表们再聚到一起，呈现实地考察成果，并通过成果来展现儿童代表对于《儿纲》《新儿纲》的理解，以及存在的问题和建议。呈现形式可以丰富多彩，包括展板、照片、绘画、讲故事、表演等。

（4）建议采纳

在将儿童代表所有的建议整理完毕后以报告形式提交国务院妇女儿童工作委员会办公室，最终在相关政策执行步骤中（评估或起草）慎重考量儿童代表的意见，并采纳确实有用、合理的建议。

（5）宣传品开发

宣传活动中，儿童与成人一同工作，开发了一些相关的宣传品。儿童与教

师一起讨论、设计、动手完成"我的发展我参与"笔记本，儿童特有的思维与创意、语言与绘画，不仅为宣传品增添了独有的色彩，更是给成人以惊喜与启发。

2. 分析与点评

首先，从该活动目标与内容上看，选择了儿童权利与《儿纲》《新儿纲》作为主题，这虽然不是大众熟悉的内容，但却是与儿童自身息息相关的，只要方式适宜是很容易引起儿童共鸣与兴趣的。其次，从形式、方法与过程上看，以参与式培训、实地考察、表达分享等为主，可以说几乎每一步都蕴含着浓浓的参与意味，这当然也与活动本身的设计与来源有关。最后，看环境创设方面，活动中所有的成人，无论是校外教师、政府工作人员、带队教师或是考察点的工作人员，都事先沟通过，对于儿童权利及儿童参与理念有一个基本的共识，在活动整个过程中做好引导与协助的工作，尽可能地鼓励与相信儿童，这也是保证活动顺利开展的一个重要因素。下面就活动的意义与其为儿童带来的收获进行具体分析。

（1）为儿童增权赋能同时，提升其社会责任感

对于儿童来说，活动不仅增长了知识、拓宽了视野，比如对儿童权利、《儿纲》《新儿纲》的了解，对当地学校、社区、儿童之家、少年法庭等的考察，还有对参与式培训的体验等；还提升了许多能力，比如参与培训所需的理解与表达能力，考察时所需的沟通能力、勇气与自信，分享成果时与同伴合作的能力，开发宣传品时的创新能力等；更重要的是通过活动让儿童有机会深入地走进生活，了解不同儿童真实的生存发展状况，这种触动不仅加强了儿童与家庭及社会的联结，也培养了关怀他人与社会的意识，提升了其社会责任感与公民意识。这也是儿童参与促进儿童自身发展的重要意义。

（2）探索建立儿童参政议政的通道，同时完善政策的制定与实施

该活动最重要的一个意义就是通过校外教育活动的形式，让儿童能够参与到政策制定与实施中来，这不仅打开了儿童向政府建言献策的通道，让儿童能够在源头参与到政府的政策制定与实施中来，同时对于政策本身来说，也使其在制定实施过程中能够更加贴近目标群体本身，这也正是儿童参与的重要意义所在，即儿童参与不仅可以促进儿童自身发展，更重要的是可以为儿童参与其中的这个事件本身提供更好的帮助与促进。

（3）拓展校外教育新领域与新模式

此活动还有一个重要意义，就是它不仅为儿童打通了参政议政的通道，同时也为校外教育新领域与新模式的拓展启发了思路，建立校内外教育与政府联结的通道。这也是社会各界的结合，从而为儿童参与提供支持性环境的重要探索。

（二）全国少年儿童生态道德教育项目中的儿童参与

1. 项目简介与特色

儿童的生态道德教育是我国儿童思想道德建设的重要载体和内容，同时也是国家生态文明建设的重要体现。从 2009 年起，中国儿童中心作为全国领先的校外教育机构，面向全国开展了"全国少年儿童生态道德教育项目"（以下简称"生态项目"）。较之传统的环境教育，生态道德教育强调要用生态的视角来审视教育，将教育赋予生态化意味。生态道德教育从人与自然的关系视角出发，通过选取与设计以生态为主题的教育活动，引导儿童学习生态知识、发现生态规律、涵养生态情感，从而培养相宜的态度和行为。

理念层面，项目将"儿童参与"作为重要的教育理念与指导策略之一，并将其进行了教育视角下的应用。项目倡导儿童应参与到从策划、执行到后续的整个教育活动全过程中来，这可以很好地激发儿童兴趣并促进各项能力提升，同时也避免了更多的教师特权阻碍儿童主观能动性的发挥。项目的另外一个重要理念即"行动研究"，项目强调参与其中的所有成员（教师、儿童、管理人员等）均为行动研究者，所有人均带着研究与思考的视角来参与其中，共建研究共同体。

实施层面，生态项目拥有集研究、培训、活动、基地建设、宣传五位一体的工作模式。各项工作模块之间相互关联与支撑，促进项目的良好运行与可持续发展。

通过近十年的探索，生态项目现在已然成为中国儿童中心的一张名片。其鲜明的教育理念，独特的教育设计，丰富的研究实践及广阔的网络平台，都深深吸引着大批校外教育机构以及社会各界对其的高度认可与大力支持。9 年来，全国 20 多个省、直辖市、自治区，50 多家校外教育机构，200 多个社区，300 多所学校，1000 余名一线教育工作者，近 20 万名儿童参与了生态道德教

育实践活动。

2．生态项目中的儿童参与

（1）多元开放的教育目标

项目倡导的是多元开放的教育目标。重点不是要儿童记住多少知识，学会多少技能，而是在于儿童自身的体验与感受，融合与应用。如项目中开展的"小木屋"系列活动，主要以亲子活动的方式带领儿童进行自然体验和教育。活动不仅培养了孩子对于自然的热爱与尊重，也促使其关注自己生活周边的生态环境，同时还促进了亲子和谐关系的建立。

（2）源于儿童生活的教育内容

基于生态道德主题，项目提出了三个更为具体的教育内容板块："我的绿色伙伴""我的绿色生活"和"我的绿色责任"。"我的绿色伙伴"主题，从"人与大自然"的关系角度出发，强调较为纯粹的自然教育。带领儿童走进大自然，引导儿童在自然中观察、体验和发现，引发对自然的兴趣，在自然中探索、学习，从而获得大自然的教谕。"我的绿色生活"主题，从"人与生活"的关系角度出发，通过活动引导儿童在生活中发现与思考与生态相关的问题，并通过自己的主动参与来和伙伴们共同探讨并解决问题。"我的绿色责任"主题，从"人与社会"的关系角度出发，强调公民素质教育，引导儿童戴上"自然生态"的眼镜去重新审视自己所在的社区、城市和国家，鼓励儿童关注社会环境中的生态问题，参与到社会的生态文明建设中，从而促进其公民责任感的提升。

（3）强调体验与探究的教育形式和方法

在教育方式方法上，项目强调的是要更多地引导与启发，比如提问、小组讨论、角色扮演等方式，将重点放在如何激发儿童的兴趣与好奇心、发挥其主观能动性上，这就区别于普通的环境教育中灌输各类科普知识的形式。并且，项目强调儿童的体验，很少会给予固定的答案，只要是儿童的体验、感受与想法，那就是"对"的。2015年，项目组向全国发布并推荐了培养和体现儿童亲自然力的"亲自然的50件事"。例如"看日出与日落的变化、收集到10种不同的树叶、跟着蚂蚁找到它的家等"这些不起眼的小事，将大自然与儿童联结在一起，通过刺激儿童的不同感官促进他们的身心全面发展。

（4）活动案例

基于以上理念与方法，本文列举一个项目中比较有代表性的具有儿童参与意味的活动案例——贵州省儿童中心与中国儿童中心合作开展的"草海夏令营"活动。活动最初的"草海"主题就是在与儿童一起开展营前工作坊时共同讨论而确定的。在教师的协助下，所有孩子通过讨论、查资料、考察等做足了准备工作，并提出了"草海人的自然生活""草海的过去、现在和未来"等一系列主题活动的构想。活动开展过程中，孩子们分工合作，考察当地自然环境，访问当地人生活状况，体验当地民俗生活，最后所有孩子共同完成了"我的草海生态行"手册。手册内容包含有关草海的自然、人文、民俗、交通等各个方面，以及对保护草海的憧憬与倡议，整个手册凝结了儿童真实的感受与独特的视角。

3. 分析与点评

（1）在以儿童为本促进儿童参与的同时，创新德育新模式

自然是人类生命的起源，也是人类命运的归宿。人类的基因中具有天然亲近自然的倾向。对于社会化程度还不深的儿童来说，这种倾向就会更加自然地流露。因此，生态项目从本身主题上来讲，就是践行儿童参与非常优渥的土壤。项目紧紧抓住这一特点，以儿童的生活为出发点，选取和设计符合儿童特点的生态教育内容，同时强调体验与探究为主的教育方法，倡导实践以"儿童为本"的教育行动，可谓是应用儿童参与的典型教育实践案例。反观传统的德育教育，更多的是脱离儿童实际生活，强调意识形态的灌输，忽略了儿童真正的内化与成长。从这一点上来看，生态项目不仅很好地促进了儿童参与，而且创新了德育的新理念与新模式。

（2）教师的意识开发是促进儿童参与践行的有效途径

项目的另一大特色是特别注重对于教师的培养与意识开发。因为项目集结的是全国的校外教育机构与教师，而"儿童参与"理念对大多数人来说是一个相对陌生的概念。生态项目探索出了一个非常好的途径，即通过骨干教师培训的方式，让小部分人先了解项目、了解儿童参与，并亲身体验，然后再传播给更多的人。只有真正开展活动的每一位教师头脑中存在并认同儿童参与的理念，项目的目标才可以达到。其实不仅仅是活动教师，还有其他相关的人，包括管理者、合作方等项目中的每一个人，都应该被"赋权"，

在达成共识的基础上，为儿童更好地参与共同搭建一个支持性的环境与氛围。

（三）"小精灵弹拨乐队"母亲节音乐会活动中的儿童参与

"母亲节音乐会"是中国儿童中心柳琴中阮社团一年一度的特色主题活动。从 2010 年至今，已举办了 7 届。活动以母亲节为契机，通过让学生表演节目的方式，在促进技能培养的同时，融入感恩教育，提升心理社会能力，促进健康人格培养。社团特别注重儿童参与理念与方法的融入，现以 2014 年母亲节活动为例，呈现并分析活动中对儿童参与理念及方法的践行。

1. 活动过程

该活动从 4 月上旬的准备之初到 5 月下旬活动结束后的总结完毕共历经近 2 个月的时间。

（1）活动准备阶段（1 个月）：第一周，教师发布活动通知并布置任务，一是让儿童思考活动设计，提出自己的意见；二是本次音乐会活动的节目全部由学员自由组合、自行报名；三是音乐会的小主持人自愿报名，选定后自行准备台词并练习。第二周，教师收集并整理了所有建议和报名，确定了所有自行报名的 20 个节目都可以参加表演，报名主持人的 3 名学员也可以一起搭档主持。接下来两周时间，儿童的主要任务就是排练节目。教师方面，音乐会相关的一些后勤准备工作（节目单、海报、PPT、服装、化妆等）由学员家长团队在和教师沟通后完成。

（2）活动开展阶段（半天）：音乐会在母亲节当日举行。由于参加表演的学员们大多都有多次表演的经历，所以少有怯场的情况发生，孩子们大多正常发挥。在音乐会中间偏后的时段，教师组织了亲子树的互动环节。首先让所有学员在小纸条上写一句想对妈妈说的话，分别贴到了一棵事先制作好的亲子树上，然后教师随机找出几张念给大家听，并请上相应的母子（女），现场采访交流，孩子们简单质朴但却真挚的话语让妈妈们和所有现场观众感动不已，教师最后不仅赞扬了母爱的伟大，同时也肯定了所有孩子在这场音乐会中的认真与努力。最后，音乐会在大家的掌声、欢笑声中落幕。

（3）总结阶段（半天）：在活动结束后的第二周课上，教师组织所有学员和家长召开了一次茶话会，主题是畅谈本次母亲节音乐会的感受与收获。茶话会中，每一位学员和家长都发了言，或长或短，有的学员手写了稿子，有的家长写在手机里，学员们有的总结了自己的琴技发挥以及改善，同时还有很多孩子谈到学琴多年的感受，以及家长感动于孩子的变化与成长。

①今年是第一次自由组合选报节目，我找了自己的好朋友一起表演了喜欢的歌曲，很开心，下次希望还可以这样！　　　　　　　　——学员1

②卢老师对我们特别好，从来不会骂我们，我在舞台上弹错了，但是下台来卢老师一直鼓励我，我最喜欢卢老师了。　　　　　　——学员2

③妈妈每天都陪我练琴很辛苦，我很感谢妈妈，所以这次母亲节活动我很认真地排练和演出，希望她永远开心。

——学员3

④我家孩子以前胆子特别小，自从学琴后勇敢多了，性格也开朗多了，从参加这几年音乐会的情况来看，变化真的很大，今年她居然自己提出要报名当小主持人，我完全没想到，真的特别感动，非常感谢卢老师。

——学员家长1

⑤老师的教学是开放的，我们每次都会在下面听着，她教得真的特别好，不只是技巧，她教学的热情和态度我们很佩服，从来不对孩子凶，都是以鼓励为主，我们孩子也说了，是因为卢老师所以才喜欢上学柳琴的。

——学员家长2

⑥我们已经参加了好几年音乐会了，这次确实有所创新，比如节目的选报上。孩子就是这样，有了任务，他们就会很认真地对待，她和小伙伴之间的沟通很积极。另外，孩子们在卢老师的指导下把《渔歌》改编得很好听，我感觉特别自豪。

——学员家长3

2. 分析与点评

该母亲节音乐会整个活动中，多处体现了儿童参与理念的融入，具体分析如下。

（1）技能培养打底，能力与素养并重，培养儿童健康人格

首先，从活动目标与内容来看，活动以传统的艺术类成果汇报演出活动为

基础，通过展演形式，既提升了专业技能的水平，又锻炼了孩子的胆量与自信心；其次，活动以母亲节为契机，贴近儿童生活，融入感恩教育，通过"亲子树"、《感恩的心》手语舞蹈与献花等环节的设计促进了亲子关系的和谐与融洽，达到儿童健康人格全面培养的目的。从活动后孩子和家长谈及的感触中也可以看出，他们在乎的并不都是弹奏技能的好坏，而更多的是活动带来的技能以外的成长与变化。

（2）教师鼓励与引导，儿童全过程参与

活动中，除了表演节目本身是一种参与外，教师非常注重在各个环节尽可能多地为儿童提供参与的机会。从准备阶段让儿童参与活动的设计，自主合作报名节目，自愿报名主持人，到活动中"亲子树"环节、献花环节与母亲之间的互动，再到总结环节中儿童的表达，处处体现了教师对儿童参与的重视。而在这其中，教师起到了非常重要的作用，即鼓励与引导。教师无须干涉过多，只需创造、提供参与的机会，同时相信儿童，哪怕节目中有弹错，主持中有忘词，总结时只说出一句话，这对于儿童都是最好的参与。

（3）教师与家长形成合力，为儿童参与创造支持性环境

家长团队完成的后勤保障工作在整个活动中起到了重要作用。通过了解，一直以来，学员的家长都非常信任和尊敬卢老师，对卢老师布置的任务无条件配合，这是卢老师的人格魅力所致，更是长期用心教学、彼此支持信任的结果。校外教育活动的时间很多，只有教师和家长形成合力，达成共识，才能将教育理念和内容传递给家长，让其延伸至家庭中，这样才能对孩子产生长效的影响，才能保障儿童参与能够更有效地践行。

四 推动校外教育中儿童参与的建议

现代校外教育的民主性、开放性、体验性和闲暇性，决定了儿童参与应该成为校外教育机构开展教育活动的特色所在和价值追求。推动校外教育中的儿童参与，不仅在教育活动中应让学生深入、主动参与，而且在教育目标上也应体现参与理念、提升参与能力，这些都需要各级教育主管部门、各类校外教育机构、校外教师、学生和家长的共同努力。

1. 加强政策倡导，树立儿童参与的教育理念。联合国儿童基金会发布的

以"儿童参与"为主题的《2003 年世界儿童状况》明确提出，"促进儿童和青少年有意义和高质量地参与对确保他们的成长和发展至关重要"。2011 年，国务院颁布实施的《中国儿童发展纲要（2011~2020 年）》也明确将儿童参与作为基本原则，鼓励并支持儿童参与家庭、文化和社会生活，创造有利于儿童参与的社会环境，畅通儿童意见表达渠道，重视、吸收儿童意见。但是，目前校外教育事业的发展还没有完全树立儿童参与的理念，政府管理部门、相关行业组织非常有必要在政策层面进行倡导，进而有效发挥校外教育在促进儿童健康成长和全面发展方面的积极作用。

2. 提升服务质量，推动校外教育的内涵发展。作为校外教育的实施主体，各级各类校外教育机构应该不断努力提升服务质量，而儿童参与正是校外教育质量的"生命线"。在场馆建设方面，校外教育机构要努力扩大儿童的覆盖面，提高儿童的参与范围；在时间和空间上，校外教育机构要挖掘潜力，和学校进行有效衔接，为儿童参加校外教育活动提供便利机会；在内容上，校外教育机构要克服以单调的课程培训为手段，追求经济效益重于社会效益，在倡导多元评价、提高核心素养的背景下，找准教育切入点，抓住学生兴趣点，推出活动创新点，满足儿童对校外教育活动自主、多元的参与需求。

3. 开展教师培训，提升校外教育的育人效果。无论是政府层面的政策倡导，还是机构层面的教育目标，抑或是儿童能够在校外教育活动中受益，最终的落脚点都是教师。由于校外教师中很大部分都是艺术类、体育类、科技类等专业教师，对于儿童参与的理念不太了解，更谈不上能将其贯穿于校外教育活动课程的开发与建设之中。因此，非常有必要通过师资培训，开发教师的儿童参与意识，改变教师的日常教育教学行为，进而让儿童参与成为校外教育活动开展的一个基本要素，为儿童提供多角度、多层面、多学科、全方位的参与机会。

4. 推动家长参与，营造支持儿童参与的良好氛围。家庭在儿童成长过程中始终具有不可替代性。校外教育也必须以家庭为起点，原因有二：首先，儿童参与校外教育活动需要得到所在家庭的支持；其次，儿童尤其是低龄儿童在参与过程会遇到很多困难，倾向于向家长求助，需要家长的实时指导。虽然校外教育以关注儿童个性发展见长，但是仍然难以像家庭教育一样细致、深入地了解每一个儿童的每一个方面。因此，推动家长参与校外教育活动，不仅可以增加儿童参与的机会，而且还能提升儿童参与的效果。

B.11
社区治理视角下的社区儿童参与

谈小燕*

摘　要：　社区儿童参与是指儿童参与社区公共事务，有公平的机会表达自己的诉求和参与决策。转型时期，社区儿童参与是实现多元合作治理很重要的内容，也是实现社区共同体的路径和方法。本文基于两个不同类型社区的观察和干预，发现通过社区再组织，基于趣缘和业缘的参与，尝试儿童全过程参与社区空间更新，探索可持续参与方法，不仅促进了社区儿童参与，改变了社区环境，还促进了成人参与，增加社区社会资本。最后，本文从组织化、治理术、互联网、资源整合和"共同体"的价值观等层面提出建议。

关键词：　社区治理　社区　儿童参与　组织共同体

一　社区治理与社区儿童参与

转型时期，我国社区面临从政府管理的单中心治理到政府－市场－社会多元合作共治治理模式的转变。治理是一个强调多元主体参与的静态结构，也是一个强调合作互动的过程。对于治理的理解至少包括以下几个方面：一是组织之间的相互依存；二是相互交换资源以及协商共同目标的需求导致的

　*　谈小燕，北京市委党校（北京行政学院）社会学教研部教师，博士，清华大学社会学系博士后。京台社区发展论坛顾问，北京市海峡两岸民间交流促进会理事，清华大学"清河实验"社区治理组组长，社建联盟发起人，多个街道社区治理顾问。主要研究方向为社会治理、社区治理、社区参与。

成员之间的持续互动；三是互动以信任为基础；四是保持相当程度的相对于国家的自主性①。全球治理委员会在 1995 年发表的《我们的全球伙伴关系》研究报告指出，治理是"各种公共的或私人的个人和机构管理共同事物的诸多方式的总和"。中文语境下，"治"的本义是水名，是河流的名称。《说文解字》中说："治，水。出东莱曲城阳丘山，南入海。"理："治玉也。从玉声。"引申为治理。"治理"的本意是按照河流的走向进行疏导、修筑堤坝，治理河流。在中文语境下，可以这样理解"治理"：一是引导性的，而非强制性；二是参与性，是多方合作而非一方力量；三是以公共利益最大化为目标，为人民谋利。换句话说，治理的主体应该是多元的，治理的方式应是多元合作，协商共治；治理的目标是共享劳动成果，让更多的老百姓有获得感，使政府治理与社会自我调节、居民自治良性互动，最终构建幸福社区和幸福社会。在我国转型时期的特殊背景下，我们应在政府指导下，将自上而下与自下而上相结合，探索政府、市场、社区协商共治的社区治理模式。

诺贝尔经济学奖获得者、前世界银行副行长斯蒂格利茨说："中国的城市化与美国的高科技发展将是影响 21 世纪人类社会发展进程的两件大事。"快速城镇化背景下，我国基层社区治理发生了巨大变化。从城乡基层社区发展来看，新中国成立以来的 60 多年内社区类型发生了很大变化，仅城市社区就有商品房社区、村转居社区、老旧社区、平房区、单位大院等。空间形态巨变的背后是社区属性的巨大变化，社区是来自五湖四海的不同文化背景、不同生活习惯、不同需求的居民组成的场域。然而，不同的社区类型，社区的基本属性、社区居民的需求不尽相同。我国 22715 万名儿童②生活在不同类型的社区，儿童作为社区治理的重要主体之一，他们的需求往往被忽视，社区儿童参与更是缺乏。

社区是社会最基本的单元。关于社区的界定，一百多年来不同的学者从不同的视角有不同的理解。总体上我们认为，社区应该是最接近人们日常生活的场域。社区治理是社会治理的落脚点和起点。就我国现阶段的实际情况看，政府和市场的力量都比较强，但社会参与力量还比较弱。如何激发社区活力，如

① 〔英〕罗伯特·罗茨：《新的治理》，木易编译，转引自俞可平《治理与善治》，社会科学文献出版社，2000。
② 数据来源：国家统计局。

何最大限度地促进居民参与，就显得尤为重要。社区参与是社区治理很重要的内容，是构建生活共同体的必要因素。而社区儿童参与是社区居民参与很重要的部分，也是儿童适应社会和社会化至关重要的方面。社区儿童参与是指儿童参与社区公共事务，有公平的机会去表达自己的诉求和参与决策。社区儿童参与根据参与的形式，包括直接参与和间接参与。根据参与的内容，包括娱乐性参与、志愿性参与和自治性参与。从参与的主体性来看，包括被动参与和主动参与。从参与的程度来看，根据美国规划师谢里提出的阶梯理论，社区儿童参与程度从低到高分为三个层次，第一个层次是最低层次，实际上是非参与，成人、机构或权力部门事先制定好方案，让儿童直接接受方案；第二个层次是象征性参与。成人、机构或权力部门采用"公告、公示"等方法，采用自上而下的单项信息沟通方式，预定的方案少有能改动或退让，儿童缺乏反馈的渠道和谈判的能力；第三个层次是实质性参与，儿童在知情权得到保障的情况下，全程参与，发表观点，参与决策。从过程来看，包括诉求参与、设计参与和项目实施参与。从社区儿童是否有监护人陪同来看，包括儿童独立参与和亲子参与。

那么，目前我国社区儿童参与情况如何？总体上，社区缺乏活力，社区居民参与不足，社区儿童参与还远远不够。主要体现在以下几个方面：一是社区儿童参与的观念缺乏。成人不参与社区活动，在一定程度上也不鼓励自己的孩子参与社区公共事务。同时，传统观念认为孩子社会化程度比较低，孩子没有能力去参与社区公共事务；另外，父母重视孩子的知识教育，重视孩子们参加各种各样的兴趣班，而忽略了孩子的社区教育。二是缺乏社区儿童参与的组织平台，很少有专门针对社区儿童参与的组织机制和平台。即便有，也是类似的4∶30课堂的服务机构，能充分发挥儿童主观能动性，使其参与社区公共事务发表意见和决策的组织平台和机会少之又少。儿童缺乏参与的机会，缺乏社区参与的基本知识和基本技能。笔者曾经对社区儿童调研过一个问题，"您是否知道社区居委会？"统计结果显示，大部分儿童都不知道有居委会这个组织，更别说居委会职能了。三是社区缺乏公共活动空间。孩子们下楼去哪里玩？尤其是老旧社区，缺乏公共活动空间，孩子下楼无处可玩，社区缺乏安全的孩子与孩子嬉戏、交往的场所。笔者曾经问一个6岁的小朋友，"你想要什么样的楼道环境？"这个孩子回答说，首先是没有小广告的楼道，然后是有朋友一起玩的地方。可见，孩子们对于自己的生活环境是有自己的观察和思考的。除了娱乐活动空间缺乏外，社区公共文化空间就更少，全国少儿图书馆机构仅113个①，社区图书馆就更少。四是存量的社区社会资本较低会影响社区儿童参与。现代社区，尤其是商品房社区，"邻里之间老死不相往来"，居民之间不认识，邻里之间缺乏基本的信任，具有典型的"匿名社会"的特征。合作的基础是信任。成人缺乏参与的习惯，也直接影响儿童的社区参与。这个比较好理解，儿童社会化过程中一个很重要的影响来自家庭和周围环境。当来自社区参照的群体行动者不愿意交往时，儿童自然也会受到影响，父母往往会告诉孩子"不要和陌生人说话"。但儿童的交往，尤其是与同辈的交往，又是他们最基本的需要。所以我们能看到，本质上儿童愿意去与社区同辈交往。例如，在YG社区少儿艺术周结束后，一位儿童说，他希望每年每月每周都有这样的艺术周，因为他又交到了很多社区的朋友，他觉得他的生活不再那么孤单。

儿童不仅是社会的未来，也是人类社会的现在。创新社会治理，建设幸福社区，追求人类的幸福生活，其核心的力量是社区居民本身，换句话说，社区居民是社区治理最重要的主体。要建设幸福社区，需要充分发挥社区居民的主观能动性，最大限度地促进社区居民参与，这是本文的价值基础。儿童作为社区治理的重要主体之一，最大限度地促进社区儿童参与是转型时期我国社区治理的重要内容，也是社会可持续发展的必然要求。那么，转型时期，从社会治理的视角究竟该如何促进社区儿童参与？效果如何？有哪些启示和建议？本文将通过社区观察和干预，以两个不同社区类型为例，探索和实践社区儿童参与的路径与方法。之所以选择这两个社区，是因为商品房社区和老旧社区属于城市社区的主要社区类型，两个社区都在同一个城市，基本的政策环境、经济生活和社会文化环境基本一致，具有一定的代表性。

二 社区儿童参与的探索与实践

（一）社区基本情况介绍

YG社区是典型的开放式老旧社区，共有六片。社区建于1996年，有本地

---

① 数据来源：国家统计局。

居民 1700 多户，流动人口 300 多户，常住人口约 5110 人，户籍人口 2550 人，0 ~ 14 岁儿童有 200 多位。该社区二手房均价比一条马路之隔的中高档社区低 4 万元/平方米。在干预实验前，社区的主要情况是：①社区基础设施缺乏。社区无序停车，乱停乱放，私装地锁，再加上附近居民或公司职员随意来社区停车挤占空间，原本只有约 100 个车位，却实际停车约 390 辆，车位严重紧缺。缺乏公共空间，尽管社区绿化率高达 40%，但多为防护带和景观绿地，再加上乱扔垃圾和不文明养犬，公共空间品质低，居民下楼无处可去，没有活动空间，也没有独立的儿童活动空间；②社区属性复杂。YG 社区其中一片有 500 多户，产权单位 100 多家，居民有就地上楼，其他地方拆迁上楼，有单位产权住户，有商品房住户；③邻里关系不佳，邻居之间来往不多；④居民与物业之间关系微妙，0.48 元/平方米的物业费，收取率为 40%；物业管理公司对社区没有积极性，居民对物业管理不满；⑤居委会行政化。居委会工作人员有 9 位，但主要是完成上级交代的行政任务，在主要的节假日也会组织居民活动，但受益对象基本都是几十位 60 岁以上的老年人。社区的现状，给社区治理带来诸多挑战。

WG 社区属于中高档商品房社区，建于 2000 年，位于东二环外。社区有 1600 多户居民，居民来自世界各地，中青年业主居多，有 0 ~ 14 岁儿童 600 多人。社区硬件环境较好，有室外活动空间，但没有室内活动空间。社区干预实验前，多数邻里之间陌生，彼此打招呼的不多。

尽管是两个不同类型的社区，但我们能看到两个社区有一些相同点，社区社会资本存量层次不高，甚至比较低；都缺乏室内活动空间；两个社区都没有业委会；两个社区都没有儿童相关的社会组织和社区自组织；居民与居委会和物业之间的互动不够，两个社区都没有儿童参与的组织机制和参与沟通平台。两个社区的不同点在于社区硬件环境；社区居民社会属性、经济属性和年龄结构。相比较而言，WG 社区属于中产社区，社区居民相对年轻，居民文化背景更复杂。由于机制和体制的限制，笔者对两个社区采取了不同的干预方法。

（二）社区儿童参与的干预路径和干预模型

笔者先调研两个社区基本情况，收集社区公共议题，搭建社区参与平台，探索促进社区儿童参与的不同方法，根据实际情况，改进方法。其背后的逻辑

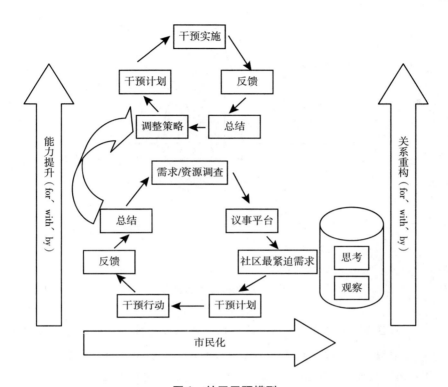

图1　社区干预模型

是对社区进行再组织，重构社区关系，重构居民与居民、居民与居委会、居民与物业管理公司、居民与空间、居民与环境之间的关系，与居民一起，提升社区儿童参与的能力，优化社会化环境，进一步促进市民化（见图1）。

（三）提升社区意识：让儿童描绘理想社区

为了让社区儿童关注社区，同时也想了解社区儿童的理想生活环境，本文通过访谈的方式，让社区儿童描述理想社区。从图2①可以看出，更多居民包括儿童，希望回归传统的熟人社区，实现邻里守望相助。说明即便转型时期，总体上中国还是人情的社会，差序格局依然存在。调查进一步让儿童描述理想的社区，部分内容如下。

---

① 李强、谈小燕：《幸福社区理论、测量与实践探索》，《学术界》2016年10月。

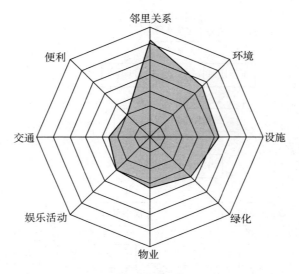

图2　理想社区雷达分布

　　社区是帮助人的；（社区是）朋友和朋友之间的关系；可以把社区改成圆形的，这样的话教室也就是圆形的，这样的话上课犯错误时，老师说"你给我站到角落里去！"，这就是不可能的；我想把社区改造成一个平行四边形，或者是钝角三角形，这样社区会小一点点，就不用老那么麻烦上小公园儿了，（去公园）就不用拐来拐去了；我想让这里处处都是绿色，全部都是绿色的。刚刚有人说希望社区全部变成绿色，我想让社区全部变成红色；我想在社区下面安一双脚，这样社区就可以移动，大家一起移动。

　　从上述儿童对理想社区的描述可以看出，他们心目中的社区至少包含人与人、人与空间以及人与环境之间的关系。通过描绘活动，初步让社区孩子们有了社区的基本概念和意识。

　　（四）搭建参与平台，提出公共议题，通过简单易辨的方式，选择参与事项

　　社区儿童参与的第一步，是搭建社区协商议事平台。在YG社区首先选举了居委会议事委员，YG社区首批议事委员有10名，考虑到合法性，正式的居

委会议事委员是成年人，但儿童可以向议事委员表达诉求，也可以参与例会。选举居委会议事委员后，对他们进行培训，明确职责、权利和义务，引导居委会议事委员如何开会，经过讨论，会议规则如下：主持人保持中立立场；发言前必须先举手，谁先举手谁先发言；不打断；不跑题；一事一议；不超时；不互相攻击；轮流发言；决议过程不公开，以维护邻里团结为优先；投票以简单多数为原则，不表决表示弃权。在此基础上，成立 YG 少年成长群，群里主要是社区儿童的家长，有群主。因为社区公共事务的特殊性，选择一些议题尝试推动社区儿童参与。

通过广泛收集居民意见，社区形成公共议题，其中之一是需要活动空间。笔者与街道、社区居委会、物业管理有限公司、居委会议事委员多方会议，确定整体提升社区环境，更新社区公共空间，进行社区文化建设，具体包括规范停车、改造议事厅、设计社区 Logo、墙绘、三角地公园改造的全过程参与、社区其他微空间的美化以及楼门美化。考虑到儿童的发展阶段和关心的社区事项，社区 Logo 的设计与评选、社区墙绘、三角地公园改造、楼门美化几乎由儿童全过程参与。其中，社区 Logo 的设计与评选，全社区 65 个作品，其中有 25 个作品来自儿童，最小的儿童为 4 岁。在公众评选的过程中，参与评选的最小儿童不到 2 岁。为便于儿童参与，公众咨询展示简单、易辨。社区 Logo 的评选，采用儿童喜欢的贴画方式，吸引社区儿童的参与。当天参与社区公众评选的儿童大约有 100 人，他们的选举会直接影响最后 Logo 的评选结果。换句话说，对于社区 Logo 的评选，社区儿童与其他成年人有同等的参与机会。有意思的是，在实际干预的过程中，我们发现儿童的参与，促进了社区成人的参与。有父母最初对此活动不感兴趣，通过孩子的积极参与，最后父母也积极参与。

（五）通过趣缘和业缘，促进社区儿童参与

如何对社区进行再组织，通过组织平台参与社区，是干预实验需要思考和实践的问题。笔者通过兴趣爱好的方式，让社区儿童组成一个个社团来促进社区参与。在 YG 社区，居民提出需要 4∶30 课堂。通过课题组、街道、居委会、物业管理公司、居委会议事委员及社区儿童家长和儿童代表联席会，确定成立 4∶30 课堂和少儿艺术周活动。2016 年，该社区的少儿艺术周整个过程从筹备

到物料的准备、到课程的设置、到竣工仪式的方案撰写，儿童及部分儿童的家长都全程参与。4:30课堂和少儿艺术周的老师从哪里来呢？多数是本社区的居民，少部分是社区外的专业教师。这有什么好处呢？一是充分利用本社区的人才资源，促进社区互惠关系的建立，增加信任；二是减少了送孩子在外上兴趣班的舟车劳顿。家长还节约了资金成本，4:30课堂和少儿艺术周都是通过政府购买服务，社区儿童免费参加；三是通过兴趣，结成了剪纸班、绿化班、编织班等不同的社团，促进了社区儿童之间的交往和交流；四是提高了政府公共服务的瞄准性和有效性。

除此之外，笔者尝试在社区通过业缘的方式促进社区儿童的参与。楼门是离家门口最近的公共空间，由于YG社区是老旧社区，楼道里贴满了小广告，杂物楼道乱堆。在少儿艺术周咨询时，有孩子提出希望楼道没有小广告。于是，发起了楼门美化的活动。楼门美化的条件是：第一，楼门自愿申请；第二，需要楼门2/3的居民同意；第三，楼门美化成什么样子需要楼门居民自己讨论；第四，楼门美化的费用，楼门内居民自己掏总成本的1/10，成本预算每个楼门5000元；第五，需要有旧物利用。通过这样的制度设计，社区共有15个楼门申请并成功美化。在这个过程中，其中有一个楼门没有成功，因为楼门不到2/3的居民同意。其中有三个楼门，儿童都参与了设计及美化过程，最小的不到1岁，通过手掌树画，让本楼门的每个人都在楼门留下了印记。一个7岁的儿童为了亲手绘制楼门图案，连续工作5个小时。通过这次楼门美化，促进了楼门内邻居之间的交往和达成共识，促进了楼门内孩子之间的交往，楼门没有小广告了，取而代之的是自己喜欢的卡通人物或花鸟鱼虫，有了楼门内共有的手掌树画，形成了整个楼门的集体记忆，增加了社区归属感。那么楼门美化后谁来维护呢？15个楼门都分别讨论了自己的楼门公约，楼门内居民签字，包括楼门内的儿童。更有意思的是，其中一个楼门，孩子们与楼门内的爷爷奶奶自发互动起来，互相写信，这无疑促进了代与代之间的互动，是鲜活的社区教育案例，楼门的孩子主动表达要爱护社区环境。事实上，楼门美化是楼门自治的一次探索，而自治的主体区别于传统的成年人，是楼门全年龄阶段包括儿童的公共事务参与。

而在WG社区，社区居民多数为年轻人，社区公共议题是需要一个社区图书馆。社区缺乏协商议事平台，居民没办法与社区各方正常协商。社区居民从建立微信群开始，在线上沟通。父母们希望将"高楼住成大院"，让孩子们有美好童年。居民很快达成共识，每家出 5 万元，众筹建立一个社区图书馆，这个图书馆一方面定位为孩子阅读娱乐的空间；另一方面还是妈妈和爸爸们聊天喝咖啡的空间。但是，当居民代表拿着方案去与物业管理公司和开发商沟通时，开发商说没有能成为居民图书馆的空间。居民看中的空间，开发商非正式回复将用于社区餐厅，就这样这件事情被搁置了。几个热心居民带头成立社区读书会，定期在社区广场举办读书活动。即便众筹社区图书馆未能成功，但 4 年过去了，社区现在还定期举办腊八活动、百家粥、夏天亲子水仗、万圣节挨家挨户讨糖、二手市集、公益捐书等亲子活动；当初亲子读书群，发展重建了妈妈购物群、妈妈群、公益群、辣妈 party 群、业主群等。

这个社区主要特点是通过年轻的父母自发组织，通过各种亲子活动，让孩子们从小在社区有朋友，通过儿童之间的玩耍，反过来促进父母之间的交流和互动，增加了社区社会资本，每次读书会群搞活动的参与率远远高于物业管理公司组织活动的参与率。房屋中介介绍说，因为 WG 社区父母们自发的组织，社区氛围很好，二手房价高于附近同等条件的社区。该社区居民自发组织能力强，但缺乏居民与居委会、居民与物业等多方的协商平台。

（六）尝试社区儿童全过程参与社区环境更新

列斐伏尔指出，如果未生产出一个合适的空间，那么"改变生活方式""改变社会"就是空话。社区的空间不仅仅是空间，社区空间可以再生产。社区公共空间是居民参与社区、居民之间交往互动的重要场所，是社区生活方式、社区文化的载体。从实际情况来看，社区空间环境基本是社区居民共有的需求，也是居民关注的焦点。社区儿童下楼去哪里？社区的空间环境是否是儿童和其他居民想要的。我们在 YG 社区尝试儿童全过程参与规划。具体参与过程是这样的。第一，社区孩子们和成人都提出需要社区公共活动空间，在现行的制度框架下，不能重建房屋，因为重建属于违建。第二，社区儿童与成人一起，调查社区存量空间资源，发现社区有一块闲置的绿地可以作为社区的室外公共活动空间。社区儿童参与讨论，希望这块三角地将来是什么用途。第三，培力，举办社区一日建筑师亲子工作坊。通过亲子工作坊，让参与的儿童和家人有社区环境改造的一些基本知识，与设计师一起，参与社区空间的测量。然后，通过小组讨论的方式，分组设计理想的三角地方案，并汇报讨论。通过亲

子工作坊，一方面，儿童和家人对社区规划有了一些初步的认识，在小组内达成基本的共识；另一方面，培育社区意识，让参与者逐步关心自己的生活环境。第四，专业的设计师根据前期调查和工作坊，设计多个方案。第五，多方案公众咨询，社区所有儿童和居民都可以参与表达自己的意见和看法。第六，专业设计师再根据公众咨询情况调整方案。第七，三角地公园开工仪式，社区的儿童代表参与筹备和演出节目，有了更多的获得感。第八，三角地修好后，谁来维护呢？社区有很多不文明的现象，如乱扔垃圾、乱攀爬护栏、随地吐痰等。为此社区专门召开了一次讨论会，社区儿童与其他居民代表一起，制定了三角地文明公约；并成立了三角地文明大使自治小组，其中有5位儿童代表。三角地文明大使的衣服全是社区儿童参与绘制设计的。与三角地配套的墙绘，社区儿童也进行了全过程参与。第九，召开例会和联席会，确定最终设计方案。比如，孩子们提出需要一个画画的地方，最后三角地更新方案里就有了涂鸦墙；孩子们提出需要有一个滑滑梯的地方，最后设计方案里就有了带滑梯的儿童游乐园。

总体上，这次儿童全程参与社区公共空间的改造干预实验是比较成功的。从参与的类型看，有独立参与、亲子参与；有诉求参与、设计参与和方案实施参与。无论是亲子参与还是儿童独立参与，无论是诉求表达、设计参与还是方案实施参与，如何提高参与的有效性，这是我们应思考的。从整个干预过程来看，有两点是比较重要的，一是从儿童的心理入手，专业引导，这就是我们说的治理术。如何让参与者充分表达意见，活动环节需要精心策划，需要符合儿童的心理需求。如，涂鸦墙，孩子们希望有哆啦A梦，希望将头的地方空出来，这样孩子们就可以将头伸出来，满足孩子的探索欲。二是给孩子们自由选择的机会和权利。干预的过程，我们基本都采取主动报名、自愿参与的原则。从实际情况来看，第一次是被动参与，只要他们觉得这件事情是"有趣""有意思"的，也许第二次、第三次便是主动报名参与。事实证明，孩子们从一开始就关注此事并觉得有意义，他们就会非常认真地投入。如三角地公园后来在孩子们口中就变成了"我们的公园"。可见这种社区的归属感就有了。

（七）可持续参与机制

如何可持续参与，这是比较难但也很重要的方面。人终究是理性人，无论是儿童参与还是成人参与，他们的参与动力来自哪里？首先，从公共议题入手，从大家关心的且容易实现的议题入手。比如社区图书馆，4：30 课堂等；其次，激励机制，公益换积分换社区服务或可获得性评价。以户为单位计算积分。如，一个儿童参与社区一次 1 个小时的义工，积分记到家里，如果该户有老人需要被服务，那么该户的老人就可以享受 1 个小时的社区服务。还有一种家庭、社区和学校的链接方式。所实验的社区有专门的学区委员会，通过这个平台，建立家庭、社区和学校的链接平台，儿童在社区的参与情况也将是学校对儿童评价的重要参考依据。当然，公益换积分是一种外部的激励，更重要的是来自内部的认同和认可。但是我们也意识到，这需要一个长期的过程，参与意识和参与能力都是一个慢慢的持续不断的累积过程，需要长期陪伴和培力。

（八）效果

儿童参与社区公共事务是权利，那么参与什么？如何参与？如何保证参与的效果？转型时期，我国社区类型发生了巨大的变化。两个不同类型的社区，两种不同的干预模式，效果有相似性也有不同点，虽然能看到 WG 社区居民自主性更强，但由于没有协商平台，整个社区的儿童参与还是有限的。WG 社区通过亲子活动，促进了孩子之间、父母之间的互动，营造了良好的儿童成长氛围和生活环境。但由于缺乏协商平台，社区相关方的沟通和诉求表达不够，社区儿童深度参与社区公共事务还可以进一步探索；YG 通过多元协商平台，社区儿童深度参与了社区几项重要的事务，真正改变了自己的休闲娱乐场所，改善了孩子与孩子、孩子与父母、孩子与空间、孩子与环境之间的关系，改善了居民与居委会和物业等相关利益方的关系，增加了社区社会资本。干预两个社区，三年来累计参与儿童人数达到 5000 人，通过社区儿童的参与带动父母参与人数约为 20000 万人。大大增加了社区社会资本，降低了一些项目的资金成本，YG 社区墙绘只用了 2000 元，也提高了政府公共服务的民主性。

三　启示与建议

（一）组织化：通过再组织，搭建社区儿童参与平台

搭建参与平台是促进社区儿童参与的重要方面。组织包括正式的协商平

台，也包括基于趣缘和业缘的社区内部组织参与平台。不同的社区类型，不同的社区基础条件，实际需求有差异。从社区儿童的实际需求出发，组建不同的组织群体。总体上说，趣缘更容易组织，从兴趣爱好的方式入手，让孩子们互动起来。社区外部的链接也是很重要的，搭建家庭、社区和学校三位一体的参与平台，从横向保证社区儿童的参与机制，在家门口完成终身教育，提倡在家门口回馈社区。充分发挥儿童的主观能动性，提供积极社会化条件和环境，营造一个温暖、有序的社会环境。

（二）治理术：符合儿童心理特点，有选择地策划社区活动

如何吸引社区儿童参与到社区中来？无论是哪个阶段的孩子，最吸引他们参与的是有趣或有意义的活动。这就要求社区的活动一定要考虑儿童的心理特点。定期举办社区仪式活动，尤其是传统的一些仪式性活动，如腊八、春节游园等，社区的仪式性活动不一定很多，几个经典仪式便可。通过社区仪式，事实上是展示和传承社区文化和社区精神，是培育社区社会资本很好的机会。同时，对于孩子的参与环节，设计流程应简单，容易识别，更有趣。

（三）互联网："互联网＋社区"儿童参与

网络化时代，改变了传统人与人之间的连接方式，让人与人之间的连接更容易，更多元。通常，大部分社区居民都会用微信，可以组建不同的微信群，如少儿成长群，在线上交流育儿经验，交换闲置玩具或书籍等物资；还可以通过微信群发表儿童和父母对于某一社区事件的信息谈论、收集回馈意见。在实验的社区里，通过线上的朗读，社区儿童传递情感，传递自己与父母、自己与朋友、自己社区及身边的情感故事。当然在其他的一些地方，通过智慧社区还实现了更多的参与功能。总之，通过互联网可以拓宽社区儿童参与的宽度和深度。

（四）资源整合：探索社区基金会

资源的配置和整合是促进社区儿童参与的重要手段。除了整合社区内部资源外，还可以整合社区外部资源，尤其是辖区单位的资源，辖区单位包括企事

业单位和其他社会组织和机构，这些资源可以拓展儿童参与的内容，如社会职业体验活动、空间共享等。有条件的地方，通过资源整合，尤其是资金整合，探索社区基金会来支持社区儿童参与也将是未来的趋势。

（五）共同体：以人为本的治理价值观

社区儿童参与是构建社区共同体很重要的内容。回到社区本身的概念，一方面，社区是老百姓（包括儿童）日常生活的场域；另一方面，我国的社区还是居委会社区，在现行体制下，政府的观念、制度支撑至关重要，如空间的改造、项目资金等都需要政府的引导。选择什么样的社区治理模式，最关键的是领导选择怎样的社区政策导向和社区发展态度①。意识形态及其价值体系最有可能成为制度最核心的要素，其次才是规则和规范。以人为本、以居民为本的治理观念将有利于提高治理能力和治理体系的现代化。当然，社区最终是老百姓的社区，生活环境好不好，社区幸福不幸福，最终的评价者、享受者、建设者是社区居民，包括社区儿童。儿童是社会的未来，也是社会的现在。只有从居民和社区儿童的实际需求出发，最大限度地发挥社区儿童的主观能动性，激发社区活力，真正促进社区儿童参与，才能构建幸福社区，实现幸福美好的生活。

---

① 〔美〕理查德·C. 博克斯：《公民治理 引领21世纪的美国社区》，孙柏瑛等译，中国人民大学出版社，2013。

B.12
中国城市儿童网络参与的
基本状况及对策研究

张海波 *

摘　要：　本文通过对我国 18 个城市的儿童进行网络参与的问卷调查，分析了儿童在娱乐、交往、学习和表达四个方面的网络参与状况，并对不同年龄段儿童网络参与特征进行了概括：幼儿园（3~6 岁）时期是小玩家，小学中年级（9~10 岁）时期是小用户，初中（13~14 岁）时期是小创客。儿童在网络参与机会不断扩大的同时，面临的风险也在不断增加，主要存在不健康、不安全、不文明三类主要风险。在此基础上，本文从国家、社会和家庭三个层面提出了保障儿童网络参与权利、维护儿童网络参与安全的对策建议。

关键词：　网络　参与　媒介

一　儿童网络参与的背景和意义

在我国，网络新媒介已逐渐深入当下少年儿童生活。截至 2016 年 12 月，我国网民规模达 7.31 亿人，其中 29 岁以下的青少年占 53.7%[1]。2015 年中小学生每周上网的平均时长达到了 18.45 小时[2]。由于从小接触数字媒介，他们被研究者称为"数字时代的原住民"。研究发现，儿童的互联网使用行为十分

---

*　张海波，广州市少年宫副主任、中国青少年宫协会儿童媒介素养教育研究中心主任。
①　中国互联网络信息中心：《39 次中国互联网络发展状况统计报告》，2017。
②　中国互联网络信息中心：《2015 年中国青少年上网行为研究报告》，2016。

多元，他们上网做作业、玩游戏、看视频和交流。通过对儿童在不同媒介活动中使用时间的因子分析，常识机构（Common Sense）区分出了六种儿童媒介使用者，包括视频游戏者、社交媒体者、重度手机游戏者、重度阅读者、重度电视和视频观看者和轻度使用者①。

同时，媒介研究者发现传播技术的发展改变了传播的方式和内容，赋予了媒介以新的特点。莱文森（Levinson，P.）在《新新媒介》一书中，对这类出现在互联网时代的媒介特点进行了界定：①消费者即生产者；②其生产者多半是非专业人士；③个人能选择适合自己才能和兴趣的新新媒介去表达和出版；④新新媒介一般免费，付钱不是必需的；⑤新新媒介之间的关系既互相竞争又互相促进；⑥新新媒介的服务功能胜过搜索引擎和电子邮件；⑦新新媒介没有自上而下的控制；⑧新新媒介使人人成为出版人、制作人和促销人②。莱文森突出了新媒介参与性和去中心化的特点，受众不再是消极的信息接收者和媒介消费者，更是积极的信息传播者、媒介使用者和创造者。在这种背景下，一种新的媒介文化形态——参与式文化得以形成，这种文化通过身份认同（正式或非正式的会员身份）、信息表达（创作富有创意的媒介文本）、集体解决问题（通过团队来共同解决问题）、信息传播（通过博客、微博等形式）等手段和方式来共同创造。

参与式文化下，儿童也有了更多参与的机会。在这里，参与实际上贯穿于教育实践、创造性过程、社区活动、民主公民之中，而不仅仅局限于政治参与中，它本质上是促进个人"全面自由发展"。从教育的视角看，儿童的网络参与可相当于儿童的整个网络生活，包括娱乐、学习、交往、表达的方方面面。

儿童是青少年网民的新生力量，但国内鲜有针对儿童网络参与的大规模实证研究。正因为此，2014年9月至2015年9月，中国青少年宫协会儿童媒介素养教育研究中心开展了一次覆盖全国18个主要城市（北京、上海、天津、重庆、广州、深圳、成都、南京、沈阳、西安、武汉、宁波、厦门、兰州、杭

---

① CommonSense. The Common Sense Census：Media use by tweens and teens［R］. San Francisco：Common Sense. 2015.

② 〔美〕保罗·莱文森:《新新媒介》，复旦大学出版社，2011。

州、太原、温州和南宁）的 8281 位 3~14 岁儿童的大规模实证研究。本次调研的目的，是了解儿童的网络参与状况，从而提出相关建议。

二 我国儿童网络参与的状况和特征

调查显示，出生于 21 世纪初的儿童一代，真正是这个数字时代的"原住民"。他们从小生活在以苹果智能手机、平板电脑为代表的移动信息终端和以 QQ、微博、微信为代表的社交媒体这样的新媒介环境中。课题组曾在之前的研究中，将这一代儿童形象地称为"苹果时代"。

（一）儿童网络参与状况

1. 娱乐行为

娱乐是儿童使用数字化媒介最重要的功能之一，我们看到，在娱乐行为中，普遍受到儿童欢迎的是用数字媒介看视频，五个年龄阶段都在 50% 左右的比例。而用数字媒介听音乐和玩大型网络游戏的比例则随着年龄的上升有十分显著的提高。其中，玩大型游戏的比例由幼儿园的 1% 左右上升至初中的约 1/4。玩大型网络游戏考验儿童的团队协作能力、反应能力、思考能力，初中阶段已有 25.8% 的儿童曾玩过大型游戏，这体现出他们使用数字媒介进行娱乐的程度较高（见图 1）。

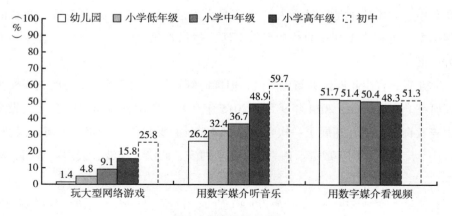

图 1　在线娱乐行为

2. 交往行为

在线"交往"积极地拓宽了儿童的交往渠道。对于儿童而言，通过各种数字工具进行交流协作已成为生活的一部分。通信工具的使用上，除幼儿园外，各学段用 QQ 的人数都要高过用微信的人数。而线上交流行为随着年龄的增长迅速增加，到初中已有 90% 的人加入了 QQ 群，这说明基本上所有拥有 QQ 的人都加入了 QQ 群。同时，超过半数（57.2%）的初中儿童拥有网友。在网络游戏中，通过网游结社来进行沟通协作也是儿童交往的重要行为，到了初中，已有接近半数（49.2%）的儿童加入了线上联盟（见图 2）。

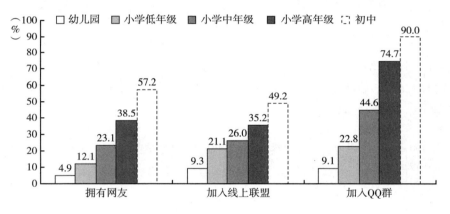

图 2 在线交往行为

3. 学习行为

娱乐是儿童使用数字化媒介最重要的方式之一，游戏本身也是儿童成长非常重要的方面，儿童通过游戏建构自我，而且电子游戏对儿童的人格、能力的影响是多方面的。此外，在网上听音乐、看视频等娱乐行为是儿童了解世界的窗口，影响他们世界观和价值观的塑造，也对青少年亚文化的形成有重要影响（见图 3）。

4. 表达行为

新媒介让儿童从以前被动的信息接收者，成为主动的传播者、创制者，通过新媒介创建自媒体进行表达和参与，是儿童不同于前辈们的一个技术赋权的重要能力。因此，我们特别考察了儿童的表达领域的情况。从图 4 中可以看出，儿童从小就会在网络上发表内容，幼儿园阶段这一比例就达到了 18.6%，

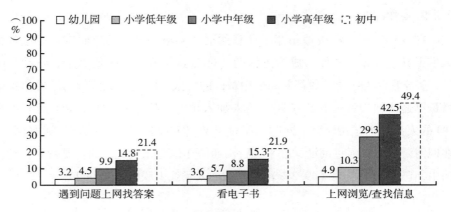

图3　在线学习行为

还有2.4%的幼儿园儿童开始尝试开设自媒体，拥有自己的粉丝，到了初中更达到28.6%。微博作为一个公共的表达平台，也逐渐出现在儿童生活中，到了初中，已有12.4%的儿童会用手机上微博。

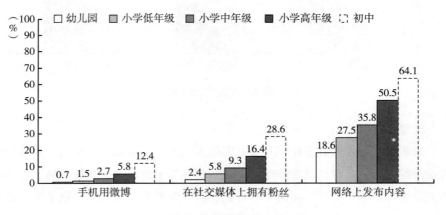

图4　在线表达行为

（二）儿童网络参与特征

在调研的五个年龄段里，从数据的显著性和差异性来看，幼儿园、小学中年级和初中三个年龄段具有鲜明的特点。而小学低年级和小学高年级，则视为平台之间的过渡期。从数字化成长台阶图和数字化成长空间图中，我们可以看

270

出这三个平台期的显著特点和其中关键指标数据的明显跃升。为了形象直观地进行描述，我们用"小玩家""小用户""小创客"三个词来描述这三个平台期的儿童。

幼儿园（3~6岁）时期，儿童在线娱乐的行为十分突出，用媒介看视频和听音乐的比例甚至超过了初中时期的儿童，但其他行为基本没有超过10%。此阶段儿童的娱乐行为在各种媒介使用行为中占有绝对的优势和比重，因此我们用小玩家来描述他们。

小学中年级（9~10岁）时期，儿童的媒介行为领域从之前以娱乐为主，向各领域迅速拓展。从相关数据看，其娱乐、交往、学习、表达上的部分行为都已经超过了30%。也就是说，大人所接触到的媒介的各种功能，此时的儿童都有所接触并使用，因此他们已经成为新媒介的小用户。

初中（13~14岁）时期，儿童在各领域的在线行为都已十分活跃，一些指标超过了80%，在主动交往、创制自媒体、发布信息、表达自我方面的增长尤为显著。他们已经由媒介的信息接收者、使用者，转变为活跃的传播者、创制者。因此我们用小创客来描述他们。

这三个平台期儿童的媒介行为的主要特点和标志性媒介行为如图5所示。

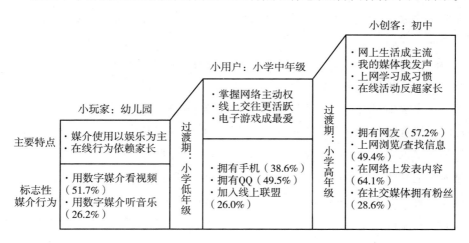

图5　儿童网络参与的特征

1. 小玩家：幼儿园（3~6岁）

根据儿童的心理发展，3~6岁的儿童为学龄前期（学前期）。身为"小玩

家"的他们有以下的特点。

（1）媒介活动以娱乐为主

正如上文所说，幼儿期的主导活动是游戏。在数字世界中，这一时期儿童的主导媒介活动也是娱乐。相比其他的线上行为，幼儿的娱乐活动十分突出。在幼儿园时期，就有58.3%的儿童用电脑看过视频，54.4%的儿童用平板电脑玩过游戏，用手机听过音乐的儿童也达到30.6%，而交往、学习和表达行为的比例都低于10%。

（2）家长起主导作用

这一时期，儿童的活动受家长的影响最大。无论是在生活还是学习中遇到问题时，向家长求助的比例超过80%，而在使用电子产品遇到问题时，向家长求助的比例也高达85.8%。在玩电子游戏时，有50%左右的孩子需要父母来安装。喜欢的手机和平板电脑游戏也与家长较为一致，如《天天酷跑》和《植物大战僵尸》。

2. 小用户：小学中年级

研究表明，小学中年级（9~10岁）是儿童思维由具体形象思维到抽象思维的转折期，同时也是儿童思维发展和感觉发展的关键年龄，自我意识崛起。他们的社会活动开始活跃起来，开始重视与同伴建立友谊关系，也开始形成同伴团体。我们发现，在这一时期，儿童的数字行为开始发生明显变化，可以称之为网络参与的关键期。身为"小用户"的他们有以下的特点。

（1）掌握网络主动权

在小学中年级时，已经有接近四成（38.6%）的儿童拥有手机。拥有自己的手机意味着儿童掌握了网络的主动权，可以自己安装喜欢的应用，使用时间和频率也更加自由。这种网络上的自主权给了儿童探索的机会，娱乐已不再是他们上网的主要目的，交往行为、学习行为都有了大幅度的提高。在中年级，已有接近半数（44.7%）的儿童选择自己安装手机或平板电脑游戏，家长的影响力逐步减弱。

（2）线上交往更活跃

小学中年级是儿童线上交往行为迅速拓展的时期。这一阶段，儿童的QQ拥有率接近一半（49.5%），而其他通信工具的接触时间也都在小学中年级达到峰值。我们的数据显示，相比其他年龄段，小学中年级的儿童最愿意通过社交媒体和大家分享自己的心情，这一比例为17.9%。同时，他们加入QQ群的比例较小学低年级阶段有明显增加，为44.6%。拥有网友的比例也有所增加，为23.1%，他们选择自己主动加别人的比例继续上升（4.8%）。

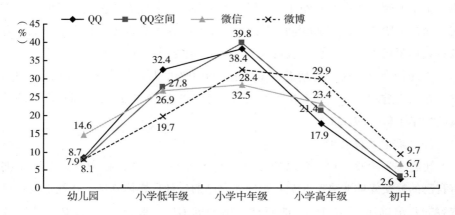

图6　儿童使用社交类应用的起始年龄

（3）电子游戏成最爱

小学中年级的儿童十分喜爱电子游戏，他们尤其喜欢在电脑上玩游戏。他们对电脑游戏的偏爱度也很强，尤其喜欢在7K7K、4949等网站上玩网页小游戏。而从小学中年级开始，"我的世界"在手机和平板电脑上受到热捧，几乎众人皆知。另外，他们在网络游戏中拓展了自己的社交关系，在小学中年级时，有26.0%的儿童在网络游戏中加入了线上联盟。

3. 小创客：初中阶段

从初中开始，儿童便进入了青春期。处于这一时期的青少年，生理和心理都在快速发展，同时又呈现过渡性、闭锁性、社会性和动荡性的特点。我们发现这一时期儿童的在线行为也发生了新的变化，呈现如下特点。

（1）网上生活成主流

对于初中阶段的儿童来说，媒介已是娱乐、学习、交友的重要工具，使用电脑查信息和用手机微信、QQ等早已习以为常。拥有手机的人数已达77.8%，拥有QQ的数量甚至超过九成（91.8%）。这一阶段，他们脱离传统媒介，看电视、阅读书籍的时间减少，而上网的时间大幅增加。在初中，周末

使用电子媒介超过 1 小时的学生比例已超过 60%。他们的媒介偏好也发生了急剧的反转。在小学阶段，课外书一直是最受欢迎的媒介，然而到了初中便让位于手机，有 57.4% 的初中生将手机作为自己最爱的媒介。偏爱的交流方式也发生了逆转，在小学及幼儿园阶段，儿童都将面对面看成是最喜爱的交流方式，而初中阶段，QQ 则超越面对面，成为儿童最喜爱的交流方式了。他们尤其喜欢用手机上 QQ，这一比例比小学中年级时上升了 3 倍以上。

交往行为也在这一时期进一步拓展，90.0% 的儿童加入了 1 个以上的 QQ 群，在网络游戏中加入线上联盟的人数也接近半数（49.2%），拥有网友的数量超过了半数（57.2%）。

（2）我的媒体我发声

比起小学阶段，初中阶段的儿童有着强烈的表达欲，有 81.8% 的儿童拥有自己的社交媒体账号，儿童开始创建自己的各种自媒体阵地。在网上发表过内容的儿童也达到 64.1%。他们喜欢用手机拍照（45.8%），喜欢上传图片（50.6%），表达方式也更加多样，除文章外，初中阶段的儿童也尝试用声音（13.7%）和视频（14.2%）表达自我。随着他们在网络世界上日益活跃，他们的网络影响力也逐渐扩大，已有 28.6% 的儿童在社交媒体上拥有粉丝。

（3）上网学习成习惯

初中阶段，儿童上网的主要目的是浏览和查找信息（49.4%），同时各类线上学习行为也逐渐突出，用手机看电子书的比例达到了 21.9%，也有 33.5% 的人会订阅微信公众号。社交媒体也成了获取信息的主要渠道，如了解同学、朋友情况（34.2%），了解自己喜欢的动漫、明星和游戏情况（26.5%）。

在遇到困难时，儿童求助于网络的比例也越来越高。如果在使用电子产品时遇到问题，有 30.1% 的儿童会自己看说明书或上网解决问题，而这一比例在小学低年级仅为 4.6%。

（4）在线活动反超家长

在此阶段，一个引人注意的现象是儿童在数字化技能方面已经开始全面反超他们的家长。在调查中，我们从四大领域选取了 10 个关键指标，除"用数字媒介玩游戏"指标外，其余各指标与数字化成长的关键指标一致，将初中生与其家长的相关数据进行对比，我们可从图 7 看到，在这 10 个方面，孩子大多超越他们的家长，在表达、交往行为上尤为明显。

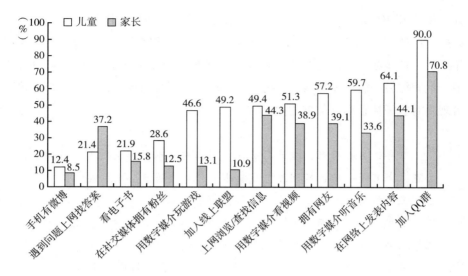

图7　家长和儿童在线活动对比（初中）

三　儿童网络参与的问题分析

扩大的网络参与也带来了问题。结合我们的观察、访谈以及近年来社会上出现的青少年在网络参与中遇到的突出问题，我们对儿童网络参与中面临的问题进行了定位，即不健康、不安全和不文明。

（一）不健康：作为使用者的风险

这一类风险将儿童看作互联网的受众和使用者，指的是儿童在使用网络的过程中，由于使用媒介不当，接收网络上的不良信息等，对身体发育和心理健康造成的影响。我们发现，家长对孩子使用互联网的担忧主要集中在这一类风险上，如看太久电子媒介会影响视力和休息，接触到不良信息教坏孩子，沉迷网络变得社交自闭。在这里，不良信息侵害和网络成瘾的问题尤为突出。不良信息指的是违背社会主义精神文明建设要求，违背中华民族优良文化传统与习惯，以及其他违背社会公德的各类信息，如包含色情、暴力、恐怖、邪教等信息的文字、图片、音视频。据12321网络不良信息与垃圾信息举报受理中心统

计，2015 年 10 月，网站不良信息被举报 30927 次，其中淫秽信息占 60%。而如此泛滥的网络信息，对于缺乏辨识能力的儿童来说，危害尤为显著。2013年 4 月，在江苏连云港，两个小孩在玩耍中模仿动画片里灰太狼烤羊肉的情节，把同村另一名 9 岁男孩绑在树上点火烧伤。在我们的调查中，家长也频频表现出对孩子接触不良信息的担忧。

> 三年级男孩母亲：我的担忧就是现在网络很多不良信息，很怕小孩子去点，尤其是一些色情网站。我就跟他说不要去点那些网站。
>
> 五年级男孩母亲：一方面，怕孩子下载过多的游戏来玩，沉迷于游戏娱乐之中。另一方面，也怕不良信息突然弹出窗口后孩子去点击，让孩子变得叛逆，父母一管教严格就把父母看成仇敌。
>
> 五年级男孩母亲：也是怕不良信息对孩子的影响。有次弹出了个窗口，孩子问我们是什么，我们就教他以后看到这些都关掉。
>
> 三年级女孩母亲：担心网络的不良信息。但是我们家长没有办法完全阻止这些信息出现在孩子面前，所以我们就让孩子看电视，不让他用电脑上网看。

另外，过度使用网络也会对儿童身心健康造成很大伤害，不仅影响了学习，而且对健康、视力以及身体发育也会造成不良影响，严重者还可能形成社交障碍。在现实生活中，这样的案例屡见不鲜。我们的调查中有这样一个案例：罗章（化名）是一名初三的学生，父母常年在外做生意，家里只有祖父母照顾他和妹妹的生活。刚上初中时，罗章的学习在班级里还处于中等偏上。可自从他迷上网络后，常常放学直奔网吧。由于没有父母管束，他的行为越来越肆无忌惮，最后常常夜宿网吧。沉溺网络的同时，他的学习成绩也一落千丈，而且与周围同学的交流也越来越少，对班主任老师则是避而远之。过度使用网络这个问题受到了医学、心理学、教育学、社会学等多个领域的关注。研究者指出，如果儿童对网络使用渴望强烈，在减少或停止上网时出现周身不适、烦躁、易激怒、注意力不集中等反应，儿童无法控制上网的投入时间，过度使用就发展成了网络成瘾，从而对儿童日常生活和社会功能（如社交、学习或工作能力）造成严重损害，甚至对周边的环境造成危害。《2013 年我国未成年犯抽样调查分析报告》的调查显示，上网成瘾是未成年人犯罪的重要原因之一。从数据上看，未成年犯玩游戏、聊天以及看色情网页的比例都明显高于普通学生，上网时间也比普通学生长很多。

在我们的调查中，家长们也提道：

> 二年级男孩母亲：我担心孩子小的时候老看电脑手机，长大了之后，就变得很叛逆，脾气暴躁，不爱跟你沟通。就像他说查作业，查到一半就上到QQ游戏上去玩了。我有一些朋友很担心孩子因为玩电脑太多，变得有一些社交自闭，不爱跟别人沟通，只会对着电脑。
>
> 六年级女孩母亲：主要怕手机会影响到孩子的休息。有次看孩子的微博发现他在早上6点的时候发布微博，可平时在家里和我们话很少。
>
> 四年级女孩母亲：我的孩子就是喜欢上网聊天，她们几个好朋友建了一个群，偷空就聊天。平时上网查资料的时候就把QQ挂上，边做作业边聊天，时间就会花得很长。一方面乱七八糟聊一些东西，我又看不到；另一方面做作业的时间太长，晚上从来没有在11点之前睡觉。感觉已经有一个强迫症，一定要玩得那么久。所以很担心她个子长不高，眼睛也不好。

（二）不安全：作为参与者的风险

这一类风险将儿童看作成人（尤其是不法分子）主导的网络活动的参与者和受害者，特别是在网络交往的过程中，由于防范意识较弱受到他人故意陷害，从而导致个人隐私泄露、个人财产被骗、生命受到威胁等问题。

这一类风险主要体现在网络交友不慎、个人信息被盗、网络诈骗等方面，这些都是网络犯罪最常见的形式，而儿童则经常成为犯罪分子的下手对象。他们利用网络交流的便利性，像是狡猾的狼群，通过各种伪装，在各个QQ群、论坛、空间中游荡，等待儿童的上钩。2006年，四川省公安机关破获了一起专门针对网上未成年少女的人身侵害特大案件。许某团伙采取上网聊天的方式骗得受害少女的信任后，再以见面交朋友、会网友、过生日为由，先后从重庆、遂宁、资阳、成都、眉山等地十多个区县诱骗25名少女至崇州、彭山等

地的卡拉 OK 厅，然后通过打骂、欺骗、用刀威胁等手段强迫受害人卖淫。

我们的调查发现，一些儿童很热衷于加网友，对网友的戒备心也较弱。有一位接受访谈的五年级男生，有 3 个 QQ 并加了 200 多个好友，还在游戏中加了 50 多个好友。他跟我们说，其中大部分网友都见过面，有些是真人见面，有些是视频见面。事实上，这种行为潜伏着巨大的风险。据新闻报道：13 岁的兴仔（化名）就是一个受害者。他喜欢通过 QQ 漂流瓶结交朋友，通过这种方式，认识了比他大 30 岁的李军。2012 年，李军约兴仔到广州的西门口广场游玩，随后引诱兴仔到其家中，以玩游戏为借口在房间对兴仔实施性侵行为。据报道，43 岁的李军是一个性变态者，通过 QQ 漂流瓶认识了 160 名 13 岁以下的男孩，企图对他们进行诱惑。2012 年 8 月，广州警方将李军控制，并查明被侵犯的未成年人至少 4 人。

个人信息泄露也成为危害儿童的潜在风险。根据警方披露的拐卖儿童案件作案手段，犯罪嫌疑人与儿童套近乎的手段，除了糖果、玩具外，还有"我是你妈妈的同事""你妈妈让我来接你"这类的话。为取得孩子信任，此类犯罪嫌疑人都会通过与孩子聊天、与家长或邻居套近乎的方式套取孩子的名字、家庭住址、学校、相貌等信息。

调研中，家长们说：

四年级女孩母亲：担心孩子上网加的 QQ 好友不是善类，怕对孩子说一些低俗的话。

六年级男孩父亲：我怕他加进了不良的群组或联盟，像"世界末日"这些。

（三）不文明：作为行动者的风险

这一类风险将儿童看作风险问题的主导者和实施者，即儿童在网络表达和交往的过程中，由于缺乏法律、道德意识，而造成的失礼、失德甚至是违法行为，也包括儿童利用网络进行的犯罪行为。它主要包括网络对骂、网络施暴、网络传谣等行为。

当儿童使用网络的程度逐渐加深后，就很有可能从"受害者"转为"加害者"。儿童在网络交往的过程中，由于缺乏正确的引导，在一些矛盾出现后，很难用理性的方法来解决问题，而是转变成网络对骂甚至是网络暴力。我们调研数据显示，随着年龄的增长，当孩子在网上遭遇网络辱骂时，选择"以骂制骂"的人数显著上升，到了初中已有超过两成的儿童会选择"骂回去"。2015 年 7 月 29 日，一场 EXO 的粉丝跟 TFBOYS 的粉丝在网上上演的"小学生世纪骂战"更是令人瞠目结舌。起因是由于一则 TFBOYS 的小学生粉丝所录制的视频指责 EXO，引发了 EXO 和 TFBOYS 双方粉丝在网上互相掐架。这个仅仅几分钟的视频，在 24 小时内微博浏览量飙升 3300 万，瞬间登上了"微博热门话题榜"。视频中的他们追星狂热自不必说，而且对骂言语尖酸刻薄，"去死吧""低贱下流"之类的网络暴力话语悉数出现，不少成年人看后表示"三观"尽毁，令人震惊。

网络游戏中暴力内容很多，又深受儿童，尤其是男孩的喜爱。这很容易导致由于沉迷网络游戏而引发的暴力倾向和行为。在调查中，我们也发现，由于网络游戏而引发的儿童暴力问题十分显著。如一位五年级的男孩就说：

> 有一种游戏很吸引我，我在外面受了委屈，被别人骂的时候，我就会在 4399 里面查个游戏，叫大便超人，然后把那个靶子取成那个人的名字，狂发大便。杀人也很爽，杀人的名字是自定的，就把名字定成我讨厌的那个人的名字，然后我就杀杀杀，那个人就挂了。

由此可见，儿童网络参与的程度超乎我们的想象，但儿童作为未成年人心智不成熟、阅历有限，最容易成为网络的受害者。《2014 年中国青少年上网行为研究报告》显示，相比其他年龄段的网民，他们对互联网的依赖程度高，信任度高，网络安全意识薄弱①。近些年来，儿童遭遇的网络安全事件猛增，主体也越来越低龄化。中央网信办主任鲁炜指出，国家的未来在青少年，网络的未来也在青少年。在今天新媒介②已经成为儿童成长环境一部分的"互联

---

① 中国互联网络信息中心：《2014 年中国青少年上网行为研究报告》，2015。
② 本文所指的新媒介主要指以智能手机、平板电脑为代表的移动智能信息终端和移动互联网及其应用。

网+"时代，需要家庭、学校和社会教育携手，需要政府、企业和全社会共同努力，创造有利于儿童身心健康成长的网络环境。

四 对策与建议

（一）国家层面：制定法律法规保障儿童网络参与权利、维护儿童网络安全

保障儿童网络参与权利，法律先行。联合国《儿童权利公约》明确规定："缔约国应确保有主见能力的儿童有权对影响到其本人的一切事项自由发表自己的意见。"为了保障儿童网络参与权利，维护儿童上网安全十分关键。从世界范围，特别是网络发展较早的国家来看，它们以"防止未成年人信息污染、维护未成年人网上安全"为原则，制定了一系列有关信息发布、审查、监管和知识产权保护的法律法规（吴庆，2006）。美国早在20世纪90年代就制定了《儿童在线保护法》《儿童色情内容防治法》《儿童网上隐私保护法》，对儿童为目标客户的网站和有儿童参与的普通网站进行规范，包括对网络内容的规范、对儿童个人信息的保护。澳大利亚在去年通过的《加强儿童网络安全法案2014》，强制要求网络巨头和社交网络运营商删除网络欺凌内容。欧盟也在近日酝酿出台的新的数据保护法中，专门对青少年上网年龄做出了规定，只有年满16岁的青少年才可以自由上网，低于这个年龄的青少年需要在获得父母同意后才能上网。与我们相邻的日本在2008年也通过了《青少年网络规范法》，明确将3种信息划归"有害信息"范畴，并要求通信商和网络服务商就这些信息设置未成年浏览限制。针对儿童色情犯罪，也通过了《杜绝儿童色情综合对策》《儿童卖春、儿童色情行为处罚条例及儿童保护关联法》等条例。

目前在我国，关于网络信息活动的一般性立法有《刑法》《治安管理处罚法》等，还有一些与网络有关的专门规定，主要是有关规范网络信息活动、互联网上网服务营业场所管理以及法律责任方面的法律法规，包括《关于维护互联网安全的决定》（2000）、《互联网信息服务管理办法》（2000）、《互联网上网服务经营场所管理条例》（2002）、《关于网络游戏发展和管理的若干意见》（2005）、《关于推动我国动漫产业发展的若干意见》（2005）、《网络游戏管理暂行办法》（2010）、《关于进一步加强网吧及网络游戏管理工作的通知》

（2007）等。此外，2013 年开始实施的《未成年人保护法》中，针对未成年人网络保护规定了若干项专门条款。2015 年 12 月，习近平总书记在第二届世界互联网大会开幕式上明确表示，网络空间不是"法外之地"，要坚持依法治网、依法办网、依法上网，让互联网在法治轨道上健康运行。2016 年 3 月 10 日，由新闻出版广电总局、工信部联合制定的新版《网络出版服务管理规定》付诸实施，取代 2002 年颁布的《互联网出版管理暂行规定》，引起了社会广泛关注。新规中特别强调了对未成年人的保护，规定网络出版物不得含有诱发未成年人模仿违反社会公德和违法犯罪行为的内容，不得含有恐怖、残酷等妨害未成年人身心健康的内容，不得含有披露未成年人个人隐私的内容。同时，规定还支持和鼓励专门以未成年人为对象、内容健康的网络出版物。

然而，正如吴用（2015）所指出的，目前我国关于未成年人网络保护的立法散见于不同法律、法规和部门性规章中，缺乏系统性和完整性。同时，现有法律中的法律责任规定得比较抽象，在实践中难以得到有效执行。儿童网络保护立法，一方面是针对儿童这一重点人群；另一方面又涉及网络立法这一重点领域，具有很强的现实意义。应处理好各类法律主体权利、义务的关系和引导、预防、惩罚的关系，关注和回应实践中出现的重要现实问题。2014 年，我国未成年人网络保护的立法工作取得重大进展，《未成年人网络保护条例》纳入国务院"2014 立法计划"，征求意见稿已在 2015 年发布，其主要针对保护未成年人免受网络违法和不良信息及不法行为侵害、维护未成年人个人信息安全、营造未成年人良好的上网环境等问题，规定了国家、学校、家庭以及一系列行业主体，如网络信息和服务提供者、网络游戏运营企业、新闻媒体、广告商等的义务。在 2013 年 10 月，广州市人大审议通过的《广州市未成年人保护规定》中第 29 条中也首次在学校责任中明确指出："学校应当采取措施，增强学生甄别媒介信息的能力，提升学生在网络上自我防范、自我保护的意识和能力，并教育学生不得视听、传播不良信息。"

（二）社会层面：推动儿童网络素养教育

网络素养，是指儿童利用网络新媒介工具和在数字化环境中趋利避害、发展自我，成为数字时代和网络社会合格公民应具备的能力。21 世纪以来，随着网络技术在人们日常生活学习中发挥着越来越重要的作用，网络素养建构和

教育推广逐渐被纳入各国的国家战略。为了使儿童更好地适应未来的数字生活，网络素养教育势在必行。

网络素养教育是信息时代国民教育的重要组成部分，也是世界发达国家重视儿童网络安全，提升儿童网络参与能力的新做法。欧盟推出"数字能力"（Digital Competence）的概念，将数字能力设定为欧盟的八项核心素养之一。"欧洲数字议程"项目作为"欧盟 2020 战略"（EU 2020 Strategy）的七大组成部分，明确提出要积极推广数字素养、数字技能和数字包容。而"数字能力项目"目标旨在提升对数字能力的理解和欧盟成员国公民数字能力的提升，并最终形成欧盟数字能力评估框架，作为进一步推广的基础。由此可见，欧盟已将数字能力的教育看成加快创新和经济增长的重要动力，并将其提升到了发展战略的高度。

在我国，网络素养教育仍处于起步阶段，现阶段大部分教育实践仅仅作为媒介素养课程的一部分来实施，较少有针对网络素养的完整课程。2010 年全国两会中，有政协委员建议将网络素养教育纳入义务教育课程，全面培养未成年人与信息时代相符的道德规范和行为能力，建议各级教育行政主管部门对中小学网络课程内容进行调整，在不增加学生负担的前提下，积极推动网络素养教育进学校、进课堂。我们相信，从提升民族竞争力、国家信息安全、党和国家的执政基础层面，全面关注和实施青少年的网络素养教育，将进一步成为各界共识。在这一过程中，我们应借鉴世界各国经验，将网络素养教育纳入国民教育体系，作为"互联网＋"时代学校推动核心素养改革的重点和突破口，作为自媒体时代信息技术教育和未成年人思想道德教育、团队教育的重要内容。

（三）家庭层面：提高家庭在网络素养教育中的作用

现代家庭是儿童接触手机、电脑、平板电脑等新媒介的主要场所，也是产生网络安全问题的重要场域。父母是孩子的第一任老师和安全的主要监护人。家长的教养方式、媒介行为和与儿童的亲子关系会对儿童的网络安全产生显著影响。而家庭作为社会的基本单元，其传统的聚合功能在新媒介冲击下正在减弱。家长的影响力正在下降，家庭教育亟待加强。因此，家庭在保障儿童网络参与权和维护儿童网络安全的过程中至关重要。

在网络新媒介成为当代儿童基本生活工具和生活环境的时代背景下，家长应对新媒介对儿童的影响有一个全面科学的认识。工具无害，趋利避害。一方面，我们要善用新媒介发展孩子；另一方面，要避免其不良影响，让孩子安全、健康、文明地使用新媒介。依据新媒介素养框架，我们认为当代家长应树立权利与能力并重、发展与安全并举的家庭媒介教育理念。在尊重儿童媒介接触使用和参与权利的基础上，全面发展儿童抗风险的技能，在发展儿童各项数字化技能的同时，保护儿童身心安全。让媒介成为教育孩子的新工具，培育儿童善用新媒介，使其成为他们学习的好帮手、生活的好助手、益智的好玩具、沟通的新渠道、表达自我和参与社会的好方式。

B.13
儿童友好型城市建设中儿童的声音

肖凤秋　陈彩玉　何彩平*

摘　要： 儿童参与权是指有主见能力的儿童有权对影响到其本人的一切事项自由发表自己的意见。在儿童友好城市建设中，要充分考虑作为主体的儿童的意见和感受。本文呈现了2013年上海少年儿童生态道德项目以及2017年"为了孩子"国际论坛中儿童围绕儿童友好型城市建设的发言，借此呈现中国儿童参与状况的一个缩影。

关键词： 儿童参与　儿童友好城市　儿童权利

1989年，第44届联合国大会第25号决议通过了《儿童权利公约》（以下简称《公约》），以准法律的形式规定"缔约国应确保有主见能力的儿童有权对影响到其本人的一切事项自由发表自己的意见"，认定"儿童应有自由发表言论的权利"，即为儿童参与权。截至2017年，《公约》已获得除美国外所有缔约国（196个）的批准，《公约》的广泛批准代表了全球各国政府对儿童参与权的认可。我国于1990年签署了《公约》，1992年4月2日正式生效。多年来，我国通过政策倡导、论坛交流、学术研究、实践探索等方式不断践行儿童参与的理念，进而促进儿童的全面发展。

国际组织，如联合国儿童基金会认为，"让城市更加友好和可持续"等议

---

* 肖凤秋，中国儿童中心科研与信息部助理研究员，主要从事儿童发展、儿童权利方面的研究；陈彩玉，副教授，上海市科学育儿基地主任，上海东方讲坛讲师，主要从事家庭教育、儿童心理与教育、女性成长等方面的研究；何彩平，助理研究员，上海市科学育儿基地科员，主要从事儿童与家庭教育方面的研究。

题是支持儿童参与的最佳方式，"儿童友好型城市""在城市中成长"等都是城市规划和设计中儿童参与的重要项目①。我国在这方面也正在努力。而且在儿童友好型城市建设过程中，我们的儿童不断发声，实实在在地参与。在这方面最为突出的是"为了孩子"国际论坛和全国少年儿童生态道德教育项目。由上海市妇女联合会、上海社会科学院、复旦大学等单位联合举办的"为了孩子"论坛是一个围绕儿童发展发布有关研究成果的学术交流阵地，其主要目的在于吸引更多专家学者深入探讨儿童优生、保护和发展进程中出现的新情况、新问题；传播和实践相关科研成果，加大儿童发展理论研究的力度；为政府和有关职能部门制定儿童发展政策提供咨询与依据；整合社会科研资源，凝聚各界研究力量，促进儿童规划实施及相关科研工作发展，同时为儿童发声搭建平台。"全国少年儿童生态道德教育项目"（以下简称"生态项目"）是由作为全国领先的校外教育机构中国儿童中心从 2009 年起面向全国开展的项目。该项目强调要用生态的视角来审视教育，将教育赋予生态化意味。生态道德教育从人与自然的关系视角出发，通过选取与设计以生态为主题的教育活动，从中引导儿童学习生态知识、发现生态规律、涵养生态情感，从而培养相宜的态度和行为。"儿童参与"是该项目重要的教育理念与指导策略之一，倡导儿童应参与到从策划、执行到后续的整个教育活动全过程中来，这可以较好地激发儿童兴趣并促进各项能力提升，同时也避免了更多的教师特权阻碍儿童主观能动性的发挥。

本文以 2017 年第十一届上海"为了孩子"国际论坛上的四位儿童代表发言以及 2013 年参与上海少年儿童生态道德教育项目的学生代表的发言为例，阐述儿童在儿童权利、家园建设等方面的见解和希冀，借此呈现中国儿童参与状况的一个缩影。

一　儿童权利与社会支持②

陈芷漪　高一（10 年级）上海包玉刚实验学校

各位尊敬的领导、老师、嘉宾们：

---

① 王玮、王喆：《参与式幼儿园空间营造设计框架与实践——基于儿童权利、能力和发展的视角》，《学前教育研究》2016 年第 1 期，第 9 ~ 18 页。
② 选自 2017 年第十一届上海"为了孩子"国际论坛的儿童发言。

大家下午好!

我是来自包玉刚实验高中高一年级的陈芷漪。我今天站在这里,谈谈我们儿童和青少年的权利以及所需要的社会支持。

"他还是个孩子"这句话,相信大家都听过许多次——两个孩子闹别扭,家长会说,"算了算了,都是小孩子";孩子在过年拿到压岁钱,家长会说,"你要什么钱,你还是个孩子嘛"。

借以上两个例子,我想说:孩子在某些方面,比如个人隐私、财政支配、家庭事务,需要得到更多的空间和尊重;而在另一些领域,比如校园霸凌,需要更多正当、严肃的教育和约束。我们,既不能被"孩子"的名义包庇而行凶作恶,无视道德和法律,也不能因"孩子"的身份而被低估我们作为个体所拥有的权利。

从"社会化的循环"这一概念上出发,家庭是孩子被"社会化"的第一站;从最初的这一站开始,我们就应该确保孩子的权利不被侵犯。1990年中国签署的联合国儿童基金会《儿童权利公约》中指出,儿童的生存权、受保护权、发展权、参与权须有所保障。以下现象是许多家庭的现状:孩子没有隐私权,日记本、聊天记录理应被家长翻看;孩子没有话语权,大到家庭旅行、小到几点吃晚饭都不该听取孩子的意见;孩子没有自由发展的权利,课外班、课外书,甚至大学选专业都是家长的决定……"社会化"的第一步中,中国传统的孝顺——"顺"文化在一定程度上固化了家长在上的主流观念。而一旦家长的教育方式出了问题,就很难在家庭内部进行自我改善。

"一想到为人父母居然不用经过考试,就觉得真是太可怕了。"日本作家伊坂幸太郎的这句话,早被大家听得耳朵起茧,但背后存在的隐患却常常警醒我。站在这里,谈论着"社会支持",我希望社会中能有更多声音告诉家长们:我们是孩子,是同样拥有基本人权的个体;希望不管是政府还是民间机构,都能提供信息来支持他们给予孩子适当的尊重,甚至开办"家长课堂"。而我们孩子,以及在座的一些未来的父母们,我们在一个较好的家庭环境里成长,就会把它延续给我们的下一代;如果我们在家庭中受过创伤,可能对教育下一代更加无所适从。

"社会化的循环"的第二站是公共机构,对于儿童最重要的就是学校了。近年来，校园霸凌的案例屡见不鲜，处理方法也令人咂舌，比如传遍微博的黄山田家炳实验中学"春药"事件，三个男生给一女生下药让她出丑，结果仅仅是黄山公安的一条微博：双方协商成功，轻松祝福高考顺利，事后社会舆论还抨击女生，指责她"将此事闹大"；除此之外，群殴、厕所闹事、私密照片等校园暴力事件层出不穷，而我也曾是一个被同学当众掀裙子的受害人，仍然记得当时愤怒、无助、不可理喻等的百感交集。校园霸凌不只打一拳那么简单，包括言语文字霸凌、社交霸凌和肢体霸凌。在 2016 年 3 月开始施行《反家庭暴力法》之后，希望校园暴力也能有具体的法律制裁，而不是禀着"息事宁人""各打五十大板"的态度搪塞了之；同时希望社会能有一套严格的、有效的机制来应对校园欺凌。这个机制应该包括对于不同程度的暴力，老师应该采取的措施，家庭之间的调解方法，学校应给予相关同学的处分，第三方（比如心理健康机构）的介入时机……学校该怎样安抚受伤害的同学，又该怎样让施暴的同学得到教训不再犯。

对于上文所说的儿童在家庭和学校里的问题，社会需要做的是在没发生前预防，在发生后适当干预；相信这短短的六分钟里，我只讲了这个话题的冰山一角。"社会化的循环"的第三站有两条路可选——一种是保持现状、不要出头；另一种是坚定立场、唤醒意识、做出行动。我们既然在这里，说明我们都是后者，愿意去改变需要改变的，去帮助需要帮助的。

"如果一个人没有被好好地对待过，那么他也不知道该怎么好好地对待别人"，希望社会中的成年人能好好地尊重儿童、理解儿童、帮助儿童。儿童权利，我们值得拥有。

二　儿童成长需要安全的环境①

陆诗敏　高二（11 年级）　上海包玉刚实验学校

尊敬的各位领导、来宾：

大家下午好！

我是来自上海民办包玉刚实验高中高二年级的陆诗敏，今天十分有幸

---

① 选自 2017 年第十一届上海"为了孩子"国际论坛的儿童发言。

在此与大家分享我对于儿童成长与环境安全关系的一些想法。

在我看来，影响儿童成长的有两个关键的环境安全要素，一个是自然环境；而另一个则是社会环境。这两者的安全系数对于儿童的健康成长和身心健康至关重要。

自然环境安全本身就是近几年我们十分关注的一个话题，"PM2.5"也在短短的几年间成为一个普及率很高的专业术语。作为一个土生土长的上海小囡，我对于空气污染的认知不仅来源于地理和科学的教科书，更重要的是来源于我的生活。在我十岁那年，上海承办了2010年的世博会，望着久违的蓝天白云，我印象中的上海变成了一个很有魔力的城市，因为我们人类有能力决定天空的颜色。从那时候开始，我知道上海的空气质量是可以被改善的，并不是我之前盲目认为的世界末日般的恶劣天气。而我们需要的是一个理由，这个理由需要证明发展不应该是国家对于未来的唯一目标，社会发展的同时还应及时阻止空气污染的恶化。其中也包括我们各级政府应给儿童成长提供一个安全的生活环境。我有幸只遭受了雾霾几年的摧残，但现在的"10后"们从出生最脆弱的时候开始就得与空气污染做斗争。这不单单是不公平的，同时也让我对他们的成长和未来感到担忧。我们不知道这对他们的身体到底会产生多大的危害，这个问题的答案也许得等半个世纪乃至更长时间才能知晓。我们不能冒这个风险，更不能为了国家的发展而牺牲儿童健康。

自然环境中除了空气的污染外还有一大受污染的领域，那就是水污染。每天的新闻中，我们都能看到社区积极尝试解决由工厂和生活排污导致的河道水质恶化和黑臭问题的案例，虽然有关部门总是及时提出解决方案、努力实施，但这一问题并没有减少的迹象。尽管上海已经是一个摩登的大都市了，但城市中还是仍然能看见水污染的影子，无论是黄浦江还是枫泾的水质，都给眼前的外滩和古镇的美景添加了几分瑕疵。虽然对我个人来说，水污染目前还没有直接地影响到我的日常生活，但我深知我们不能等到最后一刻才意识到问题，才想办法去解决问题。这一切都是大自然对我们的警告，告诉我们要好好保护地球家园。

与自然环境相比较，社会环境更有针对性地影响着儿童的成长，而儿童群体也自然地成为最直接的受害者。学校和家庭对于儿童生活环境和质量的疏忽都会成为安全隐患，从而导致不可挽救的后果。

2013 年 6 月 30 日晚，上海浦东有两名女童从 13 楼坠楼身亡，仅事发13 小时后，宝山区又有一名五岁男童从自家四楼阳台爬出后坠楼，幸亏有好心人及时上前，救了男孩的性命，但自己却受伤住院。2015 年 10月，普陀一小学十多名小学生午餐后不适，医生初步断定为食物中毒后，部分班级停课，而遗憾的是，学校并没有及时地更换配餐供应商。

上面的案例在当今社会已经是屡见不鲜，但每一个悲痛的故事背后隐藏的教训都很刻骨铭心。无论是家庭安全意识的培养、照看低龄孩子时的细心程度，还是学校对学生午餐安全的职责，都应该是不需要被强调的。因为我们深知它的重要性。我们不能依靠愿意舍己为人的好人来弥补家长的疏忽，更不能放心把孩子送进一所连在校用餐安全都无法保证的学校。

分类列举了这么多现存的问题，我也想谈谈自己理想中安全的儿童成长环境。

首先我想要看到每天环境质量监测报告中出现更多笑脸，让学校里的体育课不再因为空气质量的影响而被迫改到室内。在这一点上，我认为情况已经有所改善，但仍然需要努力。

其次是让我们看到周围每条河道中都能有清澈的水质，不再泛着恶臭，漂浮着垃圾。

通过全社会的普及教育，使我们的家长建立强烈的监护儿童安全的意识，防止儿童因缺乏监护而造成高空坠楼悲剧的发生。同时，各级学校应确保向学生儿童提供的午餐或点心，无论是学校自办食堂还是定点采购的，都必须切实符合食品安全要求，杜绝学生因餐食不洁造成集体食物中毒事件的发生。

在 2010 年上海世博会的第六场主题论坛"和谐城市与宜居生活"上，专家学者提出了一个叫"婴儿车指数"的概念，讲的是在考察城市和谐时，可以通过数街上婴儿车的数量来判断一个城市适不适合居住。儿童是整个社会中的弱势群体，选择用婴儿车的数据来说明儿童成长环境的优劣有其一定的科学性。"婴儿车指数"中，包括了空气污染的影响，也同时反映出了社会环境的安全系数，这两者缺一不可，也又一次强调了自然及社会环境对于儿童成长的重要性。我个人非常喜欢"婴儿车指数"

的概念，也觉得它很好地总结了我今天陈述的个人观点。

我坚信，儿童成长所需要的是整个社会共同的努力。无论我今后从事什么行业，我都会尽自己的力量，传播安全意识，推动社会来创造安全的儿童生活环境，因为只有这种家园的意识和实际行动的结合才能让理想成为现实。谢谢大家！

三　儿童需要的理想化空间及可施行的措施①

石逸豪　高一（10 年级）　上海包玉刚实验学校

尊敬的各位老师，各位来宾，大家下午好：

我是上海民办包玉刚实验高中的高一学生石逸豪，在接下来的几分钟里，我将简单地阐述目前城市中儿童空间是怎么样的，以及有哪些可行的措施。

上海在近几十年中取得的巨大发展离不开许多在座领导和大家的努力，然而随着上海逐渐成为国际上极具影响力的大都市，这座城市所给予儿童的空间却是寥寥可数的。我用了"寥寥可数"这个词，因为目前在中国大城市中完全适合儿童运动休闲的空间是非常匮乏的。

众所周知，中国目前在教育方面的竞争十分激烈，特别是在像北京、上海、广州这样的一线城市，有关升学的培训变得越来越火热，并且呈现出低龄化的趋势。近几年来，补习机构不仅开设中考、高考的课程，而且小升初、幼升小等课程也一样十分火爆。大多数孩子的周末和寒暑假都是被应对升学、考试等学术补习班填满的。幼儿园的孩子在上拼音班、英文班；小学生在补奥数、口译；中学生在备战中考和高考。"幸运的是"，在中国的城市中补习机构可谓比比皆是，一点不缺，然而，我们真正缺少的是在学术之外，在不上补习班的时候，可以满足我们娱乐、休息、运动的场所。举一个我个人的例子，我是一个非常喜欢踢足球的人，我家住在市中心人民广场。我出生在上海，并在这座城市里居住了 15 年；在这 15 年来，从个人的经历来看，我从来没有在市区找到过任何一个对儿童及青少年免费或者廉价开放的正规足球场，哪怕是那种 5v5 塑胶的足球小场地。格致中学离我家非常近，那里的室外篮球场和一个迷你的足球场在暑

---

① 选自 2017 年第十一届上海"为了孩子"国际论坛的儿童发言。

假是对外开放的。然而，撇开场地质量不说，那里运动场只有在每个周末上午九点到中午十二点是对外免费开放的，这正正好好是暑假一天中最热的时候，我也不知道这个规则是谁定的。尽管政府有要求全市的中小学校在假期中开放自己的场地，但是真正做到的，并且是为了学生着想的学校少之又少。也许有很多人会说，公众的运动场地在上海也许较少，但是还有像星期八小镇、迪斯尼乐园、欢乐谷这样的游乐场所啊。

可是，上述的大型游乐场所是有局限性的，儿童无法自己想什么时候去那里玩就去那里玩，必须依赖于家长。而且，这些游乐场所也不是仅仅提供给儿童游玩的，在迪斯尼乐园和欢乐谷的成年人肯定远远超过儿童。

正是因为我国城市中缺乏专门适合儿童的运动场所、玩乐场所，间接性地导致了许多孩子们在没有上补习班的宝贵时间里沉迷于手机和平板电脑上的各种游戏。根据北京教育科学研究院的数据显示，中国青少年体质连续25年下降；我认为城市中普遍缺乏适合儿童及青少年运动场地的现象对此有不可推卸的责任。如果目前的状况得不到改善，那中国未来的大多数青壮年都将失去运动的习惯，他们孩提游戏的记忆将仅限于屏幕之上。

儿童在城市里面最需要的空间就是玩乐、运动的场所。在理想的、儿童友好的城市中，多功能运动场、儿童乐园、沙地应该是每个社区、公寓的标配。请问在座的各位，我们更希望看到我们的孩子每天宅在家里玩平板电脑、看电视、做作业，还是在休息空闲的时候在社区中与其他孩子运动玩耍？每个孩子都应该能在自己家的附近找到适合自己，不会被成年人侵占的游乐场地。公园不仅仅应该是老年人跳广场舞的地方，更应该划出场地给孩子们玩沙、滑滑梯、踢球、打篮球。建造适合儿童的基础设施不仅仅对孩子们的身心健康、全面发展有着积极的促进作用，而且更能够体现出我们处在一个对下一代负责任的社会。如果政府漠视儿童应有的城市空间，那就是对我们的下一代，我们未来子女的不尊重；从某种意义上来说，政府的漠视是对孩子们权益的一种侵害。

目前全球已有400多个城市获得了联合国儿童友好城市的权威认证，但其中还没有一个中国的城市。在中国经济与国际接轨的同时，我们城市的软件也需要达到国际的基准水平。我们所有人都对上海这座城市近几十

年来取得的成就而感到自豪，所以我们更应该为未来几十年上海的发展竭尽全力，其中少不了对于儿童的投资。

我认为，作为有社会责任感、关爱儿童的公民，我们所有人都有义务让我们的城市对儿童更加友好；今天我们对儿童空间的努力对于年青一代的健康成长起着至关重要的作用！谢谢大家！

四　儿童友好型社区创建的几点建议①

小龙 Lachlan Mcgibney　高一（10 年级）　上海包玉刚实验学校

尊敬的各位老师，各位来宾，大家下午好：

我的名字是小龙，来自包玉刚学校中学部。首先，我解释一下什么是"儿童友好型城市"。儿童友好型城市是指政府在制订城市规划时要以儿童的最大利益为前提，儿童的健康权、受保护、受教育、不被歧视的权利被保护的城市。

儿童友好型城市的政府致力于履行联合国《儿童权利公约》，以确保给儿童一个更好的生存环境。儿童是社会公民，他们有自己的意见，他们的观点应该被听取。这需要大多数城市在法律和制度上做出改变，制定一些策略改变儿童所在家庭、邻里、城市的生存环境。

"儿童友好型城市"的概念并不是基于一套已有的理念。相反，这个概念是帮助所有城市在环境、政策、服务等方面变得对儿童更友好的框架。2000 年 9 月，联合国儿童基金会在佛罗伦萨设立了一个儿童友好型城市建设秘书处，以支持那些正在践行该理念的城市，同时帮助很多不同城市的人们改变儿童不友好的情况。该秘书处的作用是促使世界各地的城市变成适合儿童生活的环境。

我们为什么需要儿童友好型城市？

建设儿童友好型城市是因为人们认识到城市成为越来越多儿童的家园，以前大多数儿童生活在农村。但是，大多数城市对儿童并不友好，很多政府很少评估儿童的需求，很少优先考虑儿童。15 年前，在 2002 年，世界上近一半的儿童生活在城市，大多数属于中低收入国家。有预测表明

---

① 选自 2017 年第十一届上海"为了孩子"国际论坛的儿童发言，译稿。

到了 2025 年，中低收入国家将有 3/5 的儿童生活在城市。这意味着大多数儿童将生活贫困。事实上，在非洲、亚洲、拉丁美洲，1/3 到 1/2 的城市儿童生活贫困。尽管世界上生活在城市里的儿童比例越来越高，但是大多数城市的政府并没有相应地使城市对儿童更友好。在中低收入国家，很多城市儿童和家人一起生活在一间公寓或棚户中，经常得不到基本服务。他们中的很多人受到交通、暴力、污染的威胁。

上海如何成为一个儿童友好型城市？

在我个人看来，上海已经是一个相对的儿童友好型城市。如果我们想让上海变得更加儿童友好，需要在很多方面做出改变。

首先，我们需要问自己的一个问题，政府是否已经和非政府组织联合起来共同促进儿童福利、儿童保护。非政府组织在儿童的日常生活中起了很大的作用。这些组织并不附属于主权政府或任何一个国际政府。这些组织试图改善我们日常生活中的教育、医疗、环境、社交、人道主义等很多方面。这些组织还有能力改善一个城市。在这里我的提议是让这些组织签订一些协议，这能促使它们在执行新的想法或对社会做出贡献之前考虑到儿童。

其次，另外一个我们需要注意的问题是，我们城市的领导人、政客、官员是否接受过儿童权利方面的培训。这些人是我们城市的领导者，他们有权批准或否定城市变化。如果他们接受过培训，知道什么会影响/不影响儿童，他们就会成为保护儿童的第一道防线。除了培训城市领导人外，儿童本人呢？对人权以及联合国《儿童权利公约》的教学是否整合到学校的课程中了？这应该是学校教学的一般话题，因为只有这样，随后才能将其融合到社会中，人们才能对这个话题有更深的理解。政府也应该借助媒体让更多的人了解这一话题。

最后，我们的政府应该和儿童、年轻人及其家人互动，以更好地理解他们的需求。这样我们可以从儿童那里获得直接信息，从而保护、实现他们的需求。在如何有效地向儿童及其父母传播儿童权利知识方面，政府需要听取儿童自身的建议。

简单来说，为了儿童和青少年，我们需要建设一个更健康和友好的城市。市政府需要和非政府组织一起合作来保护城市里的儿童。市政府需要重新审核已有的规则，修改那些不合格的规则。政府还可以通过媒体和其

他媒介让人们知道保护儿童的重要性。除此之外，政府还需要与儿童和青少年交流，以真正地了解儿童所需要的。只有当政府开始更加了解儿童的需求并真正做出改变，我们的城市才会对儿童更加友好。

谢谢大家。

五 成长空间——孩子们所需要的活动空间设计①

于颖 初一（7年级） 李惠利中学

各位老师，大家好：

我是来自长宁区的于颖，我今年13岁，就读于李惠利中学7年级。今天非常高兴能作为学生代表来参加今年上海儿童生态项目的成果展示活动。

我今天汇报的主题是"成长空间——孩子们所需要的活动空间设计"。今年夏天最热的那几天，我们来自全市8个区县的40位孩子参加了"我参与 我行动 我成长——儿童 生态 创造 未来"的主题夏令营。给我们印象最深刻的就是儿童的活动空间设计活动。我们40位同学分为8组，根据组员们自己的想法和智慧，创造出了8组不同主题的儿童活动乐园。"中国风"，有传统的九曲桥、中华美食街等；"冒险乐园"，有布满陷阱的山洞、高耸有趣的树屋、各种鱼类的河流；"欢乐童年乐园"，分别有以海洋、森林、运动等为不同主题的乐园；"海贼王主题乐园"，参考动画片《海贼王》，设计了海盗船、棉花云层、闯关迷阵、树屋和帐篷等内容；"钢琴旋律乐园"，有菜园、天文台、摩天轮以及琴键布道等好玩的内容；"社区儿童乐园"，设计有涂鸦墙、阅读角、水上乐园等设施；"鸟与人"，突出鸟与人自然和谐相处的主题，有很多树屋、露营林地、休闲天地、人造山坡等；"梦幻庄园"，设计有4D电影院、户外烧烤、户外艺术天地、沙滩、COSPLAY舞台等。

上面是我们设计活动的一些成果展示。根据这些设计稿，我总结出孩子们理想中的活动场地包括以下几个方面：

（1）欢乐

欢乐是孩子们首先需要的，一个成功的儿童活动场所应该满足的最

---

① 选自2013年上海少年儿童生态道德教育项目的发言。

基本要求。最典型的便是各种适合孩子们玩的游乐设施，要符合孩子童真特性的一些东西。在我们的设计中，我们安置了秋千、吊床、泳池、水上乐园、小溪等好玩的内容，因为我们希望我们在童年中可以抓鱼、戏水、跳蹦蹦床、玩旋转秋千……这些简单的游戏能带给我们无穷的快乐。

（2）安全

安全作为一个基本要素也是必不可少的，有安全才会有欢乐。近年来，各大娱乐场所的伤亡事故，不得不引起人们的重视，令大家忧心忡忡，娱乐设备本应是带来笑声的，现在却是心碎的哭泣，为这份欢乐在犹豫。所以，我们在设计环节中都非常重视安全问题。

例如，这组儿童设计"梦幻乐园"时，把停车场设计在乐园的地下，与旁边的商业区形成底下贯通，从而实现了上面没有行车的现象，保证儿童可以在乐园中自由穿行。

又如，在制作建筑模型时，考虑到机动车的行走区域与路线，保证在其他区域中儿童可以比较安全地行走。

我们虽然是孩子，但我们已经意识到安全的重要性。

（3）大自然

大自然是小设计师们所提到的环境因素的另一重点，其中最典型的莫过于树屋了，其次便是各式的自然风光景观、野外露营及 DIY 蔬果园。长期生活在城市中的我们，对大自然绿色与天然异常渴望。我们渴望能与它更亲密地接触，能体验自己耕种，能爬山玩水，能与各种动物亲密无间，能住宿于自然环境之中……

（4）运动

游戏与运动是我们儿童的权利，对我们身心健康发展也非常重要。户外运动时，充分利用户外的日光、空气、水等自然因素进行适当锻炼，对我们孩子身体器官的生理机能发育、对我们的个性发展、对我们的社会化都有着积极的促进意义。

我们设计的运动场地集运动和多方面创意元素于一体。它既可以让孩子们充分体验到阳光与运动的乐趣，有较开阔的场地，同时又在一些设备上结合不经意间的小创意，使它更加有趣。

（5）艺术

很多小设计师们都表示，艺术可以和儿童活动空间中的很多元素互相结合，既培养孩子们的艺术情操，又丰富他们的心智。在这其中尤为突出的便是钢琴长廊，长廊的两侧挂满了名家之作，脚下的地板是钢琴的琴键，每一步都是一个艺术的享受，开阔了孩子们的视野。

我们希望可以把更多艺术学习融入到儿童活动空间中，这样我们可以在游玩中不知不觉地接触艺术、感知艺术，比如在户外与小伙伴们一起玩敲鼓、在涂鸦墙上绘画、在沙坑中做雕塑、在树林里做拼贴画……这些艺术学习的过程比一个人关在家里弹钢琴、练习素描、做装置好玩多了！

（6）动漫

动漫元素是我们所有小设计师们的最爱。虽然爸爸妈妈觉得动漫会影响到我们的学习，但成人们必须承认，那些动漫陪伴着我们孩子度过了最美好的时光，动漫伴随着我们的成长，给予我们更宽广的想象空间。那些深入人心的经典形象难以忘怀，多么希望能有那么一个欢乐空间，可以让孩子们玩角色扮演，演绎自己的动漫故事。我们的设计图中，最有特点的就是"海贼王"主题乐园，在那里，孩子们可以像路飞一起踏上伟大航程。

其实，世界上已经有以动画、动漫为主题的儿童乐园，如以卡通电影为主题的澳大利亚黄金海岸华纳兄弟世界、以卡通人物为主体的迪斯尼乐园等，这些著名的儿童乐园受到世界各地儿童的喜爱与欢迎。

我们觉得，如果能把动漫中的内容设计成主题乐园，孩子们会非常喜欢，孩子们会更愿意在主题乐园中游玩，而不是沉溺于动漫电影或漫画书了。

以上的这些是我对各类关键词的总结与分析，为了孩子们的快乐成长，就要从孩子们的角度出发，才能得到最适合他们的活动场地。孩子们的成长环境以及活动空间缺乏现已成为一个有目共睹的问题，为了孩子们的未来，我们必须从现在就行动起来。

小　结

在儿童友好型城市建设的过程中，少不了专家的探讨、构思，但同样重要的是，少不了作为主体的儿童的意见和声音。本文所呈现的 2017 年第十一届"为了孩子"国际论坛中儿童的发言，以及 2013 年儿童在上海少年儿童生态道德教育项目中的所见所思所言，都体现了儿童对友好型城市，对切身相关的权利的意见表达，充分表明了他们强大的参与意愿和参与能力。通过这些发言，我们能看出，儿童作为一个特殊的群体，他们是孩子，但不只是孩子。他们拥有基本权利，需要被呵护，但也需要被理解、被尊重。他们希望家长、教师重视他们的权利，给予他们成长的机会，关注他们的声音，因为他们拥有参与的权利和能力。他们对校园欺凌、安全的自然环境和社会环境有着自己独特的见解，对用于娱乐休闲运动的儿童场所提出了建议，甚至对儿童活动乐园、美丽家园进行了具体的设计，尽管这些建议和设计可能稚嫩，可能不完善，但我们要充分考虑到儿童的感受与想法，借鉴国外成功经验，结合我国国情，切实为儿童参与提供更广泛的机会。

附 录

Appendix

B.14
中国儿童参与大事记

北京博源拓智儿童公益发展中心

导　语

　　随着社会的发展和变革，人们对于儿童参与的理解和践行不断变化。因此，《儿童参与大事记》依据儿童参与多维度内涵，选取自新中国成立以来至今与儿童参与相关的事件。1949～1992 年，该时期社会对于儿童参与的内涵和外延还不是很明确，儿童在日常生活当中表达观点，也偶尔有机会参与到节庆活动、先进表彰以及政治性活动当中。因此，在该阶段儿童参与事件的选择上，则从儿童日常参与的角度选取了代表性事件，同时还选取了部分与儿童生存、保护、发展和参与休戚相关的重要法律、政策和文件，以期描述在当时的历史背景下，儿童参与的时代特征。

　　1992 年联合国《儿童权利公约》在中国正式生效，从此"儿童参与"作为儿童权利之一，逐渐被更多的人所关注与实践。同时，儿童的参与权也被明确地写入新修订的《中华人民共和国未成年人保护法》和《九十年代中国儿童发展规划纲要》中。因此，以 1992 年为起点，摘选了一些凸显儿童主体性的案例。选取的案例涉及儿童的家庭、学校、社会、公共事务，既包括部分影响范围较大、有积极示范意义的全国性和地方性事件，也摘选部分儿童参与领域的创新实践。

上篇：1949 ～1992 年

1. 1949 年 4 月 4 日，中国第一所校外教育机构——大连市少年宫（前身大连儿童文化馆）成立。

2. 1949 年 10 月 13 日，中国少年先锋队建队。

3. 1950 年 6 月 1 日，是新中国的第一个国际儿童节。毛泽东题词："庆祝儿童节。"

4. 1951 年，中央人民政府政务院颁布《关于学制改革的决定》。《关于学制改革的决定》明确规定中华人民共和国新学制，设立聋哑、盲等特殊学校，对生理上有缺陷的儿童、青年和成人进行教育。

5. 1956 年，《小喇叭》节目开播，这是新中国广播史上第一个学龄前儿童节目。

6. 1958 年，中国共产党中央委员会、国务院发布《关于教育工作的指示》，把生产劳动列为正式课程。该指示提出从幼儿园到高等学校，都把生产劳动列为正式课程，每个学生必须依照规定参加一定时间的劳动，开展勤工俭学。

7. 1963 年，中国共产党中央委员会批准试行《全日制中学暂行工作条例（草案）》和《全日制小学暂行工作条例（草案）》。《条例（草案）》规定中小学校要合理安排生产劳动。

8. 1974 年 9 月 24 ～27 日，中国在第 1 届世界中学生运动会上，收获金牌 8 枚，第 3 届获金牌 3 枚，第 4 届获金牌 6 枚，并保持着男子铁饼、女子 1500 米和女子铅球 3 项最高纪录。

9. 1988 年 4 月 25 日，国务院总理李鹏通过《中国少年报》，给开滦矿务局全体少先队员和全国小朋友复信，赞扬并鼓励他们开展红领巾安全活动。

10. 1988 年 9 月，国家教育委员会正式公布并开始实施《中学生日常行为

规范》。

11. 1988 年 11 月，1000 名少先队员在中南海怀仁堂向中央及有关部门汇报已经开展两年的"全国红领巾助残活动"的成果。这项活动由国家教育委员会、共青团中央、全国妇联、中国残疾人联合会发起和主办。

12. 1990 年 1 月 7 日，国务院总理李鹏在山西省太原市两名小学生的来信上批示："留作业太多，不利于小学生德、智、体全面发展。这件事，议过多次，请抓紧解决。" 2 月 15 日，国家教委发出了《关于重申贯彻〈减轻小学生课业负担过重问题的若干规定〉的通知》。

13. 1990 年 3 月 4 日，首都万名青少年在天安门广场举行了"学习雷锋精神，争做亚运先锋"主题团队会。

14. 1990 年 5 月 30 日，中国少年英雄纪念碑在北京玉渊潭公园落成，3000 多名少先队员参加揭幕式。

15. 1990 年 7 月 15 日，李鹏总理给山西临汾铁路第二小学的少先队员复信，赞同他们 6 月 15 日致信李鹏总理时提出的确定"爱惜粮食日"的建议，并责成国务院办公厅和农业部加以研究，提出具体实施方案。1991 年 9 月 28 日，国家正式出台《关于在全国开展爱惜粮食节约粮食活动的通知》。

16. 1990 年，《中国教育报》联合《中国少年报》举办"让精神世界更美好"读书活动，全国 20 多个省、自治区、直辖市 1000 多万名中小学生参加。

17. 1990 年 8 月 29 日，中国政府签署了《儿童权利公约》，中国成为第 105 个签约国。

18. 1991 年 12 月 29 日，第七届全国人民代表大会常务委员会第二十三次会议决定，批准中国加入联合国《儿童权利公约》。

19. 1991 年 9 月 4 日，我国第一部针对未成年人保护的法律《中华人民共和国未成年人保护法》颁布。

下篇：1992～2017年

20. 1992 年 3 月 2 日，中国常驻联合国大使向联合国递交了中国的批准书，使中国成为联合国《儿童权利公约》第 110 个批准国。该公约于 1992 年 4 月 2 日对中国生效。

21. 1992 年，国务院颁布《九十年代中国儿童发展规划纲要》。这是新中国历史上首次在国家政策文件中提及儿童参与的权利。

22. 1996 年，广东省举办第一届"羊城小市长"评选活动，每两年举办一届。目的是让广大中小学生以小主人翁的精神，参政议政、关注环保、关爱身边人、关心社会事，从小养成"爱国、守法、诚信、知礼"的良好品德。

23. 2000 年 1 月，中国少年先锋队全国工作委员会办公室和中国青少年研究中心编写《新发现——当代中国少年儿童报告》。

24. 2001 年，中华全国妇女联合会在北京召开首届中国儿童论坛，论坛主题是"我们拥有自己的权利"。来自全国 12 个省（区、市）包含汉、满、回、朝鲜、蒙古、彝族等 13 个民族在内的 60 名儿童代表出席。孩子们自己选出的儿童代表先后参加了在曼谷举行的亚太地区儿童论坛、亚太地区区域部长级磋商会议和老挝第二次亚太区域儿童论坛。

25. 2001 年 5 月 22 日，国务院颁布《中国儿童发展纲要（2001～2010年)》。

26. 2002 年，中国香港第一个儿童主导的组织"童梦同想"成立。该组织以唤起大众对儿童权利和联合国《儿童权利公约》的关注为目标。

27. 2002～2004 年，中华全国妇女联合会与国际救助儿童会合作"中国儿童参与行动项目"。

28. 2002 年 10 月 25 日，联合国《儿童权利公约》在我国生效十周年。为促进儿童参与，由中国儿童中心和全国妇联儿童部联合举办"儿童发展与参与"国际研讨会。全国妇联书记处书记李秋芳、联合国儿童基金会项目专家以及儿童权利、教育、心理、保健方面的专家和工作者近 200 人参加研讨。大会充分展示了我国在实现儿童权利方面的成果，交流了"儿童在参与中发展""通过儿童参与促进发展"的理论与实践经验，为我国政府制定有关儿童的政策提供了依据，提高了儿童工作的研究和实践水平。

29. 2003 年，中华小记者活动指导委员会开始选派小记者参加全国"两会"。到 2006 年，小记者参加"两会"这个事件本身逐渐被媒体关注。2007年，中央电视台等权威媒体正式将小记者参加"两会"作为重大新闻事件报道，并在全国掀起了"小记者"参加"两会"热。

30. 2003 年，中国儿童中心和联合国儿童基金会驻华办事处，合作支持开

展促进儿童参与的项目"三行快乐营"项目。项目坚持"平等、参与、快乐"的基本理念。2005年，在联合国儿童基金会区域办工作会议上，"三行快乐营"项目作为中国儿童参与的成功案例进行了重点介绍，引起了广泛关注。

31. 2003年12月28日，中国中央电视台少儿频道（CCTV少儿）开播。这是我国第一个全国性的，以0~18岁、特别是4~14岁儿童为主体受众群的专业电视频道。

32. 2003年12月5日，北京市第十二届人民代表大会常务委员会第八次会议修订《北京市未成年人保护条例》。这是国内最早的一部全面引入儿童参与权的地方法规。

33. 2004年，国际劳工组织、国际救助儿童会中国项目、广西壮族自治区妇联、广西壮族自治区妇儿工委办公室联合举办第一届预防拐卖儿童论坛"儿童之声"。该论坛旨在为儿童提供机会，说出自己关于对拐卖儿童问题的思考和想法。此后，又举办了几次类似的儿童论坛，如：2007年的第二届"儿童之声论坛"，2007年的"放飞希望"预防拐卖国家级儿童论坛。

34. 2004年"六一"前夕，央视青少中心策划推出了以"儿童·消费"为主题的CCTV首届儿童论坛，以儿童作为论坛的主角。

35. 2004年8月，上海市人大常委会首次邀请未成年人参与地方立法，为修改法规草案建言献策。同年10月19日，《上海市未成年人保护条例（草案）》修改稿提请常委会会议审议，未成年人提出的许多意见已被地方立法机关采纳。

36. 2005年，安徽省起草《安徽省预防未成年人犯罪条例》，邀请未成年人到省人大参加立法草案的讨论。

37. 2006年12月，广东省人大常委会通过的《广东省预防未成年人犯罪条例》，吸纳了儿童代表提出的八项建议。

38. 2006年，国务院妇女儿童工作委员会办公室和联合国儿童基金会共同发起题为"'我的生活我来说'儿童参与《中国儿童发展纲要（2001~2010年)》中期评估"活动。中国儿童中心组织来自北京、河南、安徽和河北等地，代表不同群体的二十余名儿童代表参与了此次评估活动。

39. 2006年，国际救助儿童会在儿童参与原则的基础上成立机构层面的"启明星"儿童顾问组，旨在为儿童创造一个畅所欲言的平台，以体现儿童的平等参与权利，并促使成年人能听到儿童对于与他们生活息息相关的事务的看法和建议，并在制定与儿童有关的政策时充分考虑到儿童的意见。

40. 2006 年，全国人民代表大会常务委员会第一次修订《中华人民共和国未成年人保护法》，将参与权写入该法列为法定权利。

41. 2006 年，上海市开展《上海市儿童参与行动研究》。其中，包含由儿童主导的儿童参与现状调查，是国内儿童参与研究的典范。

42. 2006 ～ 2010 年，联合国儿童基金会和中国教育部合作开展"爱生学校和学习者质量项目"，并开发了"中国爱生学校标准"。

43. 2007 年，江苏吴江市人民法院聘请 54 名儿童作为少年陪审员，享有旁听青少年刑事案件审理过程的权利。

44. 2007 年，由国际救助儿童会中国项目、香港儿童权利委员会、香港防止虐待儿童会、台湾儿童人权协会和澳门关心下一代工作委员会共同举办以"建立儿童美丽新世界"为主题的首届"两岸四地儿童论坛"。

45. 2007 年，由中央电视台等媒体组织发起的由儿童组成的小记者团参与到了党的十七大采访报道工作中来，这是中国新闻史上的一次创新。《儿童主体、儿童视角、儿童关注——小记者成功参与报道十七大的思考》一文发表于《电视研究》2007 年第 12 期。

46. 2009 年，北京市教委鼓励全市中小学生关注首都社会发展，参与城市建设，设立北京市中小学生科学建议奖。

47. 2009 ～ 2010 年，儿童参与《救助儿童会报告——联合国儿童权利公约中国实施状况》报告撰写。

48. 2011 年 7 月 31 日，国务院颁布《中国儿童发展纲要（2011 ～ 2020 年）》。儿童福利成为国家纲要重要组成部分；并提出 90% 以上的城乡社区建设 1 所儿童之家，以为儿童提供安全空间、满足儿童身心发展需求及身心健康，保护儿童免受暴力、剥削和虐待。

49. 2011 ～ 2012 年，国务院妇女儿童工作委员会办公室和联合国儿童基金会共同发起"儿童参与《中国儿童发展纲要（2011 ～ 2020 年）》宣传"活动。

50. 2012 年 5 月，在国际救助儿童会中国项目和外交部扶贫办合作开展的为期两年的"云南省农村学校基础教育及健康促进项目"中，进行"儿童主导调研"。

51. 2012 年 10 月 26 日，中华人民共和国主席令第 65 号公布《全国人民代表大会常务委员会关于修改〈中华人民共和国未成年人保护法〉的决定》，对《中华人民共和国未成年人保护法》进行第 2 次修正。

52. 2012 年 11 月 20 日下午，中国加入联合国《儿童权利公约》20 周年纪念活动在人民大会堂隆重举行。中共中央政治局委员、国务委员、国务院妇女儿童工作委员会主任刘延东出席纪念活动并致辞。4 名儿童代表将由 20 名 6～16 岁儿童集体设计并创作的作品《我们的权利》赠予联合国儿童基金会，该作品以《儿童权利公约》中儿童的四项基本权利——生存权、发展权、受保护权、参与权为主题，画出儿童眼中的权利。

53. 2015 年公布的《北京市实施教育部义务教育课程设置实验方案的课程计划（修订）》，提出加强综合性实践活动课程建设。

54. 2015 年 5 月 31 日，深圳团市委、市少工委主办的"红领巾相约中国梦——关注少代会，当好小主人"主题队日活动暨"深圳市红领巾议事团"成立。

55. 2016 年 7 月 2～3 日，来自北京、上海、天津、重庆、南京、拉萨等十几个城市的儿童和教师代表参加在广州市第二少年宫召开的"模拟联合国儿童互联网大会"。

56. 2016 年 4 月，"建设儿童友好型城市"被写入了深圳市"十三五"规划纲要。

57. 2016 年 4 月，刘延东副总理在驻日使馆"日本中小学修学旅行及其对我的启示和相关建议"上做出批示，指出"将修学旅行纳入中小学教育是方向"对于孩子了解国情、热爱祖国、开阔眼界、增长知识实现全面发展十分有益"。同年，教育部基教一司出台《关于推进中小学生研学旅行的意见》，要求各地因地制宜开展研学旅行活动。

58. 2016 年，全国人大常委会法工委首次正式回函小学生立法建议。

59. 2016 年 11 月，第六次全国妇女儿童工作会议上李克强总体提出继续贯彻男女平等基本国策和"儿童优先"原则。

60. 2016 年 3 月 1 日，《反家庭暴力法》正式实施。强调"未成年人、老年人、残疾人、孕期和哺乳期的妇女、重病患者遭受家庭暴力的，应当给予特殊保护""未成年人的监护人应当以文明的方式进行家庭教育，依法履行监护和教育职责，不得实施家庭暴力"。

61. 2017 年 1 月 1 日起，实施《最高人民法院关于审理拐卖妇女儿童犯罪案件具体应用法律若干问题的解释》，拐卖儿童最高可判死刑，收买儿童也要追究刑事责任。

62. 2017 年，在上海和浙江第一期实验的基础上，全国 30 余省级行政区均陆续公布新高考改革方案，落实"两依据、一参考"。其中，所谓的"一参考"，即参考"高中学生综合素质评价信息"。

63. 2017 年 8 月 25 日，"限制涉性侵害违法犯罪人员从业机制"启动仪式在上海市闵行区人民检察院召开，它标志着全国首个特定行业涉性侵害违法犯罪记录人员禁止从业机制正式启动。

64. 2017 年 10 月 1 日起，《民法总则》第十九条规定 8 周岁以上的未成年人为限制民事行为能力人。

65. 2017 年 10 月 10 日，民政部召开电视电话会议，安排部署全国农村留守儿童信息管理系统启用上线工作，全国农村留守儿童信息管理系统正式启用。

Abstract

The specialized term "children's participation" originates from child rights. However, the significance and function of children's participation is far from protecting and advocating children's participation rights so that they have the chance to voice their opinions and let their voice be heard by the adults. What is more fundamental and important is their opportunity to participate extensively in family life, community life, school life, social life and cultural life so as to be in genuine contact with the nature and society, and thus obtain rich and balanced life experience and education to accumulate their experiences, develop their capacities and build up their self-confidence accordingly. Only in this way, can they seize the chance and better express their opinions, as well as obtain well-grounded development more actively. Therefore, children's participation possesses broader vision and more functions. And this is exactly what this book advocates, i. e. , to study children's participation from the perspective of children's education and development and to investigate into the impact of children's key life experience and education on their development.

The General Report section introduces the study context, defines the fundamental concept of children's participation, demonstrates the current basic status and features of children's participation in China, raises some appropriate proposals from the perspectives of top-level policy making, the joint efforts of all parties, fulfilling the unique functions of extracurricular education, realizing the influence of online participation, promoting in-depth research and practice, and so on.

Basing on the data collected from 8847 primary and middle school students in seven cities, the basic situation of children's participation in China is presented in the section of Survey from seven aspects, i. e. , children's household participation, school participation, after-school life, social participation, extracurricular participation, online participation and public affairs participation, etc. This section also includes variance analyses of these aspects in terms of gender, sibling structure, school quality, family background, etc. , and mentions the influence of participation

Learning is the primary form of participation, and the participation off campus is very insufficient; 3) Children's participation is restricted by time, space and other basic conditions; 4) Some important issues of children's participation are ignored; 5) Children's participation varies among different groups; 6) Children's participation is closely related to children's development.

Vivid case studies and full data analyses are provided in the Case Study section to show a general picture of children's participation in real life. These cases mainly include children's participation in political life, students' participation in school reform (taking Beijing National Day School for example), children's participation in preschool (taking Anji Play for example), practice of children's participation in extracurricular education sector (taking China National Children's Center for example), children's participation in community governance, basic situation and countermeasures for children's participation on the Internet (by data analysis), children's voice about the construction of child-friendly cities.

Keywords: Children's Participation; Child Rights; Education; Children's Development

Contents

I General Report

Abstract: Children's participation is part of child rights. Emphasis on children's participation is very important for protecting child rights and promoting their development. Children's participation does not only mean that children's views should be expressed and listened to by adults, but also indicates that they should have the opportunity to participate in family life, peer life, community life, school life and other aspects of social life. All of these life experiences will help children to attain knowledge, ability, good judgment and confidence, so that they can be more active and express more. As a matter of fact, off campus, children's chances of receiving education by way of various social experiences are gradually decreasing in China currently. As a result, children's participation and experience in different aspects of life, which is the important basis of children's participation, is far from enough. This is a serious problem that will affect children's overall development. This book presents the current status of children's participation in China by investigating into the various life experiences of children, and makes children's participation as an important breakthrough point of education reform. Basing on the features of children's participation in China displayed as a result of investigation, research and case analysis, the author proposes several initiatives to promote progress in children's participation.

Keywords: Children's Participation; Children's Development; Education Reform

II   Investigation Reports

B. 2   Summary of Children's Participation in China

Ding Daoyong, Huo Yujia and Li Ye / 020

Abstract: *The Convention on the Rights of the Child* has promoted the realization of child right for participation, which represents a perspective to understand the concept of children's participation. Besides, children's life experiences also mean a lot for their healthy growth. Therefore, this study focuses on children's participation in this broader sense, and investigates into it accordingly. The article summaries the research design of "investigation into Chinese children's participation status", and then reports general situation of children's participation in seven cities in terms of household participation, school participation, after-school life, social life, extracurricular education participation, online participation, public affairs participation and so on.

Keywords: Child Rights; Children's Participation; General Situation

B. 3   Children's Participation among Different Groups:
A Comparative Study in Terms of Gender,
Sibling Structure and School

Zhou Jinyan, Zou Xue / 048

Abstract: Basing on the survey data on Chinese children's participation, a variance analysis of children's participation in terms of gender, sibling structure and school quality is carried out using the method of statistical hypothesis testing. Children's participation in this study includes children's household participation, after-school life, school participation, extracurricular education participation, online participation, public affairs participation and so on. This study finds that there exist varied degrees of variances in their participation between girls and boys, between children from one-child families and those from multiple children families, and

between key schools and ordinary schools in aspects such as family, school, after school, online and public affairs.

Keywords: Children's Participation; Variance Analysis; Gender; Sibling Structure

B. 4　Children's Participation among Different Groups:
A Comparative Study in Terms of Family Background

Zhou Jinyan, Zou Xue / 075

Abstract: Basing on the survey data on Chinese children's participation, a variance analysis of children's participation in terms of urban and rural areas, family financial background, parents' jobs, and parents' education levels is carried out using the method of statistical hypothesis testing. Children's participation in this study includes children's household participation, after-school life, school participation, extracurricular education participation, online participation, public affairs participation and so on. This study finds that there exist varied degrees of variances in their participation between children from urban and rural areas, children from white-collar families and those from blue-collar families, and children whose parents have different levels of education in aspects such as family, school, after school, online and public affairs.

Keywords: Children's Participation; Urban and Rural Areas; Family Financial Background; Parents' Jobs; Parents' Education Levels

B. 5　An Empirical Study of the Correlation between Children's
Participation and Their School Performance

Zhou Jinyan, Feng Siche / 116

Abstract: Basing on the survey data on Chinese children's participation, a correlation analysis of the relationship between children's participation and their school performance in terms of their academic achievement, their class leader roles and their school involvement is carried out using the method of correlation testing. Children's participation in this study includes children's household participation, after-school life, school participation, extracurricular education participation, online participation, public affairs participation and so on. This study finds that there exist varied degrees of correlations between children's participation and their academic achievement at school, their class leader roles and their school involvement.

Keywords: Children's Participation; School Performance; Academic Achievement; School Involvement

B. 6 An Empirical Study of the Relationship between Children's Participation and Their Non-cognitive Capacities

Development   *Zhou Jinyan, Feng Siche* / 141

Abstract: Basing on the survey data on Chinese children's participation, a correlation analysis of the relationship between children's participation and their non-cognitive capacities in terms of five indicators such as the Big Five personalities, self-esteem, locus of control, willpower, and social independence tendency. Children's participation in this study includes children's household participation, after-school life, school participation, extracurricular education participation, online participation, public- affairs participation and so on. This study finds that there exist varied degrees of correlations between children's participation and their Big Five personality development, self-esteem level, locus of control, willpower and social independence tendency.

Keywords: Children's Participation; Non-cognitive Capacities; Big Five Personality; Self-esteem; Locus of Control; Willpower; Social Independence Tendency

Ⅲ Special Reports

B. 7 Children's Participation in Political Life: Make Their

Own Voice   *He Ling* / 193

Abstract: This thesis analyzes the status quo and the major channels of Chinese

children's participation in political affairs in various perspectives such as forming association, participating in legislation, offering advice and suggestions, expressing opinions, etc. In terms of legislation, children's participation is mostly in the form of providing information, i. e. providing information for government decision makers, indirect participation in legislation and policy consultation. Children joining the Young Pioneer and juveniles joining the Youth League are their common ways of participation in political association. Through the association of joining the Young Pioneers and electing representatives attending China Young Pioneers' Conference and many other activities, Chinese children are indirectly involved in the formulation and execution of the relevant policies and in the evaluation of results, thus realizing the practice of participating in the administration and discussion of state affairs. Young Pioneers Conference and Red Cravat Institution are the major channels for Chinese children to get involved in politics, and the most extensive approaches for political participation as well. In terms of offering advice and suggestions, children may express their opinions through various channels and systems such as letter and visit system, the specific websites run by governments at all levels, etc. In practice, children's expression of advice and suggestions has received great attention, or has achieved remarkable results through practical activities, so such practices are widely promoted and spread, and thus more systems and channels are created and opened for children to express their advice and suggestions. As for sharing and expressing opinions, besides the platforms and participation events created/founded by (adults) institutes, more children tend to express their appeals and opinions through non-institutionalized means such as media network. The author suggests further improving the institutionalized channels for children's indirect participation, expanding the institutionalized channels for their direct participation, guiding children to make wise use of the non-institutionalized channels of participation, and thus contributing to the generally healthy, positive and stable development of children's political participation.

Keywords: Political Participation; Children; Institutionalized Participation

B. 8 Letting Students Resume Their Central Position in School
Eeducation
—*An introduction to the reform in Beijing National Day School
and the reflection on learners' participation*   *Duan Huidong* / 206

Abstract: The influence of industrialization logic and the anxiety of college entrance examination have prevented senior high schools in China for a long time from quality practice of teaching students in accordance with their respective aptitude. And the situation of "learner participation" is also worrying. While many people believe this is an intractable challenge, Beijing National Day School reflects on the current education system, and has implemented a comprehensive round of reform including various measures such as course selection (optional courses) system. This reform demonstrates the simplest and most unadorned understanding of the nature of school, i. e. "a school belongs to students", and it is also a valuable exploration of school reforms for the resurrection of learner-centered philosophy.

Keywords: Learner Participation; School Reform; Teaching Students in Accordance with Their Respective Aptitude

B. 9 Children's Participation in Preschool Education
—*The contribution of Anji Play to the exploration of preschool
education reform in China*   *Chang Jing* / 226

Abstract: The author investigates and analyzes the contribution of Anji Play to the exploration of preschool education reform in China through field research and expert interviews. After describing the background of Anji Play and the reason why it becomes popular throughout the world, the author summarizes what is to learn from Anji Play. The author observes and analyzes Anji Play with the surrounding specific ecological environment of education and reaches the conclusion that the essential condition for the success of Anji Play are the learning material derived from children's daily life and the toys obtained from the environment in which children grow and develop.

Keywords: Anji Play; Preschool Education; Reform

B. 10　The Exploration of Children's Participation Experience in
　　　 the field of Extracurricular Education

—*Take China National Children's Center as an example*

Ma Xueyang, *Wang Runjie* / 238

　　Abstract: This paper summarizes the concept of extracurricular education as well as the status of the development and functional orientation of the extracurricular education in China, and raises the point that children's participation demonstrates the unique value of extracurricular education. The paper also summarizes the strategic experience of children's participation from four aspects: teaching content, teaching methods, teaching process and teaching environment. China National Children's Center is introduced and analyzed as a case study of the aforementioned viewpoints, and suggestions are put forward to promote children's participation in extracurricular education.

　　Keywords: Extracurricular Education; Children's Participation; China National Children's Center

B. 11　Children's Participation in Communities from
　　　 the Perspective of Community Governance　　*Tan Xiaoyan* / 252

　　Abstract: Children's participation in communities refers to the practice of children participating in community public affairs, expressing their request through fair opportunities, and being involved in the process of making decisions. In the current transitional period, children's participation in community affairs is a very important element for the multiple cooperative community governance, and is a practical route and method for the community construction. Through the experimental intervention of two communities of different type, the author managed to re-organize the communities, to make full play the relationship between hobbies and career, to encourage children participating in the entire process of updating community space, and to explore sustainable methods of participation. The author discovers that children's participation has benefited the communities in various aspects such as changing the community environment, improving adults' participation and enhancing social capital. The author also raises some suggestions in various angles such as systemization, governmentality, Internet, resource integration, and the value of community.

Keywords: Community Governance; Children's Participation in Communities; Organization; Community

B. 12 The General Situation of Children's Participation on Internet and the Study of Countermeasures *Zhang Haibo* / 266

Abstract: Basing on the questionnaire survey of children's participation on Internet in 18 cities in China, the author analyzes the situation of children's participation on Internet in terms of entertainment, social interaction, learning and expression, and summarizes the features of children's network participation at different ages: kindergarten period (3 −6 years) as a small player, primary school period (9 − 10 years old) as a small user, junior high school period (13 −14 years old) as a small creator. While the chance of children's participation on Internet is continuously expanding, the risks are also increasing, and the three major risks are being unhealthy, unsafe and uncivilized. Basing on the aforementioned analysis, the author puts forward countermeasures to protect child rights for Internet participation yet maintain the safety of children's Internet participation from the three perspectives of state, society and family.

Keywords: the Internet; Participation; the Media

B. 13 Children's Views on the Child −Friendly City Promotion
Xiao Fengqiu, Chen Caiyu and He Caiping / 284

Abstract: The right of child participation means that "states parties shall assure to the child who is capable of forming his or her own views the right to express those

views freely in all matters affecting the child, the view of the child being given due weight in accordance with the age and maturity of the child. " Considering the view of the child adequately is very important in the process of child-friendly city promotion. The paper presents children's views on child-friendly city promotion. The raw material were come from the children's speech in Shanghai project of children's ecological ethics 2013's and the " For Children" forum 2017, and thus demonstrates an epitome of the situation of children's participation in China.

Keywords: Children's Participation; Child-friendly city; Child rights

✤ 皮书起源 ✤

"皮书"起源于十七、十八世纪的英国,主要指官方或社会组织正式发表的重要文件或报告,多以"白皮书"命名。在中国,"皮书"这一概念被社会广泛接受,并被成功运作、发展成为一种全新的出版形态,则源于中国社会科学院社会科学文献出版社。

✤ 皮书定义 ✤

皮书是对中国与世界发展状况和热点问题进行年度监测,以专业的角度、专家的视野和实证研究方法,针对某一领域或区域现状与发展态势展开分析和预测,具备原创性、实证性、专业性、连续性、前沿性、时效性等特点的公开出版物,由一系列权威研究报告组成。

✤ 皮书作者 ✤

皮书系列的作者以中国社会科学院、著名高校、地方社会科学院的研究人员为主,多为国内一流研究机构的权威专家学者,他们的看法和观点代表了学界对中国与世界的现实和未来最高水平的解读与分析。

✤ 皮书荣誉 ✤

皮书系列已成为社会科学文献出版社的著名图书品牌和中国社会科学院的知名学术品牌。2016年,皮书系列正式列入"十三五"国家重点出版规划项目;2012~2016年,重点皮书列入中国社会科学院承担的国家哲学社会科学创新工程项目;2017年,55种院外皮书使用"中国社会科学院创新工程学术出版项目"标识。

权威报告·热点资讯·特色资源

皮书数据库
ANNUAL REPORT(YEARBOOK)
DATABASE

当代中国与世界发展高端智库平台

所获荣誉

- 2016年，入选"国家'十三五'电子出版物出版规划骨干工程"
- 2015年，荣获"搜索中国正能量 点赞2015""创新中国科技创新奖"
- 2013年，荣获"中国出版政府奖·网络出版物奖"提名奖
- 连续多年荣获中国数字出版博览会"数字出版·优秀品牌"奖

成为会员

通过网址www.pishu.com.cn或使用手机扫描二维码进入皮书数据库网站，进行手机号码验证或邮箱验证即可成为皮书数据库会员（建议通过手机号码快速验证注册）。

会员福利

- 使用手机号码首次注册会员可直接获得100元体验金，不需充值即可购买和查看数据库内容（仅限使用手机号码快速注册）。
- 已注册用户购书后可免费获赠100元皮书数据库充值卡。刮开充值卡涂层获取充值密码，登录并进入"会员中心"—"在线充值"—"充值卡充值"，充值成功后即可购买和查看数据库内容。

社会科学文献出版社 皮书系列
SOCIAL SCIENCES ACADEMIC PRESS (CHINA)

卡号：804684465290
密码：

数据库服务热线：400-008-6695
数据库服务QQ：2475522410
数据库服务邮箱：database@ssap.cn
图书销售热线：010-59367070/7028
图书服务QQ：1265056568
图书服务邮箱：duzhe@ssap.cn

Sub-Database Introduction

S子库介绍

中国经济发展数据库

涵盖宏观经济、农业经济、工业经济、产业经济、财政金融、交通旅游、商业贸易、劳动经济、企业经济、房地产经济、城市经济、区域经济等领域，为用户实时了解经济运行态势、把握经济发展规律、洞察经济形势、做出经济决策提供参考和依据。

中国社会发展数据库

全面整合国内外有关中国社会发展的统计数据、深度分析报告、专家解读和热点资讯构建而成的专业学术数据库。涉及宗教、社会、人口、政治、外交、法律、文化、教育、体育、文学艺术、医药卫生、资源环境等多个领域。

中国行业发展数据库

以中国国民经济行业分类为依据，跟踪分析国民经济各行业市场运行状况和政策导向，提供行业发展最前沿的资讯，为用户投资、从业及各种经济决策提供理论基础和实践指导。内容涵盖农业，能源与矿产业，交通运输业，制造业，金融业，房地产业，租赁和商务服务业，科学研究，环境和公共设施管理，居民服务业，教育，卫生和社会保障，文化、体育和娱乐业等100余个行业。

中国区域发展数据库

对特定区域内的经济、社会、文化、法治、资源环境等领域的现状与发展情况进行分析和预测。涵盖中部、西部、东北、西北等地区，长三角、珠三角、黄三角、京津冀、环渤海、合肥经济圈、长株潭城市群、关中—天水经济区、海峡经济区等区域经济体和城市圈，北京、上海、浙江、河南、陕西等34个省份及中国台湾地区。

中国文化传媒数据库

包括文化事业、文化产业、宗教、群众文化、图书馆事业、博物馆事业、档案事业、语言文字、文学、历史地理、新闻传播、广播电视、出版事业、艺术、电影、娱乐等多个子库。

世界经济与国际关系数据库

以皮书系列中涉及世界经济与国际关系的研究成果为基础，全面整合国内外有关世界经济与国际关系的统计数据、深度分析报告、专家解读和热点资讯构建而成的专业学术数据库。包括世界经济、国际政治、世界文化与科技、全球性问题、国际组织与国际法、区域研究等多个子库。

法律声明

"皮书系列"（含蓝皮书、绿皮书、黄皮书）之品牌由社会科学文献出版社最早使用并持续至今，现已被中国图书市场所熟知。"皮书系列"的LOGO（▨）与"经济蓝皮书""社会蓝皮书"均已在中华人民共和国国家工商行政管理总局商标局登记注册。"皮书系列"图书的注册商标专用权及封面设计、版式设计的著作权均为社会科学文献出版社所有。未经社会科学文献出版社书面授权许可，任何使用与"皮书系列"图书注册商标、封面设计、版式设计相同或者近似的文字、图形或其组合的行为均系侵权行为。

经作者授权，本书的专有出版权及信息网络传播权为社会科学文献出版社享有。未经社会科学文献出版社书面授权许可，任何就本书内容的复制、发行或以数字形式进行网络传播的行为均系侵权行为。

社会科学文献出版社将通过法律途径追究上述侵权行为的法律责任，维护自身合法权益。

欢迎社会各界人士对侵犯社会科学文献出版社上述权利的侵权行为进行举报。电话：010-59367121，电子邮箱：fawubu@ssap.cn。

社会科学文献出版社

皮书系列

2018年

智库成果出版与传播平台

社会科学文献出版社
SOCIAL SCIENCES ACADEMIC PRESS (CHINA)

社长致辞

蓦然回首，皮书的专业化历程已经走过了二十年。20年来从一个出版社的学术产品名称到媒体热词再到智库成果研创及传播平台，皮书以专业化为主线，进行了系列化、市场化、品牌化、数字化、国际化、平台化的运作，实现了跨越式的发展。特别是在党的十八大以后，以习近平总书记为核心的党中央高度重视新型智库建设，皮书也迎来了长足的发展，总品种达到600余种，经过专业评审机制、淘汰机制遴选，目前，每年稳定出版近400个品种。"皮书"已经成为中国新型智库建设的抓手，成为国际国内社会各界快速、便捷地了解真实中国的最佳窗口。

20年孜孜以求，"皮书"始终将自己的研究视野与经济社会发展中的前沿热点问题紧密相连。600个研究领域，3万多位分布于800余个研究机构的专家学者参与了研创写作。皮书数据库中共收录了15万篇专业报告，50余万张数据图表，合计30亿字，每年报告下载量近80万次。皮书为中国学术与社会发展实践的结合提供了一个激荡智力、传播思想的入口，皮书作者们用学术的话语、客观翔实的数据谱写出了中国故事壮丽的篇章。

20年跬步千里，"皮书"始终将自己的发展与时代赋予的使命与责任紧紧相连。每年百余场新闻发布会，10万余次中外媒体报道，中、英、俄、日、韩等12个语种共同出版。皮书所具有的凝聚力正在形成一种无形的力量，吸引着社会各界关注中国的发展，参与中国的发展，它是我们向世界传递中国声音、总结中国经验、争取中国国际话语权最主要的平台。

皮书这一系列成就的取得，得益于中国改革开放的伟大时代，离不开来自中国社会科学院、新闻出版广电总局、全国哲学社会科学规划办公室等主管部门的大力支持和帮助，也离不开皮书研创者和出版者的共同努力。他们与皮书的故事创造了皮书的历史，他们对皮书的拳拳之心将继续谱写皮书的未来！

现在，"皮书"品牌已经进入了快速成长的青壮年时期。全方位进行规范化管理，树立中国的学术出版标准；不断提升皮书的内容质量和影响力，搭建起中国智库产品和智库建设的交流服务平台和国际传播平台；发布各类皮书指数，并使之成为中国指数，让中国智库的声音响彻世界舞台，为人类的发展做出中国的贡献——这是皮书未来发展的图景。作为"皮书"这个概念的提出者，"皮书"从一般图书到系列图书和品牌图书，最终成为智库研究和社会科学应用对策研究的知识服务和成果推广平台这整个过程的操盘者，我相信，这也是每一位皮书人执着追求的目标。

"当代中国正经历着我国历史上最为广泛而深刻的社会变革，也正在进行着人类历史上最为宏大而独特的实践创新。这种前无古人的伟大实践，必将给理论创造、学术繁荣提供强大动力和广阔空间。"

在这个需要思想而且一定能够产生思想的时代，皮书的研创出版一定能创造出新的更大的辉煌！

社会科学文献出版社社长
中国社会学会秘书长

2017年11月

社会科学文献出版社简介

社会科学文献出版社（以下简称"社科文献出版社"）成立于1985年，是直属于中国社会科学院的人文社会科学学术出版机构。成立至今，社科文献出版社始终依托中国社会科学院和国内外人文社会科学界丰厚的学术出版和专家学者资源，坚持"创社科经典，出传世文献"的出版理念、"权威、前沿、原创"的产品定位以及学术成果和智库成果出版的专业化、数字化、国际化、市场化的经营道路。

社科文献出版社是中国新闻出版业转型与文化体制改革的先行者。积极探索文化体制改革的先进方向和现代企业经营决策机制，社科文献出版社先后荣获"全国文化体制改革工作先进单位"、中国出版政府奖·先进出版单位奖、中国社会科学院先进集体、全国科普工作先进集体等荣誉称号。多人次荣获"第十届韬奋出版奖""全国新闻出版行业领军人才""数字出版先进人物""北京市新闻出版广电行业领军人才"等称号。

社科文献出版社是中国人文社会科学学术出版的大社名社，也是以皮书为代表的智库成果出版的专业强社。年出版图书2000余种，其中皮书400余种，出版新书字数5.5亿字，承印与发行中国社科院院属期刊72种，先后创立了皮书系列、列国志、中国史话、社科文献学术译库、社科文献学术文库、甲骨文书系等一大批既有学术影响又有市场价值的品牌，确立了在社会学、近代史、苏东问题研究等专业学科及领域出版的领先地位。图书多次荣获中国出版政府奖、"三个一百"原创图书出版工程、"五个'一'工程奖"、"大众喜爱的50种图书"等奖项，在中央国家机关"强素质·做表率"读书活动中，入选图书品种数位居各大出版社之首。

社科文献出版社是中国学术出版规范与标准的倡议者与制定者，代表全国50多家出版社发起实施学术著作出版规范的倡议，承担学术著作规范国家标准的起草工作，率先编撰完成《皮书手册》对皮书品牌进行规范化管理，并在此基础上推出中国版芝加哥手册——《社科文献出版社学术出版手册》。

社科文献出版社是中国数字出版的引领者，拥有皮书数据库、列国志数据库、"一带一路"数据库、减贫数据库、集刊数据库等4大产品线11个数据库产品，机构用户达1300余家，海外用户百余家，荣获"数字出版转型示范单位""新闻出版标准化先进单位""专业数字内容资源知识服务模式试点企业标准化示范单位"等称号。

社科文献出版社是中国学术出版走出去的践行者。社科文献出版社海外图书出版与学术合作业务遍及全球40余个国家和地区，并于2016年成立俄罗斯分社，累计输出图书500余种，涉及近20个语种，累计获得国家社科基金中华学术外译项目资助76种、"丝路书香工程"项目资助60种、中国图书对外推广计划项目资助71种以及经典中国国际出版工程资助28种，被五部委联合认定为"2015-2016年度国家文化出口重点企业"。

如今，社科文献出版社完全靠自身积累拥有固定资产3.6亿元，年收入3亿元，设置了七大出版分社、六大专业部门，成立了皮书研究院和博士后科研工作站，培养了一支近400人的高素质与高效率的编辑、出版、营销和国际推广队伍，为未来成为学术出版的大社、名社、强社，成为文化体制改革与文化企业转型发展的排头兵奠定了坚实的基础。

宏观经济类

经济蓝皮书

2018 年中国经济形势分析与预测

李平 / 主编　2017 年 12 月出版　定价：89.00 元

◆　本书为总理基金项目，由著名经济学家李扬领衔，联合中国社会科学院等数十家科研机构、国家部委和高等院校的专家共同撰写，系统分析了 2017 年的中国经济形势并预测 2018 年中国经济运行情况。

城市蓝皮书

中国城市发展报告 No.11

潘家华　单菁菁 / 主编　2018 年 9 月出版　估价：99.00 元

◆　本书是由中国社会科学院城市发展与环境研究中心编著的，多角度、全方位地立体展示了中国城市的发展状况，并对中国城市的未来发展提出了许多建议。该书有强烈的时代感，对中国城市发展实践有重要的参考价值。

人口与劳动绿皮书

中国人口与劳动问题报告 No.19

张车伟 / 主编　2018 年 10 月出版　估价：99.00 元

◆　本书为中国社会科学院人口与劳动经济研究所主编的年度报告，对当前中国人口与劳动形势做了比较全面和系统的深入讨论，为研究中国人口与劳动问题提供了一个专业性的视角。

中国省域竞争力蓝皮书

中国省域经济综合竞争力发展报告（2017～2018）

李建平　李闽榕　高燕京／主编　2018年5月出版　估价：198.00元

◆　本书融多学科的理论为一体，深入追踪研究了省域经济发展与中国国家竞争力的内在关系，为提升中国省域经济综合竞争力提供有价值的决策依据。

金融蓝皮书

中国金融发展报告（2018）

王国刚／主编　2018年2月出版　估价：99.00元

◆　本书由中国社会科学院金融研究所组织编写，概括和分析了2017年中国金融发展和运行中的各方面情况，研讨和评论了2017年发生的主要金融事件，有利于读者了解掌握2017年中国的金融状况，把握2018年中国金融的走势。

区域经济类

京津冀蓝皮书

京津冀发展报告（2018）

祝合良　叶堂林　张贵祥／等著　2018年6月出版　估价：99.00元

◆　本书遵循问题导向与目标导向相结合、统计数据分析与大数据分析相结合、纵向分析和长期监测与结构分析和综合监测相结合等原则，对京津冀协同发展新形势与新进展进行测度与评价。

社 会 政 法 类

社会蓝皮书

2018 年中国社会形势分析与预测

李培林　陈光金　张翼 / 主编　2017 年 12 月出版　定价：89.00 元

◆　本书由中国社会科学院社会学研究所组织研究机构专家、高校学者和政府研究人员撰写，聚焦当下社会热点，对 2017 年中国社会发展的各个方面内容进行了权威解读，同时对 2018 年社会形势发展趋势进行了预测。

法治蓝皮书

中国法治发展报告 No.16（2018）

李林　田禾 / 主编　2018 年 3 月出版　估价：118.00 元

◆　本年度法治蓝皮书回顾总结了 2017 年度中国法治发展取得的成就和存在的不足，对中国政府、司法、检务透明度进行了跟踪调研，并对 2018 年中国法治发展形势进行了预测和展望。

教育蓝皮书

中国教育发展报告（2018）

杨东平 / 主编　2018 年 4 月出版　估价：99.00 元

◆　本书重点关注了 2017 年教育领域的热点，资料翔实，分析有据，既有专题研究，又有实践案例，从多角度对 2017 年教育改革和实践进行了分析和研究。

社会体制蓝皮书

中国社会体制改革报告 No.6（2018）

龚维斌 / 主编　2018 年 3 月出版　估价：99.00 元

◆　本书由国家行政学院社会治理研究中心和北京师范大学中国社会管理研究院共同组织编写，主要对 2017 年社会体制改革情况进行回顾和总结，对 2018 年的改革走向进行分析，提出相关政策建议。

社会心态蓝皮书

中国社会心态研究报告（2018）

王俊秀　杨宜音 / 主编　2018 年 12 月出版　估价：99.00 元

◆　本书是中国社会科学院社会学研究所社会心理研究中心"社会心态蓝皮书课题组"的年度研究成果，运用社会心理学、社会学、经济学、传播学等多种学科的方法进行了调查和研究，对于目前中国社会心态状况有较广泛和深入的揭示。

华侨华人蓝皮书

华侨华人研究报告（2018）

贾益民 / 主编　2018 年 1 月出版　估价：139.00 元

◆　本书关注华侨华人生产与生活的方方面面。华侨华人是中国建设 21 世纪海上丝绸之路的重要中介者、推动者和参与者。本书旨在全面调研华侨华人，提供最新涉侨动态、理论研究成果和政策建议。

民族发展蓝皮书

中国民族发展报告（2018）

王延中 / 主编　2018 年 10 月出版　估价：188.00 元

◆　本书从民族学人类学视角，研究近年来少数民族和民族地区的发展情况，展示民族地区经济、政治、文化、社会和生态文明"五位一体"建设取得的辉煌成就和面临的困难挑战，为深刻理解中央民族工作会议精神、加快民族地区全面建成小康社会进程提供了实证材料。

产业经济类

房地产蓝皮书

中国房地产发展报告 No.15（2018）

李春华　王业强 / 主编　2018 年 5 月出版　估价：99.00 元

◆　2018 年《房地产蓝皮书》持续追踪中国房地产市场最新动态，深度剖析市场热点，展望 2018 年发展趋势，积极谋划应对策略。对 2017 年房地产市场的发展态势进行全面、综合的分析。

新能源汽车蓝皮书

中国新能源汽车产业发展报告（2018）

中国汽车技术研究中心　日产（中国）投资有限公司

东风汽车有限公司 / 编著　2018 年 8 月出版　估价：99.00 元

◆　本书对中国 2017 年新能源汽车产业发展进行了全面系统的分析，并介绍了国外的发展经验。有助于相关机构、行业和社会公众等了解中国新能源汽车产业发展的最新动态，为政府部门出台新能源汽车产业相关政策法规、企业制定相关战略规划，提供必要的借鉴和参考。

行业及其他类

旅游绿皮书

2017 ~ 2018 年中国旅游发展分析与预测

中国社会科学院旅游研究中心 / 编　2018 年 2 月出版　估价：99.00 元

◆　本书从政策、产业、市场、社会等多个角度勾画出 2017 年中国旅游发展全貌，剖析了其中的热点和核心问题，并就未来发展作出预测。

民营医院蓝皮书
中国民营医院发展报告（2018）

薛晓林 / 主编　2018 年 1 月出版　估价 : 99.00 元

◆　本书在梳理国家对社会办医的各种利好政策的前提下，对我国民营医疗发展现状、我国民营医院竞争力进行了分析，并结合我国医疗体制改革对民营医院的发展趋势、发展策略、战略规划等方面进行了预估。

会展蓝皮书
中外会展业动态评估研究报告（2018）

张敏 / 主编　　2018 年 12 月出版　估价 : 99.00 元

◆　本书回顾了 2017 年的会展业发展动态，结合"供给侧改革"、"互联网 +"、"绿色经济"的新形势分析了我国展会的行业现状，并介绍了国外的发展经验，有助于行业和社会了解最新的展会业动态。

中国上市公司蓝皮书
中国上市公司发展报告（2018）

张平　王宏淼 / 主编　　2018 年 9 月出版　　估价 : 99.00 元

◆　本书由中国社会科学院上市公司研究中心组织编写的，着力于全面、真实、客观反映当前中国上市公司财务状况和价值评估的综合性年度报告。本书详尽分析了 2017 年中国上市公司情况，特别是现实中暴露出的制度性、基础性问题，并对资本市场改革进行了探讨。

工业和信息化蓝皮书
人工智能发展报告（2017 ~ 2018）

尹丽波 / 主编　　2018 年 6 月出版　　估价 : 99.00 元

◆　本书国家工业信息安全发展研究中心在对 2017 年全球人工智能技术和产业进行全面跟踪研究基础上形成的研究报告。该报告内容翔实、视角独特，具有较强的产业发展前瞻性和预测性，可为相关主管部门、行业协会、企业等全面了解人工智能发展形势以及进行科学决策提供参考。

国际问题与全球治理类

世界经济黄皮书

2018 年世界经济形势分析与预测

张宇燕 / 主编　2018 年 1 月出版　估价 : 99.00 元

◆ 本书由中国社会科学院世界经济与政治研究所的研究团队撰写，分总论、国别与地区、专题、热点、世界经济统计与预测等五个部分，对 2018 年世界经济形势进行了分析。

国际城市蓝皮书

国际城市发展报告（2018）

屠启宇 / 主编　2018 年 2 月出版　估价 : 99.00 元

◆ 本书作者以上海社会科学院从事国际城市研究的学者团队为核心，汇集同济大学、华东师范大学、复旦大学、上海交通大学、南京大学、浙江大学相关城市研究专业学者。立足动态跟踪介绍国际城市发展时间中，最新出现的重大战略、重大理念、重大项目、重大报告和最佳案例。

非洲黄皮书

非洲发展报告 No.20（2017 ~ 2018）

张宏明 / 主编　2018 年 7 月出版　估价 : 99.00 元

◆ 本书是由中国社会科学院西亚非洲研究所组织编撰的非洲形势年度报告，比较全面、系统地分析了 2017 年非洲政治形势和热点问题，探讨了非洲经济形势和市场走向，剖析了大国对非洲关系的新动向；此外，还介绍了国内非洲研究的新成果。

国别类

美国蓝皮书

美国研究报告（2018）

郑秉文　黄平 / 主编　2018 年 5 月出版　估价：99.00 元

◆　本书是由中国社会科学院美国研究所主持完成的研究成果，它回顾了美国 2017 年的经济、政治形势与外交战略，对美国内政外交发生的重大事件及重要政策进行了较为全面的回顾和梳理。

德国蓝皮书

德国发展报告（2018）

郑春荣 / 主编　2018 年 6 月出版　估价：99.00 元

◆　本报告由同济大学德国研究所组织编撰，由该领域的专家学者对德国的政治、经济、社会文化、外交等方面的形势发展情况，进行全面的阐述与分析。

俄罗斯黄皮书

俄罗斯发展报告（2018）

李永全 / 编著　2018 年 6 月出版　估价：99.00 元

◆　本书系统介绍了 2017 年俄罗斯经济政治情况，并对 2016 年该地区发生的焦点、热点问题进行了分析与回顾；在此基础上，对该地区 2018 年的发展前景进行了预测。

文 化 传 媒 类

新媒体蓝皮书
中国新媒体发展报告 No.9（2018）

唐绪军 / 主编　2018 年 6 月出版　估价：99.00 元
◆　本书是由中国社会科学院新闻与传播研究所组织编写的关于新媒体发展的最新年度报告，旨在全面分析中国新媒体的发展现状，解读新媒体的发展趋势，探析新媒体的深刻影响。

移动互联网蓝皮书
中国移动互联网发展报告（2018）

余清楚 / 主编　　2018 年 6 月出版　估价：99.00 元
◆　本书着眼于对 2017 年度中国移动互联网的发展情况做深入解析，对未来发展趋势进行预测，力求从不同视角、不同层面全面剖析中国移动互联网发展的现状、年度突破及热点趋势等。

文化蓝皮书
中国文化消费需求景气评价报告（2018）

王亚南 / 主编　2018 年 2 月出版　估价：99.00 元
◆　本书首创全国文化发展量化检测评价体系，也是至今全国唯一的文化民生量化检测评价体系，对于检验全国及各地＂以人民为中心＂的文化发展具有首创意义。

地方发展类

北京蓝皮书

北京经济发展报告（2017～2018）

杨松／主编　2018年6月出版　估价：99.00元

◆　本书对2017年北京市经济发展的整体形势进行了系统性的分析与回顾，并对2018年经济形势走势进行了预测与研判，聚焦北京市经济社会发展中的全局性、战略性和关键领域的重点问题，运用定量和定性分析相结合的方法，对北京市经济社会发展的现状、问题、成因进行了深入分析，提出了可操作性的对策建议。

温州蓝皮书

2018年温州经济社会形势分析与预测

蒋儒标　王春光　金浩／主编　2018年4月出版　估价：99.00元

◆　本书是中共温州市委党校和中国社会科学院社会学研究所合作推出的第十一本温州蓝皮书，由来自党校、政府部门、科研机构、高校的专家、学者共同撰写的2017年温州区域发展形势的最新研究成果。

黑龙江蓝皮书

黑龙江社会发展报告（2018）

王爱丽／主编　2018年6月出版　估价：99.00元

◆　本书以千份随机抽样问卷调查和专题研究为依据，运用社会学理论框架和分析方法，从专家和学者的独特视角，对2017年黑龙江省关系民生的问题进行广泛的调研与分析，并对2017年黑龙江省诸多社会热点和焦点问题进行了有益的探索。这些研究不仅可以为政府部门更加全面深入了解省情、科学制定决策提供智力支持，同时也可以为广大读者认识、了解、关注黑龙江社会发展提供理性思考。

宏观经济类

城市蓝皮书
中国城市发展报告（No.11）
著(编)者：潘家华 单菁菁
2018年9月出版 / 估价：99.00元
PSN B-2007-091-1/1

城乡一体化蓝皮书
中国城乡一体化发展报告（2018）
著(编)者：付崇兰
2018年9月出版 / 估价：99.00元
PSN B-2011-226-1/2

城镇化蓝皮书
中国新型城镇化健康发展报告（2018）
著(编)者：张占斌
2018年8月出版 / 估价：99.00元
PSN B-2014-396-1/1

创新蓝皮书
创新型国家建设报告（2018~2019）
著(编)者：詹正茂
2018年12月出版 / 估价：99.00元
PSN B-2009-140-1/1

低碳发展蓝皮书
中国低碳发展报告（2018）
著(编)者：张希良 齐晔
2018年6月出版 / 估价：99.00元
PSN B-2011-223-1/1

低碳经济蓝皮书
中国低碳经济发展报告（2018）
著(编)者：薛进军 赵忠秀
2018年11月出版 / 估价：99.00元
PSN B-2011-194-1/1

发展和改革蓝皮书
中国经济发展和体制改革报告No.9
著(编)者：邹东涛 王再文
2018年1月出版 / 估价：99.00元
PSN B-2008-122-1/1

国家创新蓝皮书
中国创新发展报告（2017）
著(编)者：陈劲 2018年3月出版 / 估价：99.00元
PSN B-2014-370-1/1

金融蓝皮书
中国金融发展报告（2018）
著(编)者：王国刚
2018年2月出版 / 估价：99.00元
PSN B-2004-031-1/7

经济蓝皮书
2018年中国经济形势分析与预测
著(编)者：李平 2017年12月出版 / 定价：89.00元
PSN B-1996-001-1/1

经济蓝皮书春季号
2018年中国经济前景分析
著(编)者：李扬 2018年5月出版 / 估价：99.00元
PSN B-1999-008-1/1

经济蓝皮书夏季号
中国经济增长报告（2017~2018）
著(编)者：李扬 2018年9月出版 / 估价：99.00元
PSN B-2010-176-1/1

经济信息绿皮书
中国与世界经济发展报告（2018）
著(编)者：杜平
2017年12月出版 / 估价：99.00元
PSN G-2003-023-1/1

农村绿皮书
中国农村经济形势分析与预测（2017~2018）
著(编)者：魏后凯 黄秉信
2018年4月出版 / 估价：99.00元
PSN G-1998-003-1/1

人口与劳动绿皮书
中国人口与劳动问题报告No.19
著(编)者：张车伟 2018年11月出版 / 估价：99.00元
PSN G-2000-012-1/1

新型城镇化蓝皮书
新型城镇化发展报告（2017）
著(编)者：李伟 宋敏 沈体雁
2018年3月出版 / 估价：99.00元
PSN B-2005-038-1/1

中国省域竞争力蓝皮书
中国省域经济综合竞争力发展报告（2016~2017）
著(编)者：李建平 李闽榕 高燕京
2018年2月出版 / 估价：198.00元
PSN B-2007-088-1/1

中小城市绿皮书
中国中小城市发展报告（2018）
著(编)者：中国城市经济学会中小城市经济发展委员会
中国城镇化促进会中小城市发展委员会
《中国中小城市发展报告》编纂委员会
中小城市发展战略研究院
2018年11月出版 / 估价：128.00元
PSN G-2010-161-1/1

区域经济类

东北蓝皮书
中国东北地区发展报告（2018）
著(编)者：姜晓秋　2018年11月出版 / 估价：99.00元
PSN B-2006-067-1/1

金融蓝皮书
中国金融中心发展报告（2017~2018）
著(编)者：王力 黄育华　2018年11月出版 / 估价：99.00元
PSN B-2011-186-6/7

京津冀蓝皮书
京津冀发展报告（2018）
著(编)者：祝合良 叶堂林 张贵祥
2018年6月出版 / 估价：99.00元
PSN B-2012-262-1/1

西北蓝皮书
中国西北发展报告（2018）
著(编)者：任宗哲 白宽犁 王建康
2018年4月出版 / 估价：99.00元
PSN B-2012-261-1/1

西部蓝皮书
中国西部发展报告（2018）
著(编)者：璋勇 任保平　2018年8月出版 / 估价：99.00元
PSN B-2005-039-1/1

长江经济带产业蓝皮书
长江经济带产业发展报告（2018）
著(编)者：吴传清　2018年11月出版 / 估价：128.00元
PSN B-2017-666-1/1

长江经济带蓝皮书
长江经济带发展报告（2017~2018）
著(编)者：王振　2018年11月出版 / 估价：99.00元
PSN B-2016-575-1/1

长江中游城市群蓝皮书
长江中游城市群新型城镇化与产业协同发展报告（2018）
著(编)者：杨刚强　2018年11月出版 / 估价：99.00元
PSN B-2016-578-1/1

长三角蓝皮书
2017年创新融合发展的长三角
著(编)者：刘飞跃　2018年3月出版 / 估价：99.00元
PSN B-2005-038-1/1

长株潭城市群蓝皮书
长株潭城市群发展报告（2017）
著(编)者：张璋 朱有志　2018年1月出版 / 估价：99.00元
PSN B-2008-109-1/1

中部竞争力蓝皮书
中国中部经济社会竞争力报告（2018）
著(编)者：教育部人文社会科学重点研究基地南昌大学中国
中部经济社会发展研究中心
2018年12月出版 / 估价：99.00元
PSN B-2012-276-1/1

中部蓝皮书
中国中部地区发展报告（2018）
著(编)者：宋亚平　2018年12月出版 / 估价：99.00元
PSN B-2007-089-1/1

区域蓝皮书
中国区域经济发展报告（2017~2018）
著(编)者：赵弘　2018年5月出版 / 估价：99.00元
PSN B-2004-034-1/1

中三角蓝皮书
长江中游城市群发展报告（2018）
著(编)者：秦尊文　2018年9月出版 / 估价：99.00元
PSN B-2014-417-1/1

中原蓝皮书
中原经济区发展报告（2018）
著(编)者：李英杰　2018年6月出版 / 估价：99.00元
PSN B-2011-192-1/1

珠三角流通蓝皮书
珠三角商圈发展研究报告（2018）
著(编)者：王先庆 林至颖　2018年7月出版 / 估价：99.00元
PSN B-2012-292-1/1

社会政法类

北京蓝皮书
中国社区发展报告（2017~2018）
著(编)者：于燕燕　2018年9月出版 / 估价：99.00元
PSN B-2007-083-5/8

殡葬绿皮书
中国殡葬事业发展报告（2017~2018）
著(编)者：李伯森　2018年4月出版 / 估价：158.00元
PSN G-2010-180-1/1

城市管理蓝皮书
中国城市管理报告（2017-2018）
著(编)者：刘林 刘承水　2018年5月出版 / 估价：158.00元
PSN B-2013-336-1/1

城市生活质量蓝皮书
中国城市生活质量报告（2017）
著(编)者：张连城 张平 杨春学 郎丽华
2018年2月出版 / 估价：99.00元
PSN B-2013-326-1/1

城市政府能力蓝皮书
中国城市政府公共服务能力评估报告（2018）
著(编)者：何艳玲　2018年4月出版 / 估价：99.00元
PSN B-2013-338-1/1

创业蓝皮书
中国创业发展研究报告（2017~2018）
著(编)者：黄群慧 赵卫星 钟宏武
2018年11月出版 / 估价：99.00元
PSN B-2016-577-1/1

慈善蓝皮书
中国慈善发展报告（2018）
著(编)者：杨团　2018年6月出版 / 估价：99.00元
PSN B-2009-142-1/1

党建蓝皮书
党的建设研究报告No.2（2018）
著(编)者：崔建民 陈东平　2018年1月出版 / 估价：99.00元
PSN B-2016-523-1/1

地方法治蓝皮书
中国地方法治发展报告No.3（2018）
著(编)者：李林 田禾　2018年3月出版 / 估价：118.00元
PSN B-2015-442-1/1

电子政务蓝皮书
中国电子政务发展报告（2018）
著(编)者：李季　2018年8月出版 / 估价：99.00元
PSN B-2003-022-1/1

法治蓝皮书
中国法治发展报告No.16（2018）
著(编)者：吕艳滨　2018年3月出版 / 估价：118.00元
PSN B-2004-027-1/3

法治蓝皮书
中国法院信息化发展报告No.2（2018）
著(编)者：李林 田禾　2018年2月出版 / 估价：108.00元
PSN B-2017-604-3/3

法治政府蓝皮书
中国法治政府发展报告（2018）
著(编)者：中国政法大学法治政府研究院
2018年4月出版 / 估价：99.00元
PSN B-2015-502-1/2

法治政府蓝皮书
中国法治政府评估报告（2018）
著(编)者：中国政法大学法治政府研究院
2018年9月出版 / 估价：168.00元
PSN B-2016-576-2/2

反腐倡廉蓝皮书
中国反腐倡廉建设报告 No.8
著(编)者：张英伟　2018年12月出版 / 估价：99.00元
PSN B-2012-259-1/1

扶贫蓝皮书
中国扶贫开发报告（2018）
著(编)者：李培林 魏后凯　2018年12月出版 / 估价：128.00元
PSN B-2016-599-1/1

妇女发展蓝皮书
中国妇女发展报告 No.6
著(编)者：王金玲　2018年9月出版 / 估价：158.00元
PSN B-2006-069-1/1

妇女教育蓝皮书
中国妇女教育发展报告 No.3
著(编)者：张李玺　2018年10月出版 / 估价：99.00元
PSN B-2008-121-1/1

妇女绿皮书
2018年：中国性别平等与妇女发展报告
著(编)者：谭琳　2018年12月出版 / 估价：99.00元
PSN G-2006-073-1/1

公共安全蓝皮书
中国城市公共安全发展报告（2017~2018）
著(编)者：黄育华 杨文明 赵建辉
2018年6月出版 / 估价：99.00元
PSN B-2017-628-1/1

公共服务蓝皮书
中国城市基本公共服务力评价（2018）
著(编)者：钟君 刘志昌 吴正杲
2018年12月出版 / 估价：99.00元
PSN B-2011-214-1/1

公民科学素质蓝皮书
中国公民科学素质报告（2017~2018）
著(编)者：李群 陈雄 马宗文
2018年1月出版 / 估价：99.00元
PSN B-2014-379-1/1

公益蓝皮书
中国公益慈善发展报告（2016）
著(编)者：朱健刚 胡小军　2018年2月出版 / 估价：99.00元
PSN B-2012-283-1/1

国际人才蓝皮书
中国国际移民报告（2018）
著(编)者：王辉耀　2018年2月出版 / 估价：99.00元
PSN B-2012-304-3/4

国际人才蓝皮书
中国留学发展报告（2018）No.7
著(编)者：王辉耀 苗绿　2018年12月出版 / 估价：99.00元
PSN B-2012-244-2/4

海洋社会蓝皮书
中国海洋社会发展报告（2017）
著(编)者：崔凤 宋宁而　2018年3月出版 / 估价：99.00元
PSN B-2015-478-1/1

行政改革蓝皮书
中国行政体制改革报告No.7（2018）
著(编)者：魏礼群　2018年6月出版 / 估价：99.00元
PSN B-2011-231-1/1

华侨华人蓝皮书
华侨华人研究报告（2017）
著(编)者：贾益民　2018年1月出版 / 估价：139.00元
PSN B-2011-204-1/1

环境竞争力绿皮书
中国省域环境竞争力发展报告（2018）
著(编)者：李建平 李闽榕 王金南
2018年11月出版 / 估价：198.00元
PSN G-2010-165-1/1

环境绿皮书
中国环境发展报告（2017~2018）
著(编)者：李波　2018年4月出版 / 估价：99.00元
PSN G-2006-048-1/1

家庭蓝皮书
中国"创建幸福家庭活动"评估报告（2018）
著(编)者：国务院发展研究中心"创建幸福家庭活动评估"课题组
2018年12月出版 / 估价：99.00元
PSN B-2015-508-1/1

健康城市蓝皮书
中国健康城市建设研究报告（2018）
著(编)者：王鸿春 盛继洪　2018年12月出版 / 估价：99.00元
PSN B-2016-564-2/2

健康中国蓝皮书
社区首诊与健康中国分析报告（2018）
著(编)者：高和荣 杨叔禹 姜杰
2018年4月出版 / 估价：99.00元
PSN B-2017-611-1/1

教师蓝皮书
中国中小学教师发展报告（2017）
著(编)者：曾晓东 鱼霞　2018年6月出版 / 估价：99.00元
PSN B-2012-289-1/1

教育扶贫蓝皮书
中国教育扶贫报告（2018）
著(编)者：司树杰 王文静 李兴洲
2018年12月出版 / 估价：99.00元
PSN B-2016-590-1/1

教育蓝皮书
中国教育发展报告（2018）
著(编)者：杨东平　2018年4月出版 / 估价：99.00元
PSN B-2006-047-1/1

金融法治建设蓝皮书
中国金融法治建设年度报告（2015~2016）
著(编)者：朱小黄　2018年6月出版 / 估价：99.00元
PSN B-2017-633-1/1

京津冀教育蓝皮书
京津冀教育发展研究报告（2017~2018）
著(编)者：方中雄　2018年4月出版 / 估价：99.00元
PSN B-2017-608-1/1

就业蓝皮书
2018年中国本科生就业报告
著(编)者：麦可思研究院　2018年6月出版 / 估价：99.00元
PSN B-2009-146-1/2

就业蓝皮书
2018年中国高职高专生就业报告
著(编)者：麦可思研究院　2018年6月出版 / 估价：99.00元
PSN B-2015-472-2/2

科学教育蓝皮书
中国科学教育发展报告（2018）
著(编)者：王康友　2018年10月出版 / 估价：99.00元
PSN B-2015-487-1/1

劳动保障蓝皮书
中国劳动保障发展报告（2018）
著(编)者：刘燕斌　2018年9月出版 / 估价：158.00元
PSN B-2014-415-1/1

老龄蓝皮书
中国老年宜居环境发展报告（2017）
著(编)者：党俊武 周燕珉　2018年1月出版 / 估价：99.00元
PSN B-2013-320-1/1

连片特困区蓝皮书
中国连片特困区发展报告（2017~2018）
著(编)者：游俊 冷志明 丁建军
2018年4月出版 / 估价：99.00元
PSN B-2013-321-1/1

流动儿童蓝皮书
中国流动儿童教育发展报告（2017）
著(编)者：杨东平　2018年1月出版 / 估价：99.00元
PSN B-2017-600-1/1

民调蓝皮书
中国民生调查报告（2018）
著(编)者：谢耘耕　2018年12月出版 / 估价：99.00元
PSN B-2014-398-1/1

民族发展蓝皮书
中国民族发展报告（2018）
著(编)者：王延中　2018年10月出版 / 估价：188.00元
PSN B-2006-070-1/1

女性生活蓝皮书
中国女性生活状况报告No.12（2018）
著(编)者：韩湘景　2018年7月出版 / 估价：99.00元
PSN B-2006-071-1/1

汽车社会蓝皮书
中国汽车社会发展报告（2017~2018）
著(编)者：王俊秀　2018年1月出版 / 估价：99.00元
PSN B-2011-224-1/1

青年蓝皮书
中国青年发展报告（2018）No.3
著(编)者：廉思　2018年4月出版 / 估价：99.00元
PSN B-2013-333-1/1

青少年蓝皮书
中国未成年人互联网运用报告（2017~2018）
著(编)者：季为民 李文革 沈杰
2018年11月出版 / 估价：99.00元
PSN B-2010-156-1/1

人权蓝皮书
中国人权事业发展报告No.8（2018）
著(编)者：李君如　2018年9月出版 / 估价：99.00元
PSN B-2011-215-1/1

社会保障绿皮书
中国社会保障发展报告No.9（2018）
著(编)者：王延中　2018年1月出版 / 估价：99.00元
PSN G-2001-014-1/1

社会风险评估蓝皮书
风险评估与危机预警报告（2017～2018）
著(编)者：唐钧　2018年8月出版 / 估价：99.00元
PSN B-2012-293-1/1

社会工作蓝皮书
中国社会工作发展报告（2016~2017）
著(编)者：民政部社会工作研究中心
2018年8月出版 / 估价：99.00元
PSN B-2009-141-1/1

社会管理蓝皮书
中国社会管理创新报告No.6
著(编)者：连玉明　2018年11月出版 / 估价：99.00元
PSN B-2012-300-1/1

社会蓝皮书
2018年中国社会形势分析与预测
著(编)者：李培林 陈光金 张翼
2017年12月出版 / 定价：89.00元
PSN B-1998-002-1/1

社会体制蓝皮书
中国社会体制改革报告No.6（2018）
著(编)者：龚维斌　2018年3月出版 / 估价：99.00元
PSN B-2013-330-1/1

社会心态蓝皮书
中国社会心态研究报告（2018）
著(编)者：王俊秀　2018年12月出版 / 估价：99.00元
PSN B-2011-199-1/1

社会组织蓝皮书
中国社会组织报告（2017-2018）
著(编)者：黄晓勇　2018年1月出版 / 估价：99.00元
PSN B-2008-118-1/2

社会组织蓝皮书
中国社会组织评估发展报告（2018）
著(编)者：徐家良　2018年12月出版 / 估价：99.00元
PSN B-2013-366-2/2

生态城市绿皮书
中国生态城市建设发展报告（2018）
著(编)者：刘举科 孙伟平 胡文臻
2018年9月出版 / 估价：158.00元
PSN G-2012-269-1/1

生态文明绿皮书
中国省域生态文明建设评价报告（ECI 2018）
著(编)者：严耕　2018年12月出版 / 估价：99.00元
PSN G-2010-170-1/1

退休生活蓝皮书
中国城市居民退休生活质量指数报告（2017）
著(编)者：杨一帆　2018年5月出版 / 估价：99.00元
PSN B-2017-618-1/1

危机管理蓝皮书
中国危机管理报告（2018）
著(编)者：文学国 范正青
2018年8月出版 / 估价：99.00元
PSN B-2010-171-1/1

学会蓝皮书
2018年中国学会发展报告
著(编)者：麦可思研究院
2018年12月出版 / 估价：99.00元
PSN B-2016-597-1/1

医改蓝皮书
中国医药卫生体制改革报告（2017～2018）
著(编)者：文学国 房志武
2018年11月出版 / 估价：99.00元
PSN B-2014-432-1/1

应急管理蓝皮书
中国应急管理报告（2018）
著(编)者：宋英华　2018年9月出版 / 估价：99.00元
PSN B-2016-562-1/1

政府绩效评估蓝皮书
中国地方政府绩效评估报告 No.2
著(编)者：贠杰　2018年12月出版 / 估价：99.00元
PSN B-2017-672-1/1

政治参与蓝皮书
中国政治参与报告（2018）
著(编)者：房宁　2018年8月出版 / 估价：128.00元
PSN B-2011-200-1/1

政治文化蓝皮书
中国政治文化报告（2018）
著(编)者：邢元敏 魏大鹏 龚克
2018年8月出版 / 估价：128.00元
PSN B-2017-615-1/1

中国传统村落蓝皮书
中国传统村落保护现状报告（2018）
著(编)者：胡彬彬 李向军 王晓波
2018年12月出版 / 估价：99.00元
PSN B-2017-663-1/1

中国农村妇女发展蓝皮书
农村流动女性城市生活发展报告（2018）
著(编)者：谢丽华　2018年12月出版 / 估价：99.00元
PSN B-2014-434-1/1

宗教蓝皮书
中国宗教报告（2017）
著(编)者：邱永辉　2018年8月出版 / 估价：99.00元
PSN B-2008-117-1/1

产业经济类

保健蓝皮书
中国保健服务产业发展报告 No.2
著(编)者：中国保健协会　　中共中央党校
2018年7月出版 / 估价：198.00元
PSN B-2012-272-3/3

保健蓝皮书
中国保健食品产业发展报告 No.2
著(编)者：中国保健协会
　　中国社会科学院食品药品产业发展与监管研究中心
2018年8月出版 / 估价：198.00元
PSN B-2012-271-2/3

保健蓝皮书
中国保健用品产业发展报告 No.2
著(编)者：中国保健协会
　　国务院国有资产监督管理委员会研究中心
2018年3月出版 / 估价：198.00元
PSN B-2012-270-1/3

保险蓝皮书
中国保险业竞争力报告（2018）
著(编)者：保监会　　2018年12月出版 / 估价：99.00元
PSN B-2013-311-1/1

冰雪蓝皮书
中国冰上运动产业发展报告（2018）
著(编)者：孙承华 杨占武 刘戈 张鸿俊
2018年9月出版 / 估价：99.00元
PSN B-2017-648-3/3

冰雪蓝皮书
中国滑雪产业发展报告（2018）
著(编)者：孙承华 伍斌 魏庆华 张鸿俊
2018年9月出版 / 估价：99.00元
PSN B-2016-559-1/3

餐饮产业蓝皮书
中国餐饮产业发展报告（2018）
著(编)者：邢颖
2018年6月出版 / 估价：99.00元
PSN B-2009-151-1/1

茶业蓝皮书
中国茶产业发展报告（2018）
著(编)者：杨江帆 李闽榕
2018年10月出版 / 估价：99.00元
PSN B-2010-164-1/1

产业安全蓝皮书
中国文化产业安全报告（2018）
著(编)者：北京印刷学院文化产业安全研究院
2018年12月出版 / 估价：99.00元
PSN B-2014-378-12/14

产业安全蓝皮书
中国新媒体产业安全报告（2016~2017）
著(编)者：肖丽　　2018年6月出版 / 估价：99.00元
PSN B-2015-500-14/14

产业安全蓝皮书
中国出版传媒产业安全报告（2017~2018）
著(编)者：北京印刷学院文化产业安全研究院
2018年3月出版 / 估价：99.00元
PSN B-2014-384-13/14

产业蓝皮书
中国产业竞争力报告（2018）No.8
著(编)者：张其仔　　2018年12月出版 / 估价：168.00元
PSN B-2010-175-1/1

动力电池蓝皮书
中国新能源汽车动力电池产业发展报告（2018）
著(编)者：中国汽车技术研究中心
2018年8月出版 / 估价：99.00元
PSN B-2017-639-1/1

杜仲产业绿皮书
中国杜仲橡胶资源与产业发展报告（2017~2018）
著(编)者：杜红岩 胡文臻 俞锐
2018年1月出版 / 估价：99.00元
PSN G-2013-350-1/1

房地产蓝皮书
中国房地产发展报告No.15（2018）
著(编)者：李春华 王业强
2018年5月出版 / 估价：99.00元
PSN B-2004-028-1/1

服务外包蓝皮书
中国服务外包产业发展报告（2017~2018）
著(编)者：王晓红 刘德军
2018年6月出版 / 估价：99.00元
PSN B-2013-331-2/2

服务外包蓝皮书
中国服务外包竞争力报告（2017~2018）
著(编)者：刘春生 王力 黄育华
2018年12月出版 / 估价：99.00元
PSN B-2011-216-1/2

工业和信息化蓝皮书
世界信息技术产业发展报告（2017~2018）
著(编)者：尹丽波　　2018年6月出版 / 估价：99.00元
PSN B-2015-449-2/6

工业和信息化蓝皮书
战略性新兴产业发展报告（2017~2018）
著(编)者：尹丽波　　2018年6月出版 / 估价：99.00元
PSN B-2015-450-3/6

客车蓝皮书
中国客车产业发展报告（2017～2018）
著(编)者：姚蔚　　2018年10月出版 / 估价：99.00元
PSN B-2013-361-1/1

流通蓝皮书
中国商业发展报告（2018～2019）
著(编)者：王雪峰　林诗慧
2018年7月出版 / 估价：99.00元
PSN B-2009-152-1/2

能源蓝皮书
中国能源发展报告（2018）
著(编)者：崔民选　王军生　陈义和
2018年12月出版 / 估价：99.00元
PSN B-2006-049-1/1

农产品流通蓝皮书
中国农产品流通产业发展报告（2017）
著(编)者：贾敬敦　张东科　张玉玺　张鹏毅　周伟
2018年1月出版 / 估价：99.00元
PSN B-2012-288-1/1

汽车工业蓝皮书
中国汽车工业发展年度报告（2018）
著(编)者：中国汽车工业协会
　　　　　中国汽车技术研究中心
　　　　　丰田汽车公司
2018年5月出版 / 估价：168.00元
PSN B-2015-463-1/2

汽车工业蓝皮书
中国汽车零部件产业发展报告（2017～2018）
著(编)者：中国汽车工业协会
　　　　　中国汽车工程研究院深圳市沃特玛电池有限公司
2018年9月出版 / 估价：99.00元
PSN B-2016-515-2/2

汽车蓝皮书
中国汽车产业发展报告（2018）
著(编)者：中国汽车工程学会
　　　　　大众汽车集团（中国）
2018年11月出版 / 估价：99.00元
PSN B-2008-124-1/1

世界茶业蓝皮书
世界茶业发展报告（2018）
著(编)者：李闽榕　冯廷佺
2018年5月出版 / 估价：168.00元
PSN B-2017-619-1/1

世界能源蓝皮书
世界能源发展报告（2018）
著(编)者：黄晓勇　　2018年6月出版 / 估价：168.00元
PSN B-2013-349-1/1

体育蓝皮书
国家体育产业基地发展报告（2016～2017）
著(编)者：李颖川　　2018年4月出版 / 估价：168.00元
PSN B-2017-609-5/5

体育蓝皮书
中国体育产业发展报告（2018）
著(编)者：阮伟　钟秉枢
2018年12月出版 / 估价：99.00元
PSN B-2010-179-1/5

文化金融蓝皮书
中国文化金融发展报告（2018）
著(编)者：杨涛　金巍
2018年5月出版 / 估价：99.00元
PSN B-2017-610-1/1

新能源汽车蓝皮书
中国新能源汽车产业发展报告（2018）
著(编)者：中国汽车技术研究中心
　　　　　日产（中国）投资有限公司
　　　　　东风汽车有限公司
2018年8月出版 / 估价：99.00元
PSN B-2013-347-1/1

薏仁米产业蓝皮书
中国薏仁米产业发展报告No.2（2018）
著(编)者：李发耀　石明　秦礼康
2018年8月出版 / 估价：99.00元
PSN B-2017-645-1/1

邮轮绿皮书
中国邮轮产业发展报告（2018）
著(编)者：汪泓　　2018年10月出版 / 估价：99.00元
PSN G-2014-419-1/1

智能养老蓝皮书
中国智能养老产业发展报告（2018）
著(编)者：朱勇　　2018年10月出版 / 估价：99.00元
PSN B-2015-488-1/1

中国节能汽车蓝皮书
中国节能汽车发展报告（2017～2018）
著(编)者：中国汽车工程研究院股份有限公司
2018年9月出版 / 估价：99.00元
PSN B-2016-565-1/1

中国陶瓷产业蓝皮书
中国陶瓷产业发展报告（2018）
著(编)者：左和平　黄速建
2018年10月出版 / 估价：99.00元
PSN B-2016-573-1/1

装备制造业蓝皮书
中国装备制造业发展报告（2018）
著(编)者：徐东华　　2018年12月出版 / 估价：118.00元
PSN B-2015-505-1/1

行业及其他类

"三农"互联网金融蓝皮书
中国"三农"互联网金融发展报告（2018）
著(编)者：李勇坚 王弢
2018年8月出版 / 估价：99.00元
PSN B-2016-560-1/1

SUV蓝皮书
中国SUV市场发展报告（2017～2018）
著(编)者：靳军　2018年9月出版 / 估价：99.00元
PSN B-2016-571-1/1

冰雪蓝皮书
中国冬季奥运会发展报告（2018）
著(编)者：孙承华 伍斌 魏庆华 张鸿俊
2018年9月出版 / 估价：99.00元
PSN B-2017-647-2/3

彩票蓝皮书
中国彩票发展报告（2018）
著(编)者：益彩基金　2018年4月出版 / 估价：99.00元
PSN B-2015-462-1/1

测绘地理信息蓝皮书
测绘地理信息供给侧结构性改革研究报告（2018）
著(编)者：库热西·买合苏提
2018年12月出版 / 估价：168.00元
PSN B-2009-145-1/1

产权市场蓝皮书
中国产权市场发展报告（2017）
著(编)者：曹和平　2018年5月出版 / 估价：99.00元
PSN B-2009-147-1/1

城投蓝皮书
中国城投行业发展报告（2018）
著(编)者：华景斌
2018年11月出版 / 估价：300.00元
PSN B-2016-514-1/1

大数据蓝皮书
中国大数据发展报告（No.2）
著(编)者：连玉明　2018年5月出版 / 估价：99.00元
PSN B-2017-620-1/1

大数据应用蓝皮书
中国大数据应用发展报告No.2（2018）
著(编)者：陈军君　2018年8月出版 / 估价：99.00元
PSN B-2017-644-1/1

对外投资与风险蓝皮书
中国对外直接投资与国家风险报告（2018）
著(编)者：中债资信评估有限责任公司
　　　　　中国社会科学院世界经济与政治研究所
2018年4月出版 / 估价：189.00元
PSN B-2017-606-1/1

工业和信息化蓝皮书
人工智能发展报告（2017～2018）
著(编)者：尹丽波　2018年6月出版 / 估价：99.00元
PSN B-2015-448-1/6

工业和信息化蓝皮书
世界智慧城市发展报告（2017～2018）
著(编)者：尹丽波　2018年6月出版 / 估价：99.00元
PSN B-2017-624-6/6

工业和信息化蓝皮书
世界网络安全发展报告（2017～2018）
著(编)者：尹丽波　2018年6月出版 / 估价：99.00元
PSN B-2015-452-5/6

工业和信息化蓝皮书
世界信息化发展报告（2017～2018）
著(编)者：尹丽波　2018年6月出版 / 估价：99.00元
PSN B-2015-451-4/6

工业设计蓝皮书
中国工业设计发展报告（2018）
著(编)者：王晓红 于炜 张立群　2018年9月出版 / 估价：168.00元
PSN B-2014-420-1/1

公共关系蓝皮书
中国公共关系发展报告（2018）
著(编)者：柳斌杰　2018年11月出版 / 估价：99.00元
PSN B-2016-579-1/1

管理蓝皮书
中国管理发展报告（2018）
著(编)者：张晓东　2018年10月出版 / 估价：99.00元
PSN B-2014-416-1/1

海关发展蓝皮书
中国海关发展前沿报告（2018）
著(编)者：干春晖　2018年6月出版 / 估价：99.00元
PSN B-2017-616-1/1

互联网医疗蓝皮书
中国互联网健康医疗发展报告（2018）
著(编)者：芮晓武　2018年6月出版 / 估价：99.00元
PSN B-2016-567-1/1

黄金市场蓝皮书
中国商业银行黄金业务发展报告（2017～2018）
著(编)者：平安银行　2018年3月出版 / 估价：99.00元
PSN B-2016-524-1/1

会展蓝皮书
中外会展业动态评估研究报告（2018）
著(编)者：张敏 任中峰 聂鑫焱 牛盼强
2018年12月出版 / 估价：99.00元
PSN B-2013-327-1/1

基金会蓝皮书
中国基金会发展报告（2017~2018）
著(编)者：中国基金会发展报告课题组
2018年4月出版 / 估价：99.00元
PSN B-2013-368-1/1

基金会绿皮书
中国基金会发展独立研究报告（2018）
著(编)者：基金会中心网　中央民族大学基金会研究中心
2018年6月出版 / 估价：99.00元
PSN G-2011-213-1/1

基金会透明度蓝皮书
中国基金会透明度发展研究报告（2018）
著(编)者：基金会中心网
　　　　　清华大学廉政与治理研究中心
2018年9月出版 / 估价：99.00元
PSN B-2013-339-1/1

建筑装饰蓝皮书
中国建筑装饰行业发展报告（2018）
著(编)者：葛道顺 刘晓一
2018年10月出版 / 估价：198.00元
PSN B-2016-553-1/1

金融监管蓝皮书
中国金融监管报告（2018）
著(编)者：胡滨　　2018年5月出版 / 估价：99.00元
PSN B-2012-281-1/1

金融蓝皮书
中国互联网金融行业分析与评估（2018～2019）
著(编)者：黄国平 伍旭川　　2018年12月出版 / 估价：99.00元
PSN B-2016-585-7/7

金融科技蓝皮书
中国金融科技发展报告（2018）
著(编)者：李扬 孙国峰　　2018年10月出版 / 估价：99.00元
PSN B-2014-374-1/1

金融信息服务蓝皮书
中国金融信息服务发展报告（2018）
著(编)者：李平　　2018年5月出版 / 估价：99.00元
PSN B-2017-621-1/1

京津冀金融蓝皮书
京津冀金融发展报告（2018）
著(编)者：王爱俭 王璟怡　　2018年10月出版 / 估价：99.00元
PSN B-2016-527-1/1

科普蓝皮书
国家科普能力发展报告（2018）
著(编)者：王康友　　2018年5月出版 / 估价：138.00元
PSN B-2017-632-4/4

科普蓝皮书
中国基层科普发展报告（2017～2018）
著(编)者：赵立新 陈玲　　2018年9月出版 / 估价：99.00元
PSN B-2016-568-3/4

科普蓝皮书
中国科普基础设施发展报告（2017～2018）
著(编)者：任福君　　2018年6月出版 / 估价：99.00元
PSN B-2010-174-1/3

科普蓝皮书
中国科普人才发展报告（2017～2018）
著(编)者：郑念 任嵘嵘　　2018年7月出版 / 估价：99.00元
PSN B-2016-512-2/4

科普能力蓝皮书
中国科普能力评价报告（2018～2019）
著(编)者：李富强 李群　　2018年8月出版 / 估价：99.00元
PSN B-2016-555-1/1

临空经济蓝皮书
中国临空经济发展报告（2018）
著(编)者：连玉明　　2018年9月出版 / 估价：99.00元
PSN B-2014-421-1/1

旅游安全蓝皮书
中国旅游安全报告（2018）
著(编)者：郑向敏 谢朝武　　2018年5月出版 / 估价：158.00元
PSN B-2012-280-1/1

旅游绿皮书
2017～2018年中国旅游发展分析与预测
著(编)者：宋瑞　　2018年2月出版 / 估价：99.00元
PSN G-2002-018-1/1

煤炭蓝皮书
中国煤炭工业发展报告（2018）
著(编)者：岳福斌　　2018年12月出版 / 估价：99.00元
PSN B-2008-123-1/1

民营企业社会责任蓝皮书
中国民营企业社会责任报告（2018）
著(编)者：中华全国工商业联合会
2018年12月出版 / 估价：99.00元
PSN B-2015-510-1/1

民营医院蓝皮书
中国民营医院发展报告（2017）
著(编)者：薛晓林　　2018年1月出版 / 估价：99.00元
PSN B-2012-299-1/1

闽商蓝皮书
闽商发展报告（2018）
著(编)者：李闽榕 王日根 林琛
2018年12月出版 / 估价：99.00元
PSN B-2012-298-1/1

农业应对气候变化蓝皮书
中国农业气象灾害及其灾损评估报告（No.3）
著(编)者：矫梅燕　　2018年1月出版 / 估价：118.00元
PSN B-2014-413-1/1

品牌蓝皮书
中国品牌战略发展报告（2018）
著(编)者：汪同三　　2018年10月出版 / 估价：99.00元
PSN B-2016-580-1/1

企业扶贫蓝皮书
中国企业扶贫研究报告（2018）
著(编)者：钟宏武　　2018年12月出版 / 估价：99.00元
PSN B-2016-593-1/1

企业公益蓝皮书
中国企业公益研究报告（2018）
著(编)者：钟宏武 汪杰 黄晓娟
2018年12月出版 / 估价：99.00元
PSN B-2015-501-1/1

企业国际化蓝皮书
中国企业全球化报告（2018）
著(编)者：王辉耀 苗绿　　2018年11月出版 / 估价：99.00元
PSN B-2014-427-1/1

企业蓝皮书
中国企业绿色发展报告No.2（2018）
著(编)者：李红玉 朱光辉
2018年8月出版 / 估价：99.00元
PSN B-2015-481-2/2

企业社会责任蓝皮书
中资企业海外社会责任研究报告（2017~2018）
著(编)者：钟宏武 叶柳红 张蒽
2018年1月出版 / 估价：99.00元
PSN B-2017-603-2/2

企业社会责任蓝皮书
中国企业社会责任研究报告（2018）
著(编)者：黄群慧 钟宏武 张蒽 汪杰
2018年11月出版 / 估价：99.00元
PSN B-2009-149-1/2

汽车安全蓝皮书
中国汽车安全发展报告（2018）
著(编)者：中国汽车技术研究中心
2018年8月出版 / 估价：99.00元
PSN B-2014-385-1/1

汽车电子商务蓝皮书
中国汽车电子商务发展报告（2018）
著(编)者：中华全国工商业联合会汽车经销商商会
　　　　　北方工业大学
　　　　　北京易观智库网络科技有限公司
2018年10月出版 / 158.00元
PSN B-2015-485-1/1

汽车知识产权蓝皮书
中国汽车产业知识产权发展报告（2018）
著(编)者：中国汽车工程研究院股份有限公司
　　　　　中国汽车工程学会
　　　　　重庆长安汽车股份有限公司
2018年12月出版 / 估价：99.00元
PSN B-2016-594-1/1

青少年体育蓝皮书
中国青少年体育发展报告（2017）
著(编)者：刘扶民 杨桦　2018年1月出版 / 估价：99.00元
PSN B-2015-482-1/1

区块链蓝皮书
中国区块链发展报告（2018）
著(编)者：李伟　2018年9月出版 / 估价：99.00元
PSN B-2017-649-1/1

群众体育蓝皮书
中国群众体育发展报告（2017）
著(编)者：刘国永 戴健　2018年5月出版 / 估价：99.00元
PSN B-2014-411-1/3

群众体育蓝皮书
中国社会体育指导员发展报告（2018）
著(编)者：刘国永 王欢　2018年4月出版 / 估价：99.00元
PSN B-2016-520-3/3

人力资源蓝皮书
中国人力资源发展报告（2018）
著(编)者：余兴安　2018年11月出版 / 估价：99.00元
PSN B-2012-287-1/1

融资租赁蓝皮书
中国融资租赁业发展报告（2017~2018）
著(编)者：李光荣 王力　2018年8月出版 / 估价：99.00元
PSN B-2015-443-1/1

商会蓝皮书
中国商会发展报告No.5（2017）
著(编)者：王钦敏　2018年7月出版 / 估价：99.00元
PSN B-2008-125-1/1

商务中心区蓝皮书
中国商务中心区发展报告No.4（2017~2018）
著(编)者：李国红 单菁菁　2018年9月出版 / 估价：99.00元
PSN B-2015-444-1/1

设计产业蓝皮书
中国创新设计发展报告（2018）
著(编)者：王晓红 张立群 于炜
2018年11月出版 / 估价：99.00元
PSN B-2016-581-2/2

社会责任管理蓝皮书
中国上市公司社会责任能力成熟度报告No.4（2018）
著(编)者：肖红军 王晓光 李伟阳
2018年12月出版 / 估价：99.00元
PSN B-2015-507-2/2

社会责任管理蓝皮书
中国企业公众透明度报告No.4（2017~2018）
著(编)者：黄速建 熊梦 王晓光 肖红军
2018年4月出版 / 估价：99.00元
PSN B-2015-440-1/2

食品药品蓝皮书
食品药品安全与监管政策研究报告（2016~2017）
著(编)者：唐民皓　2018年6月出版 / 估价：99.00元
PSN B-2009-129-1/1

输血服务蓝皮书
中国输血行业发展报告（2018）
著(编)者：孙俊　2018年12月出版 / 估价：99.00元
PSN B-2016-582-1/1

水利风景区蓝皮书
中国水利风景区发展报告（2018）
著(编)者：董建文 兰思仁
2018年10月出版 / 估价：99.00元
PSN B-2015-480-1/1

私募市场蓝皮书
中国私募股权市场发展报告（2017~2018）
著(编)者：曹和平　2018年12月出版 / 估价：99.00元
PSN B-2010-162-1/1

碳排放权交易蓝皮书
中国碳排放权交易发展报告（2018）
著(编)者：孙永平　2018年11月出版 / 估价：99.00元
PSN B-2017-652-1/1

碳市场蓝皮书
中国碳市场报告（2018）
著(编)者：定金彪　2018年11月出版 / 估价：99.00元
PSN B-2014-430-1/1

体育蓝皮书
中国公共体育服务发展报告（2018）
著(编)者：戴健　2018年12月出版 / 估价：99.00元
PSN B-2013-367-2/5

土地市场蓝皮书
中国农村土地市场发展报告（2017~2018）
著(编)者：李光荣　2018年3月出版 / 估价：99.00元
PSN B-2016-526-1/1

土地整治蓝皮书
中国土地整治发展研究报告（No.5）
著(编)者：国土资源部土地整治中心
2018年7月出版 / 估价：99.00元
PSN B-2014-401-1/1

土地政策蓝皮书
中国土地政策研究报告（2018）
著(编)者：高延利 李宪文　2017年12月出版 / 估价：99.00元
PSN B-2015-506-1/1

网络空间安全蓝皮书
中国网络空间安全发展报告（2018）
著(编)者：惠志斌 覃庆玲
2018年11月出版 / 估价：99.00元
PSN B-2015-466-1/1

文化志愿服务蓝皮书
中国文化志愿服务发展报告（2018）
著(编)者：张永新 良警宇　2018年11月出版 / 估价：128.00元
PSN B-2016-596-1/1

西部金融蓝皮书
中国西部金融发展报告（2017~2018）
著(编)者：李忠民　2018年8月出版 / 估价：99.00元
PSN B-2010-160-1/1

协会商会蓝皮书
中国行业协会商会发展报告（2017）
著(编)者：景朝阳 李勇　2018年4月出版 / 估价：99.00元
PSN B-2015-461-1/1

新三板蓝皮书
中国新三板市场发展报告（2018）
著(编)者：王力　2018年8月出版 / 估价：99.00元
PSN B-2016-533-1/1

信托市场蓝皮书
中国信托业市场报告（2017~2018）
著(编)者：用益金融信托研究院
2018年1月出版 / 估价：198.00元
PSN B-2014-371-1/1

信息化蓝皮书
中国信息化形势分析与预测（2017~2018）
著(编)者：周宏仁　2018年8月出版 / 估价：99.00元
PSN B-2010-168-1/1

信用蓝皮书
中国信用发展报告（2017~2018）
著(编)者：章政 田侃　2018年4月出版 / 估价：99.00元
PSN B-2013-328-1/1

休闲绿皮书
2017~2018年中国休闲发展报告
著(编)者：宋瑞　2018年7月出版 / 估价：99.00元
PSN G-2010-158-1/1

休闲体育蓝皮书
中国休闲体育发展报告（2017~2018）
著(编)者：李相如 钟秉枢
2018年10月出版 / 估价：99.00元
PSN B-2016-516-1/1

养老金融蓝皮书
中国养老金融发展报告（2018）
著(编)者：董克用 姚余栋
2018年9月出版 / 估价：99.00元
PSN B-2016-583-1/1

遥感监测绿皮书
中国可持续发展遥感监测报告（2017）
著(编)者：顾行发 汪克强 潘教峰 李闽榕 徐东华 王琦安
2018年6月出版 / 估价：298.00元
PSN B-2017-629-1/1

药品流通蓝皮书
中国药品流通行业发展报告（2018）
著(编)者：佘鲁林 温再兴
2018年7月出版 / 估价：198.00元
PSN B-2014-429-1/1

医疗器械蓝皮书
中国医疗器械行业发展报告（2018）
著(编)者：王宝亭 耿鸿武
2018年10月出版 / 估价：99.00元
PSN B-2017-661-1/1

医院蓝皮书
中国医院竞争力报告（2018）
著(编)者：庄一强 曾益新　2018年3月出版 / 估价：118.00元
PSN B-2016-528-1/1

瑜伽蓝皮书
中国瑜伽业发展报告（2017~2018）
著(编)者：张永建 徐华锋 朱泰余
2018年6月出版 / 估价：198.00元
PSN B-2017-625-1/1

债券市场蓝皮书
中国债券市场发展报告（2017~2018）
著(编)者：杨农　2018年10月出版 / 估价：99.00元
PSN B-2016-572-1/1

志愿服务蓝皮书
中国志愿服务发展报告（2018）
著(编)者：中国志愿服务联合会
2018年11月出版 / 估价：99.00元
PSN B-2017-664-1/1

中国上市公司蓝皮书
中国上市公司发展报告（2018）
著(编)者：张鹏 张平 黄胤英
2018年9月出版 / 估价：99.00元
PSN B-2014-414-1/1

中国新三板蓝皮书
中国新三板创新与发展报告（2018）
著（编）者：刘平安 闻召林
2018年8月出版 / 估价：158.00元
PSN B-2017-638-1/1

中医文化蓝皮书
北京中医药文化传播发展报告（2018）
著（编）者：毛嘉陵 2018年5月出版 / 估价：99.00元
PSN B-2015-468-1/2

中医文化蓝皮书
中国中医药文化传播发展报告（2018）
著（编）者：毛嘉陵 2018年7月出版 / 估价：99.00元
PSN B-2016-584-2/2

中医药蓝皮书
北京中医药知识产权发展报告No.2
著（编）者：汪洪 屠志涛 2018年4月出版 / 估价：168.00元
PSN B-2017-602-1/1

资本市场蓝皮书
中国场外交易市场发展报告（2016～2017）
著（编）者：高峦 2018年3月出版 / 估价：99.00元
PSN B-2009-153-1/1

资产管理蓝皮书
中国资产管理行业发展报告（2018）
著（编）者：郑智 2018年7月出版 / 估价：99.00元
PSN B-2014-407-2/2

资产证券化蓝皮书
中国资产证券化发展报告（2018）
著（编）者：纪志宏 2018年11月出版 / 估价：99.00元
PSN B-2017-660-1/1

自贸区蓝皮书
中国自贸区发展报告（2018）
著（编）者：王力 黄育华 2018年6月出版 / 估价：99.00元
PSN B-2016-558-1/1

国际问题与全球治理类

"一带一路"跨境通道蓝皮书
"一带一路"跨境通道建设研究报告（2018）
著（编）者：郭业洲 2018年8月出版 / 估价：99.00元
PSN B-2016-557-1/1

"一带一路"蓝皮书
"一带一路"建设发展报告（2018）
著（编）者：王晓泉 2018年6月出版 / 估价：99.00元
PSN B-2016-552-1/1

"一带一路"投资安全蓝皮书
中国"一带一路"投资与安全研究报告（2017～2018）
著（编）者：邹统钎 梁昊光 2018年4月出版 / 估价：99.00元
PSN B-2017-612-1/1

"一带一路"文化交流蓝皮书
中阿文化交流发展报告（2017）
著（编）者：王辉 2018年9月出版 / 估价：99.00元
PSN B-2017-655-1/1

G20国家创新竞争力黄皮书
二十国集团（G20）国家创新竞争力发展报告（2017～2018）
著（编）者：李建平 李闽榕 赵新力 周天勇
2018年7月出版 / 估价：168.00元
PSN Y-2011-229-1/1

阿拉伯黄皮书
阿拉伯发展报告（2016～2017）
著（编）者：罗林 2018年3月出版 / 估价：99.00元
PSN Y-2014-381-1/1

北部湾蓝皮书
泛北部湾合作发展报告（2017～2018）
著（编）者：吕余生 2018年12月出版 / 估价：99.00元
PSN B-2008-114-1/1

北极蓝皮书
北极地区发展报告（2017）
著（编）者：刘惠荣 2018年7月出版 / 估价：99.00元
PSN B-2017-634-1/1

大洋洲蓝皮书
大洋洲发展报告（2017～2018）
著（编）者：喻常森 2018年10月出版 / 估价：99.00元
PSN B-2013-341-1/1

东北亚区域合作蓝皮书
2017年"一带一路"倡议与东北亚区域合作
著（编）者：刘亚政 金美花
2018年5月出版 / 估价：99.00元
PSN B-2017-631-1/1

东盟黄皮书
东盟发展报告（2017）
著（编）者：杨晓强 庄国土
2018年3月出版 / 估价：99.00元
PSN Y-2012-303-1/1

东南亚蓝皮书
东南亚地区发展报告（2017～2018）
著（编）者：王勤 2018年12月出版 / 估价：99.00元
PSN B-2012-240-1/1

非洲黄皮书
非洲发展报告No.20（2017～2018）
著（编）者：张宏明 2018年7月出版 / 估价：99.00元
PSN Y-2012-239-1/1

非传统安全蓝皮书
中国非传统安全研究报告（2017～2018）
著（编）者：潇枫 罗中枢 2018年8月出版 / 估价：99.00元
PSN B-2012-273-1/1

国际安全蓝皮书
中国国际安全研究报告（2018）
著(编)者：刘慧　2018年7月出版 / 估价：99.00元
PSN B-2016-521-1/1

国际城市蓝皮书
国际城市发展报告（2018）
著(编)者：屠启宇　2018年2月出版 / 估价：99.00元
PSN B-2012-260-1/1

国际形势黄皮书
全球政治与安全报告（2018）
著(编)者：张宇燕　2018年1月出版 / 估价：99.00元
PSN Y-2001-016-1/1

公共外交蓝皮书
中国公共外交发展报告（2018）
著(编)者：赵启正 雷蔚真　2018年4月出版 / 估价：99.00元
PSN B-2015-457-1/1

金砖国家黄皮书
金砖国家综合创新竞争力发展报告（2018）
著(编)者：赵新力 李闽榕 黄茂兴
2018年8月出版　128.00元
PSN Y-2017-643-1/1

拉美黄皮书
拉丁美洲和加勒比发展报告（2017～2018）
著(编)者：袁东振　2018年6月出版 / 估价：99.00元
PSN Y-1999-007-1/1

澜湄合作蓝皮书
澜沧江-湄公河合作发展报告（2018）
著(编)者：刘稚　2018年9月出版 / 估价：99.00元
PSN B-2011-196-1/1

欧洲蓝皮书
欧洲发展报告（2017～2018）
著(编)者：黄平 周弘 程卫东
2018年6月出版 / 估价：99.00元
PSN B-1999-009-1/1

葡语国家蓝皮书
葡语国家发展报告（2016～2017）
著(编)者：王成安 张敏 刘金兰
2018年4月出版 / 估价：99.00元
PSN B-2015-503-1/2

葡语国家蓝皮书
中国与葡语国家关系发展报告·巴西（2016）
著(编)者：张曙光　2018年8月出版 / 估价：99.00元
PSN B-2016-563-2/2

气候变化绿皮书
应对气候变化报告（2018）
著(编)者：王伟光 郑国光　2018年11月出版 / 估价：99.00元
PSN G-2009-144-1/1

全球环境竞争力绿皮书
全球环境竞争力报告（2018）
著(编)者：李建平 李闽榕 王金南
2018年12月出版　198.00元
PSN G-2013-363-1/1

全球信息社会蓝皮书
全球信息社会发展报告（2018）
著(编)者：丁波涛 唐涛　2018年10月出版 / 估价：99.00元
PSN B-2017-665-1/1

日本经济蓝皮书
日本经济与中日经贸关系研究报告（2018）
著(编)者：张季风　2018年6月出版 / 估价：99.00元
PSN B-2008-102-1/1

上海合作组织黄皮书
上海合作组织发展报告（2018）
著(编)者：李进峰　2018年6月出版 / 估价：99.00元
PSN Y-2009-130-1/1

世界创新竞争力黄皮书
世界创新竞争力发展报告（2017）
著(编)者：李建平 李闽榕 赵新力
2018年1月出版 / 估价：168.00元
PSN Y-2013-318-1/1

世界经济黄皮书
2018年世界经济形势分析与预测
著(编)者：张宇燕　2018年1月出版 / 估价：99.00元
PSN Y-1999-006-1/1

丝绸之路蓝皮书
丝绸之路经济带发展报告（2018）
著(编)者：任宗哲 白宽犁 谷孟宾
2018年1月出版 / 估价：99.00元
PSN B-2014-410-1/1

新兴经济体蓝皮书
金砖国家发展报告（2018）
著(编)者：林跃勤 周文　2018年8月出版 / 估价：99.00元
PSN B-2011-195-1/1

亚太蓝皮书
亚太地区发展报告（2018）
著(编)者：李向阳　2018年5月出版 / 估价：99.00元
PSN B-2001-015-1/1

印度洋地区蓝皮书
印度洋地区发展报告（2018）
著(编)者：汪戎　2018年6月出版 / 估价：99.00元
PSN B-2013-334-1/1

渝新欧蓝皮书
渝新欧沿线国家发展报告（2018）
著(编)者：杨柏 黄森　2018年6月出版 / 估价：99.00元
PSN B-2017-626-1/1

中阿蓝皮书
中国-阿拉伯国家经贸发展报告（2018）
著(编)者：张廉 段庆林 王林聪 杨巧红
2018年12月出版 / 估价：99.00元
PSN B-2016-598-1/1

中东黄皮书
中东发展报告No.20（2017～2018）
著(编)者：杨光　2018年10月出版 / 估价：99.00元
PSN Y-1998-004-1/1

中亚黄皮书
中亚国家发展报告（2018）
著(编)者：孙力　2018年6月出版 / 估价：99.00元
PSN Y-2012-238-1/1

国别类

澳大利亚蓝皮书
澳大利亚发展报告（2017-2018）
著(编)者：孙有中 韩锋　2018年12月出版 / 估价：99.00元
PSN B-2016-587-1/1

巴西黄皮书
巴西发展报告（2017）
著(编)者：刘国枝　2018年5月出版 / 估价：99.00元
PSN Y-2017-614-1/1

德国蓝皮书
德国发展报告（2018）
著(编)者：郑春荣　2018年6月出版 / 估价：99.00元
PSN B-2012-278-1/1

俄罗斯黄皮书
俄罗斯发展报告（2018）
著(编)者：李永全　2018年6月出版 / 估价：99.00元
PSN Y-2006-061-1/1

韩国蓝皮书
韩国发展报告（2017）
著(编)者：牛林杰 刘宝全　2018年5月出版 / 估价：99.00元
PSN B-2010-155-1/1

加拿大蓝皮书
加拿大发展报告（2018）
著(编)者：唐小松　2018年9月出版 / 估价：99.00元
PSN B-2014-389-1/1

美国蓝皮书
美国研究报告（2018）
著(编)者：郑秉文 黄平　2018年5月出版 / 估价：99.00元
PSN B-2011-210-1/1

缅甸蓝皮书
缅甸国情报告（2017）
著(编)者：孔鹏 杨祥章　2018年1月出版 / 估价：99.00元
PSN B-2013-343-1/1

日本蓝皮书
日本研究报告（2018）
著(编)者：杨伯江　2018年6月出版 / 估价：99.00元
PSN B-2002-020-1/1

土耳其蓝皮书
土耳其发展报告（2018）
著(编)者：郭长刚 刘义　2018年9月出版 / 估价：99.00元
PSN B-2014-412-1/1

伊朗蓝皮书
伊朗发展报告（2017~2018）
著(编)者：冀开运　2018年10月 / 估价：99.00元
PSN B-2016-574-1/1

以色列蓝皮书
以色列发展报告（2018）
著(编)者：张倩红　2018年8月出版 / 估价：99.00元
PSN B-2015-483-1/1

印度蓝皮书
印度国情报告（2017）
著(编)者：吕昭义　2018年4月出版 / 估价：99.00元
PSN B-2012-241-1/1

英国蓝皮书
英国发展报告（2017~2018）
著(编)者：王展鹏　2018年12月出版 / 估价：99.00元
PSN B-2015-486-1/1

越南蓝皮书
越南国情报告（2018）
著(编)者：谢林城　2018年1月出版 / 估价：99.00元
PSN B-2006-056-1/1

泰国蓝皮书
泰国研究报告（2018）
著(编)者：庄国土 张禹东 刘文正
2018年10月出版 / 估价：99.00元
PSN B-2016-556-1/1

文化传媒类

"三农"舆情蓝皮书
中国"三农"网络舆情报告（2017~2018）
著(编)者：农业部信息中心
2018年6月出版 / 估价：99.00元
PSN B-2017-640-1/1

传媒竞争力蓝皮书
中国传媒国际竞争力研究报告（2018）
著(编)者：李本乾 刘强 王大可
2018年8月出版 / 估价：99.00元
PSN B-2013-356-1/1

传媒蓝皮书
中国传媒产业发展报告（2018）
著(编)者：崔保国　2018年5月出版 / 估价：99.00元
PSN B-2005-035-1/1

传媒投资蓝皮书
中国传媒投资发展报告（2018）
著(编)者：张向东 谭云明
2018年6月出版 / 估价：148.00元
PSN B-2015-474-1/1

非物质文化遗产蓝皮书
中国非物质文化遗产发展报告（2018）
著(编)者：陈平　　2018年5月出版 / 估价：128.00元
PSN B-2015-469-1/2

非物质文化遗产蓝皮书
中国非物质文化遗产保护发展报告（2018）
著(编)者：宋俊华　　2018年10月出版 / 估价：128.00元
PSN B-2016-586-2/2

广电蓝皮书
中国广播电影电视发展报告（2018）
著(编)者：国家新闻出版广电总局发展研究中心
2018年7月出版 / 估价：99.00元
PSN B-2006-072-1/1

广告主蓝皮书
中国广告主营销传播趋势报告No.9
著(编)者：黄升民 杜国清 邵华冬 等
2018年10月出版 / 估价：158.00元
PSN B-2005-041-1/1

国际传播蓝皮书
中国国际传播发展报告（2018）
著(编)者：胡正荣 李继东 姬德强
2018年12月出版 / 估价：99.00元
PSN B-2014-408-1/1

国家形象蓝皮书
中国国家形象传播报告（2017）
著(编)者：张昆　　2018年3月出版 / 估价：128.00元
PSN B-2017-605-1/1

互联网治理蓝皮书
中国网络社会治理研究报告（2018）
著(编)者：罗昕 支庭荣
2018年9月出版 / 估价：118.00元
PSN B-2017-653-1/1

纪录片蓝皮书
中国纪录片发展报告（2018）
著(编)者：何苏六　　2018年10月出版 / 估价：99.00元
PSN B-2011-222-1/1

科学传播蓝皮书
中国科学传播报告（2016~2017）
著(编)者：詹正茂　　2018年6月出版 / 估价：99.00元
PSN B-2008-120-1/1

两岸创意经济蓝皮书
两岸创意经济研究报告（2018）
著(编)者：罗昌智 董泽平
2018年10月出版 / 估价：99.00元
PSN B-2014-437-1/1

媒介与女性蓝皮书
中国媒介与女性发展报告（2017~2018）
著(编)者：刘利群　　2018年5月出版 / 估价：99.00元
PSN B-2013-345-1/1

媒体融合蓝皮书
中国媒体融合发展报告（2017）
著(编)者：梅宁华 支庭荣　　2018年1月出版 / 估价：99.00元
PSN B-2015-479-1/1

全球传媒蓝皮书
全球传媒发展报告（2017~2018）
著(编)者：胡正荣 李继东　　2018年6月出版 / 估价：99.00元
PSN B-2012-237-1/1

少数民族非遗蓝皮书
中国少数民族非物质文化遗产发展报告（2018）
著(编)者：肖远平（彝） 柴立（满）
2018年10月出版 / 估价：118.00元
PSN B-2015-467-1/1

视听新媒体蓝皮书
中国视听新媒体发展报告（2018）
著(编)者：国家新闻出版广电总局发展研究中心
2018年7月出版 / 估价：118.00元
PSN B-2011-184-1/1

数字娱乐产业蓝皮书
中国动画产业发展报告（2018）
著(编)者：孙立军 孙平 牛兴侦
2018年10月出版 / 估价：99.00元
PSN B-2011-198-1/2

数字娱乐产业蓝皮书
中国游戏产业发展报告（2018）
著(编)者：孙立军 刘跃军
2018年10月出版 / 估价：99.00元
PSN B-2017-662-2/2

文化创新蓝皮书
中国文化创新报告（2017·No.8）
著(编)者：傅才武　　2018年4月出版 / 估价：99.00元
PSN B-2009-143-1/1

文化建设蓝皮书
中国文化发展报告（2018）
著(编)者：江畅 孙伟平 戴茂堂
2018年5月出版 / 估价：99.00元
PSN B-2014-392-1/1

文化科技蓝皮书
文化科技创新发展报告（2018）
著(编)者：于平 李凤亮　　2018年10月出版 / 估价：99.00元
PSN B-2013-342-1/1

文化蓝皮书
中国公共文化服务发展报告（2017~2018）
著(编)者：刘新成 张永新 张旭
2018年12月出版 / 估价：99.00元
PSN B-2007-093-2/10

文化蓝皮书
中国少数民族文化发展报告（2017~2018）
著(编)者：武翠英 张晓明 任乌晶
2018年9月出版 / 估价：99.00元
PSN B-2013-369-9/10

文化蓝皮书
中国文化产业供需协调检测报告（2018）
著(编)者：王亚南　　2018年2月出版 / 估价：99.00元
PSN B-2013-323-8/10

文化蓝皮书
中国文化消费需求景气评价报告（2018）
著(编)者：王亚南　2018年2月出版 / 估价：99.00元
PSN B-2011-236-4/10

文化蓝皮书
中国公共文化投入增长测评报告（2018）
著(编)者：王亚南　2018年2月出版 / 估价：99.00元
PSN B-2014-435-10/10

文化品牌蓝皮书
中国文化品牌发展报告（2018）
著(编)者：欧阳友权　2018年5月出版 / 估价：99.00元
PSN B-2012-277-1/1

文化遗产蓝皮书
中国文化遗产事业发展报告（2017～2018）
著(编)者：苏杨 张颖岚 卓杰 白海峰 陈晨 陈叙图
2018年8月出版 / 估价：99.00元
PSN B-2008-119-1/1

文学蓝皮书
中国文情报告（2017～2018）
著(编)者：白烨　2018年5月出版 / 估价：99.00元
PSN B-2011-221-1/1

新媒体蓝皮书
中国新媒体发展报告No.9（2018）
著(编)者：唐绪军　2018年7月出版 / 估价：99.00元
PSN B-2010-169-1/1

新媒体社会责任蓝皮书
中国新媒体社会责任研究报告（2018）
著(编)者：钟瑛　2018年12月出版 / 估价：99.00元
PSN B-2014-423-1/1

移动互联网蓝皮书
中国移动互联网发展报告（2018）
著(编)者：余清楚　2018年6月出版 / 估价：99.00元
PSN B-2012-282-1/1

影视蓝皮书
中国影视产业发展报告（2018）
著(编)者：司若 陈鹏 陈锐　2018年4月出版 / 估价：99.00元
PSN B-2016-529-1/1

舆情蓝皮书
中国社会舆情与危机管理报告（2018）
著(编)者：谢耘耕　2018年9月出版 / 估价：138.00元
PSN B-2011-235-1/1

地方发展类-经济

澳门蓝皮书
澳门经济社会发展报告（2017～2018）
著(编)者：吴志良 郝雨凡　2018年7月出版 / 估价：99.00元
PSN B-2009-138-1/1

澳门绿皮书
澳门旅游休闲发展报告（2017～2018）
著(编)者：郝雨凡 林广志　2018年5月出版 / 估价：99.00元
PSN G-2017-617-1/1

北京蓝皮书
北京经济发展报告（2017～2018）
著(编)者：杨松　2018年6月出版 / 估价：99.00元
PSN B-2006-054-2/8

北京旅游绿皮书
北京旅游发展报告（2018）
著(编)者：北京旅游学会
2018年7月出版 / 估价：99.00元
PSN G-2012-301-1/1

北京体育蓝皮书
北京体育产业发展报告（2017～2018）
著(编)者：钟秉枢 陈杰 陈铁黎
2018年9月出版 / 估价：99.00元
PSN B-2015-475-1/1

滨海金融蓝皮书
滨海新区金融发展报告（2017）
著(编)者：王爱俭 李向前　2018年4月出版 / 估价：99.00元
PSN B-2014-424-1/1

城乡一体化蓝皮书
北京城乡一体化发展报告（2017～2018）
著(编)者：吴宝新 张宝秀 黄序
2018年5月出版 / 估价：99.00元
PSN B-2012-258-2/2

非公有制企业社会责任蓝皮书
北京非公有制企业社会责任报告（2018）
著(编)者：宋贵伦 冯培　2018年6月出版 / 估价：99.00元
PSN B-2017-613-1/1

福建旅游蓝皮书
福建省旅游产业发展现状研究（2017～2018）
著(编)者：陈敏华 黄远水
2018年12月出版 / 估价：128.00元
PSN B-2016-591-1/1

福建自贸区蓝皮书
中国(福建)自由贸易试验区发展报告(2017～2018)
著(编)者：黄茂兴　2018年4月出版 / 估价：118.00元
PSN B-2016-531-1/1

甘肃蓝皮书
甘肃经济发展分析与预测（2018）
著(编)者：安文华 罗哲　2018年1月出版 / 估价：99.00元
PSN B-2013-312-1/6

甘肃蓝皮书
甘肃商贸流通发展报告（2018）
著(编)者：张应华 王福生 王晓芳
2018年1月出版 / 估价：99.00元
PSN B-2016-522-6/6

甘肃蓝皮书
甘肃县域和农村发展报告（2018）
著(编)者：朱智文 包东红 王建兵
2018年1月出版 / 估价：99.00元
PSN B-2013-316-5/6

甘肃农业科技绿皮书
甘肃农业科技发展研究报告（2018）
著(编)者：魏胜文 乔德华 张东伟
2018年12月出版 / 估价：198.00元
PSN B-2016-592-1/1

巩义蓝皮书
巩义经济社会发展报告（2018）
著(编)者：丁同民 朱军 2018年4月出版 / 估价：99.00元
PSN B-2016-532-1/1

广东外经贸蓝皮书
广东对外经济贸易发展研究报告（2017~2018）
著(编)者：陈万灵 2018年6月出版 / 估价：99.00元
PSN B-2012-286-1/1

广西北部湾经济区蓝皮书
广西北部湾经济区开放开发报告（2017~2018）
著(编)者：广西壮族自治区北部湾经济区和东盟开放合作办公室
广西社会科学院
广西北部湾发展研究院
2018年2月出版 / 估价：99.00元
PSN B-2010-181-1/1

广州蓝皮书
广州城市国际化发展报告（2018）
著(编)者：张跃国 2018年8月出版 / 估价：99.00元
PSN B-2012-246-11/14

广州蓝皮书
中国广州城市建设与管理发展报告（2018）
著(编)者：张其学 陈小钢 王宏伟 2018年8月出版 / 估价：99.00元
PSN B-2007-087-4/14

广州蓝皮书
广州创新型城市发展报告（2018）
著(编)者：尹涛 2018年6月出版 / 估价：99.00元
PSN B-2012-247-12/14

广州蓝皮书
广州经济发展报告（2018）
著(编)者：张跃国 尹涛 2018年7月出版 / 估价：99.00元
PSN B-2005-040-1/14

广州蓝皮书
2018年中国广州经济形势分析与预测
著(编)者：魏明海 谢博能 李华
2018年6月出版 / 估价：99.00元
PSN B-2011-185-9/14

广州蓝皮书
中国广州科技创新发展报告（2018）
著(编)者：于欣伟 陈爽 邓佑满 2018年8月出版 / 估价：99.00元
PSN B-2006-065-2/14

广州蓝皮书
广州农村发展报告（2018）
著(编)者：朱名宏 2018年7月出版 / 估价：99.00元
PSN B-2010-167-8/14

广州蓝皮书
广州汽车产业发展报告（2018）
著(编)者：杨再高 冯兴亚 2018年7月出版 / 估价：99.00元
PSN B-2006-066-3/14

广州蓝皮书
广州商贸业发展报告（2018）
著(编)者：张跃国 陈杰 荀振英
2018年7月出版 / 估价：99.00元
PSN B-2012-245-10/14

贵阳蓝皮书
贵阳城市创新发展报告No.3（白云篇）
著(编)者：连玉明 2018年5月出版 / 估价：99.00元
PSN B-2015-491-3/10

贵阳蓝皮书
贵阳城市创新发展报告No.3（观山湖篇）
著(编)者：连玉明 2018年5月出版 / 估价：99.00元
PSN B-2015-497-9/10

贵阳蓝皮书
贵阳城市创新发展报告No.3（花溪篇）
著(编)者：连玉明 2018年5月出版 / 估价：99.00元
PSN B-2015-490-2/10

贵阳蓝皮书
贵阳城市创新发展报告No.3（开阳篇）
著(编)者：连玉明 2018年5月出版 / 估价：99.00元
PSN B-2015-492-4/10

贵阳蓝皮书
贵阳城市创新发展报告No.3（南明篇）
著(编)者：连玉明 2018年5月出版 / 估价：99.00元
PSN B-2015-496-8/10

贵阳蓝皮书
贵阳城市创新发展报告No.3（清镇篇）
著(编)者：连玉明 2018年5月出版 / 估价：99.00元
PSN B-2015-489-1/10

贵阳蓝皮书
贵阳城市创新发展报告No.3（乌当篇）
著(编)者：连玉明 2018年5月出版 / 估价：99.00元
PSN B-2015-495-7/10

贵阳蓝皮书
贵阳城市创新发展报告No.3（息烽篇）
著(编)者：连玉明 2018年5月出版 / 估价：99.00元
PSN B-2015-493-5/10

贵阳蓝皮书
贵阳城市创新发展报告No.3（修文篇）
著(编)者：连玉明 2018年5月出版 / 估价：99.00元
PSN B-2015-494-6/10

贵阳蓝皮书
贵阳城市创新发展报告No.3（云岩篇）
著(编)者：连玉明 2018年5月出版 / 估价：99.00元
PSN B-2015-498-10/10

贵州房地产蓝皮书
贵州房地产发展报告No.5（2018）
著(编)者：武廷方 2018年7月出版 / 估价：99.00元
PSN B-2014-426-1/1

贵州蓝皮书
贵州册亨经济社会发展报告（2018）
著(编)者：黄德林　2018年3月出版 / 估价：99.00元
PSN B-2016-525-8/9

贵州蓝皮书
贵州地理标志产业发展报告（2018）
著(编)者：李发耀 黄其松　2018年8月出版 / 估价：99.00元
PSN B-2017-646-10/10

贵州蓝皮书
贵安新区发展报告（2017~2018）
著(编)者：马长青 吴大华　2018年6月出版 / 估价：99.00元
PSN B-2015-459-4/10

贵州蓝皮书
贵州国家级开放创新平台发展报告（2017~2018）
著(编)者：申晓庆 吴大华 季泓
2018年11月出版 / 估价：99.00元
PSN B-2016-518-7/10

贵州蓝皮书
贵州国有企业社会责任发展报告（2017~2018）
著(编)者：郭丽　2018年12月出版 / 估价：99.00元
PSN B-2015-511-6/10

贵州蓝皮书
贵州民航业发展报告（2017）
著(编)者：申振东 吴大华　2018年1月出版 / 估价：99.00元
PSN B-2015-471-5/10

贵州蓝皮书
贵州民营经济发展报告（2017）
著(编)者：杨静 吴大华　2018年3月出版 / 估价：99.00元
PSN B-2016-530-9/9

杭州都市圈蓝皮书
杭州都市圈发展报告（2018）
著(编)者：沈翔 戚建国　2018年5月出版 / 估价：128.00元
PSN B-2012-302-1/1

河北经济蓝皮书
河北省经济发展报告（2018）
著(编)者：马树强 金浩 张贵　2018年4月出版 / 估价：99.00元
PSN B-2014-380-1/1

河北蓝皮书
河北经济社会发展报告（2018）
著(编)者：康振海　2018年1月出版 / 估价：99.00元
PSN B-2014-372-1/3

河北蓝皮书
京津冀协同发展报告（2018）
著(编)者：陈璐　2018年1月出版 / 估价：99.00元
PSN B-2017-601-2/3

河南经济蓝皮书
2018年河南经济形势分析与预测
著(编)者：王世炎　2018年3月出版 / 估价：99.00元
PSN B-2007-086-1/1

河南蓝皮书
河南城市发展报告（2018）
著(编)者：张占仓 王建国　2018年5月出版 / 估价：99.00元
PSN B-2009-131-3/9

河南蓝皮书
河南工业发展报告（2018）
著(编)者：张占仓　2018年5月出版 / 估价：99.00元
PSN B-2013-317-5/9

河南蓝皮书
河南金融发展报告（2018）
著(编)者：喻新安 谷建全
2018年6月出版 / 估价：99.00元
PSN B-2014-390-7/9

河南蓝皮书
河南经济发展报告（2018）
著(编)者：张占仓 完世伟
2018年4月出版 / 估价：99.00元
PSN B-2010-157-4/9

河南蓝皮书
河南能源发展报告（2018）
著(编)者：国网河南省电力公司经济技术研究院
　　　　　河南省社会科学院
2018年3月出版 / 估价：99.00元
PSN B-2017-607-9/9

河南商务蓝皮书
河南商务发展报告（2018）
著(编)者：焦锦淼 穆荣国　2018年5月出版 / 估价：99.00元
PSN B-2014-399-1/1

河南双创蓝皮书
河南创新创业发展报告（2018）
著(编)者：喻新安 杨雪梅　2018年8月出版 / 估价：99.00元
PSN B-2017-641-1/1

黑龙江蓝皮书
黑龙江经济发展报告（2018）
著(编)者：朱宇　2018年1月出版 / 估价：99.00元
PSN B-2011-190-2/2

湖南城市蓝皮书
区域城市群整合
著(编)者：童中贤 韩未名　2018年12月出版 / 估价：99.00元
PSN B-2006-064-1/1

湖南蓝皮书
湖南城乡一体化发展报告（2018）
著(编)者：陈文胜 王文强 陆福兴
2018年8月出版 / 估价：99.00元
PSN B-2015-477-8/8

湖南蓝皮书
2018年湖南电子政务发展报告
著(编)者：梁志峰　2018年5月出版 / 估价：128.00元
PSN B-2014-394-6/8

湖南蓝皮书
2018年湖南经济发展报告
著(编)者：卞鹰　2018年5月出版 / 估价：128.00元
PSN B-2011-207-2/8

湖南蓝皮书
2016年湖南经济展望
著(编)者：梁志峰　2018年5月出版 / 估价：128.00元
PSN B-2011-206-1/8

湖南蓝皮书
2018年湖南县域经济社会发展报告
著(编)者：梁志峰　2018年5月出版 / 估价：128.00元
PSN B-2014-395-7/8

湖南县域绿皮书
湖南县域发展报告（No.5）
著(编)者：袁准 周小毛 黎仁寅
2018年3月出版 / 估价：99.00元
PSN G-2012-274-1/1

沪港蓝皮书
沪港发展报告（2018）
著(编)者：尤安山　2018年9月出版 / 估价：99.00元
PSN B-2013-362-1/1

吉林蓝皮书
2018年吉林经济社会形势分析与预测
著(编)者：邵汉明　2017年12月出版 / 估价：99.00元
PSN B-2013-319-1/1

吉林省城市竞争力蓝皮书
吉林省城市竞争力报告（2018~2019）
著(编)者：崔岳春 张磊　2018年12月出版 / 估价：99.00元
PSN B-2016-513-1/1

济源蓝皮书
济源经济社会发展报告（2018）
著(编)者：喻新安　2018年4月出版 / 估价：99.00元
PSN B-2014-387-1/1

江苏蓝皮书
2018年江苏经济发展分析与展望
著(编)者：王庆五 吴先满　2018年7月出版 / 估价：128.00元
PSN B-2017-635-1/3

江西蓝皮书
江西经济社会发展报告（2018）
著(编)者：陈石俊 龚建文　2018年10月出版 / 估价：128.00元
PSN B-2015-484-1/2

江西蓝皮书
江西设区市发展报告（2018）
著(编)者：姜玮 梁勇　2018年10月出版 / 估价：99.00元
PSN B-2016-517-2/2

经济特区蓝皮书
中国经济特区发展报告（2017）
著(编)者：陶一桃　2018年1月出版 / 估价：99.00元
PSN B-2009-139-1/1

辽宁蓝皮书
2018年辽宁经济社会形势分析与预测
著(编)者：梁启东 魏红江　2018年6月出版 / 估价：99.00元
PSN B-2006-053-1/1

民族经济蓝皮书
中国民族地区经济发展报告（2018）
著(编)者：李曦辉　2018年7月出版 / 估价：99.00元
PSN B-2017-630-1/1

南宁蓝皮书
南宁经济发展报告（2018）
著(编)者：胡建华　2018年9月出版 / 估价：99.00元
PSN B-2016-569-2/3

浦东新区蓝皮书
上海浦东经济发展报告（2018）
著(编)者：沈开艳 周奇　2018年2月出版 / 估价：99.00元
PSN B-2011-225-1/1

青海蓝皮书
2018年青海经济社会形势分析与预测
著(编)者：陈玮　2017年12月出版 / 估价：99.00元
PSN B-2012-275-1/2

山东蓝皮书
山东经济形势分析与预测（2018）
著(编)者：李广杰　2018年7月出版 / 估价：99.00元
PSN B-2014-404-1/5

山东蓝皮书
山东省普惠金融发展报告（2018）
著(编)者：齐鲁财富网
2018年9月出版 / 估价：99.00元
PSN B2017-676-5/5

山西蓝皮书
山西资源型经济转型发展报告（2018）
著(编)者：李志强　2018年7月出版 / 估价：99.00元
PSN B-2011-197-1/1

陕西蓝皮书
陕西经济发展报告（2018）
著(编)者：任宗哲 白宽犁 裴成荣
2018年1月出版 / 估价：99.00元
PSN B-2009-135-1/6

陕西蓝皮书
陕西精准脱贫研究报告（2018）
著(编)者：任宗哲 白宽犁 王建康
2018年6月出版 / 估价：99.00元
PSN B-2017-623-6/6

上海蓝皮书
上海经济发展报告（2018）
2018年2月出版 / 估价：99.00元
著(编)者：沈开艳
PSN B-2006-057-1/7

上海蓝皮书
上海资源环境发展报告（2018）
著(编)者：周冯琦 汤庆合
2018年2月出版 / 估价：99.00元
PSN B-2006-060-4/7

上饶蓝皮书
上饶发展报告（2016~2017）
著(编)者：廖其志　2018年3月出版 / 估价：128.00元
PSN B-2014-377-1/1

深圳蓝皮书
深圳经济发展报告（2018）
著(编)者：张骁儒　2018年6月出版 / 估价：99.00元
PSN B-2008-112-3/7

四川蓝皮书
四川城镇化发展报告（2018）
著(编)者：侯水平 陈炜
2018年4月出版 / 估价：99.00元
PSN B-2015-456-7/7

四川蓝皮书
2018年四川经济形势分析与预测
著(编)者: 杨钢   2018年1月出版 / 估价: 99.00元
PSN B-2007-098-2/7

四川蓝皮书
四川企业社会责任研究报告（2017～2018）
著(编)者: 侯水平 盛毅   2018年5月出版 / 估价: 99.00元
PSN B-2014-386-4/7

四川蓝皮书
四川生态建设报告（2018）
著(编)者: 李晟之   2018年5月出版 / 估价: 99.00元
PSN B-2015-455-6/7

体育蓝皮书
上海体育产业发展报告（2017~2018）
著(编)者: 张林 黄海燕   2018年10月出版 / 估价: 99.00元
PSN B-2015-454-4/5

体育蓝皮书
长三角地区体育产业发展报告（2017～2018）
著(编)者: 张林   2018年4月出版 / 估价: 99.00元
PSN B-2015-453-3/5

天津金融蓝皮书
天津金融发展报告（2018）
著(编)者: 王爱俭 孔德昌   2018年3月出版 / 估价: 99.00元
PSN B-2014-418-1/1

图们江区域合作蓝皮书
图们江区域合作发展报告（2018）
著(编)者: 李铁   2018年6月出版 / 估价: 99.00元
PSN B-2015-464-1/1

温州蓝皮书
2018年温州经济社会形势分析与预测
著(编)者: 蒋儒标 王春光 金浩
2018年4月出版 / 估价: 99.00元
PSN B-2008-105-1/1

西咸新区蓝皮书
西咸新区发展报告（2018）
著(编)者: 李扬 王军
2018年6月出版 / 估价: 99.00元
PSN B-2016-534-1/1

修武蓝皮书
修武经济社会发展报告（2018）
著(编)者: 张占仓 袁凯声
2018年10月出版 / 估价: 99.00元
PSN B-2017-651-1/1

偃师蓝皮书
偃师经济社会发展报告（2018）
著(编)者: 张占仓 袁凯声 何武周
2018年7月出版 / 估价: 99.00元
PSN B-2017-627-1/1

扬州蓝皮书
扬州经济社会发展报告（2018）
著(编)者: 陈扬
2018年12月出版 / 估价: 108.00元
PSN B-2011-191-1/1

长垣蓝皮书
长垣经济社会发展报告（2018）
著(编)者: 张占仓 袁凯声 秦保建
2018年10月出版 / 估价: 99.00元
PSN B-2017-654-1/1

遵义蓝皮书
遵义发展报告（2018）
著(编)者: 邓彦 曾征 龚永育
2018年9月出版 / 估价: 99.00元
PSN B-2014-433-1/1

地方发展类-社会

安徽蓝皮书
安徽社会发展报告（2018）
著(编)者: 程桦   2018年4月出版 / 估价: 99.00元
PSN B-2013-325-1/1

安徽社会建设蓝皮书
安徽社会建设分析报告（2017～2018）
著(编)者: 黄家海 蔡宪
2018年11月出版 / 估价: 99.00元
PSN B-2013-322-1/1

北京蓝皮书
北京公共服务发展报告（2017～2018）
著(编)者: 施昌奎   2018年3月出版 / 估价: 99.00元
PSN B-2008-103-7/8

北京蓝皮书
北京社会发展报告（2017～2018）
著(编)者: 李伟东
2018年7月出版 / 估价: 99.00元
PSN B-2006-055-3/8

北京蓝皮书
北京社会治理发展报告（2017～2018）
著(编)者: 殷星辰   2018年7月出版 / 估价: 99.00元
PSN B-2014-391-8/8

北京律师蓝皮书
北京律师发展报告 No.3（2018）
著(编)者: 王隽   2018年12月出版 / 估价: 99.00元
PSN B-2011-217-1/1

北京人才蓝皮书
北京人才发展报告（2018）
著(编)者：敏华　　2018年12月出版 / 估价：128.00元
PSN B-2011-201-1/1

北京社会心态蓝皮书
北京社会心态分析报告（2017~2018）
北京市社会心理服务促进中心
2018年10月出版 / 估价：99.00元
PSN B-2014-422-1/1

北京社会组织管理蓝皮书
北京社会组织发展与管理（2018）
著(编)者：黄江松
2018年4月出版 / 估价：99.00元
PSN B-2015-446-1/1

北京养老产业蓝皮书
北京居家养老发展报告（2018）
著(编)者：陆杰华　周明明
2018年8月出版 / 估价：99.00元
PSN B-2015-465-1/1

法治蓝皮书
四川依法治省年度报告No.4（2018）
著(编)者：李林 杨天宗 田禾
2018年3月出版 / 估价：118.00元
PSN B-2015-447-2/3

福建妇女发展蓝皮书
福建省妇女发展报告（2018）
著(编)者：刘群英　　2018年11月出版 / 估价：99.00元
PSN B-2011-220-1/1

甘肃蓝皮书
甘肃社会发展分析与预测（2018）
著(编)者：安文华 包晓霞 谢增虎
2018年1月出版 / 估价：99.00元
PSN B-2013-313-2/6

广东蓝皮书
广东全面深化改革研究报告（2018）
著(编)者：周林生 涂成林
2018年12月出版 / 估价：99.00元
PSN B-2015-504-3/3

广东蓝皮书
广东社会工作发展报告（2018）
著(编)者：罗观翠　　2018年6月出版 / 估价：99.00元
PSN B-2014-402-2/3

广州蓝皮书
广州青年发展报告（2018）
著(编)者：徐柳 张强
2018年8月出版 / 估价：99.00元
PSN B-2013-352-13/14

广州蓝皮书
广州社会保障发展报告（2018）
著(编)者：张跃国　　2018年8月出版 / 估价：99.00元
PSN B-2014-425-14/14

广州蓝皮书
2018年中国广州社会形势分析与预测
著(编)者：张强 郭志勇 何镜清
2018年6月出版 / 估价：99.00元
PSN B-2008-110-5/14

贵州蓝皮书
贵州法治发展报告（2018）
著(编)者：吴大华　　2018年5月出版 / 估价：99.00元
PSN B-2012-254-2/10

贵州蓝皮书
贵州人才发展报告（2017）
著(编)者：于杰 吴大华
2018年9月出版 / 估价：99.00元
PSN B-2014-382-3/10

贵州蓝皮书
贵州社会发展报告（2018）
著(编)者：王兴骥　　2018年4月出版 / 估价：99.00元
PSN B-2010-166-1/10

杭州蓝皮书
杭州妇女发展报告（2018）
著(编)者：魏颖　　2018年10月出版 / 估价：99.00元
PSN B-2014-403-1/1

河北蓝皮书
河北法治发展报告（2018）
著(编)者：康振海　　2018年6月出版 / 估价：99.00元
PSN B-2017-622-3/3

河北食品药品安全蓝皮书
河北食品药品安全研究报告（2018）
著(编)者：丁锦霞　　2018年10月出版 / 估价：99.00元
PSN B-2015-473-1/1

河南蓝皮书
河南法治发展报告（2018）
著(编)者：张林海　　2018年7月出版 / 估价：99.00元
PSN B-2014-376-6/9

河南蓝皮书
2018年河南社会形势分析与预测
著(编)者：牛苏林　　2018年5月出版 / 估价：99.00元
PSN B-2005-043-1/9

河南民办教育蓝皮书
河南民办教育发展报告（2018）
著(编)者：胡大白　　2018年9月出版 / 估价：99.00元
PSN B-2017-642-1/1

黑龙江蓝皮书
黑龙江社会发展报告（2018）
著(编)者：谢宝禄　　2018年1月出版 / 估价：99.00元
PSN B-2011-189-1/2

湖南蓝皮书
2018年湖南两型社会与生态文明建设报告
著(编)者：卞鹰　　2018年5月出版 / 估价：128.00元
PSN B-2011-208-3/8

湖南蓝皮书
2018年湖南社会发展报告
著(编)者：卞鹰　　2018年5月出版 / 估价：128.00元
PSN B-2014-393-5/8

健康城市蓝皮书
北京健康城市建设研究报告（2018）
著(编)者：王鸿春 盛继洪　　2018年9月出版 / 估价：99.00元
PSN B-2015-460-1/2

江苏法治蓝皮书
江苏法治发展报告No.6（2017）
著(编)者：蔡道通 龚廷泰　2018年8月出版 / 估价：99.00元
PSN B-2012-290-1/1

江苏蓝皮书
2018年江苏社会发展分析与展望
著(编)者：王庆五 刘旺洪　2018年8月出版 / 估价：128.00元
PSN B-2017-636-2/3

南宁蓝皮书
南宁法治发展报告（2018）
著(编)者：杨维超　2018年12月出版 / 估价：99.00元
PSN B-2015-509-1/3

南宁蓝皮书
南宁社会发展报告（2018）
著(编)者：胡建华　2018年10月出版 / 估价：99.00元
PSN B-2016-570-3/3

内蒙古蓝皮书
内蒙古反腐倡廉建设报告 No.2
著(编)者：张志华　2018年6月出版 / 估价：99.00元
PSN B-2013-365-1/1

青海蓝皮书
2018年青海人才发展报告
著(编)者：王守燕　2018年9月出版 / 估价：99.00元
PSN B-2017-650-2/2

青海生态文明建设蓝皮书
青海生态文明建设报告（2018）
著(编)者：张西明 高华　2018年12月出版 / 估价：99.00元
PSN B-2016-595-1/1

人口与健康蓝皮书
深圳人口与健康发展报告（2018）
著(编)者：陆杰华 傅崇辉　2018年11月出版 / 估价：99.00元
PSN B-2011-228-1/1

山东蓝皮书
山东社会形势分析与预测（2018）
著(编)者：李善峰　2018年6月出版 / 估价：99.00元
PSN B-2014-405-2/5

陕西蓝皮书
陕西社会发展报告（2018）
著(编)者：任宗哲 白宽犁 牛昉　2018年1月出版 / 估价：99.00元
PSN B-2009-136-2/6

上海蓝皮书
上海法治发展报告（2018）
著(编)者：叶必丰　2018年9月出版 / 估价：99.00元
PSN B-2012-296-6/7

上海蓝皮书
上海社会发展报告（2018）
著(编)者：杨雄 周海旺
2018年2月出版 / 估价：99.00元
PSN B-2006-058-2/7

社会建设蓝皮书
2018年北京社会建设分析报告
著(编)者：宋贵伦 冯虹　2018年9月出版 / 估价：99.00元
PSN B-2010-173-1/1

深圳蓝皮书
深圳法治发展报告（2018）
著(编)者：张骁儒　2018年6月出版 / 估价：99.00元
PSN B-2015-470-6/7

深圳蓝皮书
深圳劳动关系发展报告（2018）
著(编)者：汤庭芬　2018年8月出版 / 估价：99.00元
PSN B-2007-097-2/7

深圳蓝皮书
深圳社会治理与发展报告（2018）
著(编)者：张骁儒　2018年6月出版 / 估价：99.00元
PSN B-2008-113-4/7

生态安全绿皮书
甘肃国家生态安全屏障建设发展报告（2018）
著(编)者：刘举科 喜文华
2018年10月出版 / 估价：99.00元
PSN G-2017-659-1/1

顺义社会建设蓝皮书
北京市顺义区社会建设发展报告（2018）
著(编)者：王学武　2018年9月出版 / 估价：99.00元
PSN B-2017-658-1/1

四川蓝皮书
四川法治发展报告（2018）
著(编)者：郑泰安　2018年1月出版 / 估价：99.00元
PSN B-2015-441-5/7

四川蓝皮书
四川社会发展报告（2018）
著(编)者：李羚　2018年6月出版 / 估价：99.00元
PSN B-2008-127-3/7

云南社会治理蓝皮书
云南社会治理年度报告（2017）
著(编)者：晏雄 韩全芳
2018年5月出版 / 估价：99.00元
PSN B-2017-667-1/1

地方发展类-文化

北京传媒蓝皮书
北京新闻出版广电发展报告（2017～2018）
著(编)者：王志　2018年11月出版 / 估价：99.00元
PSN B-2016-588-1/1

北京蓝皮书
北京文化发展报告（2017～2018）
著(编)者：李建盛　2018年5月出版 / 估价：99.00元
PSN B-2007-082-4/8

创意城市蓝皮书
北京文化创意产业发展报告（2018）
著(编)者：郭万超 张京成　2018年12月出版 / 估价：99.00元
PSN B-2012-263-1/7

创意城市蓝皮书
天津文化创意产业发展报告（2017～2018）
著(编)者：谢思全　2018年6月出版 / 估价：99.00元
PSN B-2013-536-7/7

创意城市蓝皮书
武汉文化创意产业发展报告（2018）
著(编)者：黄永林 陈汉桥　2018年12月出版 / 估价：99.00元
PSN B-2013-354-4/7

创意上海蓝皮书
上海文化创意产业发展报告（2017～2018）
著(编)者：王慧敏 王兴全　2018年8月出版 / 估价：99.00元
PSN B-2016-561-1/1

非物质文化遗产蓝皮书
广州市非物质文化遗产保护发展报告（2018）
著(编)者：宋俊华　2018年12月出版 / 估价：99.00元
PSN B-2016-589-1/1

甘肃蓝皮书
甘肃文化发展分析与预测（2018）
著(编)者：王俊莲 周小华　2018年1月出版 / 估价：99.00元
PSN B-2013-314-3/6

甘肃蓝皮书
甘肃舆情分析与预测（2018）
著(编)者：陈双梅 张谦元　2018年1月出版 / 估价：99.00元
PSN B-2013-315-4/6

广州蓝皮书
中国广州文化发展报告（2018）
著(编)者：屈哨兵 陆志强　2018年6月出版 / 估价：99.00元
PSN B-2009-134-7/14

广州蓝皮书
广州文化创意产业发展报告（2018）
著(编)者：徐咏虹　2018年7月出版 / 估价：99.00元
PSN B-2008-111-6/14

海淀蓝皮书
海淀区文化和科技融合发展报告（2018）
著(编)者：陈名杰 孟景伟　2018年5月出版 / 估价：99.00元
PSN B-2013-329-1/1

河南蓝皮书
河南文化发展报告（2018）
著(编)者：卫绍生　2018年7月出版 / 估价：99.00元
PSN B-2008-106-2/9

湖北文化产业蓝皮书
湖北省文化产业发展报告（2018）
著(编)者：黄晓华　2018年9月出版 / 估价：99.00元
PSN B-2017-656-1/1

湖北文化蓝皮书
湖北文化发展报告（2017~2018）
著(编)者：湖北大学高等人文研究院
　　　　　中华文化发展湖北省协同创新中心
2018年10月出版 / 估价：99.00元
PSN B-2016-566-1/1

江苏蓝皮书
2018年江苏文化发展分析与展望
著(编)者：王庆五 樊和平　2018年9月出版 / 估价：128.00元
PSN B-2017-637-3/3

江西文化蓝皮书
江西非物质文化遗产发展报告（2018）
著(编)者：张圣才 傅安平　2018年12月出版 / 估价：128.00元
PSN B-2015-499-1/1

洛阳蓝皮书
洛阳文化发展报告（2018）
著(编)者：刘福兴 陈启明　2018年7月出版 / 估价：99.00元
PSN B-2015-476-1/1

南京蓝皮书
南京文化发展报告（2018）
著(编)者：中共南京市委宣传部
2018年12月出版 / 估价：99.00元
PSN B-2014-439-1/1

宁波文化蓝皮书
宁波"一人一艺"全民艺术普及发展报告（2017）
著(编)者：张爱琴　2018年11月出版 / 估价：128.00元
PSN B-2017-668-1/1

山东蓝皮书
山东文化发展报告（2018）
著(编)者：涂可国　2018年5月出版 / 估价：99.00元
PSN B-2014-406-3/5

陕西蓝皮书
陕西文化发展报告（2018）
著(编)者：任宗哲 白宽犁 王长寿
2018年1月出版 / 估价：99.00元
PSN B-2009-137-3/6

上海蓝皮书
上海传媒发展报告（2018）
著(编)者：强荧 焦雨虹　2018年2月出版 / 估价：99.00元
PSN B-2012-295-5/7

上海蓝皮书
上海文学发展报告（2018）
著(编)者：陈圣来　2018年6月出版 / 估价：99.00元
PSN B-2012-297-7/7

上海蓝皮书
上海文化发展报告（2018）
著(编)者：荣跃明　2018年2月出版 / 估价：99.00元
PSN B-2006-059-3/7

深圳蓝皮书
深圳文化发展报告（2018）
著(编)者：张骁儒　2018年7月出版 / 估价：99.00元
PSN B-2016-554-7/7

四川蓝皮书
四川文化产业发展报告（2018）
著(编)者：向宝云 张立伟　2018年4月出版 / 估价：99.00元
PSN B-2006-074-1/7

郑州蓝皮书
2018年郑州文化发展报告
著(编)者：王哲　2018年9月出版 / 估价：99.00元
PSN B-2008-107-1/1

❧ 皮书起源 ❧

"皮书"起源于十七、十八世纪的英国，主要指官方或社会组织正式发表的重要文件或报告，多以"白皮书"命名。在中国，"皮书"这一概念被社会广泛接受，并被成功运作、发展成为一种全新的出版形态，则源于中国社会科学院社会科学文献出版社。

❧ 皮书定义 ❧

皮书是对中国与世界发展状况和热点问题进行年度监测，以专业的角度、专家的视野和实证研究方法，针对某一领域或区域现状与发展态势展开分析和预测，具备原创性、实证性、专业性、连续性、前沿性、时效性等特点的公开出版物，由一系列权威研究报告组成。

❧ 皮书作者 ❧

皮书系列的作者以中国社会科学院、著名高校、地方社会科学院的研究人员为主，多为国内一流研究机构的权威专家学者，他们的看法和观点代表了学界对中国与世界的现实和未来最高水平的解读与分析。

❧ 皮书荣誉 ❧

皮书系列已成为社会科学文献出版社的著名图书品牌和中国社会科学院的知名学术品牌。2016年，皮书系列正式列入"十三五"国家重点出版规划项目；2013~2018年，重点皮书列入中国社会科学院承担的国家哲学社会科学创新工程项目；2018年，59种院外皮书使用"中国社会科学院创新工程学术出版项目"标识。

中国皮书网

（网址：www.pishu.cn）

发布皮书研创资讯，传播皮书精彩内容
引领皮书出版潮流，打造皮书服务平台

栏目设置

关于皮书：何谓皮书、皮书分类、皮书大事记、皮书荣誉、
　　　　　皮书出版第一人、皮书编辑部

最新资讯：通知公告、新闻动态、媒体聚焦、网站专题、视频直播、下载专区

皮书研创：皮书规范、皮书选题、皮书出版、皮书研究、研创团队

皮书评奖评价：指标体系、皮书评价、皮书评奖

互动专区：皮书说、社科数托邦、皮书微博、留言板

所获荣誉

2008 年、2011 年，中国皮书网均在全国新闻出版业网站荣誉评选中获得"最具商业价值网站"称号；

2012 年,获得"出版业网站百强"称号。

网库合一

2014 年，中国皮书网与皮书数据库端口合一，实现资源共享。

权威报告·一手数据·特色资源

皮书数据库
ANNUAL REPORT(YEARBOOK)
DATABASE

当代中国经济与社会发展高端智库平台

所获荣誉

- 2016年，入选"'十三五'国家重点电子出版物出版规划骨干工程"
- 2015年，荣获"搜索中国正能量 点赞2015""创新中国科技创新奖"
- 2013年，荣获"中国出版政府奖·网络出版物奖"提名奖
- 连续多年荣获中国数字出版博览会"数字出版·优秀品牌"奖

成为会员

通过网址www.pishu.com.cn或使用手机扫描二维码进入皮书数据库网站，进行手机号码验证或邮箱验证即可成为皮书数据库会员（建议通过手机号码快速验证注册）。

会员福利

- 使用手机号码首次注册的会员，账号自动充值100元体验金，可直接购买和查看数据库内容（仅限使用手机号码快速注册）。
- 已注册用户购书后可免费获赠100元皮书数据库充值卡。刮开充值卡涂层获取充值密码、登录并进入"会员中心"—"在线充值"—"充值卡充值"，充值成功后即可购买和查看数据库内容。

数据库服务热线：400-008-6695　　　　　图书销售热线：010-59367070/7028
数据库服务QQ：2475522410　　　　　　图书服务QQ：1265056568
数据库服务邮箱：database@ssap.cn　　　图书服务邮箱：duzhe@ssap.cn

更多信息请登录

皮书数据库
http：//www.pishu.com.cn

中国皮书网
http：//www.pishu.cn

皮书微博
http：//weibo.com/pishu

皮书微信"皮书说"

咨询／邮购电话：010-59367028　59367070

邮　　箱：duzhe@ssap.cn

邮购地址：北京市西城区北三环中路甲29号院3号楼
　　　　　华龙大厦13层读者服务中心

邮　　编：100029

银行户名：社会科学文献出版社

开户银行：中国工商银行北京北太平庄支行

账　　号：0200010019200365434